Ayn Rand

Kapitalismus

Ayn Rand

Kapitalismus:

Das unbekannte Ideal

Mit weiteren Beiträgen
von Nathaniel Branden,
Alan Greenspan und
Robert Hessen

Aus dem amerikanischen Englisch
von Philipp Dammer

TvR

Titel der Originalausgabe:
Capitalism:
The Unknown Ideal

Die Veröffentlichung erfolgte mit Genehmigung der
Peikoff Family Partnership, LP
c/o CURTIS BROWN Ltd., 10 Astor Place, New York, NY 10003 USA

1. Auflage

www.TvRMedienverlag.de

Endredaktion: Dr. Holger J. Thuß, Heiko Ziemer M.A.
Druck und Bindung: UAB „Baltijos Kopija", Vilnius
Printed in Lithuania

ISBN 978-3-940431-63-9

Inhalt

Einleitung

Dieses Buch ist keine Abhandlung über Volkswirtschaft. Es ist eine Sammlung von Aufsätzen über die moralischen Aspekte des Kapitalismus.

Die beste Zusammenfassung unserer Einstellung steht in meiner Stellungnahme in der ersten Ausgabe des *Objectivist Newsletter* (Januar 1962):

> „Der Objektivismus ist eine philosophische Bewegung, und da Politik ein Zweig der Philosophie ist, vertritt der Objektivismus als Konsequenz und letztendliche praktische Anwendung seiner fundamentalen philosophischen Prinzipien bestimmte politische Prinzipien, genauer gesagt die des Laissez-Faire-Kapitalismus. Der Objektivismus hält Politik nicht für ein separates oder primäres Ziel, d.h. für ein Ziel, das man ohne breiteren ideologischen Kontext erreichen kann.
>
> Politik basiert auf drei anderen philosophischen Disziplinen: Metaphysik, Erkenntnistheorie und Ethik - auf einer Theorie über die menschliche Natur und die Beziehung des Menschen zum Dasein. Nur auf einer solchen Basis kann man eine stimmige politische Theorie formulieren und in der Praxis erreichen... Objektivisten sind keine ‚Konservativen'. Wir sind *Radikale für Kapitalismus;* wir kämpfen für die philosophische Basis, die der Kapitalismus nie hatte und ohne die er zum Untergang verurteilt war."

Ich möchte betonen, dass unser primäres Interesse nicht Politik oder Ökonomie an sich ist, sondern „die menschliche Natur *und ihre Beziehung zum Dasein"* - und dass wir Kapitalismus vertreten, weil er das einzige System ist, das auf das Leben eines rationalen Wesens ausgerichtet ist.

In diesem Zusammenhang gibt es einen fundamentalen Unterschied zwischen unserem Ansatz und dem der klassischen Verteidiger des Kapitalismus und seiner modernen Beschwichtiger. Mit sehr wenigen Ausnahmen sind genau sie verantwortlich für die Zerstörung des Kapitalismus - und zwar durch Unterlassung. Die Unterlassung bestand in ihrer Unfähigkeit oder ihrem Unwillen, die

Schlacht da zu schlagen, wo sie geschlagen werden musste: auf moralisch-philosophischem Boden.

Kein politisch-ökonomisches System der Geschichte hat je seinen Wert so deutlich bewiesen oder hat der Menschheit so enorm genutzt wie der Kapitalismus - und keines ist je so wütend, so boshaft und so blind angegriffen worden. Die Flut der Desinformation, der Unterstellungen, der Verzerrungen und der nachgeraden Unwahrheiten über den Kapitalismus ist so groß, dass die Jugend heute keine Ahnung von seiner eigentlichen Natur hat (und buchstäblich keine Möglichkeit hat, etwas darüber herauszufinden). Während Archäologen sich durch die Ruinen von Jahrtausenden wühlen, um aus Tonscherben und Knochenstückchen Informationen über prähistorisches Leben zu rekonstruieren, sind die Ereignisse von vor weniger als einhundert Jahren unter einer Mauer versteckt, die undurchdringlicher ist als die geologischen Trümmer von Wind, Gezeiten und Erdbeben: einer Mauer des Schweigens.

Die Wahrheit in einem solchen Ausmaß auszulöschen - ein offenes Geheimnis vor der Welt zu verstecken - und ohne Zensur (jedoch auch ohne signifikanten Protest) die Tatsache zu verstecken, dass ein ideales Gesellschaftssystem einst in Reichweite des Menschen lag - all das kann nicht durch irgendeine Verschwörung von Schurken erreicht werden; es ist unmöglich ohne die stillschweigende Einwilligung derer, die es besser wissen.

Durch ihr Schweigen - *durch ihr Ausweichen vor dem Konflikt zwischen Kapitalismus und Altruismus* - sind gerade die vermeintlichen Vorkämpfer des Kapitalismus verantwortlich für die Tatsache, dass der Kapitalismus ohne Anhörung, ohne Prozess, ohne Wissen über seine Prinzipien, sein Wesen, seine Geschichte oder seine moralische Bedeutung zerstört wird. Er wird zerstört in einer Weise, die einem Lynchmord gleicht - als ob ein blinder, wahnsinniger Mob einen Strohmann verbrennt, da er nicht weiß, dass das grotesk deformierte Bündel Stroh den lebenden Körper des Ideals verbirgt.

Diese Methode zur Zerstörung des Kapitalismus beruht darauf, die Welt nie entdecken zu lassen, was genau hier zerstört wird -

darauf, dass man nicht erlaubt, dass es in Hörweite junger Menschen identifiziert wird.

Der Zweck dieses Buches besteht darin, es zu identifizieren.

Die Schuld für den gegenwärtigen Zustand der Welt liegt (mit sehr wenigen Ausnahmen) auf den Schultern derer, die heute über 40 Jahre alt sind – die, wenn sie ihre Stimme erhoben, weniger sagten, als sie wussten und es weniger deutlich sagten, als das Thema es verlangte.

Dieses Buch richtet sich an die jungen Menschen – jung an Jahren oder im Geiste –, die keine Angst vor Wissen haben und nicht bereit sind, aufzugeben.

Was sie entdecken müssen und was die Feinde des Kapitalismus panisch verstecken möchten, ist die Tatsache, dass Kapitalismus nicht bloß „praktisch" ist, sondern dass er das einzige *moralische* System der Geschichte ist (s. „*Der Streik*").

Das Thema von „*Der Streik*" sind nicht seine politischen Gesichtspunkte. Sein Thema ist primär ethisch-erkenntnistheoretisch: die Rolle des Verstandes im menschlichen Dasein – und Politik ist zwangsläufig eine der Konsequenzen dieses Themas. Aber das erkenntnistheoretische Chaos unserer Tage, das von der modernen Philosophie noch begünstigt wird, ist so groß, dass viele junge Leser es schwierig finden, Abstraktionen in politische Prinzipien zu übersetzen und sie auf die Beurteilung der heutigen Ereignisse anzuwenden. Dieses Buch kann ihnen helfen. Es ist eine nichtfiktionale Fußnote zu „*Der Streik*".

Da jedes politische System auf einer ethischen Theorie beruht, bitte ich die Leser, die das Wesen des Kapitalismus wirklich verstehen möchten, zuerst „*Die Tugend des Egoismus*" zu lesen, eine Sammlung von Aufsätzen über die objektivistische Ethik, die ein notwendiges Fundament für dieses Buch ist. Da eine politische Abhandlung ohne klares Verständnis der zwei wichtigen Begriffe „Rechte" und „Regierung" nicht sinnvoll sein kann (und doch geht man diesen beiden durch die Vernebelungstaktik von heute streng aus dem Wege), schlage ich vor, dass Sie mit den beiden Aufsätzen aus dieser Sammlung beginnen, die Sie im Anhang finden werden: „Die Menschenrechte" und „Das Wesen der Regierung".

Die meisten Aufsätze in diesem Buch erschienen zuerst im *Objectivist Newsletter* (der jetzt *The Objectivist* heißt); andere basieren wie angegeben auf Vorträgen oder Artikeln. Einige Aufsätze fassen kurz die Antworten auf die am weitesten verbreiteten Trugschlüsse über die Ökonomie des Kapitalismus zusammen. Diese Aufsätze erschienen in der „Abteilung intellektuelle Munition" des *Objectivist Newsletters* und wurden als Antwort auf Leserbriefe verfasst. Wer sich für das Studium politischer Ökonomie interessiert, wird im Anhang eine Literaturliste zu diesem Thema finden.

Nun noch ein Wort zu den Co-Autoren dieses Buches. Robert Hessen schließt zurzeit seine Doktorarbeit an der Columbia University ab und unterrichtet an der dortigen Graduate School of Business. Alan Greenspan ist Präsident der Townsend-Greenspan & Co., Inc., Unternehmensberatung.

AYN RAND
New York, Juli 1966

P.S. Nathaniel Branden ist nicht länger mit mir, meiner Philosophie oder mit *The Objectivist* verbunden.

A. R.
New York, November 1970

Theorie und Geschichte

1. Was ist Kapitalismus?

von Ayn Rand

Erstmals erschienen in: *The Objectivist Newsletter*, November/Dezember 1965

Der Zerfall der Philosophie im 19. Jahrhundert und ihr Zusammenbruch im 20. Jahrhundert haben zu einem ähnlichen, wenn auch langsameren und weniger offensichtlichen Prozess in der modernen Wissenschaft geführt.

Die heutige hektische Entwicklung im Bereich der Technologie erinnert an die Tage vor dem wirtschaftlichen Zusammenbruch von 1929: Sie läuft mit dem Schwung der Vergangenheit, auf den unerkannten Resten der aristotelischen Erkenntnistheorie. Diese Entwicklung ist eine hektische, fiebrige Expansion - ungeachtet der Tatsache, dass ihr theoretisches Konto längst überzogen ist und dass die Wissenschaftler auf dem Gebiet der wissenschaftlichen Theorie das Wiederaufkommen eines primitiven Mystizismus begünstigen, da sie unfähig sind, ihre eigenen Daten zu integrieren oder zu interpretieren. In den Humanwissenschaften ist der Zusammenbruch jedoch bereits erfolgt, die Depression hat eingesetzt und der Kollaps ist fast vollständig.

Den klarsten Beweis dafür kann man in solch vergleichsweise jungen Wissenschaften wie der Psychologie und der politischen Ökonomie sehen. In der Psychologie kann man den Versuch beobachten, menschliches Verhalten ohne Bezugnahme auf die Tatsache zu studieren, dass der Mensch Bewusstsein hat. In der politischen Ökonomie kann man den Versuch beobachten, Gesellschaftssysteme ohne Bezugnahme auf den *Menschen* zu studieren und zu konstruieren.

Die Philosophie definiert und etabliert die erkenntnistheoretischen Kriterien, die menschliches Wissen im Allgemeinen und die speziellen Wissenschaften im Besonderen anleiten. Die politische

Ökonomie erlangte Bedeutung im 19. Jahrhundert, in der Ära der post-kantischen Auflösung der Philosophie, und niemand überprüfte ihre Prämissen oder zweifelte ihre Basis an. Implizit, unkritisch und aus Unterlassung wurden die fundamentalen Lehrsätze des Kollektivismus zu den Axiomen der politischen Ökonomie.

Politische Ökonomen - einschließlich der Vertreter des Kapitalismus - definierten ihre Wissenschaft als Studium der Verwaltung, Leitung, Organisation oder Handhabung der „Ressourcen" einer „Gesellschaft" oder einer Nation. Das Wesen dieser „Ressourcen" wurde nicht definiert; deren gemeinschaftlicher Besitz wurde als gegeben hingenommen - und das Ziel der politischen Ökonomie bestand angeblich daraus, zu untersuchen, wie man diese „Ressourcen" für „das Allgemeinwohl" einsetzt.

Der Tatsache, dass diese „Ressource" der Mensch selbst war, dass er eine Entität mit einer speziellen Natur, mit speziellen Fähigkeiten und Erfordernissen ist, wurde (wenn überhaupt) nur oberflächlich Aufmerksamkeit geschenkt. Der Mensch wurde wie Land, Wälder oder Bergwerke einfach als einer der Produktionsfaktoren angesehen - und zwar als einer der weniger wichtigen Faktoren, da der Einfluss und die Eigenschaften dieser anderen Faktoren gründlicher untersucht wurden als *seine* Rolle oder Eigenschaften.

Die politische Ökonomie war quasi eine Wissenschaft, die mittendrin anfing: Sie beobachtete, dass der Mensch produzierte und Handel trieb, nahm es als gegeben hin, dass er es immer getan hatte und es immer tun werde. Sie akzeptierte diese Tatsache als das Gegebene, das keiner weiteren Beachtung bedurfte - und sie widmete sich dem Problem, auszutüfteln, wie die „Gesellschaft" über diese menschlichen Anstrengungen verfügen könnte.

Es gab viele Gründe dafür, dass der Mensch als Herdentier angesehen wurde. Die Moral des Altruismus war einer; die Vorherrschaft des politischen Dirigismus unter den Intellektuellen des 19. Jahrhunderts ein anderer. Psychologisch gesehen war der Hauptgrund die Körper/Seele-Dichotomie, die in der europäischen Kultur fest verwurzelt war: Materielle Produktion wurde als entwürdigende Aufgabe einer niederen Ordnung, ohne Beziehung zum menschlichen Intellekt angesehen - eine Aufgabe, die seit Anbeginn der Geschichte Sklaven oder Knechten vorbehalten war. Die Institution der Leibeigenschaft hatte in der einen oder anderen Form bis spät ins 19. Jahrhundert angedauert; politisch wurde sie durch das Aufkommen des Kapitalismus abgeschafft - politisch, aber nicht intellektuell.

Die Auffassung, dass der Mensch ein freies, unabhängiges Individuum ist, war der europäischen Kultur zutiefst fremd. Sie war bis zu ihren Wurzeln eine Stammeskultur; im europäischen Denken war *der Stamm* die Entität, die Einheit - und der Mensch war nur eine ihrer entbehrlichen Zellen. Dies galt sowohl für Knechte als auch Herrscher: Die Herrscher hatten ihre Privilegien nur dank ihres für den Stamm geleisteten Dienstes inne - Dienste, die man für edler hielt, wie z.B. bewaffnete Gewalt oder militärische Verteidigung. Aber ein Adliger war genauso Leibeigener des Stammes wie der Knecht: Sein Leben und sein Besitz gehörten dem König. Es muss daran erinnert werden, dass die Institution des Privatbesitzes in der vollen, gesetzlichen Bedeutung des Begriffes erst durch den Kapitalismus geschaffen wurde. In vorkapitalistischen Zeiten existierte Privatbesitz *de facto*, aber nicht *de jure*, d.h. aus Gewohnheit und Duldung, aber nicht durch Recht oder per Gesetz. Gesetzlich und prinzipiell gehörte aller Besitz dem Stammeshäuptling (dem König) und wurde nur mit seiner Erlaubnis besessen, die nach seinem Gutdünken jederzeit widerrufen werden konnte. (In der gesamten europäischen Geschichte hatten Könige den Besitz von abtrünnigen Adligen enteignet.)

Die amerikanische Philosophie der Menschenrechte haben die europäischen Intellektuellen nie vollständig begriffen. Europas Idee von Emanzipation bestand vorwiegend darin, die Auffassung des Menschen als Sklave des durch den König verkörperten absoluten Staates durch die Auffassung des Menschen als Sklave des durch „das Volk" verkörperten absoluten Staates zu ersetzen - also die Sklaverei für einen Stammeshäuptling durch Sklaverei für den Stamm zu ersetzen. Wer es für ein Privileg und ein Adelszeichen hielt, Produzenten durch körperliche Gewalt zu beherrschen, der konnte eine nicht stammesgebundene Weltanschauung nicht begreifen.

Daher nahmen die europäischen Denker es nicht wahr, dass während des 19. Jahrhunderts Galeerensklaven durch Dampfschiffe und der Dorfschmied durch Hochöfen ersetzt worden waren. Sie dachten weiter in Begriffen (oder solchen Widersprüchen) wie „Lohnsklaverei" oder „der asoziale Egoismus von Industriellen, die der Gesellschaft so viel nehmen, ohne etwas zurückzugeben" - mit dem unangefochtenen Axiom, dass Wohlstand ein anonymes, gesellschaftliches Stammesprodukt sei.

Diese Idee ist bis heute nicht angefochten worden; sie bildet heute die implizite Basis der politischen Ökonomie.

Als ein Beispiel für diese Anschauung und ihre Konsequenzen möchte ich den Eintrag über „Kapitalismus" in der *Encyclopedia Britannica* zitieren. Der Artikel gibt keine Definition seines Themas und eröffnet wie folgt:

> „Kapitalismus - Bezeichnung des ökonomischen Systems, das seit dem Zusammenbruch des Feudalismus die westliche Welt beherrscht. Fundamental für jedes sich kapitalistisch nennende System ist die Beziehung zwischen privaten Besitzern von unpersönlichen Produktionsmitteln (Land, Bergwerke, *Industrieanlagen*, usw., gemeinsam als Kapital bezeichnet) und freien, aber kapitallosen Arbeitern, die ihre Arbeitskraft an Arbeitgeber verkaufen... Die folgenden Lohnverhandlungen bestimmen das Verhältnis, zu dem das Bruttosozialprodukt zwischen der Arbeiterklasse und der Klasse der kapitalistischen Unternehmer verteilt wird."[1] [Hervorhebung von mir].

(Ich zitiere aus Galts Rede in *„Der Streik"*, aus einem Abschnitt, der die Lehrsätze des Kollektivismus beschreibt: „Ein Industrieller... *ausgeblendet* - einen solchen gibt es nicht. Eine Fabrik ist eine ‚natürliche Ressource' wie ein Baum, ein Felsen oder eine Schlammpfütze.")

Den Erfolg des Kapitalismus erklärt die *Encyclopedia Britannica* wie folgt:

> „Die produktive Verwendung des ‚sozialen Mehrwerts' war die besondere Tugend, durch die der Kapitalismus alle früheren ökonomischen Systeme überholen konnte. Statt Pyramiden oder Kathedralen zu bauen,

[1] *Encyclopedia Britannica*, 1964, Band IV, S. 839-845.

> entschieden diejenigen, die die Kontrolle über den sozialen Mehrwert hatten, ihn in Schiffe, Lagerhallen, Rohstoffe, verarbeitete Güter und andere materielle Formen des Wohlstands zu investieren. Der soziale Mehrwert wurde somit in größere Produktionskapazität verwandelt."

Hier ist die Rede von einer Zeit, in der die europäische Bevölkerung in solcher Armut dahinvegetierte, dass die Kindersterblichkeit 50 Prozent erreichte und periodische Hungersnöte die „überschüssige" Bevölkerung auslöschten, die die vorkapitalistischen Ökonomien nicht ernähren konnten. Und doch behauptet die *Britannica*, ohne einen Unterschied zwischen steuerenteignetem und industriell produziertem Wohlstand zu machen, dass es der *Mehrwert* dieser Zeit war, den die frühen Kapitalisten „kontrollierten" und „investierten" – und dass diese Investition die Ursache des enormen Wohlstands war, der folgte.

Was ist ein „sozialer Mehrwert"? Der Artikel gibt keine Definition oder Erklärung. Ein „Mehrwert" setzt eine Norm voraus; wenn Dahinsiechen auf der chronischen Stufe des Verhungerns über der implizierten Norm liegt, was ist dann die Norm? Das beantwortet der Artikel nicht.

So etwas wie einen „sozialen Mehrwert" gibt es natürlich nicht. Wohlstand wird von jemandem produziert und gehört jemandem. Und die „besondere Tugend, durch die der Kapitalismus alle früheren ökonomischen Systeme überholen konnte" war *Freiheit* (ein Begriff, der in der Beschreibung der *Britannica* bezeichnenderweise fehlt), die nicht zur Enteignung, sondern zur *Schaffung* von Wohlstand führte.

Ich werde später noch mehr über diesen (aus vielen Gründen) schändlichen Artikel sagen. An diesem Punkt habe ich ihn nur als prägnantes Beispiel für die Stammesprämisse zitiert, die der politischen Ökonomie von heute zugrunde liegt. Diese Prämisse teilen sowohl die Feinde als auch die Verteidiger des Kapitalismus; sie versorgt erstere mit einer bestimmten inneren Beständigkeit und entwaffnet letztere durch eine subtile und doch vernichtende Aura moralischer Heuchelei. Als Zeugen biete ich Ihnen deren Versuche, Kapitalismus mit dem „Allgemeinwohl" oder dem „Dienst am

Verbraucher" oder „der besten Ressourcenverteilung" zu rechtfertigen. (*Wessen* Ressourcen?)

Wenn man den Kapitalismus verstehen will, so muss man diese Stammesprämisse überprüfen und bekämpfen.

Die Menschheit ist keine Entität, kein Organismus und kein Korallenriff. Die an Produktion und Handel beteiligte Entität ist der *Mensch*. Jede Disziplin der Humanwissenschaften muss mit dem Studium des Menschen beginnen - nicht mit dem losen Aggregat, das man „Gesellschaft" nennt.

Diese Frage stellt einen der erkenntnistheoretischen Unterschiede zwischen den Humanwissenschaften und den Naturwissenschaften dar und ist eine der Ursachen für den wohlverdienten Minderwertigkeitskomplex der ersten in Bezug auf die letzteren. Eine Naturwissenschaft würde sich (zumindest noch) nicht erlauben, das Wesen ihres Fachs zu ignorieren oder zu übergehen. Solch ein Versuch wäre dann Astronomie, die den Himmel anstarrt, sich aber weigert, individuelle Sterne, Planeten und Monde zu studieren - oder Medizin, die Krankheiten ohne jegliches Wissen oder Kriterium von Gesundheit studiert und die als Studienobjekt ein Krankenhaus als Ganzes nähme und sich nie auf individuelle Patienten konzentriert.

Eine Menge kann man über die Gesellschaft lernen, wenn man den Menschen studiert; aber diesen Prozess kann man nicht umkehren: Nichts kann man über den Menschen lernen, wenn man die Gesellschaft studiert - wenn man die Zwischenbeziehungen von Entitäten studiert, die man nie identifiziert oder definiert hat. Und doch ist das die Methode, der sich die meisten politischen Ökonomen bedient haben. Ihre Einstellung läuft auf das unformulierte, implizite Postulat heraus: „Der Mensch ist das, was in ökonomische Gleichungen passt." Da er das aber offensichtlich nicht tut, führt das zu der kuriosen Tatsache, dass politische Ökonomen trotz der praktischen Natur ihrer Wissenschaft unfähig sind, ihre Abstraktionen zu den Daten des wirklichen Daseins in Beziehung zu setzen.

Dies führt auch zu einer erstaunlichen Art von doppeltem Maßstab oder doppelter Perspektive in ihrer Sicht auf Menschen und Ereignisse: Wenn sie einen Schuster sehen, haben sie keine Schwierigkeiten mit der Schlussfolgerung, dass er für seinen Lebensunterhalt arbeitet; aber als politische Ökonomen erklären sie aufgrund der Stammesprämisse, dass es sein Zweck (und seine Pflicht) sei, die Gesellschaft mit Schuhen zu versorgen. Wenn sie einen Gammler an einer Straßenecke sehen, identifizieren sie ihn als Faulpelz; in der politischen Ökonomie wird er ein „souveräner Verbraucher". Wenn sie die kommunistische Doktrin hören, dass aller Besitz dem Staat gehören soll, lehnen sie diese entschieden ab und fühlen aufrichtig, dass sie den Kommunismus bis zum Tode bekämpfen würden; aber in der politischen Ökonomie sprechen sie von der Pflicht des Staates, eine „faire Umverteilung des Wohlstands" zu erreichen und sie sprechen von Unternehmern als den besten, effizientesten Treuhändern der „natürlichen Ressourcen" des Landes.

Hier sehen Sie, was eine Grundprämisse (und philosophische Nachlässigkeit) leistet und was die Stammesprämisse geleistet hat.

Um diese Prämisse abzulehnen und am Anfang anzufangen – beim Ansatz zu politischer Ökonomie und bei der Bewertung von verschiedenen Gesellschaftssystemen –, muss man damit beginnen, die menschliche Natur zu identifizieren, d.h. die wesentlichen Merkmale, die den Menschen von allen anderen lebenden Arten unterscheiden.

Das wesentliche Merkmal des Menschen ist sein Vernunftvermögen. Sein Verstand ist seine Überlebens- und seine einzige Wissensgrundlage.

> „Der Mensch kann nicht wie ein Tier durch die Leitung bloßer Wahrnehmungen überleben... Ohne einen Denkprozess kann er nicht einmal seine simpelsten physischen Bedürfnisse befriedigen. Er braucht einen Denkprozess um zu entdecken, wie man pflanzt und sein Essen anbaut oder wie man Waffen für die Jagd herstellt. Seine Wahrnehmung führt ihn vielleicht zu einer Höhle, wenn es eine gibt – doch um den simpelsten Unterschlupf zu bauen, braucht er einen Denkprozess. Weder Wahrnehmungen noch ‚Instinkte' werden ihm sagen wie man Feuer macht, Stoff webt, Werkzeuge schmiedet, ein Rad oder ein Flugzeug baut, eine Blinddarmoperation durchführt, eine elektrische Glühbirne oder eine Elektronenröhre oder einen Teilchenbeschleuniger oder eine Schachtel Streichhölzer produziert. Und doch hängt sein Leben von solchem

> Wissen ab - und nur ein willentlicher Akt seines Bewusstseins, ein Denkprozess, kann das leisten."[2]

Ein Denkprozess ist ein enorm komplexer Prozess von Identifikation und Integration, den nur ein individueller Verstand leisten kann. So etwas wie ein kollektives Gehirn gibt es nicht. Menschen können voneinander lernen, aber Lernen erfordert einen Denkprozess von Seiten jedes Einzelnen. Menschen können bei der Entdeckung neuen Wissens kooperieren, aber eine solche Kooperation erfordert von jedem individuellen Wissenschaftler die unabhängige Ausübung seines Denkvermögens. Der Mensch ist die einzige lebende Spezies, die ihren Wissensvorrat von Generation zu Generation übermitteln und erweitern kann; aber eine solche Übermittlung erfordert einen Denkprozess von Seiten aller individuellen Empfänger. Als Zeugen: die Zusammenbrüche der Zivilisation, die dunklen Zeitalter in der Geschichte des menschlichen Fortschritts, als das angesammelte Wissen der Jahrhunderte aus dem Leben der Menschen verschwand, denen verboten wurde oder die unfähig oder nicht willens waren, zu denken.

Um ihr Leben zu erhalten, muss jede lebende Spezies eine bestimmte Vorgehensweise einschlagen, die ihr von ihrer Natur diktiert wird. Die Handlung, die für den Erhalt menschlichen Lebens erforderlich ist, ist primär intellektuell: Alles, was der Mensch braucht, muss von seinem Verstand entdeckt und von seinem Einsatz produziert werden. Produktion ist die Anwendung der Vernunft auf das Problem des Überlebens.

Wenn einige Menschen sich entscheiden, nicht zu denken, können sie nur überleben durch Imitation und Wiederholung einer Arbeitsroutine, die andere entdeckt haben - aber diese anderen mussten sie entdecken, oder keiner hätte überlebt. Wenn einige Menschen sich entscheiden, nicht zu denken oder nicht zu arbeiten, können sie nur (kurzfristig) überleben durch den Raub von Produkten, die andere produziert haben - aber diese anderen mussten sie produzieren, oder keiner hätte überlebt. Welche Entscheidung ein Mensch oder eine Gruppe in dieser Frage auch immer trifft - welchen blinden,

---

[2] Zit. n. Ayn Rand: *Die Tugend des Egoismus* (Kapitel *Die objektivistische Ethik*), S. 24.

irrationalen oder bösartigen Weg jeder Einzelne oder alle zusammen auch einschlagen wollen –, es bleibt die Tatsache, dass die Vernunft die Überlebensgrundlage ist und dass Menschen zum Ausmaß ihrer Rationalität gedeihen oder scheitern, leben oder sterben.

Da Wissen, Denken und rationales Handeln Eigenschaften des Individuums sind, da die Entscheidung, sein Denkvermögen auszuüben oder nicht, vom Individuum abhängt, ist es überlebenswichtig, dass die, die denken, frei sein müssen vor der Einmischung derer, die es nicht tun. Da der Mensch weder allwissend noch unfehlbar ist, muss er die Freiheit haben, nach seinem rationalen Urteil zuzustimmen oder nicht, zu kooperieren oder einen eigenen unabhängigen Weg einzuschlagen. Freiheit ist die fundamentale Voraussetzung des menschlichen Geistes.

Ein rationaler Geist arbeitet nicht unter Zwang; er ordnet sein Verständnis der Realität nicht den Befehlen, Direktiven oder Vorschriften eines anderen unter; er opfert sein Wissen und seine Auffassung der Wahrheit nicht den Meinungen, Drohungen, Wünschen, Plänen oder dem „Wohlergehen" anderer. Ein solcher Geist kann durch andere behindert werden, er kann zum Schweigen gebracht, verbannt, eingesperrt oder zerstört werden; gezwungen werden kann er nicht – eine Pistole ist kein Argument. (Ein Beispiel und ein Symbol für diese Einstellung ist Galileo.)

Aus der Arbeit und der unverbrüchlichen Integrität solcher Geister – von den unnachgiebigen Innovatoren – stammt das gesamte Wissen und jede Errungenschaft der Menschheit (s. *„Der Ursprung"*). Solchen Geistern schuldet die Menschheit ihr Überleben (s. *„Der Streik"*).

Das gleiche Prinzip gilt für alle Menschen, auf jeder Stufe der Fähigkeit und des Ehrgeizes. Zu dem Ausmaß, zu dem ein Mensch von seinem rationalen Urteil geleitet wird, handelt er in Übereinstimmung mit seiner Natur und ist erfolgreich beim Erlangen einer menschlichen Form des Überlebens und Wohlergehens; zu dem Ausmaß, zu dem er irrational handelt, fungiert er als sein eigener Zerstörer.

Die gesellschaftliche Anerkennung der rationalen Natur des Menschen – die Verbindung zwischen seinem Überleben und dem Gebrauch seiner Vernunft – ist das Konzept individueller Rechte.

Ich möchte Sie daran erinnern, dass „Rechte" ein moralisches Prinzip sind, die die Handlungsfreiheit des Menschen in einem gesellschaftlichen Kontext definieren und billigen, dass sie von der Natur des Menschen als rationales Wesen abgeleitet und eine notwendige Voraussetzung seines speziellen Überlebensmodus sind. Ich möchte Sie außerdem daran erinnern, dass das Recht auf Leben der Ursprung aller Rechte ist, inklusive des Rechts auf Eigentum.[3]

Besonders in Bezug auf politische Ökonomie muss man dies hervorheben: Um sein Leben zu erhalten, muss der Mensch arbeiten und produzieren. Er muss sein Leben durch eigene Arbeit und durch die Führung seines eigenen Verstandes erhalten. Wenn er nicht über das *Produkt* seiner Arbeit verfügen kann, kann er nicht über seine Arbeit verfügen; wenn er nicht über seine Arbeit verfügen kann, kann er nicht über sein Leben verfügen. Ohne Eigentumsrechte können keine anderen Rechte ausgeübt werden.

Betrachten Sie unter Berücksichtigung dieser Tatsachen nun die Frage, welches Gesellschaftssystem für den Menschen geeignet ist.

Ein Gesellschaftssystem ist eine Reihe von moralisch-politisch-ökonomischen Prinzipien, die durch die Gesetze, Institutionen und die Regierung einer Gesellschaft verkörpert werden, welche die Beziehungen - die Verkehrsregeln - der zwischen den in einem bestimmten geographischen Gebiet lebenden Menschen bestimmen. Es ist offensichtlich, dass diese Regeln und Beziehungen von der Identifikation der Natur des Menschen abhängen, dass sie anders ausfallen, wenn sie für eine Gesellschaft rationaler Wesen oder für einen Ameisenhaufen gelten sollen. Es ist offensichtlich, dass sie radikal anders ausfallen, wenn Menschen einander als freie, unabhängige Individuen behandeln, unter der Prämisse, dass jeder Mensch ein Selbstzweck ist - oder sich als Mitglieder eines Rudels behandeln, in dem jeder die Anderen als Mittel zu *seinen* Zwecken und den Zwecken des „Rudels als Ganzes" ansieht.

Es gibt nur zwei fundamentale Fragen (oder zwei Aspekte derselben Frage), die das Wesen eines Gesellschaftssystems bestimmen:

---

[3] Für eine umfassendere Abhandlung dieses Themas verweise ich auf meine Artikel *Die Menschenrechte* im Anhang und *Kollektive Rechte* in *Die Tugend des Egoismus*.

Erkennt ein Gesellschaftssystem individuelle Rechte an und ächtet ein System körperliche Gewalt in menschlichen Beziehungen? Die Antwort auf die zweite Frage ist die praktische Umsetzung der Antwort auf die erste.

Ist der Mensch ein souveränes Individuum, gehören seine eigene Person, sein Verstand, seine Arbeit und seine Produkte ihm selbst - oder ist er Eigentum des Stammes (der Gesellschaft, des Kollektivs, des Staates), der nach Lust und Laune über ihn verfügen, ihm seine Überzeugungen diktieren, ihm den Kurs seines Lebens vorschreiben, seine Arbeit kontrollieren und seine Produkte enteignen darf? Hat der Mensch *das Recht*, für sich selbst zu leben - oder ist er ein in Ketten geborener Knecht, der sich sein Leben durch Dienst am Stamm erkaufen muss, es aber nie unentgeltlich erlangen kann?

Dies ist die erste Frage, die man beantworten muss. Der Rest sind Konsequenzen und praktische Umsetzungen. Die Grundfrage lautet nur: Ist der Mensch frei?

In der Geschichte der Menschheit ist der Kapitalismus das einzige System, das antwortet: Ja.

Kapitalismus ist ein Gesellschaftssystem, das auf der Anerkennung individueller Rechte (inklusive Eigentumsrechte) beruht und in dem sämtliches Eigentum Privateigentum ist.

Die Anerkennung individueller Rechte zieht den Ausschluss von körperlicher Gewalt aus menschlichen Beziehungen nach sich: Rechte können nur mittels Gewalt verletzt werden. In einer kapitalistischen Gesellschaft darf kein Mensch und keine Gruppe die Anwendung körperlicher Gewalt gegen andere *initiieren*. Die einzige Funktion eines Staates besteht in einer solchen Gesellschaft aus der Aufgabe, Rechte zu schützen, d.h. den Menschen vor körperlicher Gewalt zu schützen; der Staat handelt als Vertreter des Rechts auf Selbstverteidigung und darf Gewalt nur als Erwiderung und nur gegen die anwenden, die mit ihrer Anwendung beginnen; daher ist der Staat das Mittel, die erwidernde Anwendung von Gewalt unter *objektive Kontrolle* zu stellen.[4]

---

[4] Für eine umfassende Abhandlung siehe mein Artikel *Das Wesen der Regierung* im Anhang.

Diese grundlegende metaphysische Tatsache der menschlichen Natur - die Verbindung zwischen dem Überleben und der Anwendung der Vernunft - wird im Kapitalismus geschützt und anerkannt.

In einer kapitalistischen Gesellschaft sind alle menschlichen Beziehungen *freiwillig*. Menschen können miteinander kooperieren oder es sein lassen, miteinander umgehen oder auch nicht, je nachdem, ob ihre individuellen Urteile, Überzeugungen und Interessen übereinstimmen. Sie können nur durch Vernunft miteinander umgehen, d.h. durch Diskussion, Überzeugung und *vertragliche* Vereinbarungen, durch freie Entscheidung zu gegenseitigem Vorteil. Das Recht, mit anderen einer Meinung zu sein, ist in keiner Gesellschaft ein Problem; entscheidend ist *das Recht, anderer Meinung zu sein*. Die Institution des Privateigentums ist der Schutz und die Umsetzung dieses Rechts und macht somit den Weg frei für das (persönlich, gesellschaftlich und *objektiv*) wertvollste menschliche Merkmal: den kreativen Geist.

Das ist der Hauptunterschied zwischen Kapitalismus und Kollektivismus.

Die Kraft, die die Einführung, die Veränderung, die Entwicklung und die Zerstörung von Gesellschaftssystemen bestimmt, ist die Philosophie. Zufall und Tradition spielen in diesem Zusammenhang die gleiche Rolle wie im Leben eines Individuums: Deren Macht steht antiproportional zur Macht der philosophischen Ausrüstung einer Kultur (oder eines Individuums) und nimmt zu, wenn die Philosophie zusammenbricht. Deswegen müssen Gesellschaftssysteme philosophisch definiert und bewertet werden. Entsprechend der vier Zweige der Philosophie sind die vier Grundpfeiler des Kapitalismus: metaphysisch - die Erfordernisse der menschlichen Natur und des menschlichen Überlebens; erkenntnistheoretisch - Vernunft; ethisch - individuelle Rechte; politisch - Freiheit.

Dies ist die Grundlage für einen korrekten Ansatz zu politischer Ökonomie und für das Verständnis des Kapitalismus - nicht die Stammesprämisse aus prähistorischen Traditionen.

Die „praktische“ Rechtfertigung des Kapitalismus liegt nicht in der kollektivistischen Behauptung, dass er „die beste Verteilung der nationalen Ressourcen" erwirkt. Der Mensch ist keine „nationale Ressource" und auch sein Verstand ist es nicht - und ohne die kreative Kraft seines Intellekts bleiben Rohstoffe eben nur nutzlose Rohstoffe.

Die *moralische* Rechtfertigung des Kapitalismus liegt nicht in der altruistischen Behauptung, dass er das „Allgemeinwohl" am besten gewährleistet. Es ist wahr, dass der Kapitalismus dies tut (wenn dieser Spruch irgendeinen Sinn hat), aber das ist nur eine sekundäre Konsequenz. Die moralische Rechtfertigung des Kapitalismus liegt in der Tatsache, dass er das einzige System ist, das mit der rationalen Natur des Menschen übereinstimmt, dass er das Überleben des Menschen *qua Mensch* schützt und dass sein herrschendes Prinzip *Gerechtigkeit* ist.

Jedes Gesellschaftssystem basiert explizit oder implizit auf irgendeiner ethischen Theorie. Die urzeitliche Idee des „Allgemeinwohls" hat den meisten Gesellschaftssystemen (und allen Tyranneien) der Geschichte als moralische Rechtfertigung gedient. Der Grad der Versklavung oder der Freiheit einer Gesellschaft entsprach dem Grad, zu dem diese Parole angeführt oder ignoriert wurde.

Das „Allgemeinwohl" (oder „das öffentliche Interesse") ist ein undefinierter und undefinierbarer Begriff: Eine Entität wie „der Stamm" oder „die Allgemeinheit" gibt es nicht; der Stamm (oder die Allgemeinheit oder die Gesellschaft) ist nur eine Anzahl individueller Menschen. Nichts kann für den Stamm an sich gut sein; „gut" und „Wert" gelten *nur* für lebende Organismen - für individuelle Organismen -, nicht für ein körperloses Aggregat von Beziehungen.

Das „Allgemeinwohl" ist ein sinnloser Begriff, wenn man ihn nicht wörtlich nimmt, in welchem Falle seine einzig mögliche Bedeutung lautet: das Wohl *aller* beteiligten individuellen Menschen. Aber in diesem Falle ist der Begriff als moralisches Kriterium bedeutungslos: Er lässt die Frage offen, *woraus* das Wohl individueller Menschen besteht und wie man es bestimmt.

Dieser Begriff wird jedoch im Allgemeinen nicht in seiner wörtlichen Bedeutung verwendet. Er wird genau wegen seines elastischen, undefinierbaren, mystischen Charakters akzeptiert, der nicht als moralische Leitlinie, sondern als Flucht vor Moral dient. Da das Gute nicht auf das Körperlose anwendbar ist, wird es zu einem moralischen Blankoscheck für die, die es verkörpern wollen.

Wenn das „Allgemeinwohl" einer Gesellschaft als etwas angesehen wird, das vom individuellen Wohl ihrer Mitglieder unabhängig und ihm überlegen ist, bedeutet das, dass das Wohl *einiger* Vorrang vor dem Wohl anderer hat und dass diese anderen den Status von Opfertieren bekommen. Es wird in solchen Fällen stillschweigend angenommen, dass „das Allgemeinwohl" bedeutet: „das Wohl der *Mehrheit*", im Gegensatz zur Minderheit oder dem Individuum. Man beachte die signifikante Tatsache, dass diese Annahme *stillschweigend* ist: Sogar die schlimmsten Kollektivisten erkennen anscheinend die Unmöglichkeit, sie moralisch zu rechtfertigen. Aber „das Wohl der Mehrheit" ist auch nur vorgeschoben und eine Täuschung: Da die Verletzung der Rechte eines einzelnen Individuums die Abschaffung aller Rechte bedeutet, liefert es die hilflose Mehrheit jeder Bande aus, die behauptet „die Stimme der Gesellschaft" zu sein und die daran geht, ihre Herrschaft mit körperlicher Gewalt durchzusetzen, bis sie von einer anderen Bande abgesetzt wird, die die gleichen Mittel einsetzt.

Wenn man zuerst das Wohl von individuellen Menschen definiert, wird man nur eine Gesellschaft akzeptieren, in der dieses Wohl erreicht wird und *erreichbar* ist. Aber wenn man zuerst „das Allgemeinwohl" als Axiom hinnimmt und individuelles Wohl als seine mögliche, aber (im Einzelfall) nicht zwangsläufige Konsequenz ansieht, kommt am Ende eine solch grauenhafte Absurdität wie Sowjetrussland heraus - ein Land, das angeblich dem „Allgemeinwohl" verpflichtet ist und in dem mit Ausnahme einer winzigen Clique von Herrschern die gesamte Bevölkerung seit über zwei Generationen in untermenschlichem Elend vor sich hin vegetiert.

Was bringt die Opfer und (noch schlimmer) die Zuschauer dazu, diese und ähnliche historische Gräueltaten hinzunehmen und sich noch immer an das Märchen des „Allgemeinwohls" zu klammern? Die Antwort liegt in der Philosophie - in den philosophischen Theorien über das Wesen von moralischen Werten.

Es gibt grob gesagt drei Denkschulen über die Natur des Guten: die intrinsische, die subjektive und die objektive. Die *intrinsische*

Theorie besagt, dass das Gute in bestimmten Dingen oder Handlungen *an sich* liege, ungeachtet ihres Kontexts und ihrer Konsequenzen, ungeachtet vom Wohl oder Wehe, das sie für die Beteiligten verursachen. Diese Theorie spaltet den Begriff „gut" von Nutznießern und den Begriff „Wert" vom Beurteilenden und dem Zweck ab - mit der Behauptung, dass das Gute in, durch und aus sich selbst gut sei.

Die *subjektive* Theorie besagt, dass das Gute keine Beziehung zu den Tatsachen der Realität habe, dass es ein von den Gefühlen, Wünschen, „Intuitionen" oder Launen erschaffenes Produkt des menschlichen Bewusstseins sei und dass es bloß ein „willkürliches Postulat" oder eine „emotionale Verpflichtung" sei.

Die intrinsische Theorie besagt, dass das Gute in einer Realität liege, die unabhängig vom menschlichen Bewusstsein sei; die subjektive Theorie besagt, dass das Gute im Bewusstsein des Menschen liege und unabhängig von der Realität sei.

Die *objektive* Theorie besagt, dass das Gute weder ein Merkmal von „Dingen an sich", noch des emotionalen Zustandes des Menschen ist, sondern *eine Einschätzung* der Tatsachen der Realität durch das menschliche Bewusstsein anhand eines rationalen Wertmaßstabes. (*Rational* bedeutet in diesem Kontext: abgeleitet von den Tatsachen der Realität und validiert durch einen Prozess der Vernunft.) Die objektive Theorie besagt, dass *das Gute ein Aspekt der Realität in Bezug auf den Menschen ist* - und dass es vom Menschen nicht erfunden, sondern entdeckt werden muss. Fundamental für eine objektive Werttheorie ist die Frage: Von Wert *für wen und wofür*? Eine objektive Theorie erlaubt keine Kontext-Ignorierung oder „Begriffsdiebstahl"; sie erlaubt nicht die Spaltung von „Wert" und „Zweck", des Guten von Nutznießern und des Handelns von der Vernunft.

Von allen Gesellschaftssystemen der Geschichte ist der Kapitalismus *das einzige System, das auf einer objektiven Werttheorie beruht.*

Die intrinsische und die subjektive Theorie (oder eine Mischung aus beiden) sind die notwendige Basis jeder Diktatur, Tyrannei und jeder Variante des absoluten Staates. Ob bewusst oder unterbewusst - in einer expliziten philosophischen Abhandlung oder dem daraus folgenden impliziten Chaos in den Gefühlen der Durchschnittsmenschen - bringen diese Theorien Menschen zu dem Glauben, dass das Gute unabhängig vom Verstand sei und durch körperliche Gewalt erreicht werden könne.

Wenn jemand glaubt, dass das Gute intrinsisch in bestimmten Handlungen liegt, so wird er nicht zögern, andere zu zwingen, sie zu begehen. Wenn er glaubt, dass das Wohl oder Wehe, das solche Handlungen verursachen, ohne Bedeutung ist, sind Ströme von Blut für ihn bedeutungslos. Wenn er glaubt, dass die Nutznießer solcher Handlungen irrelevant (oder austauschbar) sind, wird er Massenmord als seine moralische Pflicht im Dienste einer „höheren" Sache betrachten. Die intrinsische Werttheorie bringt einen Robespierre, einen Lenin, einen Stalin und einen Hitler hervor. Es ist kein Zufall, dass Eichmann Kantianer war.

Wenn jemand glaubt, dass das Gute eine Frage von willkürlichen, subjektiven Entscheidungen ist, so wird die Frage von gut oder böse für ihn zu einer Frage von: *meine* Gefühle oder *deren* Gefühle? Verständnis oder Kommunikation sind für ihn unmöglich. Die Vernunft ist für Menschen das einzige Kommunikationsmittel, und eine objektiv wahrnehmbare Realität ist ihr einziger gemeinsamer Bezugsrahmen. Wenn beides im Feld der Moral nicht mehr gilt (d.h. für irrelevant gehalten wird), dann können Menschen nur noch durch Gewalt miteinander umgehen. Wenn der Subjektivist ein eigenes gesellschaftliches Ideal verfolgen will, fühlt er sich moralisch berechtigt, Menschen „zu ihrem eigenen Glück" zu zwingen, da er *fühlt*, dass er Recht hat und dass ihm nur deren irregeleitete Gefühle im Wege stehen.

Daher treffen und vermischen sich die Vertreter der intrinsischen und der subjektiven Schule in der Praxis. (Sie vermischen sich auch in ihrer Psycho-Epistemologie*: Wodurch entdecken die Moralisten der intrinsischen Schule ihr transzendentales „Gutes", wenn nicht

---

**Psycho-Epistemologie*, ein von Ayn Rand geprägter Begriff, bezeichnet nicht den *Inhalt* der Ideen eines Menschen, sondern seine Bewusstseinsmethode, d.h. die Methode, durch die sein Verstand gewohnheitsmäßig mit seinem Inhalt umgeht. „Psycho-Epistemologie ist das Studium der kognitiven Prozesse vom Aspekt der Interaktion zwischen dem bewussten Verstand und den automatischen Funktionen des Unterbewusstseins." Siehe *Die Comprachicos* in *Zurück in die Steinzeit* (Düsseldorf 2016).

durch spezielle, nichtrationale Intuitionen und Offenbarungen, d.h. durch ihre Gefühle?) Es ist zweifelhaft, ob irgendjemand eine dieser Theorien als wirkliche, wenn auch fehlgeleitete Überzeugung vertreten kann. Aber beide dienen als Rationalisierung für Machtgier und die Herrschaft durch nackte Gewalt, entfesseln den potentiellen Diktator und entwaffnen seine Opfer.

Die objektive Werttheorie ist die einzige Theorie, die mit der Herrschaft nackter Gewalt unvereinbar ist. Kapitalismus ist das einzige System, das implizit auf einer objektiven Werttheorie beruht - und die historische Tragödie besteht darin, dass dies nie explizit gesagt wurde.

Wenn man weiß, dass das Gute *objektiv* ist, d.h. durch das Wesen der Realität bestimmt, aber durch den Verstand entdeckt werden muss, dann weiß man, dass ein Versuch, das Gute durch körperliche Gewalt zu erreichen, ein monströser Widerspruch ist, der die Moral durch die Zerstörung der Fähigkeit, das Gute zu erkennen (d.h. der Fähigkeit, zu bewerten) an seiner Wurzel abschneidet. Gewalt paralysiert das Urteilsvermögen des Menschen und macht es ungültig, da verlangt wird, dass er ihm zuwider handelt und er somit moralisch ohnmächtig wird. Ein Wert, zu dem man gezwungen wird und für den man seinen Verstand aufgeben muss, ist für niemanden von Wert; die gezwungen Unvernünftigen können weder beurteilen noch wählen oder wertschätzen. Ein Versuch, das Gute mit Gewalt zu erreichen, ist wie der Versuch, dem Menschen die Augen herauszuschneiden, um ihm eine Bildergalerie zu geben. Werte können nicht existieren (können nicht bewertet werden), wenn man nicht den Gesamtkontext im Auge behält: das Leben des Menschen, seine Bedürfnisse, seine Ziele und sein *Wissen*.

Die objektive Werttheorie durchdringt die gesamte Struktur einer kapitalistischen Gesellschaft.

Die Anerkennung von individuellen Rechten impliziert die Anerkennung der Tatsache, dass das Gute keine unvermittelbare Abstraktion in irgendeiner übernatürlichen Dimension ist, sondern ein Wert, der die Realität, diese Erde und das Leben von individuellen Menschen betrifft. (Siehe das Recht auf das Streben nach Glück.)

Sie impliziert, dass das Gute nicht von Nutznießern getrennt werden kann, dass Menschen nicht austauschbar sind und dass kein Mensch und kein Stamm versuchen darf, das Wohl einiger durch die Opferung anderer zu erreichen.

Der freie Markt repräsentiert die *gesellschaftliche* Anwendung einer objektiven Werttheorie. Da Werte vom menschlichen Geist entdeckt werden müssen, müssen Menschen frei sein, sie zu entdecken - zu denken, zu studieren, ihrem Wissen physische Form zu verleihen, ihre Produkte zum Tausch anzubieten, sie zu beurteilen und auszuwählen - seien es nun materielle Waren oder Ideen, ein Laib Brot oder eine philosophische Abhandlung. Da Werte in einem Kontext entstehen, muss jeder Mensch im Kontext seines eigenen Wissens, seiner Ziele und Interessen für sich urteilen. Da Werte vom Wesen der Realität bestimmt werden, dient die Realität als letztendlicher Schiedsrichter: Wenn das Urteil eines Menschen richtig ist, gehört der Lohn ihm, wenn es falsch ist, ist er selbst sein einziges Opfer.

Besonders in Bezug auf einen freien Markt muss man den Unterschied zwischen einer intrinsischen, einer subjektiven und einer objektiven Wertauffassung verstehen. Der Marktwert eines Produktes ist *kein* intrinsischer Wert, kein „Wert an sich“, der in einem Vakuum schwebt. Ein freier Markt verliert nie die Frage aus dem Blick: Von Wert *für wen*? Und innerhalb des breiten Feldes der Objektivität reflektiert der Marktwert eines Produktes nicht seinen *philosophisch objektiven* Wert, sondern nur seinen *gesellschaftlich objektiven* Wert.

Mit „philosophisch objektiv“ meine ich einen Wert, der danach eingeschätzt wird, was das Bestmögliche für den Menschen ist, d.h. nach dem Kriterium des rationalsten Verstandes, der in einer bestimmten Kategorie, einer bestimmten Periode und einem definierten Kontext das größte Wissen besitzt. (Nichts kann in einem *undefinierten* Kontext eingeschätzt werden.) Man kann z.B. rational beweisen, dass das Flugzeug für den Menschen (der sein Potential verwirklichen will) *objektiv* gesehen von unvergleichlich größerem Wert ist als das Fahrrad - und dass die Werke von Victor Hugo *objektiv* von unvergleichlich größerem Wert sind als Groschenromane. Aber wenn das intellektuelle Potential eines bestimmten Menschen kaum für den

Genuss von Groschenromanen ausreicht, dann gibt es keinen Grund, warum sein geringes Einkommen - das Produkt *seiner* Anstrengungen - für Bücher ausgegeben werden sollte, die er nicht lesen kann, oder für Subventionen der Flugzeugindustrie, wenn seine eigenen Bedürfnisse nicht über ein Fahrrad hinausgehen. (Es gibt auch keinen Grund, warum der Rest der Menschheit auf der Stufe seines literarischen Geschmacks, seiner Ingenieurkenntnisse und seines Einkommens gehalten werden sollte. Werte werden nicht durch Befehl oder Mehrheitsentscheidungen bestimmt.)

Genau wie die Anzahl ihrer Anhänger kein Beweis für die Richtigkeit einer Idee, den Wert eines Kunstwerkes oder die Wirksamkeit eines Produktes ist, genauso repräsentiert der Marktwert von Waren oder Dienstleistungen nicht zwangsläufig ihren philosophisch objektiven Wert, sondern nur ihren *gesellschaftlich objektiven* Wert, d.h. die Summe der individuellen Urteile aller beteiligten Menschen zu einer bestimmten Zeit; die Summe dessen, was sie je nach dem Kontext ihres eigenen Lebens wertschätzen.

Daher kann man mit Lippenstiften sehr wohl ein größeres Vermögen machen als mit Mikroskopen, obwohl man rational beweisen kann, dass Mikroskope wissenschaftlich wertvoller sind als Lippenstifte. Aber - wertvoll *für wen*?

Ein Mikroskop ist wertlos für eine kleine Sekretärin, die darum kämpft, ihren Lebensunterhalt zu bestreiten - ein Lippenstift nicht; ein Lippenstift mag für sie den Unterschied machen zwischen Selbstvertrauen und Selbstzweifel, zwischen Schönheit und Schufterei.

Dies bedeutet jedoch nicht, dass die Werte, die einen freien Markt regeln, *subjektiv* sind. Wenn die Sekretärin all ihr Geld für Kosmetik ausgibt und sie keines mehr für die Benutzung eines Mikroskops (für einen Besuch beim Arzt) hat, *wenn sie es braucht*, so lernt sie eine bessere Methode, sich ihr Einkommen einzuteilen; der freie Markt dient als ihr Lehrer: Sie kann andere Menschen nicht für ihre eigenen Fehler bestrafen. Wenn sie vernünftig haushält, steht ihr das Mikroskop immer zur Verfügung, um ihren eigenen spezifischen Bedürfnissen zu dienen *und mehr nicht*, soweit es sie betrifft: Sie muss keine Steuern zahlen um ein ganzes Krankenhaus, ein Forschungslabor oder einen Flug zum Mond zu unterstützen. Innerhalb ihrer eigenen produktiven Kraft zahlt sie einen Teil der Kosten der wissenschaftlichen Errungenschaften, *wenn und wie sie sie braucht*. Sie hat keine „gesellschaftliche Verpflichtung"; ihr eigenes Leben ist ihre einzige Verantwortung - und das einzige, was ein kapitalistisches System von ihr verlangt, ist das, was *die Natur* verlangt: Rationalität, d.h. dass sie nach ihrem eigenen Urteil lebt und handelt.

In jeder Kategorie von Waren und Dienstleistungen, die auf dem freien Markt angeboten wird, macht derjenige den größten finanziellen Gewinn, der das beste Produkt zum billigsten Preis *in diesem Bereich* liefert - nicht automatisch, sofort oder auf Befehl, sondern kraft des freien Marktes, der jedem Teilnehmer beibringt, in seinem eigenen Kompetenzbereich nach dem objektiv Besten zu suchen, und jene bestraft, die nach irrationalen Gesichtspunkten handeln.

Nun beachten Sie, dass ein freier Markt Menschen nicht auf einen gemeinsamen Nenner einebnet, dass ein freier Markt und eine freie Gesellschaft nicht von den intellektuellen Kriterien der Mehrheit beherrscht werden und dass die außergewöhnlichen Menschen - die Erfinder, die intellektuellen Giganten - nicht von der Mehrheit unterdrückt werden. Tatsächlich heben die Mitglieder dieser außergewöhnlichen Minderheit die gesamte freie Gesellschaft auf die Stufe ihrer eigenen Errungenschaften, während sie selbst höher und höher streben.

Ein freier Markt ist ein *kontinuierlicher Prozess*, der nicht zum Stillstand gebracht werden kann - ein Prozess, der das Beste (das Rationalste) von jedem Menschen verlangt und ihn entsprechend belohnt. Während die Mehrheit kaum den Wert des Automobils begreift, führt die kreative Minderheit das Flugzeug ein. Die Mehrheit lernt durch Demonstration; die Minderheit hat die Freiheit, zu demonstrieren. Der „philosophisch objektive" Wert eines neuen Produktes dient als Lehrer für die, die ihre Vernunft ausüben wollen, jeder zum Ausmaß seiner Fähigkeiten. Wer nicht willens ist, bleibt unbelohnt - genau wie die, die mehr anstreben, als ihr Talent produziert. Die Stagnierenden, die Irrationalen und die Subjektivisten haben keine Macht, die Besseren aufzuhalten.

(Die kleine Minderheit von Erwachsenen, die arbeiten wollen aber nicht *können*, muss sich auf freiwillige Wohltätigkeit verlassen; Unglück ist kein Anspruch auf Sklavenarbeit: Es gibt kein *Recht*, jene zu verschlingen, zu kontrollieren und zu zerstören, ohne die man nicht überleben könnte. Was Depressionen und Massenarbeitslosigkeit angeht, so werden diese nicht durch den freien Markt, sondern durch staatliche Eingriffe in die Wirtschaft verursacht.)

Die geistigen Schmarotzer - die Imitatoren, die versuchen, dem, was sie für den Geschmack der Massen halten, etwas zu bieten - werden ständig von den Innovatoren geschlagen, deren Produkte das Wissen der Massen und ihren Geschmack auf immer höhere Stufen heben. Genau in diesem Sinne wird der freie Markt nicht von Konsumenten, sondern von Produzenten regiert. Die Erfolgreichsten sind jene, die neue Produktionsfelder entdecken - Felder, deren Existenz bis dahin unbekannt war.

Ein bestimmtes Produkt wird vielleicht nicht sofort gewürdigt, besonders wenn es eine zu radikale Innovation ist; aber wenn man irrelevante Zufälle außer Acht lässt, gewinnt es auf lange Sicht. Genau in diesem Sinne wird der freie Markt nicht von den intellektuellen Kriterien der Mehrheit regiert, die nur für einen bestimmten Moment siegen; der freie Markt wird regiert von denen, die auf lange Sicht planen - und je besser der Verstand, desto langfristiger die Planung.

Der ökonomische Wert der Arbeit eines Menschen wird auf einem freien Markt von einem einzigen Prinzip bestimmt: von der freiwilligen Zustimmung derer, die ihre Arbeit oder ihre Produkte mit ihm tauschen wollen. Dies ist die moralische Bedeutung des Gesetzes von Angebot und Nachfrage; es repräsentiert die totale Ablehnung zweier bösartiger Lehren: der Stammesprämisse und des Altruismus. Es repräsentiert die Anerkennung der Tatsache, dass der Mensch nicht das Eigentum oder der Diener des Stammes ist, dass ein Mensch arbeitet, *um sein eigenes Leben zu erhalten* (wie es ihm seine Natur gebietet) - dass er von seinem eigenen rationalen Eigeninteresse geleitet werden muss und er keine Opfer erwarten kann, wenn er mit anderen handeln will, d.h. dass er nicht erwarten kann, Werte ohne angemessenen Gegenwert zu erhalten. Das einzige Kriterium dafür, was in diesem Zusammenhang angemessen ist, ist das freiwillige Urteil aller Beteiligten.

Die Verfechter der Stammesprämisse attackieren dieses Prinzip von zwei scheinbar entgegengesetzten Seiten: Sie behaupten, dass der freie Markt sowohl für das Genie als auch den Durchschnittsmenschen „unfair" sei. Der erste Einwurf äußert sich gewöhnlich durch Fragen wie: „Warum sollte Elvis Presley mehr Geld machen als Einstein?" Die Antwort lautet: Weil Menschen arbeiten, um ihr Leben zu erhalten und zu genießen - und wenn viele Elvis Presley schätzen, können sie ihr Geld für ihr eigenes Vergnügen ausgeben. Presleys Vermögen wird weder Einstein weggenommen, noch denen, die sich nichts aus ihm machen (von denen ich eine bin), noch steht er Einstein im Weg, noch fehlt es Einstein in einer freien Gesellschaft an angemessener intellektueller Anerkennung und Unterstützung.

Zum zweiten Einwurf - der Behauptung, dass der Mensch mit durchschnittlichen Fähigkeiten einen „unfairen" Nachteil auf einem freien Markt erleide:

> „Schaut über den Augenblick hinaus, ihr, die ihr klagt, dass ihr euch vor einem Wettbewerb mit intelligenteren Menschen fürchtet; dass ihr Verstand euren Lebensunterhalt bedroht; dass die Starken den Schwachen auf einem freien Markt keine Chance lassen... Lebt ihr aber in einer rationalen Gesellschaft, in der freier Handel betrieben wird, erlangt ihr einen unschätzbaren Mehrwert: Der materielle Wert eurer Arbeit wird nicht nur durch euren Einsatz bestimmt, sondern durch den Einsatz der besten produktiven Köpfe in eurer Umgebung (...).
>
> Die Maschine, die Kristallisation lebendiger Intelligenz, ist die Kraft, die das Potenzial eures Lebens erweitert, indem sie die Produktivität eurer Zeit erhöht... Jedem Menschen steht es frei, so weit aufzusteigen, wie er kann oder will, aber die Grenzen seines Denkens bestimmen die Grenzen seines Aufstiegs. Bloße körperliche Arbeit kann nicht über den Augenblick hinausführen. Wer ausschließlich körperliche Arbeit leistet, konsumiert den materiellen Gegenwert seines eigenen Beitrags zum Produktionsprozess und schafft weder für sich noch für andere einen darüber hinausgehenden Wert. Doch wer in irgendeinem rationalen Gebiet eine Idee hervorbringt, wer neues Wissen generiert, ist der ewige Wohltäter der Menschheit... Nur der Wert einer Idee lässt

sich mit unbegrenzt vielen Menschen teilen, und macht alle, die daran teilhaben, reicher, ohne dass jemand etwas opfert oder verliert, und steigert die Produktivität der Arbeit, die jeder von ihnen vollbringt (...).

Im Verhältnis zu seiner geleisteten geistigen Anstrengung erhält einer, der Neues erfindet, nur einen kleinen Anteil seines Werts als materielle Bezahlung, ganz gleich, wie groß das Vermögen ist, das er macht und wie viele Millionen er verdient. Doch einer, der als Hausmeister in der Fabrik arbeitet, in der die Erfindung in Produktion geht, erhält eine enorm hohe Bezahlung im Verhältnis zu der geistigen Anstrengung, die sein Arbeitsplatz *ihm* abverlangt. Und dasselbe gilt für alle Menschen dazwischen, auf allen Ebenen der Ambition und Fähigkeit. Wer an der Spitze der intellektuellen Pyramide steht, leistet den größten Beitrag für alle, die unter ihm stehen, erhält aber selbst nichts außer seiner materiellen Bezahlung, denn er bekommt keinen intellektuellen Mehrwert zum Wert seiner Zeit hinzu. Derjenige am unteren Ende der Pyramide, der in seiner hoffnungslosen Unfähigkeit verhungern würde, wenn er sich selbst überlassen bliebe, leistet keinen Beitrag für diejenigen, die über ihm stehen, erhält selbst aber den Mehrwert all ihrer Geisteskraft. So sieht der ‚Wettbewerb' zwischen den geistig Starken und Schwachen aus. Das ist das Muster der ‚Ausbeutung', für das ihr die Starken verdammt habt." (Aus: *„Der Streik"*)

Und so sieht auch die Beziehung von Kapitalismus zum Verstand des Menschen und zu seinem Überleben aus.

Der erstaunliche Fortschritt, den der Kapitalismus in einer kurzen Zeitspanne erreicht hat - die spektakuläre Verbesserung der Lebensumstände auf der Erde -, ist eine historische Tatsache. Sie kann von der ganzen Propaganda der Feinde des Kapitalismus nicht versteckt, verleugnet oder wegerklärt werden. Was man aber besonders hervorheben muss, ist die Tatsache, dass dieser Fortschritt *nicht* durch Opfer erreicht wurde.

Fortschritt kann nicht durch erzwungene Entbehrungen, durch das Auspressen eines „sozialen Mehrwertes" aus hungernden Opfern erreicht werden. Fortschritt kann nur aus *individuellem Mehrwert* kommen, d.h. aus der Arbeit, der Energie, dem kreativen Überfluss der Menschen, deren Fähigkeiten mehr produzieren als ihr persönlicher Verbrauch erfordert; aus der Arbeit derer, die intellektuell und finanziell fähig sind, das Neue zu suchen, das Bekannte zu verbessern und vorwärts zu schreiten. In einer kapitalistischen Gesellschaft, in der solche Menschen frei arbeiten und ihre eigenen Risiken tragen können, ist Fortschritt keine Frage von Opferungen für eine ferne Zukunft. Er ist teil der gelebten Gegenwart, er ist das Normale und Natürliche, er wird erreicht während Menschen ihr Leben leben - und *genießen*.

Sehen Sie sich nun die Alternative an - die Stammesgesellschaft, in der alle Menschen ihre Arbeit, ihre Werte, ihren Ehrgeiz und ihre Ziele auf einen Haufen oder in einen Topf werfen und dann hungrig an seinem Rand warten, während der Führer einer Clique von Köchen darin rührt, mit einem Bajonett in der einen und einem Blankoscheck auf ihr Leben in der anderen Hand. Das beständigste Beispiel für ein solches System ist die Union der Sozialistischen Sowjetrepubliken.

Vor einem halben Jahrhundert befahlen die Sowjetherrscher ihren Untertanen, geduldig zu sein, Entbehrungen zu ertragen und Opfer zu bringen, um das Land zu „industrialisieren", und versprachen, dass all dies nur vorübergehend sei, dass die Industrialisierung ihnen Überfluss bringen werde und der Sowjetfortschritt den kapitalistischen Westen übertreffen werde.

Heute ist Sowjetrussland immer noch nicht in der Lage, seine Bevölkerung zu ernähren, während die Herrscher herumrennen um die technologischen Errungenschaften des Westens zu kopieren, zu borgen oder zu stehlen. Industrialisierung ist kein statisches Ziel; es ist ein dynamischer Prozess mit einer schnellen Veralterungsquote. Und so verhungern die elenden Knechte einer geplanten Stammeswirtschaft, die schon verhungerten, während sie auf Stromgeneratoren und Traktoren warteten, heute immer noch, während sie auf Atomkraft und Weltraumreisen warten. Daher ist der wissenschaftliche Fortschritt in einer „Volksrepublik" eine Bedrohung für das Volk, und jeder Fortschritt wird ihm aus den Adern gequetscht.

Das ist nicht die Geschichte des Kapitalismus.

Amerikas Überfluss wurde nicht durch allgemeine Opfer für „das Allgemeinwohl" geschaffen, sondern durch den produktiven Einfallsreichtum freier Menschen, die ihre eigenen Interessen und die Schaffung ihrer eigenen Privatvermögen verfolgten. Sie ließen das Volk nicht verhungern, um für Amerikas Industrialisierung zu bezahlen. Sie gaben den Leuten mit jeder neu erfundenen Maschine, mit jeder wissenschaftlichen Entdeckung und jedem technologischen Fortschritt bessere Jobs, höhere Löhne und billigere Waren - und statt zu leiden schritt das ganze Land somit vorwärts und profitierte.

Machen Sie jedoch nicht den Fehler, Ursache und Wirkung umzukehren: Das Wohl des Landes wurde genau durch die Tatsache möglich gemacht, dass es niemandem als moralisches Ziel oder Pflicht aufgezwungen wurde; es war bloß ein Effekt; die Ursache war das Recht eines jeden Menschen, sein Glück zu suchen. Die moralische Rechtfertigung des Kapitalismus besteht aus diesem Recht - nicht aus seinen Konsequenzen.

Aber dieses Recht ist mit der intrinsischen oder der subjektiven Werttheorie, mit der altruistischen Moral und der Stammesprämisse unvereinbar. Es ist offensichtlich, welches menschliche Merkmal man bestreitet, wenn man Objektivität bestreitet; und angesichts der Leistungen des Kapitalismus ist es offensichtlich, gegen welches menschliche Merkmal die altruistische Moral und die Stammesprämisse vereint stehen: gegen den menschlichen Geist, gegen Intelligenz - besonders gegen die auf die Probleme des menschlichen Überlebens angewandte Intelligenz, d.h. gegen produktive Fähigkeiten.

Während der Altruismus die Intelligenz ihrer Belohnungen berauben will, durch die Behauptung, dass es die moralische Pflicht der Fähigen sei, den Unfähigen zu dienen und man sich selbst für die Bedürfnisse aller opfern müsse, geht die Stammesprämisse noch einen Schritt weiter: Sie bestreitet die Existenz von Intelligenz und ihre Rolle in der Produktion von Wohlstand.

Es ist moralisch obszön, Wohlstand als ein anonymes Stammesprodukt anzusehen und darüber zu reden, ihn „umzuverteilen“. Die Idee, dass Wohlstand das Resultat eines undifferenzierten kollektiven Prozesses sei, dass wir alle etwas getan hätten und man unmöglich sagen könne, wer was getan hat und dass deswegen eine Art ausgleichender „Verteilung“ notwendig sei, mag in einem urzeitlichen Dschungel angemessen gewesen sein, in dem wilde Horden nur mit Muskelkraft Felsbrocken herumschoben (obwohl sogar das irgendjemand initiieren und organisieren musste). Diese Idee in einer Industriegesellschaft aufrechtzuerhalten, in der die Wichtigkeit individueller Leistung allgemein bekannt ist, ist eine so krasse Ausflucht, dass es obszön wäre, hier im Zweifel für den Angeklagten zu sprechen.

Jeder, der je Arbeitgeber oder -nehmer war oder je Menschen hat arbeiten sehen oder je einen Tag ehrlicher Arbeit geleistet hat, kennt die wichtige Rolle von Talent, von Intelligenz, von kompetenter Verstandesarbeit - in allen Arbeitsbereichen, vom niedrigsten bis zum anspruchsvollsten. So jemand weiß, dass Kompetenz oder Mangel daran (ob nun tatsächlich oder vorsätzlich) in jedem produktiven Prozess den Unterschied zwischen Leben oder Tod ausmacht. Der Beweis ist so überwältigend - theoretisch und praktisch, logisch und „empirisch", geschichtlich und alltäglich -, dass niemand behaupten kann, es nicht zu wissen. Fehler dieser Größe werden nicht unschuldig gemacht.

Als große Industrielle auf einem *freien* Markt (d.h. ohne Anwendung von Gewalt, ohne staatliche Hilfen oder Einmischung) Vermögen erwarben, *schafften* sie neuen Wohlstand; sie nahmen ihn nicht denen weg, die ihn *nicht* geschaffen hatten. Wenn Sie es bezweifeln, schauen Sie sich das „Bruttosozialprodukt" und den Lebensstandard von Ländern an, in denen es solchen Leuten nicht gestattet wird, zu existieren.

Sehen Sie sich an, wie selten und wie unzureichend die Frage von menschlicher Intelligenz in den Schriften der altruistischen Theoretiker der Stammes- und Planwirtschaft diskutiert wird. Sehen Sie sich an, wie sorgfältig die heutigen Befürworter einer Mischökonomie in ihren Forderungen nach der Plünderung des „Bruttosozialprodukts" jede Erwähnung von Intelligenz oder Kompetenz in ihrer Behandlung von politisch-ökonomischen Fragen vermeiden oder ihr ausweichen.

Ich werde oft gefragt: „Warum wurde der Kapitalismus trotz seiner unvergleichlichen Erfolgsgeschichte zerstört?" Die Antwort liegt in der Tatsache, dass der Lebensnerv, der jedes Gesellschaftssystem nährt, seine vorherrschende Philosophie ist, und darin, dass der Kapitalismus nie eine philosophische Basis hatte. Er war das letzte und (theoretisch) unvollkommene Produkt eines aristotelischen Einflusses. Als im 19. Jahrhundert erneut eine Woge von Mystizismus die Philosophie überspülte, blieb der Kapitalismus in einem intellektuellen Vakuum zurück und sein Lebensnerv wurde abgeschnitten. Weder seine moralische Natur noch seine politischen Prinzipien sind je völlig verstanden oder definiert worden. Seine vermeintlichen Verteidiger hielten ihn für kompatibel mit staatlichen Kontrollen (d.h. mit staatlichen Eingriffen in die Wirtschaft) und ignorierten die Bedeutung und die Implikationen des Begriffs „Laissez-Faire". Im 19. Jahrhundert existierte daher kein reiner Kapitalismus, sondern Mischökonomien. Da Kontrollen weitere Kontrollen notwendig machen und hervorbringen, war es das planende Element, das ihn zerstörte; es war das freie, kapitalistische Element, das die Schuld auf sich nahm.

Der Kapitalismus konnte nicht in einer Kultur überleben, die von Mystizismus und Altruismus, von der Körper/Seele-Dichotomie und der Stammesprämisse beherrscht wurde. Kein Gesellschaftssystem (und keine menschliche Institution oder Aktivität) kann ohne eine moralische Basis überleben. Auf der Basis der altruistischen Moral musste der Kapitalismus verlieren.[5]

Wer die Rolle der Philosophie in politisch-ökonomischen Fragen nicht völlig versteht, dem biete ich als deutlichstes Beispiel für den heutigen intellektuellen Zustand einige weitere Zitate aus dem Artikel der *Encyclopedia Britannica* über den Kapitalismus an:

> „Nur wenige Beobachter bezweifeln die Rolle des Kapitalismus als Produktionsmotor. Kritik am kapitalistischen System und seinen Merkmalen gibt es für gewöhnlich aus *moralischen* und *kulturellen* Gründen, und an der kurzfristigen Wechselhaftigkeit (Krisen und Depressionen), mit denen langfristige Verbesserungen durchsetzt sind." [Hervorhebungen von mir].

Die „Krisen und Depressionen" wurden von staatlichen Eingriffen und nicht vom kapitalistischen System verursacht. Aber wie sahen die „moralischen und kulturellen Gründe" aus? Der Artikel sagt es uns nicht explizit, gibt aber eine wortreiche Andeutung:

---

[5] Das Versagen der Philosophen in Bezug auf den Kapitalismus behandle ich im Titelessay meines Buches *„Für den neuen Intellektuellen"*.

> „Beide Tendenzen und Verwirklichungen [des Kapitalismus] tragen jedoch das unmissverständliche Zeichen des unternehmerischen Interesses und noch eher der Denkweise des Unternehmers in sich. Ferner trugen nicht nur die Verfahrensweise, sondern auch die Philosophie des nationalen und individuellen Lebens, das Modell kultureller Werte, dieses Zeichen. Sein materialistischer Utilitarismus, sein naives Vertrauen auf eine bestimmte Art von Fortschritt, seine Errungenschaften im Bereich reiner und angewandter Wissenschaft und das Naturell seiner künstlerischen Leistungen können alle auf den *Geist des Rationalismus* zurückgeführt werden, der vom Büro des Unternehmers ausgeht." [Hervorhebungen von mir].

Der Autor des Artikels, der nicht „naiv" genug ist, an kapitalistischen (oder *rationalen*) Fortschritt zu glauben, hat offensichtlich einen anderen Glauben:

> „Am Ende des Mittelalters stand Westeuropa ungefähr da, wo viele unterentwickelte Länder im 20. Jahrhundert stehen. [Dies bedeutet, dass die Kultur der Renaissance ungefähr äquivalent zur Kultur des heutigen Kongo war oder dass die intellektuelle Entwicklung der Menschen nichts mit Ökonomie zu tun hat.] In unterentwickelten Ökonomien besteht die schwierige Aufgabe der Staatsführung darin, einen kumulativen Prozess wirtschaftlicher Entwicklung in Gang zu bringen, denn wenn einmal ein bestimmter Schwung erreicht ist, scheinen weitere Fortschritte mehr oder weniger automatisch zu folgen."

Jede Planwirtschaftstheorie hat an ihrer Wurzel eine solche Idee. Aufgrund eines solchen „ausgeklügelten" Glaubens sind zwei Generationen von Russen verendet, während sie auf *automatischen* Fortschritt warteten.

Die klassischen Ökonomen versuchten eine Stammesrechtfertigung des Kapitalismus mit dem Argument, dass er die beste „Umverteilung" der „Ressourcen" einer Gesellschaft gewährleiste. Wenn man so in den Wald hineinruft, schallt es wie folgt heraus:

> „Die Markttheorie der Ressourcenumverteilung im privaten Sektor ist das zentrale Thema der klassischen Ökonomie. Das Kriterium zur Verteilung zwischen dem öffentlichen und dem privaten Sektor ist formell dasselbe wie in jeder anderen Ressourcenumverteilung, nämlich dass

> die Gemeinschaft in gleichem Umfang am Zuwachs der im öffentlichen und privaten Raum verwendeten Ressourcen beteiligt werden soll (...).
>
> Viele Ökonomen haben erklärt, dass es erhebliche (und vielleicht überwältigende) Anzeichen dafür gibt, dass der absolute Wohlstand in den kapitalistischen Vereinigten Staaten durch eine Umverteilung von Ressourcen in den öffentlichen Sektor vermehrt werden könnte - mehr Schulen und weniger Einkaufszentren, mehr öffentliche Büchereien und weniger Autos, mehr Krankenhäuser und weniger Bowlingbahnen."

Das bedeutet, dass einige Menschen ihr Leben lang ohne ausreichende Beförderung (Autos), ohne ausreichende Möglichkeiten, sich Dinge kaufen zu können, die sie brauchen (Einkaufszentren) und ohne Vergnügen (Bowlingbahnen) schuften müssen, damit andere Menschen mit Schulen, Büchereien und Krankenhäusern versorgt werden.

Wenn Sie das Endergebnis und die volle Bedeutung der Stammesprämisse sehen wollen - die totale Auslöschung des Unterschieds zwischen privater und staatlicher Handlung, zwischen Produktion und Gewalt, die totale Auslöschung des Begriffs „Rechte", der Realität individueller Menschen und deren Ersetzung durch ein Menschenbild, das Menschen als austauschbare Lasttiere oder „Produktionsfaktoren" betrachtet, dann sehen Sie sich Folgendes an:

> „Der Kapitalismus hat aus zwei Gründen ein Vorurteil gegen den öffentlichen Sektor. Erstens fließen alle Produkte und Einkommen zuerst dem privaten Sektor zu [?], während der öffentliche Sektor seine Ressourcen durch den schmerzhaften Prozess der Besteuerung bekommt. Öffentliche Bedürfnisse werden nur durch die Duldung der Verbraucher in ihrer Rolle als Steuerzahler erfüllt [was ist mit *Produzenten*?], deren politische Repräsentanten sich der empfindlichen Gefühle [!] ihrer Wähler bewusst sind. Dass die Bürger besser als der Staat wissen, was sie mit ihrem Einkommen machen wollen, ist eine attraktivere Idee als die gegenteilige, dass Menschen mehr für ihr Steuergeld bekommen als für andere Ausgaben. [Nach welcher Werttheorie? Nach wessen Beurteilung?]...
>
> Zweitens führt der Druck von Privatfirmen, etwas zu verkaufen, zu dem fabelhaften Aufgebot moderner Geräte, die die Entscheidungen der Verbraucher beeinflussen, und dazu, dass deren Wertvorstellungen hinsichtlich des privaten Verbrauchs nicht mehr vorurteilsfrei sind... [Dies bedeutet, dass es ein bloßes *Vorurteil* ist, wenn Sie Ihr Geld lieber

selbst ausgeben anstatt es weggenommen zu bekommen.] Daher geht viel Privatvermögen in Bedürfnisse, die im fundamentalen Sinne nicht besonders dringlich sind. [Dringlich - für wen? Welche Bedürfnisse sind „fundamental" außer einer Höhle, einer Bärenhaut und einem Brocken Fleisch?] Daraus folgt, dass viele öffentliche Bedürfnisse vernachlässigt werden, weil diese oberflächlichen privaten Bedürfnisse, die künstlich geschaffen werden, erfolgreich um dieselben Ressourcen konkurrieren... [*Wessen* Ressourcen?]

Ein Vergleich zwischen der Ressourcenverteilung im privaten und öffentlichen Sektor im Kapitalismus und im sozialistischen Kollektivismus ist aufschlussreich. [Allerdings.] In einer kollektiven Ökonomie operieren alle Ressourcen ohne Transfer durch Steuern im öffentlichen Sektor und stehen für Ausbildung, Verteidigung, Gesundheit, Soziales und andere öffentlichen Bedürfnisse zur Verfügung. Privater Konsum wird beschränkt auf Dinge, die gegenüber dem Sozialprodukt *erlaubt* werden [von wem?], während öffentliche Dienste in einer kapitalistischen Ökonomie gegenüber den Ansprüchen des privaten Sektors begrenzt sind [Hervorhebung von mir]. In einer kollektiven Ökonomie genießen öffentliche Bedürfnisse die gleiche eingebaute Priorität, die der private Verbrauch in einer kapitalistischen Ökonomie genießt. In Sowjetrussland sind Lehrer zahlreich, aber Autos rar, wogegen in den Vereinigten Staaten das Gegenteil zutrifft."

Hier kommt das Fazit des Artikels:

„Vorhersagen über das Überleben des Kapitalismus sind teilweise eine Definitionsfrage. Man sieht in allen kapitalistischen Ländern eine Verlagerung der ökonomischen Aktivität vom privaten hin zum öffentlichen Sektor (...). Zur gleichen Zeit [nach dem Zweiten Weltkrieg] schien der private Verbrauch in den kommunistischen Ländern zwangsläufig anzusteigen. [Wie etwa der Verbrauch von Weizen?] Die beiden ökonomischen Systeme schienen durch Veränderungen aus beiden Richtungen enger zusammenzuwachsen. Trotzdem existierten immer noch signifikante Unterschiede in den ökonomischen Strukturen. Es ist eine vernünftige Annahme, dass die Gesellschaft, die mehr in Menschen investiert, schneller fortschreiten und erfolgreich sein wird. In dieser wichtigen Frage leidet der Kapitalismus nach Ansicht einiger Ökonomen unter einem fundamentalen, aber nicht unausweichlichen Nachteil im Wettbewerb mit dem Kollektivismus."

Die Kollektivierung der sowjetischen Landwirtschaft wurde durch eine vom Staat absichtlich geplante und durchgeführte Hungersnot erreicht, um die Bauern in Kollektivbetriebe zu zwingen; Sowjetrusslands Gegner sagen, das 15 Millionen Bauern in dieser Hungersnot starben; die Sowjetregierung gibt den Tod von 7 Millionen zu.

Am Ende des Zweiten Weltkrieges sagten die Gegner Sowjetrusslands, dass 30 Millionen Menschen in sowjetischen Konzentrationslagern Zwangsarbeit leisteten (und an geplanter Unterernährung starben, da Menschen billiger als Nahrung waren); zugegeben wurde die Zahl von 12 Millionen.

Das meint die *Encyclopedia Britannica* mit „Investitionen in Menschen".

In einer Kultur, in der solch eine Äußerung intellektuell ungestraft bleibt und mit der Aura moralischer Rechtschaffenheit getroffen wird, sind die Schuldigsten nicht die Kollektivisten. Es sind die, denen der Mut fehlt, Mystizismus oder Altruismus anzufechten und die versuchen, Fragen von Vernunft und Moral zu übergehen und das einzig rationale und moralische System in der Geschichte der Menschheit - den Kapitalismus - aus anderen als rationalen und moralischen Gründen zu verteidigen.

2. Woher Kriege kommen

von Ayn Rand

Erstmals erschienen in: *The Objectivist*, Juni 1966

Man sagt, dass Atomwaffen Kriege zu schrecklich gemacht haben, um sie noch in Erwägung zu ziehen. Und doch hat jedes Land der Erde Todesangst davor, dass ein solcher Krieg kommen könnte.

Die überwältigende Mehrheit der Menschen - die Menschen, die auf den Schlachtfeldern sterben oder in den Ruinen verhungern - will keinen Krieg. Sie wollte ihn nie. Und doch ziehen sich Kriege wie eine lange Blutspur durch die Geschichte der Menschheit.

Menschen haben Angst, dass ein Krieg kommen könnte, weil ihnen bewusst oder unterbewusst klar ist, dass sie nie die Doktrin abgelehnt haben, die vergangene und heutige Kriege verursacht hat und es in der Zukunft wieder tun kann - die Doktrin, dass es richtig, praktisch oder notwendig sei, seine Ziele durch *körperliche Gewalt* zu erreichen (durch die *Initiierung* von Gewalt gegen andere) und dass irgendeine „gute Sache" sie rechtfertigen könne. Diese Doktrin sagt, dass Gewalt ein legitimer oder unvermeidbarer Teil des menschlichen Daseins und menschlicher Gesellschaften sei.

Sehen Sie sich eines der hässlichsten Merkmale der heutigen Welt an: Die Mischung aus hektischen Kriegsvorbereitungen und hysterischer Friedenspropaganda, und die Tatsache, *dass beide aus derselben Quelle kommen* - aus derselben politischen Philosophie. Die bankrotte und doch dominante politische Philosophie unserer Zeit ist *Dirigismus*.

Sehen Sie sich die vermeintlichen Friedensbewegungen von heute an. Sie bekunden Menschenliebe und Sorge um das Überleben der Menschheit und kreischen, dass das nukleare Wettrüsten aufhören solle, dass bewaffnete Gewalt als Mittel zur Streitschlichtung zwischen Nationen abgeschafft werden solle und dass Krieg im Namen der Menschlichkeit geächtet werden solle. Und doch sind ebendiese Friedensbewegungen nicht gegen Diktaturen; die politischen Ansichten ihrer Mitglieder gehen quer durch das gesamte Spektrum des Dirigismus, von Sozialstaats-Dirigismus über Sozialismus zu Faschismus und Kommunismus. Dies bedeutet, dass sie zwar gegen die Anwendung von Gewalt sind, wenn sie von einer Nation gegen die andere erfolgt, aber nicht, wenn sie von einem Staat gegen die eigenen Bürger erfolgt; es bedeutet, dass sie zwar gegen die Anwendung von Gewalt gegen *bewaffnete*, aber nicht gegen *unbewaffnete* Gegner ist.

Sehen Sie sich die Verwüstungen, die Zerstörung, den Hunger, die Brutalität, die Sklavenarbeitslager, die Folterkammern und die Schlachthäuser der Diktaturen an. Doch genau *das* vertreten oder tolerieren die angeblichen Friedensliebhaber - im Namen der Liebe zur Menschheit.

Es ist offensichtlich, dass die ideologische Wurzel des Dirigismus (oder des Kollektivismus) die *Stammesprämisse* vorzeitlicher Wilder ist, die unfähig sind, individuelle Rechte zu verstehen, und die glauben, dass der Stamm der höchste, allmächtige Herrscher ist, dem das Leben seiner Mitglieder gehört und er sie „zu ihrem eigenen Glück" opfern darf, wenn er will. Unfähig, sich andere gesellschaftliche Prinzipien als die Herrschaft nackter Gewalt vorzustellen, glauben sie, dass die Wünsche des Stammes nur durch seine körperliche Kraft begrenzt und andere Stämme seine natürliche Beute seien, die man erobern, berauben, versklaven oder umbringen könne. Die Geschichte aller primitiven Völker ist eine Reihe von Abschlachtungen außer- und innerhalb des eigenen Stammes. Dass diese primitive Ideologie jetzt Nationen regiert, die mit Nuklearwaffen ausgerüstet sind, sollte jeden nachdenklich machen, der sich um das Überleben der Menschheit sorgt.

Dirigismus ist ein System aus institutionalisierter Gewalt und ständigem Bürgerkrieg. Er lässt Menschen keine andere Wahl als darum zu kämpfen, die politische Macht an sich zu reißen - zu rauben oder beraubt zu werden, zu fressen oder gefressen zu werden. Wenn nackte Gewalt das einzige Kriterium gesellschaftlichen Umgangs und bedingungslose Kapitulation die einzige Alternative ist, wird selbst der niedrigste Mensch, selbst ein Tier - eine in die Enge getriebene Ratte - kämpfen. Frieden kann es in einer versklavten Nation nicht geben.

Die blutigsten Konflikte der Geschichte waren nicht Kriege zwischen Staaten, sondern *Bürgerkriege* zwischen Menschen gleicher Nation, die sich nicht friedlich durch Rückgriff auf Gesetz, Prinzipien oder Gerechtigkeit einigen konnten. Beachten Sie, dass die Geschichte aller absoluten Staaten mit blutigen Aufständen durchsetzt ist - mit blutigen Ausbrüchen blinder Verzweiflung, ohne Ideologie, Programm oder Ziel -, die üblicherweise durch gnadenlose Massaker niedergeschlagen wurden.

In einer totalen Diktatur nimmt der chronische „kalte" Bürgerkrieg die Form blutiger Säuberungen an, bei denen eine Bande die andere absetzt - wie in Nazi-Deutschland oder Sowjetrussland. In einer Mischökonomie ist es ein Krieg der Interessengruppen, in dem jede Gruppe um Gesetze kämpft, mit denen sie ihre Vorteile durch Gewalt von allen anderen Gruppen erpresst.

Der Grad des Dirigismus im politischen System eines Landes ist der Grad, zu dem es das Land in rivalisierende Banden spaltet und Menschen gegeneinander aufhetzt. Wenn individuelle Rechte abgeschafft wurden, gibt es keine Möglichkeit, zu bestimmen, wer ein Recht auf was hat; es gibt keine Möglichkeit, die Gültigkeit von willkürlichen Ansprüchen, Wünschen oder Interessen zu bestimmen. Das Kriterium zu ihrer Bestimmung ist deswegen die Stammesauffassung, dass die eigenen Wünsche nur durch die Macht der eigenen Bande begrenzt werden. Um unter einem solchen System zu überleben, müssen Menschen einander fürchten, hassen und zerstören; es ist ein System aus geheimen Verschwörungen, heimlichen Komplotten, Absprachen, Gefälligkeiten, Betrug und plötzlichen, blutigen Putschen.

Solch ein System ist für Brüderlichkeit, Sicherheit, Kooperation und Frieden nicht förderlich.

Dirigismus ist (prinzipiell und tatsächlich) nichts weiter als Bandenherrschaft. Eine Diktatur ist eine Bande, die es auf die Ausraubung der produktiven Bürger des eigenen Landes abgesehen hat. Wenn ein dirigistischer Herrscher die Wirtschaft seines eigenen Landes erschöpft hat, greift er seine Nachbarn an. Es ist das einzige Mittel, den internen Zusammenbruch aufzuschieben und die eigene Herrschaft zu verlängern. Ein Land, das die Rechte seiner eigenen Bürger nicht anerkennt, wird die Rechte seiner Nachbarn erst recht nicht anerkennen. Wer individuelle Rechte nicht anerkennt, wird die Rechte von Nationen erst recht nicht anerkennen: Eine Nation ist ja nur eine Anzahl von Individuen.

Dirigismus *braucht* Krieg, ein freies Land nicht. Dirigismus überlebt durch Raub, ein freies Land überlebt durch Produktion.

Beachten Sie, dass die größten Kriege der Geschichte von den kontrollierteren Ökonomien dieser Zeit gegen die freieren angefangen wurden. Der Erste Weltkrieg wurde z.B. vom kaiserlichen Deutschland und dem zaristischen Russland begonnen, die ihre freieren Alliierten mit hineinzogen. Den Zweiten Weltkrieg begann die Allianz aus Nazi-Deutschland und Sowjetrussland mit ihrem gemeinsamen Angriff auf Polen.

Beachten Sie, dass im Zweiten Weltkrieg sowohl Deutschland als auch Sowjetrussland ganze Fabriken in den eroberten Ländern auseinandernahmen und nach Hause schickten - während die freieste der Mischökonomien, die halb-kapitalistischen Vereinigten Staaten, Milliarden an Leihpacht-Equipment inklusive ganzer Fabriken an ihre Alliierten schickten.[6]

Deutschland und Russland brauchten Krieg, die Vereinigten Staaten nicht. Sie hatten nichts zu gewinnen. (Tatsächlich haben die Vereinigten Staaten verloren, wenngleich sie den Krieg gewannen: Sie bekamen eine enorme Staatsverschuldung, verstärkt durch die groteske Politik, sowohl ehemalige Verbündete als auch Feinde bis heute zu unterstützen.) Und doch lehnen die heutigen Friedensliebhaber den Kapitalismus ab und befürworten Dirigismus - im Namen des Friedens.

Laissez-Faire-Kapitalismus ist das einzige Gesellschaftssystem, das auf der Anerkennung individueller Rechte beruht und deswegen das einzige System, das körperliche Gewalt aus gesellschaftlichen Beziehungen ausschließt. Aufgrund seiner Prinzipien und Interessen ist er das einzige System, das fundamental gegen Krieg ist.

Wer frei produzieren kann, hat keinen Anreiz, zu rauben; er hat durch Krieg nichts zu gewinnen und eine Menge zu verlieren. Ideo-

---

[6] Eine detailliertere, quellenbasierte Darstellung der Ausplünderung durch Russland findet sich hier: Werner Keller: *Ost minus West gleich Null*, Stuttgart 1962.

logisch erlaubt das Prinzip individueller Rechte niemandem, sein Leben mit vorgehaltener Waffe zu finanzieren, sei es inner- oder außerhalb des eigenen Landes. Ökonomisch gesehen kosten Kriege Geld; in einer freien Wirtschaft, in der Vermögen Privatbesitz sind, kommen die Kriegskosten aus dem Einkommen privater Bürger - es gibt keinen aufgeblasenen Staatshaushalt, um diese Tatsache zu verstecken - und ein Bürger kann seine eigenen finanziellen Verluste (Steuern, Geschäftseinbußen oder die Zerstörung von Eigentum) nicht durch das Gewinnen eines Krieges wieder gutmachen. Daher sind seine eigenen ökonomischen Interessen auf Seiten des Friedens.

In einer Planwirtschaft, in der Wohlstand „volkseigen" ist, hat ein Bürger keine ökonomischen Interessen, die er durch Bewahrung des Friedens schützen müsste - er ist nur ein Tropfen im gemeinsamen Eimer -, während Krieg ihm die (trügerische) Hoffnung auf größere Almosen von Seiten seiner Herren gibt. Ideologisch ist er darauf trainiert, Menschen als Opfertiere anzusehen: Er ist selber eines. Er hat keine Ahnung, warum Ausländer nicht zum Wohle des gleichen Staates auf dem gleichen Altar geopfert werden sollten.

Der Händler und der Krieger sind immer fundamentale Gegenspieler gewesen. Handel floriert nicht auf Schlachtfeldern, Fabriken produzieren nicht unter Bombenangriffen, Profite steigen nicht auf Trümmern. Kapitalismus ist eine Gesellschaft aus *Händlern* - wofür er von jedem Möchtegern-Gangster angeprangert wird, der Handel für „egoistisch" und Eroberung für „edel" hält.

Wer wirklich um Frieden besorgt ist, sollte sehen, dass der *Kapitalismus der Menschheit die längste Friedensperiode in der Geschichte gab* - eine Periode, in der es keine Kriege gab, an denen die gesamte zivilisierte Welt beteiligt war - vom Ende der Napoleonischen Kriege 1815 bis zum Ausbruch des Ersten Weltkrieges 1914.

Es muss daran erinnert werden, dass die politischen Systeme des 19. Jahrhunderts nicht reiner Kapitalismus, sondern Mischökonomien waren. Das Element der Freiheit war jedoch dominant; so nah kam die Menschheit seitdem nicht mehr an Kapitalismus heran. Aber das dirigistische Element wuchs im 19. Jahrhundert wieder an, und als es 1914 die Welt in die Luft sprengte, wurden die betreffenden Staaten von dirigistischer Politik beherrscht.

Genau wie in der Innenpolitik alle Übel, die der Dirigismus und die staatlichen Kontrollen verursacht hatten, dem Kapitalismus und dem freien Markt angelastet wurden, so wurden auch in der Außenpolitik die Übel der dirigistischen Politik dem Kapitalismus in die Schuhe geschoben. Mythen wie „kapitalistischer Imperialismus“, „Kriegsprofiteure“ oder die Idee, dass Kapitalismus „Märkte“ durch militärische Eroberungen gewinnen müsse, sind Beispiele für die Oberflächlichkeit oder für die Skrupellosigkeit dirigistischer Kommentatoren und Historiker.

Der Kern der kapitalistischen Außenpolitik ist *freier Handel,* d.h. die Abschaffung von Handelsbarrieren, Schutzzöllen und speziellen Privilegien - das Öffnen der Handelswege für freien internationalen Austausch und Wettbewerb zwischen den privaten Bürgern aller Länder, die direkt miteinander Handel treiben. Während des 19. Jahrhunderts befreite der Freihandel die Welt und zerschlug die Überbleibsel des Feudalismus und die dirigistischen Tyranneien der absoluten Monarchien.

> „Wie im Falle Roms akzeptierte die Welt das Britische Empire, weil es die Energiekanäle der Welt für den Handel öffnete. Obwohl es in Irland immer noch eine repressive (dirigistische) Regierung gab, die schlimme Auswirkungen hatte, waren Englands unsichtbare Exporte Gesetz und freier Handel. Solange England die See beherrschte, konnte praktisch jedermann mit seinen Waren und seinem Geld sicher reisen.“[7]

Wie im Falle Roms fiel das britische Imperium auseinander, als das repressive Element in seiner Mischökonomie zur dominanten Politik wurde und es sich in Dirigismus verwandelte. Zusammengehalten wurde es nicht durch militärische Gewalt.

Der Kapitalismus gewinnt und hält seine Märkte im In- und Ausland durch freien Wettbewerb. Ein Markt, der durch Krieg erobert wird, kann nur für die Befürworter einer Mischökonomie (zeitweilig) von Wert sein, die ihn für internationalen Wettbewerb verschließen,

---

[7] Isabel Paterson: *The God of the Machine*, Caldwell, Idaho 1964, S. 121.

ihm restriktive Regulierungen aufzwingen und somit spezielle Privilegien durch Zwang erlangen wollen. Der gleiche Typ von Unternehmer, der spezielle Vorteile durch staatliche Handlungen im eigenen Land suchte, suchte spezielle Märkte durch staatliche Handlung im Ausland. Auf wessen Kosten? Auf Kosten der überwältigenden Mehrheit, die die Steuern für solche Abenteuer bezahlte, aber nichts gewann. Wer rechtfertigte eine solche Politik und verkaufte sie der Öffentlichkeit? Die dirigistischen Intellektuellen, die solche Lehren wie „das öffentliche Interesse", „das nationale Prestige" oder „das manifeste Schicksal" ausarbeiteten.

Die eigentlichen Kriegsgewinnler aller Mischökonomien sahen und sehen so aus: Menschen mit politischem Einfluss, die durch staatliche Gefälligkeiten während oder nach einem Krieg ein Vermögen machen - *Vermögen, die sie auf einem freien Markt nicht hätten machen können.*

Denken Sie daran, dass private Bürger, ob arm oder reich, ob Unternehmer oder Arbeiter, keine Macht haben, einen Krieg anzufangen. Diese Macht ist das ausschließliche Vorrecht von Regierungen. Welche Art von Regierung stößt ein Land wahrscheinlicher in einen Krieg: eine an Verfassungsbeschränkungen gebundene Regierung mit begrenzter Macht - oder eine unbeschränkte Regierung, die von jeder Gruppe mit kriegerischen Interessen oder Ideologien manipuliert werden kann und die in der Lage ist, Armeen nach Laune eines einzigen Häuptlings marschieren zu lassen?

Und doch ist eine beschränkte Regierung nicht das, was die Friedensliebhaber von heute befürworten.

(Es erübrigt sich zu sagen, dass einseitiger Pazifismus bloß eine Einladung an Aggression ist. Genau wie ein Individuum das Recht auf Selbstverteidigung hat, so hat dies auch ein freies Land, wenn es angegriffen wird. Aber das gibt einem Staat nicht das Recht, Menschen zum Wehrdienst zu zwingen, was die offenkundigste dirigistische Verletzung des Rechts eines Menschen auf sein Leben ist. Es gibt keinen Widerspruch zwischen dem Moralischen und dem Praktischen: Eine Freiwilligenarmee ist die effizienteste Armee, wie viele Militärfachleute bestätigt haben. Einem freien Land hat es nie an Freiwilligen gemangelt, wenn es angegriffen wurde. Aber nicht viele würden sich freiwillig für Abenteuer wie Korea oder Vietnam melden. Ohne Wehrpflichtarmeen wäre die Außenpolitik von Plan- oder Mischökonomien nicht möglich.)

Solange ein Land auch nur halb frei ist, sind die Profiteure der Mischökonomie nicht die Quelle der kriegstreiberischen Einflüsse oder Politik und nicht die primäre Ursache ihrer Beteiligung am Krieg. Sie sind bloß politische Aasgeier, die aus dem politischen Trend Kapital schlagen. Die primäre *Ursache* dieses Trends sind die Intellektuellen.

Sehen Sie sich das Bindeglied zwischen Dirigismus und Militarismus in der intellektuellen Geschichte des 19. und 20. Jahrhunderts an. Genau wie die Zerstörung des Kapitalismus und der Aufstieg des totalitären Staates nicht durch Konzerne, Gewerkschaften oder irgendwelche ökonomischen Interessen, sondern von der dominanten dirigistischen Ideologie der Intellektuellen verursacht wurde, genauso war das Wiederaufkommen der Doktrinen militärischer Eroberungen und bewaffneter Kreuzzüge für politische „Ideale" das Glaubensprodukt derselben Intellektuellen - nämlich dass „das Gute" durch Gewalt erreicht werden könne.

Der Aufstieg eines nationalistischen Imperialismus in den Vereinigten Staaten kam nicht von rechts, sondern von links, nicht von Interessen der Großkonzerne, sondern von den kollektivistischen Reformern, die die Politik von Theodore Roosevelt und Woodrow Wilson beeinflussten. Ein Abriss dieser Einflüsse findet sich in „*The Decline of American Liberalism*" von Arthur A. Ekirch Jr.[8]:

> „An Beispielen wie der zunehmenden Akzeptanz der Wehrpflicht durch die Progressiven erkennt man die offensichtlichen Anklänge an ihre paternalistischen ökonomischen Reformgesetze. Einer aktuellen Studie der amerikanischen Außenpolitik zufolge war der Imperialismus eine Revolte gegen die Werte des traditionellen Liberalismus. ‚Der Geist des Imperialismus stellte Pflicht über Recht, kollektives Wohlergehen

[8] Ekirch, a.a.O., New York 1955.

> über individuelles Eigeninteresse, heroische Werte kamen vor Materialismus, Taten vor Logik, natürlicher Impuls vor dem kalten Intellekt.'"[9]

Über Woodrow Wilson schreibt Professor Ekirch:

> „Wilson hätte es zweifellos bevorzugt, wenn das Wachstum des amerikanischen Außenhandels ein Resultat des freien internationalen Wettbewerbs gewesen wäre, aber mit seinen Auffassungen von Moralismus und Pflicht fand er es einfach, direkte amerikanische Intervention als Mittel zum Schutz der nationalen Interessen zu rationalisieren."[10]

Und:

> „Er [Wilson] hatte anscheinend das Gefühl, dass die Vereinigten Staaten dazu bestimmt waren, ihre Institutionen, die er als liberal und demokratisch ansah, über die umnachteten Gebiete der Welt zu verbreiten."[11]

Nicht die Vertreter des Kapitalismus halfen Wilson dabei, eine widerwillige, friedliebende Nation in die Hysterie einer militärischen Kampagne zu peitschen, sondern das „liberale"* Magazin *The New Republic*. Sein Herausgeber, Herbert Croly, benutzte Argumente wie: „Die amerikanische Nation braucht die Stärkung durch ein echtes moralisches Abenteuer."

Genau wie der „liberale Reformer" Wilson die Vereinigten Staaten in den Ersten Weltkrieg führte, „um die Welt sicher für die Demokratie zu machen", führte Franklin D. Roosevelt, ein weiterer „liberaler" Reformer, sie im Namen der „Vier Freiheiten" in den Zweiten Weltkrieg. In beiden Fällen war die überwältigende Mehrheit der „Konservativen" und des „Big Business" gegen den Krieg, wurde aber mundtot gemacht. Im Falle des Zweiten Weltkrieges wurden sie als „Isolationisten", „Reaktionäre" und „America-First'ers" beschimpft.

---

[9] *Ebd.*, S. 189. Das Zitat über den „Geist des Imperialismus" stammt aus: R.E. Osgood: *Ideals and Self-Interest in America's Foreign Relations*, Chicago 1953, S. 47.

[10] *Ebd.*, S. 189.

[11] *Ebd.*

* Anmerkung des Übersetzers: Die Verwendung der Begriffe „liberal" und „konservativ" unterscheidet sich im amerikanischen Sprachgebrauch stark von der im Deutschen üblichen Verwendung. Am ehesten kann man sie mit „links" und „rechts" vergleichen, wobei die Bezeichnungen auch innerhalb der beiden großen Parteien verwendet werden.

Der Erste Weltkrieg führte nicht zu „Demokratie“, sondern zur Schaffung dreier Diktaturen: Sowjetrussland, dem faschistischen Italien und Nazi-Deutschland. Der Zweite Weltkrieg führte nicht zu „Vier Freiheiten“, sondern zur Auslieferung von einem Drittel der Weltbevölkerung in kommunistische Sklaverei.

Wenn Frieden das Ziel der heutigen Intellektuellen wäre, würde sie ein Scheitern und das unaussprechliche Leid dieser Größenordnung nachdenklich machen und sie würden ihre dirigistischen Prämissen überprüfen. Stattdessen behaupten sie nun, blind für alles außer ihrem Hass auf den Kapitalismus, dass „Armut Kriege hervorbringt“ (und rechtfertigen Kriege durch Sympathie mit dieser „materiellen Gier“). Aber die Frage lautet: *Woher kommt Armut?* Wenn Sie sich die Welt heute ansehen und in die Geschichte zurückblicken, werden Sie die Antwort sehen: Der Grad der Freiheit eines Landes ist der Grad seines Wohlstandes.

Ein weiteres modernes Schlagwort ist die Anklage, dass die Nationen der Welt in „Habende“ und „Habenichtse“ gespalten seien. Beachten Sie, dass die „Habenden“ Freiheit haben und Freiheit das ist, was die „Habenichtse“ nicht haben.

Wenn man gegen Krieg sein will, muss man gegen *Dirigismus* sein. Solange man im Stammesdenken verhaftet ist und glaubt, dass das Individuum dem Kollektiv zum Fraß vorgeworfen werden könne, dass einige Menschen das Recht hätten, andere durch Gewalt zu beherrschen und dass irgendeine angeblich „gute Sache“ es rechtfertigen könne, kann es keinen Frieden *innerhalb* einer Nation und keinen Frieden zwischen Nationen geben.

Es stimmt, dass Atomwaffen Kriege zu schrecklich gemacht haben, um sie noch in Erwägung zu ziehen. Aber es macht für einen Menschen keinen Unterschied, ob er durch eine Atombombe, eine Dynamitbombe oder eine altmodische Keule getötet wird. Auch macht die Anzahl der weiteren Opfer oder das Ausmaß der Zerstörung für ihn keinen Unterschied. Und es liegt etwas Obszönes in der Einstellung derer, die Gräuel als Frage von Zahlen betrachten – die willens sind, eine kleine Gruppe junger Menschen für den Stamm in den Tod zu schicken, aber lauthals schreien, wenn der Stamm selbst in Gefahr ist –

und mehr: die willens sind, das Hinschlachten wehrloser Opfer zu verzeihen, aber gegen Kriege zwischen den gut Bewaffneten auf die Straße gehen.

Solange Menschen Gewalt unterworfen sind, werden sie sich wehren und alle verfügbaren Waffen benutzen. Wenn ein Mensch ohne hörbaren Protest in eine Nazi-Gaskammer oder vor ein Sowjet-Erschießungskommando geführt wird, wird er dann Liebe oder Sorge um das Überleben der Menschheit empfinden? Oder wäre es nicht verständlicher, wenn er fühlt, dass eine kannibalische Menschheit, die Diktatur toleriert, nicht zu überleben verdient?

Wenn Atomwaffen eine tödliche Bedrohung sind und die Menschheit sich Krieg nicht länger leisten kann, *dann kann sich die Menschheit Dirigismus nicht länger leisten.* Niemand mit gutem Willen oder reinem Gewissen kann die Herrschaft der Gewalt vertreten - weder außer- noch innerhalb seines Landes. Wer sich wirklich um den Frieden sorgt - wer den Menschen liebt und sich um sein Überleben sorgt -, muss erkennen, dass wenn der Krieg je geächtet werden soll, *die Anwendung von Gewalt* geächtet werden muss.

3. Amerikas verfolgte Minderheit

von Ayn Rand

Vortrag vor dem *Ford Hall Forum* in Boston am 17. Dezember 1961 und an der *Columbia University* am 15. Februar 1962. Veröffentlicht 1962 vom *Nathaniel Branden Institute* in New York.

Würden Sie es Verfolgung nennen, wenn eine kleine Gruppe von Menschen in jedem Konflikt mit einer anderen Gruppe ungeachtet der jeweiligen Fragen oder Umstände immer als schuldig angesehen würde? Wenn diese Gruppe immer für die Sünden, die Fehler oder das Scheitern jeder anderen Gruppe bezahlen müsste - würden Sie *das* Verfolgung nennen? Wenn diese Gruppe unter einem Terrorregime leben müsste, unter speziellen Gesetzen, gegen die alle anderen Menschen immun sind; Gesetze, die der Beschuldigte nicht im Voraus begreifen oder definieren kann und die der Ankläger beliebig interpretieren kann - würden Sie *das* Verfolgung nennen? Wenn diese Gruppe nicht für ihre Fehler, sondern für ihre Tugenden bestraft würde, nicht für ihre Inkompetenz, sondern für ihre Fähigkeiten, nicht für ihr Scheitern, sondern für ihre Leistungen, und je größer die Leistung, desto größer die Bestrafung - würden Sie *das* Verfolgung nennen?

Wenn ihre Antwort „Ja" lautet, dann fragen Sie sich, welche monströse Ungerechtigkeit Sie verzeihen, unterstützen oder begehen. Diese Gruppe sind die amerikanischen Unternehmer.

Die Verteidigung von Minderheitenrechten wird heute von buchstäblich jedem als hohes moralisches Prinzip gepriesen. Aber dieses Prinzip, das Diskriminierung verbietet, wird von den meisten „liberalen" Intellektuellen in einer *diskriminierenden* Weise angewandt: Es wird nur auf rassische oder religiöse Minderheiten angewandt. Es wird nicht auf diese kleine, ausgebeutete, geschmähte und ungeschützte Minderheit angewendet, die aus Unternehmern besteht.

Und doch wird jede hässliche, brutale Ungerechtigkeit, unter der rassische oder religiöse Minderheiten leiden müssen, gegen Unternehmer ausgeübt. Sehen Sie sich zum Beispiel an, wie einige Menschen ohne Anhörung und ungeachtet der Fakten verurteilt und andere freigesprochen werden. Die heutigen „Liberalen" halten einen Unternehmer in jedem Konflikt mit der Gewerkschaft ungeachtet der beteiligten Fakten oder Fragen für schuldig und prahlen, dass sie niemals einen Streik brechen würden, sei er nun richtig oder falsch. Sehen Sie sich an, wie Menschen mit zweierlei Maß gemessen werden und wie einigen die Rechte vorenthalten werden, die andere haben. Die heutigen „Liberalen" erkennen das Recht der Arbeiter (der Mehrheit) auf ihren Lebensunterhalt (ihre Löhne) an, bestreiten aber das Recht des Unternehmers (der Minderheit) auf ihren Lebensunterhalt (ihre Profite). Wenn Arbeiter für höhere Löhne kämpfen, wird das als „sozialer Gewinn" gepriesen; wenn Unternehmer für höhere Profite kämpfen, wird das als „egoistische Gier" angeprangert. Wenn der Lebensstandard der Arbeiter niedrig ist, geben die „Liberalen" den Unternehmern die Schuld; wenn aber die Unternehmer versuchen, ihre ökonomische Effizienz zu verbessern, ihre Märkte zu erweitern und den finanziellen Ertrag ihrer Unternehmen zu vergrößern, um somit höhere Löhne und niedrigere Preise zu ermöglichen, verschreien es dieselben „Liberalen" als „Kommerz". Wenn eine gemeinnützige Stiftung (d.h. eine Gruppe, die ihre Mittel nicht *verdienen* musste) eine Fernsehsendung sponsert und bestimmte Meinungen vertritt, preisen es die „Liberalen" als „Aufklärung", „Bildung", „Kunst" und „Dienst an der Allgemeinheit"; wenn ein Unternehmer eine Fernsehsendung sponsert und will, dass sie *seine* Ansichten reflektiert, dann schreien die Liberalen und nennen es „Zensur", „Druck" und „diktatorische Herrschaft". Als drei örtliche Vertreter der Fernfahrergewerkschaft ganz New York City fünfzehn Tage lang um seine Milchversorgung brachten, konnte man aus der „liberalen" Ecke keine moralische Empörung oder Verurteilung vernehmen; stellen Sie sich aber vor, was passieren würde, wenn *Unternehmer* diese Milchversorgung auch nur eine Stunde lang einstellten und wie schnell sie niedergeschlagen würden, durch legalisiertes Lynchen - das Pogrom, das man „Trust-Busting" nennt.

Wenn man in einer Ära, einer Kultur oder einer Gesellschaft das Phänomen von Vorurteilen, von Ungerechtigkeit, von Verfolgung und blindem, sinnlosen Hass gegen irgendeine Minderheit antrifft, dann sehen Sie sich die Bande an, die etwas durch diese Verfolgung zu gewinnen hat. Sehen Sie sich die an, die ein Interesse an der Zerstörung dieser speziellen Opfer haben. Ausnahmslos werden Sie feststellen, dass die verfolgte Minderheit als Sündenbock für eine Bewegung herhält, die nicht will, dass man ihre eigenen Ziele erkennt. Jede Bewegung, die ein Land versklaven will, jede Diktatur oder jede potentielle Diktatur braucht eine Minderheit als Sündenbock, dem es die Schuld für die Probleme der Nation geben und den man als Rechtfertigung für die Forderungen nach diktatorischer Macht benutzen kann. In Sowjetrussland war der Sündenbock die Bourgeoisie, in Nazi-Deutschland waren es die Juden, in Amerika ist es der Unternehmer.

Amerika hat die Stufe der Diktatur noch nicht erreicht. Aber die Unternehmer haben seit vielen Jahrzehnten auf dem Weg dahin als Sündenbock für alle dirigistischen Bewegungen gedient, seien sie nun kommunistisch, faschistisch oder sozialstaatlich. Für wessen Sünden und Übel nahmen die Unternehmer die Schuld auf sich? Für die der Bürokraten.

Ein desaströses intellektuelles Paketangebot, das wir von den Theoretikern des Dirigismus serviert bekommen haben, ist die Gleichsetzung von *wirtschaftlicher* Macht mit *politischer* Macht. Sie haben sie in Plattitüden gehört wie „Ein hungriger Mensch ist nicht frei" oder „Es macht für einen Arbeiter keinen Unterschied, ob er Befehle von einem Unternehmer oder einem Bürokraten bekommt". Die meisten Menschen akzeptieren diese Doppeldeutigkeiten - und doch wissen sie, dass der ärmste Arbeiter in Amerika freier und sicherer lebt als der reichste Kommissar in Sowjetrussland. Welches ist das grundlegende, maßgebliche Prinzip, das Freiheit von Sklaverei unterscheidet? Es ist das Prinzip freiwilliger Handlung anstelle von körperlichem Zwang.

Der Unterschied zwischen politischer Macht und jeder anderen Art von gesellschaftlicher „Macht", der Unterschied zwischen einem Staat und jeder privaten Organisation, ist die Tatsache, dass *ein Staat ein gesetzliches Monopol auf die Ausübung körperlicher Gewalt hält.*

Dieser Unterschied ist so wichtig und wird heute so selten erkannt, dass ich Sie bitten muss, ihn sich zu merken. Ich wiederhole: *Ein Staat hält ein gesetzliches Monopol auf die Ausübung körperlicher Gewalt.*

Kein Individuum und keine private Gruppe oder Organisation hat die legale Macht, die Anwendung körperlicher Gewalt gegen andere Individuen oder Gruppen zu initiieren und sie zu zwingen, entgegen ihrer eigenen freien Entscheidung zu handeln. Nur der Staat hat diese Macht. Das Wesen einer staatlichen Handlung ist Zwang. Politische Macht besteht aus der Erzwingung von Gehorsam unter Androhung physischer Verletzung - der Androhung von Enteignung, Haft oder Tod.

Diffuse Metaphern, schlampige Vergleiche, schlechte Poesie und Gleichsetzungen wie „Ein hungriger Mensch ist nicht frei" ändern nicht die Tatsache, dass nur politische Macht die Macht körperlichen Zwangs ist und dass Freiheit in einem politischen Kontext nur eine Bedeutung hat: *die Abwesenheit körperlichen Zwangs.*

Die einzig rechtmäßige Funktion der Regierung eines freien Landes besteht darin, als Vertreter zum Schutz individueller Rechte zu handeln, d.h. das Individuum vor körperlichem Zwang zu schützen. Solch eine Regierung hat nicht das Recht, die Anwendung von körperlichem Zwang gegen irgendjemand zu *initiieren* - ein Recht, das das Individuum nicht besitzt und deswegen auch nicht an irgendeine Instanz delegieren kann. Aber das Individuum besitzt das Recht auf Selbstverteidigung, und *das* ist das Recht, welches man zum Zwecke ordentlicher, gesetzlich definierter Durchsetzung an den Staat delegiert. Eine legitime Regierung hat das Recht, körperlichen Zwang *nur* als Erwiderung und *nur* gegen die zu benutzen, die ihre Anwendung initiieren. Die legitimen Funktionen des Staates sind: die Polizei, um Menschen vor Kriminellen zu schützen; das Militär, um Menschen vor Angreifern aus dem Ausland zu schützen; und die Gerichte, um das Eigentum der Menschen und ihre Verträge vor Bruch durch Zwang oder Betrug zu schützen und um Streitigkeiten zwischen Menschen nach objektiv definierten Gesetzen zu schlichten.

Dies waren implizit die politischen Prinzipien, auf denen die Verfassung der Vereinigten Staaten basierte; implizit, aber nicht explizit.

Es gab Widersprüche in der Verfassung, die den Dirigisten erlaubten, einen Keil einzutreiben, den Riss zu vergrößern und diese Struktur schrittweise zu zerstören.

Ein Dirigist ist jemand, der glaubt, dass einige Menschen das Recht haben, andere zu zwingen, zu versklaven, zu berauben und zu ermorden. Um in die Praxis umgesetzt zu werden, muss dieser Glaube durch die politische Doktrin umgesetzt werden, dass die Regierung (der Staat) das Recht hat, die Anwendung von körperlichem Zwang gegen seine Bürger zu *initiieren*. Wie oft Zwang angewendet werden soll, gegen wen, zu welchem Ausmaß, zu welchem Zweck und zu wessen Gunsten, sind dann irrelevante Fragen. Das Grundprinzip und die Resultate aller dirigistischen Doktrinen sind dieselben: Diktatur und Zerstörung. Der Rest ist nur eine Frage der Zeit.

Nun lassen Sie uns die Frage wirtschaftlicher Macht ansehen.

Was ist wirtschaftliche Macht? Es ist die Macht, zu produzieren und zu tauschen, was man produziert hat. In einer freien Wirtschaft, in der kein Mensch und keine Gruppe körperlichen Zwang gegen irgendjemanden ausüben kann, kann wirtschaftliche Macht nur *freiwillig* erlangt werden: durch die freiwillige Entscheidung und Zustimmung all derer, die am Prozess der Produktion und des Handels teilnehmen. Auf einem freien Markt werden alle Preise, Löhne und Profite nicht durch die willkürliche Laune der Reichen oder der Armen, nicht durch irgendjemandes „Gier" oder irgendjemandes Bedürfnisse, sondern durch das Gesetz von Angebot und Nachfrage bestimmt. Der Mechanismus eines freien Marktes reflektiert und fasst alle ökonomischen Entscheidungen aller Beteiligten zusammen. Menschen tauschen ihre Waren oder Dienstleistungen durch gegenseitige Zustimmung zu gegenseitigem Vorteil, je nach ihrem eigenen unabhängigen, ungezwungenen Urteil. Ein Mensch kann nur reich werden, wenn er bessere *Werte* – bessere Produkte oder Dienstleistungen zu niedrigeren Preisen – anbieten kann als andere.

Wohlstand wird auf einem freien Markt durch eine freie, allgemeine, „demokratische" Wahl erlangt – durch die Käufe und Verkäufe jedes Individuums, das am ökonomischen Leben des Landes teilnimmt. Ob Sie lieber dieses oder jenes Produkt kaufen – Sie stimmen für den

Erfolg dieses oder jenes Herstellers. Und in so einer Wahl stimmt jeder Mensch nur über Fragen ab, für die er qualifiziert ist: über die eigenen Vorlieben, Interessen und Bedürfnisse. Niemand hat die Macht, für andere zu entscheiden oder *Ihr* Urteil durch seins zu ersetzen; niemand hat die Macht, sich selbst „die Stimme des Volkes" zu verleihen und das Volk zu entmündigen und zu entrechten.

Lassen Sie mich nun den Unterschied zwischen wirtschaftlicher und politischer Macht definieren: Wirtschaftliche Macht wird durch etwas *Positives* ausgeübt, durch Anbieten einer Belohnung, eines Anreizes, einer Bezahlung, eines Wertes; politische Macht wird durch etwas *Negatives* ausgeübt, die Androhung einer Bestrafung, einer Verletzung, von Haft oder Zerstörung. Das Werkzeug des Unternehmers sind *Werte*; das Werkzeug des Bürokraten ist *Angst*.

Amerikas industrieller Fortschritt in der kurzen Spanne von anderthalb Jahrhunderten ist legendär: Er ist nirgendwo sonst und niemals zuvor auf der Welt erreicht worden. Die amerikanischen Unternehmer haben als Klasse den größten Schöpfergeist und die spektakulärsten Leistungen in der ökonomischen Geschichte der Menschheit demonstriert. Was bekamen sie dafür von unserer Kultur und ihren Intellektuellen? Die Stellung einer gehassten, verfolgten Minderheit, die Stellung eines Sündenbocks für die Übel der Bürokraten.

Ein System aus reinem, unreguliertem Laissez-Faire-Kapitalismus hat noch nie existiert. Es existierten nur sogenannte Mischökonomien, d.h. Mischungen aus Freiheit und Kontrollen, aus ungezwungener Entscheidung und staatlichem Zwang, aus Kapitalismus und Dirigismus in verschiedenen Abstufungen. Amerika war das freieste Land der Erde, und doch gab es von Anfang an Elemente von Dirigismus in seiner Wirtschaft. Diese Elemente wuchsen unter dem Einfluss der Intellektuellen weiter an, die sich überwiegend der Philosophie des Dirigismus verschrieben hatten. Die Intellektuellen - die Ideologen, die Interpreten, die Kommentatoren der Ereignisse - wurden verlockt durch die Gelegenheit, politische Macht an sich zu reißen, die von allen anderen gesellschaftlichen Gruppen aufgegeben worden war und ihre eigenen Versionen einer „guten" Gesellschaft mit vorgehaltener Waffe, d.h. mittels legalisierter körperlicher Gewalt zu etablieren.

Sie verschrien die freien Unternehmer als Exponenten „egoistischer Gier“ und glorifizierten Bürokraten als „Diener des Volkes“. In der Bewertung gesellschaftlicher Probleme verurteilten sie „wirtschaftliche Macht“ und sprachen die politische Macht frei - und verlagerten somit die Schuld von den Politikern auf die Unternehmer.

Alle Übel, Missbräuche und Ungerechtigkeiten, die im Allgemeinen den Unternehmern und dem Kapitalismus zugeschrieben werden, wurden nicht durch eine ungeregelte Wirtschaft oder durch einen freien Markt, sondern durch staatliche Eingriffe in die Wirtschaft verursacht. Die Giganten der amerikanischen Industrie wie James Jerome Hill, Commodore Vanderbilt, Andrew Carnegie oder J.P. Morgan waren Self-Made-Men, die ihre Vermögen durch persönliche Fähigkeiten, durch freien Handel auf einem freien Markt verdienten. Aber es gab auch andere Unternehmer, die Produkte einer Mischökonomie, die Menschen mit politischem Einfluss, die Vermögen durch spezielle, staatlich gewährte Privilegien machten, wie z.B. die Big Four der Central Pacific Railroad. Die politische Macht hinter ihren Aktivitäten - die Macht erzwungener, unverdienter und ökonomisch ungerechtfertigter Privilegien - verursachte wirtschaftliche Verzerrungen, Härten, Depressionen und wachsenden öffentlichen Protest. Der freie Markt und die freien Unternehmer bekamen die Schuld. Jede unheilvolle Konsequenz der staatlichen Kontrollen wurde als Rechtfertigung für die Ausweitung der Kontrollen und der Macht des Staates über die Wirtschaft benutzt.

Wenn ich ein Datum und das niederträchtigste Gesetz in der amerikanischen Geschichte wählen sollte, das den Wendepunkt auf dem Weg zur letztendlichen Zerstörung der amerikanischen Industrie markiert, würde ich das Jahr 1890 und den Sherman Act wählen, der das groteske, irrationale, bösartige Wachstum von nicht durchsetzbaren, unbefolgbaren und nicht zu rechtfertigenden Widersprüchen einleitete, die man als Antitrust-Gesetze kennt.

Unter den Antitrust-Gesetzen wird ein Mensch von dem Moment an kriminell, an dem er ein Geschäft betreibt, egal was er tut. Wenn er einem dieser Gesetze gehorcht, sieht er sich der Anklage verschiedener anderer Gesetze gegenüber. Wenn er z.B. Preise verlangt, die einige

Bürokraten für *zu hoch* halten, kann er als Monopolist verfolgt werden, oder genauer, für eine erfolgreiche „Absicht zu monopolisieren"; wenn er Preise verlangt, *die niedriger* sind als die seiner Konkurrenten, kann er wegen „unfairen Wettbewerbs" oder „Behinderung des Wettbewerbs" verfolgt werden; und wenn er *die gleichen* Preise wie seine Konkurrenten verlangt, kann er wegen „Preisabsprache" oder „Verschwörung" verfolgt werden.

Ich möchte Sie auf das ausgezeichnete Buch mit dem Titel *„The Antitrust-Laws of the USA"* von A.D. Neale verweisen.[12] Es ist eine wissenschaftliche, leidenschaftslose, objektive Studie; der Autor, ein britischer Beamter, ist kein Vertreter der freien Marktwirtschaft; soweit man sagen kann, kann man ihn wohl als „Liberalen" klassifizieren. Aber er vermischt Fakten nicht mit Interpretationen, sondern hält sie strikt auseinander; und die Fakten, die er präsentiert, sind eine Horrorstory.

Mr. Neale zeigt auf, dass das Verbot von „Behinderung des Wettbewerbs" der Kern der Antitrust-Gesetze ist - und dass niemand exakt definieren kann, was „Behinderung des Wettbewerbs" darstellt. Daher kann niemand sagen, was das Gesetz verbietet oder erlaubt; die Interpretation dieser Gesetze obliegt vollständig den Gerichten. Ein Unternehmer oder sein Anwalt muss das gesamte sogenannte „Case Law" studieren - sämtliche Gerichtsprotokolle, Präzedenzfälle und Urteile -, um auch nur eine ungefähre Ahnung von der gegenwärtigen Bedeutung dieser Gesetze zu bekommen; nur, dass die Präzedenzfälle über den Haufen geworfen und die Entscheidungen morgen, nächste Woche oder nächstes Jahr umgekehrt werden können.

> „Die Gerichte in den Vereinigten Staaten haben seit 1890 immer von Fall zu Fall entschieden, genau wie es das Gesetz vorschreibt. Eine umfassende Definition für die Bedeutung der Gesetze gibt es nicht..."[13]

---

[12] A.D. Neale: *The Antitrust-Laws of the USA – A Study of Competition Enforced by Law*, Cambridge, England 1960.
[13] *Ebd.*, S. 13.

Das bedeutet, dass ein Unternehmer keine Möglichkeit hat, im Voraus zu wissen, ob die Handlung, die er unternimmt, legal oder illegal ist, ob er schuldig oder unschuldig ist. Es bedeutet, dass der Unternehmer unter der Androhung einer plötzlichen, unvorhersagbaren Katastrophe leben muss, unter dem Risiko, alles zu verlieren, was er besitzt oder ins Gefängnis geworfen zu werden; seine Karriere, sein Ruf, sein Besitz, sein Vermögen, die Leistung seines ganzen Lebens immer der Gnade eines jeden jungen Bürokraten ausgeliefert, dem es aus welchem Grund auch immer einfällt, ein Verfahren gegen ihn einzuleiten.

Rückwirkende (oder *ex post facto*) Gesetze, d.h. Gesetze, die jemanden für eine Handlung bestrafen, die zu der Zeit, als er sie beging, nicht gesetzlich als Verbrechen definiert war, wird von der gesamten Tradition der angelsächsischen Jurisprudenz abgelehnt und widerspricht ihr. Es ist eine Form der Strafverfolgung, die nur in Diktaturen praktiziert wird und in jedem zivilisierten Gesetzeskodex verboten ist. Sie wird von der Verfassung der Vereinigten Staaten ausdrücklich verboten. Sie darf in den Vereinigten Staaten nicht existieren und wird auf niemanden angewendet - außer auf Unternehmer. Ein Fall, in dem ein Mensch nicht vor dem Urteil wissen kann, ob er eine legale oder illegale Handlung begangen hat, ist mit Sicherheit ein Fall von rückwirkendem Gesetz.

Ich empfehle Ihnen ein brillantes kleines Buch mit dem Titel *„Ten Thousand Commandments“* von Harold Fleming.[14] Es ist für Laien geschrieben und präsentiert mit einem Überfluss an detaillierten, dokumentierten Belegen ein so klares, einfaches und logisches Bild der Antitrust-Gesetze, dass „Alptraum“ ein zu schwaches Wort dafür ist.

> „Eine der Gefahren, die Unternehmer nun berücksichtigen müssen, liegt darin, dass die heutigen Auslegungen im nächsten Jahr für illegal erklärt werden können. In diesem Falle können das Verbrechen und die Bestrafung rückwirkend sein... Eine weitere Gefahr besteht in der Möglichkeit von dreifachen Schadensersatzklagen, die auch rückwirkend möglich sind. Firmen, die trotz bester Absichten in einem der

[14] Harold Fleming: *Ten-Thousand Commandments: A History of Antitrust Laws“*, New York 1951.

> Anklagepunkte schuldig sind, kommen für dreifache Schadensersatzklagen in Frage, obwohl ihr Vergehen damals gängige Praxis war und sie jeder sowohl für legal als auch für ethisch hielt, aber eine folgende Neuauslegung des Gesetzes sie für illegal befand."[15]

Was sagen die Unternehmer dazu? In einem Vortrag mit dem Titel „Schuldig vor Prozessbeginn" sagte Benjamin F. Fairless, damals Vorsitzender der United States Steel Company, am 18. Mai 1950:

> „Gentlemen, ich muss Ihnen nicht sagen, dass, wenn wir auf diesem Gesetzessystem bestehen und wir es ausnahmslos auf alle Schuldigen anwenden, buchstäblich jedes Geschäft in Amerika, ob klein oder groß, aus den Gefängnissen von Atlanta, Sing Sing, Leavenworth oder Alcatraz betrieben werden muss."

Die gesetzliche Behandlung, die wirklichen Kriminellen gewährt wird, ist besser als die für Unternehmer. Die Rechte des Kriminellen werden durch objektive Gesetze, objektive Prozeduren und eine objektive Beweisaufnahme geschützt. Ein Krimineller ist unschuldig, bis ihm eine Schuld nachgewiesen wird. Nur der Unternehmer - der Produzent, der Atlas, der unsere gesamte Volkswirtschaft auf seinen Schultern trägt - wird von Natur aus für schuldig befunden und muss ohne definierbares Kriterium von Unschuld oder Beweis seine Unschuld beweisen und ist der Gnade, der Gefälligkeit oder der Boshaftigkeit eines jeden Publicity suchenden Politikers, jeder neidischen Mittelmäßigkeit und jedes pläneschmiedenden Dirigisten ausgeliefert, der zufällig in irgendeiner Behörde arbeitet und Lust hat, ein bisschen Trust-Busting zu spielen.

Die besseren oder ehrenwerteren Staatsbeamten haben wiederholt gegen die nichtobjektive Natur der Antitrust-Gesetze protestiert. In der gleichen Rede zitiert Mr. Fairless eine Aussage von Lowell Mason, der damals Mitglied der Federal Trade Commission war:

> „Amerikanische Unternehmer werden belästigt, ausgeblutet und sogar niedergeknüppelt unter einem ungeheuerlich verrückten Flickenteppich von Gesetzen, von denen viele sinnlos, undurchführbar und ungerecht sind. Es gibt ein solches Sammelsurium an Gesetzen für den

[15] *Ebd.*, S. 16f.

> zwischenstaatlichen Handel, dass der Staat buchstäblich gegen jeden Konzern, den er verklagen will, eine Anklage finden kann. Ich sage, dass dieses System pervers ist."

Weiterhin zitiert Mr. Fairless einen Kommentar von Richter Jackson vom Supreme Court, als dieser Vorsitzender der Antitrust Division des Justizministeriums war:

> „Es ist für einen Anwalt unmöglich zu bestimmen, welche Geschäftspraktiken die Gerichte für gesetzmäßig erklären werden. Diese Situation ist peinlich für Unternehmer, die dem Gesetz gehorchen wollen und für Beamte, die es durchsetzen wollen."

Diese Peinlichkeit wird jedoch nicht von allen Regierungsmitgliedern geteilt. Mr. Flemings Buch zitiert folgende Stellungnahme von Emanuel Celler, Vorsitzender des Justizausschusses, bei einem Symposium der New Yorker Anwaltskammer im Januar 1950:

> „Ich möchte klarstellen, dass ich aufs heftigste gegen Antitrust-Gesetze bin, die versuchen, Straftaten klar zu definieren und generelle Prinzipien durch genaue Vorgaben zu ersetzen. In einer dynamischen Gesellschaft muss das Gesetz flexibel bleiben."[16]

Und *ich* möchte klarstellen, dass *„flexibles Gesetz"* ein Euphemismus für *„willkürliche Macht"* ist, dass Flexibilität das Hauptmerkmal der Gesetze in einer Diktatur ist und dass man die Art „dynamischer Gesellschaft", deren Gesetze so flexibel sind, dass das ganze Land darin wie in Treibsand versinkt, in Nazi-Deutschland und in Sowjetrussland sehen kann.

Die tragische Ironie daran liegt in der Tatsache, dass die Antitrust-Gesetze von den sogenannten „Konservativen" geschaffen wurden und bis heute unterstützt werden – von den angeblichen Verteidigern der freien Marktwirtschaft. Dies ist ein grausiger Beweis für die Tatsache, dass der Kapitalismus nie wirkliche philosophische Verteidiger hatte – und ein Maßstab dafür, in welchem Ausmaß es seinen vermeintlichen Vorkämpfern an politischen Prinzipien, an Wissen über Wirtschaft und an Verständnis für das Wesen politi-

[16] *Ebd.*, S. 22.

scher Macht fehlte. Die Auffassung von *freiem* Wettbewerb, *erzwungen* durch Gesetze, ist ein grotesker Widerspruch in sich. Es bedeutet, Menschen mit vorgehaltener Waffe zu zwingen, frei zu sein. Es bedeutet, die Freiheit der Menschen durch die willkürliche Herrschaft unbefolgbarer bürokratischer Edikte zu schützen.

Was waren die historischen Ursachen für die Verabschiedung des Sherman Acts? Ich zitiere aus Mr. Neales Buch:

> „Die ersten Rufe nach Gesetzen wurden in den 1870er und 80er-Jahren immer lauter... Nach dem Bürgerkrieg waren die Eisenbahnen mit ihren Privilegien, Konzessionen und Subventionen die Hauptverdächtigen und die Feindbilder. Es entstanden Gruppen mit vielsagenden Namen wie ‚Der nationale Anti-Monopol-Verband für preiswerten Frachtverkehr'."[17]

Dies ist ein gutes Beispiel für den Unternehmer als Sündenbock, der die Schuld für die Sünden der Politiker bekommt. Die Leute rebellierten gegen die *politisch* gewährten Privilegien - die Konzessionen und Subventionen der Eisenbahnen; diese Privilegien schützten die Eisenbahnen an der Westküste vor Wettbewerb und verliehen ihnen eine monopolistische Macht, mit allen daraus folgenden Missbräuchen. Aber die Lösung, die ein *republikanischer* Kongress verabschiedete, bestand in der Zerstörung der unternehmerischen Freiheit und in der Ausweitung der politischen Kontrollen über die Wirtschaft.

Wenn Sie die wirkliche amerikanische Tragödie sehen wollen, dann vergleichen Sie die ideologische Motivation der Antitrust-Gesetze mit ihren tatsächlichen Resultaten. Ich zitiere aus Mr. Neales Buch:

> „Es scheint, dass das Motiv der Antitrust-Politik aus dem amerikanischen Misstrauen gegen unkontrollierte Macht stammt, welches tiefer verwurzelt und dauerhafter ist als eine wirtschaftliche Überzeugung oder ein radikaler politischer Trend. Dieses Misstrauen findet sich in vielen Bereichen des amerikanischen Lebens... Es drückt sich in den Theorien von ‚Checks and Balances' und der ‚Gewaltenteilung' aus. In den Vereinigten Staaten wird die Tatsache, dass einige Menschen die Macht über die Aktivitäten und Vermögen anderer haben, manchmal als unausweichlich anerkannt, aber nie als befriedigend akzeptiert.

[17] Neale, S. 23.

> Man hofft immer, dass irgendein bestimmter Machthaber, *ob politisch oder ökonomisch*, anderen Autoritäten unterworfen ist... [Hervorhebung von mir].
>
> Die Grundmotivation der Antitrust-Gesetze ist ihr Vertrauen auf Gesetzesverfahren und juristische Lösungen anstatt auf administrative Vorschriften. Die berühmte Vorschrift der Bill of Rights aus Massachusetts - ‚es muss eine Regierung aus Gesetzen und nicht aus Personen sein' - ist ein Lieblingszitat der Amerikaner und wichtig für das Verständnis von Antitrust. Ohne diesen Faktor wäre es unmöglich, den Grad der Akzeptanz für die Antitrust-Politik zu erklären (der für Menschen außerhalb der Vereinigten Staaten erstaunlich ist), besonders von Seiten der Großkonzerne, die ihr ja oft und aufwendig unterworfen werden..."[18]

Das ist ein tragisches Beispiel dafür, was mit menschlichen Absichten ohne eine klar definierte philosophische Theorie zu ihrer praktischen Umsetzung passiert. Die erste freie Gesellschaft der Geschichte zerstörte ihre Freiheit - um sie zu beschützen. Die Unfähigkeit, zwischen *politischer* und *wirtschaftlicher* Macht zu differenzieren, erlaubte die Vermutung, dass *Zwang* ein richtiger „Ausgleich" für Produktion sein könne, dass beides gleichwertige Aktivitäten seien, die einander „kontrollieren" und dass die „Autorität" eines Unternehmers und die „Autorität" eines Bürokraten austauschbare Rivalen um die gleiche gesellschaftliche Funktion seien. Indem sie eine „Regierung aus Gesetzen und nicht aus Personen" wollten, lieferten die Befürworter von Antitrust die gesamte amerikanische Wirtschaft der Macht einer so willkürlichen Regierung aus Personen aus, von der jede Diktatur träumen würde.

In der Abwesenheit aller rationalen Urteilskriterien versuchte man, die immens komplexen Fragen eines freien Marktes durch einen so oberflächlichen Maßstab wie „Größe" zu beurteilen. Man hört das bis heute: „*Groß*konzerne", „*Big* Government" oder „*Big* Labor" werden als Bedrohung der Gesellschaft verschrien, ohne das Wesen, den Ursprung oder die Funktion dieser „Größe" zu berücksichtigen, als ob Größe an sich böse wäre. Dies würde bedeuten, dass ein „*gro-*

---

[18] *Ebd.*, S. 422f.

ßes" Genie wie Edison und ein *„großer"* Verbrecher wie Stalin ebenbürtige Übeltäter wären: Einer überflutete die Welt mit unermesslichen Werten und der andere mit unermesslicher Abschlachtung, aber beide haben es in *großem* Ausmaß getan. Ich bezweifle, ob irgendjemand diese beiden gleichsetzen würde - und doch ist genau das der Unterschied zwischen Big Business und Big Government. Das einzige Mittel, mit dem ein Staat groß werden kann, ist körperlicher Zwang; das einzige Mittel, mit dem eine Firma in einer freien Wirtschaft groß werden kann, ist produktive Leistung.

Der einzig entscheidende Faktor, der für die Existenz von freiem Wettbewerb erforderlich ist, ist das ungehinderte, ungestörte Wirken eines freien Marktes. Die einzige Handlung, die ein Staat zum Schutz des freien Wettbewerbs unternehmen kann ist: Laissez-Faire! - was in einer freien Übersetzung bedeutet: „Finger weg!" Aber die Antitrust-Gesetze etablierten die genau gegenteiligen Bedingungen - und erreichten das genaue Gegenteil dessen, was sie erreichen wollten.

Man kann Wettbewerb nicht gesetzlich regeln; es gibt keine Maßstäbe, nach denen man definieren könnte, wer mit wem konkurrieren sollte, wie viele Konkurrenten es in einem bestimmten Feld geben sollte, wie ihre relative Stärke oder ihr sogenannter „relevanter Markt" aussehen sollte, welche Preise sie verlangen sollten und welche Wettbewerbsmethoden „fair" oder „unfair" sind. Keine dieser Fragen kann beantwortet werden, eben weil genau *diese* Fragen nur mit dem Mechanismus des freien Marktes beantwortet werden können.

Ohne Prinzipien, Maßstäbe oder Kriterien zu seiner Anleitung ist das Antitrust-Case-Law eine Geschichte von 70-jähriger Sophisterei, Kasuisterei und Haarspalterei, so absurd und so entfernt von der Realität wie die Debatten der mittelalterlichen Scholastiker. Mit nur einem Unterschied: Die Scholastiker hatten bessere Gründe für die Fragen, die sie aufwarfen - und am Ausgang ihrer Debatten hing nicht das Leben und das Vermögen anderer Menschen.

Ich möchte Ihnen einige Beispiele für Antitrust-Fälle geben. Im Fall *Associated Press vs. United States* von 1945 wurde Associated Press für schuldig befunden, weil ihre Satzung die Mitgliedschaft beschränkte und es für neu gegründete Zeitungen schwierig war, beizutreten. Ich zitiere aus Mr. Neales Buch:

> „Die Verteidigung von AP argumentierte, dass es andere Nachrichtenagenturen gebe, von denen Neulinge ihre Nachrichten beziehen könnten... Das Gericht sagte, dass... AP kollektiv organisiert sei, um Wettbewerbsvorteile für Mitglieder gegenüber Nichtmitgliedern sicherzustellen und somit den Wettbewerb behindere, obwohl die Nichtmitglieder nicht zwangsläufig völlig vom Wettbewerb ausgeschlossen wurden. [AP wurde als so wichtige Einrichtung angesehen, dass] ihre Mitglieder durch diese Exklusivität eine echte Härte für *mögliche Konkurrenten* aufbauten... Es ist keine Verteidigung, dass die Mitglieder ihre Einrichtung... selbst aufgebaut hatten; Neulingen muss es immer noch erlaubt sein, sie unter vernünftigen Bedingungen mit zu benutzen, *außer wenn es für sie praktikabel ist*, ohne sie zu konkurrieren."[19] [Hervorhebungen von mir].

Wessen *Rechte* werden hier verletzt? Und wessen *Laune* wird mit der Macht des Gesetzes durchgesetzt? Was qualifiziert einen als *„möglichen Konkurrenten"*? Wenn ich mir vornähme, morgen mit General Motors zu konkurrieren, welchen Teil ihrer Einrichtungen müssten sie mit mir teilen, damit es für mich „praktikabel" wäre, mit ihnen zu konkurrieren?

Im Fall *Milgram vs. Loew's* von 1951 wurde die beharrliche Weigerung von mehreren Filmverleihern, Erstaufführungen in einem Autokino durchzuführen, als Beweis für eine *Verschwörung* angesehen. Jede Gesellschaft hatte offensichtlich gute Gründe für ihre Weigerung - und die Verteidigung argumentierte, dass jede ihre eigene unabhängige Entscheidung ohne Wissen der anderen getroffen hatte. Aber das Gericht verfügte, dass „bewusst parallele Geschäftspraktiken" Beweis genug für Verschwörung seien und dass „weitere Beweise für eine tatsächliche Absprache unter den Angeklagten unnötig seien". Das Berufungsgericht bestätigte diese Entscheidung mit der Begründung, dass das Indiz paralleler Handlung die Beweislast auf die Angeklagten verschöbe, „zum Beweis, dass es den Rück-

---

[19] *Ebd.*, S. 70ff.

schluss gemeinsamer Handlung nicht gab", den sie offensichtlich nicht geliefert hatten.

Betrachten Sie für einen Moment die Implikationen *dieses* Falles. Wenn drei Unternehmer unabhängig voneinander die gleiche eklatant offenkundige Geschäftsentscheidung treffen - müssen sie dann beweisen, dass sie *nicht* konspiriert haben? Oder wenn zwei Unternehmer eine intelligente Geschäftspolitik beobachten, die ein dritter erfunden hat - sollten sie aus Angst vor einer Verschwörungsklage davon absehen, sie einzuführen? Oder wenn sie sie doch einführen, sollte dieser eine dann vor Gericht gezerrt und aufgrund von Handlungen zweier Menschen, von denen er noch nie gehört hat, wegen Verschwörung angeklagt werden? Und wie soll er seine vermutete Schuld entkräften und seine Unschuld beweisen?

Im Falle von Patenten scheinen die Antitrust-Gesetze die Rechte des Eigentümers zu respektieren - solange er alleine sie benutzt und sie nicht mit jemandem teilt. Aber wenn er sich entscheidet, nicht in einen Patentkrieg gegen einen Konkurrenten zu ziehen, der Patente der gleichen Kategorie hält - wenn sie beide entscheiden, die angebliche „Dog-eat-Dog-Politik" aufzugeben, derer Unternehmer so oft beschuldigt werden; wenn sie entscheiden, ihre Patente zu bündeln und sie für andere zu lizenzieren -, *dann* schlagen die Antitrust-Gesetze zu. Die Strafen dafür beinhalten Zwangslizenzierungen der Patente an alle dahergelaufenen - oder die direkte Beschlagnahme der Patente.

Ich zitiere aus Neales Buch:

> „Die Zwangslizenzierung von Patenten - sogar von gültigen Patenten, die durch Forschungen der Angestellten einer Firma legal erworben wurden - ist nicht als Bestrafung gedacht, sondern als Mittel, mit dem konkurrierende Gesellschaften in den Markt gebracht werden können... Im Fall *I.C.I. and DuPont* von 1952 z.B. ordnete Richter Ryan in den Bereichen, in denen ihre restriktiven Abmachungen galten, die Zwangslizenzierung ihrer existierenden Patente an... In diesem Fall wurde ein Hilfsmittel angewandt, welches seitdem gängige Praxis ist. Sowohl I.C.I. als auch DuPont mussten Bewerber zu einem vernünftigen Preis

> mit technischen Anleitungen versorgen, die detailliert zeigen, wie die Patente zu handhaben waren."[20]

Wohlgemerkt: *Das* wird nicht als Strafe angesehen!

Wessen Verstand, Kompetenz, Leistung und Rechte werden hier geopfert - und *wer* zieht daraus unverdienten Vorteil?

Der schockierendste Gerichtsentscheid in dieser grausigen Folge (bis zum Jahr 1961) wurde - wie es anders kaum zu erwarten war - von einem bekennenden „Konservativen" gefällt: Richter Learned Hand. Das Opfer war ALCOA. Der Fall war *United States vs. Aluminum Company of America* von 1945.

Unter den Antitrust-Gesetzen ist ein Monopol an sich nicht illegal; illegal ist nur die „Absicht zu monopolisieren". Um ALCOA für schuldig befinden zu können, musste Richter Learned Hand Beweise dafür finden, dass ALCOA aggressive Handlungen unternommen hatte, um Konkurrenten aus seinem Markt auszuschließen. Hier ist der Beweis, den er fand und auf dem er das Urteil gründete, das die Energie eines der größten amerikanischen Industriekonzerne blockiert hat. Ich zitiere aus Richter Learned Hands Stellungnahme:

> „Es war nicht unvermeidbar, dass sie [ALCOA] stets die steigende Nachfrage voraussahen, um sie zu decken. Nichts zwang sie, ihre Kapazität zu erhöhen, bevor andere dieses Feld betraten. Sie bestehen darauf, dass sie nie Konkurrenten ausgeschlossen haben; aber wir können uns keinen effektiveren Ausschluss vorstellen, als ständig jede sich bietende Gelegenheit zu ergreifen und jedem Neuling mit schon vorhandener Kapazität, mit der Erfahrung, den Verbindungen und der Elite des Personals zu begegnen."[21]

Hier treten die Bedeutung und der Zweck der Antitrust-Gesetze explizit zu Tage - die einzige Bedeutung, den diese Gesetze haben *können*, ob die Autoren es beabsichtigen oder nicht: die Bestrafung von Kompetenz, weil sie Kompetenz ist, die Bestrafung von Erfolg, weil er Erfolg ist und die Opferung von Schöpfergeist zugunsten der Forderungen von neidischen Mittelmäßigkeiten.

---

[20] *Ebd.*, S. 410.

[21] *Ebd.*, S. 114.

Wenn solch ein Prinzip auf alle produktiven Aktivitäten angewendet würde - wenn ein intelligenter Mensch nicht „jede sich bietende neue Gelegenheit" ergreifen dürfte, aus Angst, irgendeinen Feigling oder Idioten abzuschrecken, der gerne mit ihm konkurrieren würde -, würde das bedeuten, dass keiner von uns, in keinem Beruf, vorwärts streben, aufsteigen oder sich verbessern könnte, weil jede Form persönlichen Fortschritts - sei es die größere Schnelligkeit einer Typistin, die größere Leinwand eines Künstlers oder die größere Prozentzahl von Heilungen eines Arztes - die Neulinge abschrecken könnte, die noch nicht einmal angefangen haben, aber erwarten, ganz oben anzufangen.

Als kleinen, aber krönenden Abschluss werde ich Mr. Neales Fußnote des ALCOA-Falles zitieren:

> „Es ist interessant anzumerken, dass der Hauptgrund, aus dem Ökonomen das Aluminium-Monopol verurteilt haben, eben *das Versagen* von ALCOA war, Wachstumschancen zu ergreifen. Sie unterschätzten die Aluminiumnachfrage, sodass die Vereinigten Staaten zu Beginn beider Weltkriege schmerzhaft geringe Produktionskapazitäten hatten."[22]

Ich werde Sie nun bitten, das Wesen, den Kern und die Vorgeschichte der Antitrust-Gesetze in Erinnerung zu behalten, wenn ich nun den absoluten Höhepunkt behandele, gegen den der Rest dieser schmutzigen Geschichte unbedeutend aussieht: der *General Electric* Fall von 1961.

Die Liste der Angeklagten liest sich in diesem Fall wie das Who-is-Who der Elektroindustrie: General Electric, Westinghouse, Allis-Chalmers und 26 weitere kleinere Gesellschaften. Ihr Verbrechen bestand daraus, dass sie uns mit all den beispiellosen Segnungen und Bequemlichkeiten des elektrischen Zeitalters versorgt hatten, von Toastern bis zu Stromgeneratoren. Für *dieses* Verbrechen wurden sie bestraft - weil sie nichts davon hatten tun können, ohne die Antitrust-Gesetze zu brechen.

Die Anklage gegen sie lautete auf geheime Preis- und Angebotsabsprachen für ihre Produkte. Aber ohne solche Absprachen hätten die größeren Firmen ihre Preise so niedrig ansetzen können, dass die

[22] *Ebd.*, S. 114.

kleineren sie nicht hätten unterbieten können und aus dem Geschäft gewesen wären, woraufhin die größeren Gesellschaften unter denselben Antitrust-Gesetzen angeklagt worden wären – für die „Absicht zu monopolisieren".

Ich zitiere aus einem Artikel von Richard Austin Smith mit dem Titel „Die unglaubliche Elektro-Verschwörung" in *Fortune* (April und Mai 1961): „Wenn General Electric 50 Prozent des Marktes hätte, wären sogar starke Gesellschaften wie ITE Circuit Breaker tödlich getroffen." Der gleiche Artikel zeigt auch, dass die Preisabsprachen nicht zum Vorteil von G.E. waren, dass sie zu ihrem Nachteil arbeiteten, dass G.E. in Wirklichkeit „der Dumme" war, dass der Vorstand es wusste, die „Verschwörung" verlassen wollte, aber (aufgrund der Antitrust-Gesetze und anderer staatlicher Vorschriften) keine Wahl hatte.

Der beste Beweis für die Tatsache, dass die Antitrust-Gesetze ein Hauptfaktor für die Erzwingung der „Verschwörung" in der Elektroindustrie waren, kann man an den Nachwirkungen des Falles sehen – an der Frage der „Einverständniserklärung". Als General Electric ankündigte, dass sie nun die niedrigstmöglichen Preise nehmen wollte, erhoben die kleineren Firmen und die Antitrust-Behörde Einspruch.

Mr. Smiths Artikel erwähnt die Tatsache, dass die Verschwörung nach der Preisregulierung im Krieg begann. Während des Krieges wurden die Preise für Elektroartikel *vom Staat* festgesetzt, und die Vorstände hielten Treffen ab, um eine gemeinsame Verfahrensweise abzustimmen. Sie hielten dies weiter aufrecht, nachdem die Preisregulierungen abgeschafft wurden.

Nach welchem erdenklichen Maßstab können Preisabsprachen ein Verbrechen sein, wenn sie von Unternehmern vorgenommen werden, aber zum allgemeinen Wohl, wenn sie vom Staat vorgenommen werden? Es gibt viele Industrien, z.B. das Transportgewerbe, deren Preise auch in Friedenszeiten staatlich festgesetzt werden. Wenn Preisabsprachen so hinderlich für den Wettbewerb, für die Industrie, für die Produktion, für die Verbraucher, für die gesamte Wirtschaft und für das „Allgemeinwohl" sind, wie die Vertreter der Antitrust-Gesetze behaupten – wie kann dann die gleiche hinderliche

Politik in den Händen des Staates wohltätig werden? Da es keine rationale Antwort auf diese Frage gibt, schlage ich vor, dass Sie das ökonomische Wissen, das Ziel und die Motive der Antitrust-Vorkämpfer in Frage stellen.

Die Elektrogesellschaften verteidigten sich nicht gegen den Vorwurf der „Verschwörung". Sie plädierten auf *„nolo contendere"*, was bedeutet „keine Anfechtung". Sie taten das, weil die Antitrust-Gesetze eine so tödliche Gefahr für jeden Verteidigungsversuch sind, dass Verteidigung buchstäblich unmöglich wird. Diese Gesetze ermöglichen es, dass eine Firma, die einer Übertretung für schuldig befunden wird, auf *dreifachen Schadensersatz* verklagt werden kann, und zwar von jedem Verbraucher, der behauptet, er sei geschädigt worden. In einem so großen Fall hätten solche Forderungen wahrscheinlich alle Angeklagten vernichtet. Wer kann oder wird das Risiko auf sich nehmen, unter solch einer Drohung eine Verteidigung in einem Gericht vorzubringen, in dem es keine objektiven Gesetze, keine objektiven Maßstäbe für Schuld oder Unschuld und keine objektive Einschätzung der eigenen Chancen gibt?

Versuchen Sie sich vorzustellen, welches Geschrei und welche Proteste es gäbe, wenn irgendeine andere Gruppe, irgendeine andere Minderheit, einem Verfahren unterworfen wäre, in dem *Verteidigung* unmöglich gemacht worden wäre oder in dem die Gesetze vorschrieben, dass je schlimmer das Vergehen ist, desto gefährlicher die Verteidigung wird. Mit Sicherheit gilt das Gegenteil für wirkliche Kriminelle: Je schlimmer das Verbrechen, desto größer die Vorsichtsmaßnahmen und der Schutz, den das Gesetz vorschreibt, um dem Angeklagten eine Chance zu geben und im Zweifel für ihn zu sprechen. Nur Unternehmer müssen gefesselt und geknebelt vor Gericht.

Was setzte die staatliche Untersuchung der Elektroindustrie in Bewegung? Mr. Smiths Artikel sagt, dass die Untersuchung aufgrund von Beschwerden der Tennessee Valley Authority und der *Forderungen* von Senator Kefauver eingeleitet wurde. Das war 1959 unter Eisenhowers *republikanischer* Administration. Ich zitiere aus *Time* vom 17. Februar 1961:

> „Die Regierung hatte oft Schwierigkeiten, Beweise in Antitrust-Fällen zu sammeln, aber dieses Mal hatte sie einen Durchbruch. Im Oktober 1959 wurden vier Unternehmer aus Ohio ins Gefängnis gesteckt, nachdem sie in einem Antitrust-Fall auf *nolo contendere* plädiert hatten. (Einer von ihnen beging auf dem Weg ins Gefängnis Selbstmord.) Diese Nachricht schickte eine Schockwelle durch die unter Anklage stehenden Elektrovorstände, und einige erklärten sich bereit, unter Zusicherung von Immunität gegen ihre Kollegen auszusagen. Mit den von ihnen erlangten Beweisen machte der Staat seinen Fall wasserdicht."

Es geht hier nicht um Gangster, Erpresser oder Drogenhändler, sondern um *Unternehmer* - die produktiven, kreativen, effizienten, kompetenten Mitglieder der Gesellschaft. Und doch zielen die Antitrust-Gesetze *jetzt*, in dieser neuen Phase, offensichtlich darauf ab, das Geschäftsleben in eine Unterwelt zu verwandeln - mit Informanten, Strohmännern, Doppelagenten, speziellen Deals und dem ganzen Rest der Atmosphäre der *„Untouchables"*.

Sieben Vorstände der Elektroindustrie wurden zu Gefängnisstrafen verurteilt. Wir werden nie wissen, was hinter den Kulissen dieses Falles oder in den Verhandlungen zwischen den Unternehmern und dem Staat vor sich ging. Waren *diese sieben* verantwortlich für die angebliche „Verschwörung"? Wenn das ihre Schuld war, waren sie schuldiger als die anderen? Wer „verpfiff" sie - und warum? Wurden sie hereingelegt? Wessen Zwecken oder Zielen wurde mit ihrer Opferung gedient? Wir wissen es nicht. In einem so abgekarteten Spiel wie den Antitrust-Gesetzen gibt es keinen Weg, es herauszufinden.

Als diese sieben Männer, die sich nicht verteidigen konnten, in den Gerichtssaal kamen, um ihre Urteile zu hören, riefen ihre Anwälte die Richter um Gnade an. Ich zitiere aus dem Artikel in *Time*: „Zuerst trat der Anwalt... eines Vizepräsidenten von Westinghouse vor, um Gnade zu erbitten. ‚Mein Klient', sagte der Anwalt, ‚ist Gemeindevertreter der St. John's Episcopal Church in Sharon, Pennsylvania und spendet für ein Behindertenheim.' Ein weiterer Anwalt plädierte, dass sein Klient ‚Leiter eines Jugendclubs in Schenectady, New York, und Vorsitzender einer Initiative zur Errichtung eines neuen Jesuitenseminars in Lennox, Massachusetts'" sei.

Die Anwälte hielten es nicht für nötig, die Leistungen, die produktiven Fähigkeiten, die Talente, die Intelligenz oder die *Rechte* dieser Männer anzuführen - sondern ihren altruistischen „Dienst“ am „Wohl der Bedürftigen“. Die *Bedürftigen* hatten ein Recht auf Wohlergehen - aber die, die es produzierten und zur Verfügung stellten, nicht. Das Wohlergehen und die Rechte der Produzenten wurden nicht für beachtenswert oder anerkennungswürdig gehalten. *Das* ist die schlimmste Anklage für den gegenwärtigen Zustand unserer Kultur.

Der letzte Tropfen in dieser ganzen grauenhaften Farce war Richter Ganeys Kommentar. Er sagte: „Was hier wirklich auf dem Spiel steht, ist das Überleben des Wirtschaftssystems, unter dem Amerika groß geworden ist - die freie Marktwirtschaft.“ Er sagte das, während er den vernichtendsten Schlag austeilte, den die freie Marktwirtschaft je erlitten hatte, während er sieben seiner besten Repräsentanten ins Gefängnis schickte und somit erklärte, dass genau die Klasse, die Amerika groß gemacht hat - die Unternehmer - von jetzt an aufgrund ihrer Natur und ihres Berufes als Kriminelle behandelt würden. In Person dieser sieben Männer verurteilte er das System der freien Marktwirtschaft.

Diese sieben Männer waren Märtyrer. Sie wurden als Opfertiere behandelt - sie waren *Menschenopfer*, so wahr und so brutal wie die Menschenopfer von prähistorischen Wilden im Dschungel.

Wenn Sie Gerechtigkeit für Minderheiten wollen, so denken Sie daran, dass Unternehmer eine kleine Minderheit sind - eine *sehr kleine* Minderheit verglichen mit der Summe von unzivilisierten Horden auf Erden. Denken Sie daran, wie viel Sie dieser Minderheit schulden - und welch schändliche Verfolgung sie erdulden muss. Denken Sie auch daran, dass die kleinste Minderheit auf Erden das Individuum ist. Wer individuelle Rechte nicht anerkennt, kann nicht behaupten, Minderheiten zu schützen.

Was sollten wir tun? Wir sollten eine Überprüfung und Revision der gesamten Antitrust-Gesetze fordern. Wir sollten ihre philosophische, politische, ökonomische und *moralische* Basis anfechten. Wir sollten eine Bürgerrechtsbewegung gründen - für Unternehmer. Die Streichung der Antitrust-Gesetze sollte unser Ziel sein, und das wird einen langen intellektuellen und politischen Kampf erfordern. Aber in der Zwischenzeit und als ersten Schritt sollten wir fordern, dass die Gefängnisstrafen dieser Gesetze abgeschafft werden. Es ist schlimm genug, wenn Menschen Geldstrafen erdulden müssen unter Gesetzen, von denen jeder sagt, dass sie nicht-objektiv, widersprüchlich und undefinierbar sind, da keine zwei Juristen sich über ihre Bedeutung und Anwendung einigen können, und es ist obszön, unter solchen Gesetzen Gefängnisstrafen zu verhängen. Wir sollten die Perversion beenden, Menschen für die Verletzung sinnloser Gesetze, die man nicht befolgen kann, ins Gefängnis zu schicken.

Unternehmer sind die eine Gruppe, die den Kapitalismus und den American Way of Life vom totalitären Dirigismus, der den Rest der Welt verschluckt, unterscheidet. Alle anderen gesellschaftlichen Gruppen - Arbeiter, Bauern, Berufstätige, Wissenschaftler, Soldaten - gibt es in Diktaturen, obwohl sie angekettet, verängstigt, elend und in fortschreitender Selbstzerstörung existieren. *Aber eine Gruppe wie Unternehmer gibt es in einer Diktatur nicht.* Ihr Platz wird von bewaffneten Gangstern, von Bürokraten und Kommissaren eingenommen. Unternehmer sind das Symbol einer freien Gesellschaft - das Symbol Amerikas. Wenn sie verschwinden, verschwindet die Zivilisation. Aber wenn Sie für Freiheit kämpfen wollen, müssen Sie damit beginnen, für ihre unbelohnten, unerkannten und doch besten Repräsentanten zu kämpfen - die amerikanischen Unternehmer.

4. Antitrust

von Alan Greenspan

Basierend auf einem Vortrag vor dem *Antitrust Seminar of the National Association of Business Economists* in Cleveland am 25. September 1961, veröffentlicht vom *Nathaniel Branden Institute* in New York (1962).

Die Welt der Antitrust-Gesetzgebung erinnert an „Alice im Wunderland": Scheinbar existiert alles und existiert doch gleichzeitig nicht. Es ist eine Welt, in der Wettbewerb als Grundaxiom und Leitprinzip gepriesen, aber „zu viel" Wettbewerb doch als „ruinös" verurteilt wird. Es ist eine Welt, in der Handlungen, die den Wettbewerb beschränken, als kriminell angeprangert werden, wenn Unternehmer sie begehen, aber als „aufgeklärt" gepriesen werden, wenn sie vom Staat initiiert werden. Es ist eine Welt, in der das Gesetz so vage ist, dass Unternehmer erst wissen können, ob bestimmte Handlungen illegal sind, wenn sie das Urteil des Richters hören.

Angesichts der Verwirrung, der Widersprüche und der juristischen Haarspaltereien, die das Reich der Antitrust-Gesetze charakterisieren, möchte ich anregen, dass das gesamte Antitrust-System überprüft wird. Es ist nötig a.) die historischen Wurzeln der Antitrustgesetze und b.) die ökonomischen Theorien, auf denen diese Gesetze basieren, zu ermitteln und einzuschätzen.

Amerikaner haben die Konzentration von willkürlicher Macht in den Händen von Politikern immer gefürchtet. Vor dem Bürgerkrieg schrieben nur wenige Menschen den Unternehmern eine solche Macht zu. Es war anerkannt, dass staatliche Stellen die Macht hatten, Gehorsam durch Anwendung körperlichen Zwangs zu erzwingen – und dass Unternehmer keine solche Macht hatten. Ein Unternehmer braucht Kunden. Er muss an ihr Eigeninteresse appellieren.

Die Einschätzung dieser Frage änderte sich nach dem Bürgerkrieg rapide, besonders mit dem Aufkommen des Eisenbahnzeitalters. Nach außen hatten die Eisenbahnen keine gesetzliche Macht im Rücken. Aber für die Farmer im Westen schienen die Eisenbahnen eben jene willkürliche Macht zu haben, die vorher bloß dem Staat zugeschrieben wurde. Die Eisenbahnen schienen nicht den Gesetzen des Wettbewerbs zu unterliegen. Sie schienen in der Lage, Tarife zu verlangen, die so berechnet waren, dass die Farmer gerade noch ihr Saatgut behalten konnten - nicht mehr und nicht weniger. Der Protest der Farmer äußerte sich in der National Grange Bewegung, der Organisation, die für die Verabschiedung des Interstate Commerce Act von 1887 verantwortlich war.

Den Industriegiganten (wie z.B. Rockefellers Standard Oil Trust), die während dieser Zeit groß wurden, wurde auch nachgesagt, gegen Wettbewerb, gegen das Gesetz von Angebot und Nachfrage immun zu sein. Die öffentliche Reaktion gegen die Trusts kulminierte im Sherman Act von 1890.

Damals wie heute wurde behauptet, dass sich die Industrie, wenn sie unkontrolliert bliebe, zwangsläufig zu einer Institution mit willkürlicher Macht entwickeln würde. Stimmt diese Behauptung? Brachte die Periode nach dem Bürgerkrieg eine neue Form von willkürlicher Macht? Oder blieb der Staat der Ursprung dieser Macht, und war die Industrie bloß ein neuer Weg, durch den sie ausgeübt werden konnte? Dies ist die historisch entscheidende Frage.

Vor dem Bürgerkrieg standen die Eisenbahnen an der Ostküste sowohl untereinander als auch mit den älteren Transportformen - Schiffen, Fähren und Pferdewagen - in hartem Wettbewerb. In den 1860er-Jahren wurde von politischer Seite verlangt, dass sich die Eisenbahnen nach Westen bewegen und Kalifornien an die Nation anbinden sollten: Das nationale Prestige stand angeblich auf dem Spiel. Das Verkehrsvolumen außerhalb des bevölkerungsreichen Ostens war jedoch zu gering, um kommerziellen Transport westwärts zu locken. Der potentielle Profit rechtfertigte nicht die hohen Investitionskosten in die Anlagen. Im Namen der „Allgemeinheit" wurde deswegen entschieden, die Eisenbahnen für ihre Expansion in den Westen zu subventionieren.

Zwischen 1863 und 1867 bekamen die Eisenbahnen fast 100 Millionen Hektar an Land. Da dieses Land an individuelle Strecken übertragen wurde, konnten konkurrierende Bahnen nicht das gleiche Gebiet im Westen bedienen. Währenddessen konnten es sich die anderen Wettbewerber (Wagen, Schiffe usw.) nicht leisten, den Eisenbahnen im Westen Konkurrenz zu machen. Somit war ein Segment der Eisenbahnindustrie dank des Staates in der Lage, aus den Wettbewerbsfesseln, die im Osten bestanden hatten, „auszubrechen".

Wie zu erwarten war, zogen die Subventionen genau die Firmengründer an, die immer am Rand des Geschäftslebens existieren und ständig „schnelles Geld" suchen. Viele der neuen Eisenbahnlinien wurden schlampig gebaut: Sie wurden nicht gebaut, um Verkehr zu tragen, sondern um das Land zu bekommen.

Die West-Eisenbahnen waren echte Monopole wie sie im Lehrbuch stehen. Sie konnten sich benehmen, als seien sie allmächtig – und taten es auch. Aber diese Macht stammte nicht aus dem freien Markt. Sie stammte aus staatlichen Subventionen und staatlichen Restriktionen.[23]

Als der Verkehr im Westen letztendlich auf ein Niveau stieg, das noch weitere Transportunternehmen tragen konnte, wurde die monopolistische Macht dieser Eisenbahnen bald untergraben. Trotz ihrer ursprünglichen Privilegien waren sie nicht in der Lage, dem Druck des freien Marktes zu widerstehen.

Mittlerweile hatte sich jedoch ein unheilvoller Wendepunkt in unserer wirtschaftlichen Geschichte ereignet: der Interstate Commerce Act von 1887.

Dieses Gesetz wurde nicht durch die „Übel" des freien Marktes nötig. Wie die nachfolgenden Wirtschaftskontrollgesetze war dieses Gesetz ein Versuch, die ökonomischen Verzerrungen zu heilen, die durch vorangegangene staatliche Eingriffe geschaffen, aber dem freien Markt in die Schuhe geschoben wurden. Der Interstate Commerce Act produzierte seinerseits neue Verzerrungen in der Struktur und den Finanzen der Eisenbahnen. Heute will man diese Verzerrungen mit neuen Subventionen korrigieren. Die Eisenbahnen stehen am Rande des finanziellen Ruins, und doch hinterfragt niemand die ursprüngliche Fehldiagnose, um die eigentliche Ursache ihrer Krankheit zu entdecken und zu korrigieren.

---

[23] Für die Identifikation dieses Prinzips muss ich mich bei Ayn Rand bedanken, s. auch ihre *Anmerkungen zur Geschichte der amerikanischen freien Marktwirtschaft* (Kap. 7).

Die Geschichte der Eisenbahnen im 19. Jahrhundert als „Beweis" für das Versagen eines freien Marktes zu interpretieren, ist ein katastrophaler Fehler. Der gleiche Fehler, der bis heute gemacht wird, war die damalige Angst vor den „Trusts".

Der berühmteste dieser „Trusts" war Standard Oil. Nichtsdestotrotz machte die gesamte Ölindustrie zur Zeit der Verabschiedung des Sherman Acts, einer vor-automobilen Periode, weniger als ein Prozent des Bruttosozialprodukts aus und war kaum ein Drittel so groß wie die Schuhindustrie. Nicht die absolute Größe der Trusts, sondern ihre Dominanz innerhalb ihrer eigenen Industrie gab zu Besorgnis Anlass. Was die Beobachter jedoch nicht verstanden, war die Tatsache, dass die Kontrolle von Standard Oil von über 80 Prozent der Raffineriekapazität am Ende des Jahrhunderts ökonomisch Sinn ergab und das Wachstum der amerikanischen Wirtschaft beschleunigte.

Diese Kontrolle ermöglichte offensichtliche Effizienzzuwächse durch die Integration von Raffinierung, Marketing und Pipelinebetrieb; sie machte auch das Aufbringen von Kapital leichter und billiger. Trusts entstanden, weil sie die effizientesten Einheiten in den relativ neuen Industrien waren, die zu klein waren, um mehr als eine große Gesellschaft zu tragen.

Historisch ist die allgemeine Entwicklung einer Industrie wie folgt abgelaufen: Eine Industrie beginnt mit einigen kleinen Firmen; nach und nach verschmelzen viele von ihnen; dies erhöht ihre Effizienz und vermehrt Profite. Wenn der Markt sich ausdehnt, kommen neue Firmen in dieses Feld und beschneiden somit den Marktanteil der dominanten Firma. Dies war das Muster in der Stahl-, Öl-, Aluminium- und Containerindustrie, wie in vielen anderen auch.

Die Tendenz, dass die führende Gesellschaft einer Industrie einen Teil ihres Marktanteils verliert, wird nicht durch die Antitrustgesetze verursacht, sondern durch die Tatsache, dass man neue Firmen nicht daran hindern kann, ein Feld zu betreten, wenn die Nachfrage nach einem bestimmten Produkt steigt. Texaco und Gulf z.B. wären zu großen Firmen herangewachsen, selbst wenn der Standard Oil Trust nicht aufgelöst worden wäre. Ähnlich wäre die Dominanz der United

Steel Corporation in der Stahlindustrie erodiert worden - mit oder ohne Sherman Act.

Man braucht außergewöhnliches Geschick, um in einer freien Wirtschaft mehr als 50 Prozent Marktanteil in einer großen Industrie zu halten. Es erfordert ungewöhnliche produktive Fähigkeiten, fehlerloses Geschäftsurteil und nie nachlassende Anstrengung hinsichtlich der ständigen Verbesserung des eigenen Produkts und der eigenen Technik. Die Gesellschaft, die in der Lage ist, ihren Marktanteil Jahr um Jahr und Jahrzehnt um Jahrzehnt zu behalten, tut dies mittels Leistungsfähigkeit - und verdient Lob, nicht Tadel.

Der Sherman Act mag verständlich sein, wenn man ihn als Projektion der Angst des 19. Jahrhunderts und ökonomischer Unwissenheit ansieht. Aber er ist völliger Unsinn im Kontext des heutigen Wirtschaftswissens. Nachdem wir die industrielle Entwicklung weitere 70 Jahre beobachtet haben, sollten wir etwas gelernt haben.

Wenn die Versuche, unsere Antitrust-Gesetze aus historischen Gründen zu rechtfertigen, fehlerhaft sind und auf einer Fehlinterpretation der Geschichte basieren, dann kommen die Versuche, sie aus theoretischen Gründen zu rechtfertigen, aus einer noch fundamentaleren Fehlkonzeption.

In den frühen Tagen der Vereinigten Staaten genossen Amerikaner ein großes Maß an wirtschaftlicher Freiheit. Jeder Mensch konnte produzieren, was er wollte, verkaufen an wen er wollte, zu einem Preis, der gegenseitig vereinbart wurde. Wenn zwei Konkurrenten beschlossen, dass es in ihrem gegenseitigen Eigeninteresse liege, Preisabsprachen zu treffen, konnten sie das tun. Wenn ein Kunde im Gegenzug einen Rabatt verlangte, konnte eine Firma (üblicherweise eine Eisenbahn) entweder einwilligen oder ablehnen. Klassischen Ökonomen zufolge, die im 19. Jahrhundert einen tiefgreifenden Einfluss hatten, würde der Wettbewerb die Wirtschaft im Gleichgewicht halten.

Aber während viele Theorien der klassischen Ökonomen zutrafen, wie z.B. ihre Beschreibung der Wirkweise einer freien Marktwirtschaft, war ihre Auffassung von Wettbewerb zweideutig und verwirrte ihre Anhänger. Sie wurde so verstanden, als ob Wettbewerb bloß daraus bestünde, zu produzieren und zum Höchstpreis zu verkaufen - wie ein Roboter, der den Marktpreis passiv als Naturgesetz akzeptiert und der nie einen Versuch macht, die Marktbedingungen zu beeinflussen.

Die Unternehmer der zweiten Hälfte des 19. Jahrhunderts versuchten aber, ihre Marktbedingungen aggressiv durch Werbung, durch Variieren der Produktionsraten und durch Preisverhandlungen mit Lieferanten und Kunden zu beeinflussen.

Viele Beobachter nahmen an, dass diese Aktivitäten mit der klassischen Theorie unvereinbar seien. Sie schlossen daraus, dass der Wettbewerb nicht länger effektiv arbeite. So wie sie Wettbewerb verstanden, hatte er nie funktioniert oder existiert, außer vielleicht in einigen isolierten Agrarmärkten. Aber in einer sinnvollen Bedeutung des Wortes existierte der Wettbewerb und tut es immer noch - im 19. Jahrhundert genau wie heute.

„Wettbewerb“ ist ein aktiver, kein passiver Begriff. Er gilt für die gesamte Wirtschaft, nicht bloß für die Produktion, sondern auch für den Handel; er impliziert die Notwendigkeit, tätig einzugreifen und die Bedingungen des Marktes zu eigenen Gunsten zu beeinflussen.

Der Fehler dieser Beobachter lag darin, dass sie eine umfassende Abstraktion („Wettbewerb“) auf eine kleine Gruppe von Einzelfällen, auf den „passiven“ Wettbewerb aus ihrer eigenen Interpretation der klassischen Ökonomie beschränkten. Als Resultat schlossen sie daraus, dass das angebliche „Versagen“ dieses fiktionalen „passiven Wettbewerbs“ die gesamte theoretische Struktur der klassischen Ökonomie widerlege, inklusive der Demonstration der Tatsache, dass Laissez-Faire das effizienteste und produktivste aller möglichen Wirtschaftssysteme ist. Sie kamen zu der Schlussfolgerung, dass ein freier Markt aufgrund seiner Natur zu seiner eigenen Zerstörung führe - und sie kamen zu dem grotesken Widerspruch, die Freiheit des Marktes durch staatliche Kontrollen zu bewahren, d.h. die Vorteile von Laissez-Faire durch ihre Abschaffung zu bewahren.

Die entscheidende Frage, die sie zu stellen vergaßen, lautet, ob „aktiver Wettbewerb“ unausweichlich zu Zwangsmonopolen führt, wie sie annahmen - oder ob eine Laissez-Faire-Ökonomie mit „aktivem“ Wettbewerb einen eingebauten Regulator hat, der sie beschützt und bewahrt. Dies ist die Frage, die wir nun untersuchen müssen.

Ein „Zwangsmonopol" ist ein Konzern, der seine Preise und Produktionspolitik unabhängig vom Markt gestalten kann und der gegen Wettbewerb, gegen das Gesetz von Angebot und Nachfrage, immun ist. Eine Wirtschaft, die von solchen Monopolen beherrscht würde, wäre festgefahren und würde stagnieren.

Die notwendige Vorbedingung eines Zwangsmonopols ist der verwehrte Zugang, die Aussperrung aller konkurrierenden Produzenten aus einem bestimmten Feld. Dies kann nur durch staatliche Eingriffe geschehen, in Form spezieller Gesetze, Subventionen oder Lizenzen. Ohne staatliche Hilfe ist es für einen Monopolisten unmöglich, seine Preise und seine Produktionspolitik unabhängig vom Rest der Wirtschaft zu gestalten und aufrechtzuerhalten. Denn wenn er versuchen sollte, seine Preise und Produktion auf ein Niveau zu setzen, das anderen Produzenten Profite versprechen würde, die über denen in anderen Bereichen liegen, würden Konkurrenten sein Feld betreten.

Der letztendliche Wettbewerbsregulator in einer freien Ökonomie ist *der Kapitalmarkt*. Solange wie Kapital frei fließen kann, wird es die Bereiche suchen, welche die maximale Gewinnspanne anbieten.

Der potentielle Investor betrachtet nicht nur die eigentliche Gewinnspanne, die eine Firma in einer spezifischen Industrie erzielt. Seine Investitionsentscheidung hängt von dem ab, was er selbst in diesem bestimmten Feld verdienen könnte. Die Gewinnspannen innerhalb einer Industrie werden durch vorhandene Kosten berechnet. Er muss die Tatsache in Erwägung ziehen, dass ein Neuling nicht in der Lage wäre, eine so niedrige Kostenstruktur wie etablierte Produzenten zu erreichen.

Deswegen garantiert ein freier Kapitalmarkt nicht, dass ein Monopolist, der hohe Profite genießt, zwangsläufig und sofort Konkurrenz bekommt. Was er aber garantiert, ist, dass ein Monopolist, dessen hohe Profite von *hohen Preisen* und nicht von *niedrigen Kosten* herrühren, bald mit durch den Kapitalmarkt hervorgerufenen Wettbewerb konfrontiert wird.

Der Kapitalmarkt handelt als Preisregulator, nicht zwangsläufig als Profitregulator. Er lässt einem Produzenten die Freiheit, durch Senkung seiner Kosten und durch Erhöhung seiner Effizienz relativ zu anderen so viel wie möglich zu verdienen. Daher stellt er den Mechanismus dar, der größere Anreize für gesteigerte Produktivität erzeugt und der als Konsequenz zu einem steigenden Lebensstandard führt.

Die Geschichte der Aluminum Company of America vor dem Zweiten Weltkrieg illustriert diesen Prozess. In einem wachsenden Markt hielt ALCOA den Preis von Aluminium auf einem Niveau, das der maximalen Expansion des Marktes entsprach. Auf solch einem Preisniveau entstand Profit jedoch nur durch gewaltige Anstrengungen zur Erhöhung von Effizienz und Produktivität.

ALCOA war ein Monopol - der einzige Produzent von Roh-Aluminium - aber kein Zwangsmonopol, d.h. es konnte seine Preise und Produktionspolitik nicht unabhängig von der konkurrierenden Welt festsetzen. Tatsächlich konnte die Firma ihre Position als einziger Produzent von Roh-Aluminium nur deswegen so lange halten, weil sie Kostensenkung und Effizienz vorantrieb. Hätte ALCOA versucht, Profite durch Preiserhöhungen zu steigern, hätten sie schnell neue Konkurrenten im Aluminiumgeschäft gehabt.

Bei der Analyse der Wettbewerbsprozesse einer Laissez-Faire-Ökonomie muss man erkennen, dass Kapitalauslagen (Investitionen in neue Fabriken und Ausrüstung entweder durch bestehende oder neue Produzenten) nicht nur durch die gegenwärtigen Profite bestimmt werden. Eine Investition wird getätigt oder nicht, abhängig vom geschätzten *diskontierten* Wert der erwarteten Gewinne. Dementsprechend wird die Frage, ob ein neuer Konkurrent in eine bisher monopolistische Industrie eintritt oder nicht, bestimmt von seinen erwarteten zukünftigen Erträgen.

Den gegenwärtigen Wert des erwarteten diskontierten Gewinns einer bestimmten Industrie repräsentiert der Aktienkurs einer Firma.[24]

---

[24] Alan Greenspan: *Stock Prices and Capital Evaluation*, Vortrag vor der gemeinsamen Sitzung der *American Statistical Association* und der *American Finance Association* am 27. Dezember 1959.

Wenn der Preis der Aktie einer bestimmten Firma steigt, impliziert diese Bewegung einen höheren gegenwärtigen Wert der erwarteten Gewinne.

Statistische Belege demonstrieren die Korrelation zwischen Aktienpreisen und Kapitalauslagen, nicht nur in der Industrie an sich, sondern auch innerhalb der Hauptindustrien.[25] Weiterhin ist die Zeit zwischen den Fluktuationen der Aktienpreise und den dementsprechenden Fluktuationen der Kapitalausgaben eher kurz, eine Tatsache, die impliziert, dass der Prozess, neue Kapitalinvestitionen an Profiterwartungen zu knüpfen, relativ schnell abläuft. Wenn eine Korrelation so gut funktioniert wie diese und man die heutigen gesetzlichen Hindernisse der freien Kapitalbewegungen betrachtet, muss man zu dem Schluss kommen, dass dieser Prozess in einem völlig freien Markt noch viel effizienter wäre.

Die Kapitalumschichtungen in einer völlig freien Wirtschaft würden ständig Kapital in profitable Bereiche bringen - und das würde den Wettbewerbspreis und die Produktionspolitik effektiv kontrollieren und es unmöglich machen, ein Zwangsmonopol aufrechtzuerhalten. Nur in einer sogenannten Mischökonomie kann ein Zwangsmonopol florieren, das durch Lizenzen, Subventionen und spezielle staatliche Privilegien vor der Disziplin des Kapitalmarktes geschützt wird.

Fazit: Die gesamte Struktur der Antitrustgesetze in unserem Land ist ein Sammelsurium ökonomischer Irrationalität und Unwissenheit. Sie ist das Produkt a.) einer krassen historischen Fehleinschätzung und b.) naiver und mit Sicherheit unrealistischer ökonomischer Theorien.

Das letzte Argument lautet oft, dass die Antitrustgesetze wenigstens keinen Schaden angerichtet hätten. Obwohl der Wettbewerb selbst Zwangsmonopole verhindert, könne es ja nicht schaden, auf Nummer Sicher zu gehen, indem man bestimmte ökonomische Handlungen für illegal erklärt.

Aber eben die Existenz dieser undefinierbaren und widersprüchlichen Gesetze behindert Unternehmer in der Ausübung ansonsten

---

[25] Für eine detaillierte Analyse dieser Korrelation, s. Alan Greenspan: *Business Investment Decisions and Full Employment Models*, American Statistical Association 1961, Proceedings of the Business and Economic Statistics Section.

solider produktiver Unternehmungen. Niemand wird je wissen, welche neuen Produkte, Prozesse, Maschinen und kostensparenden Zusammenschlüsse nicht verwirklicht wurden, getötet vom Sherman Act, bevor sie geboren wurden. Niemand kann je den Preis berechnen, den wir alle für dieses Gesetz bezahlt haben, das unseren Lebensstandard niedriger gehalten hat, als er sonst möglich gewesen wäre.

Man braucht jedoch nicht darüber zu spekulieren, welche Ungerechtigkeit es darstellt, dass die Karrieren, der Ruf und das Leben von Unternehmern zerstört wurden, die unter den Antitrustgesetzen ins Gefängnis kamen.

Wer meint, dass der Zweck der Antitrustgesetze der Schutz von Wettbewerb, Unternehmen und Effizienz ist, muss an das folgende Zitat aus Richter Learned Hands Anklage der sogenannten monopolistischen Verfahrensweisen von ALCOA erinnert werden:

> „Es war nicht unvermeidbar, dass sie [ALCOA] stets die steigende Nachfrage voraussahen, um sie zu decken. Nichts zwang sie, ihre Kapazität zu erhöhen bevor andere dieses Feld betraten. Sie bestehen darauf, dass sie nie Konkurrenten ausgeschlossen haben; aber wir können uns keinen effektiveren Ausschluss vorstellen, als ständig jede sich bietende Gelegenheit zu ergreifen und jedem Neuling mit schon vorhandener Kapazität, mit der Erfahrung, den Verbindungen und der Elite des Personals zu begegnen."

ALCOA wird dafür angeprangert, zu erfolgreich, zu effizient und zu gut für einen Konkurrenten zu sein. Was auch immer die Antitrustgesetze unserer Wirtschaft angetan haben mögen, welche Verzerrungen in der Kapitalstruktur sie auch immer verursacht haben mögen - all dies ist weniger katastrophal als die Tatsache, dass der effektive Zweck, die versteckte Intention und die eigentliche Praxis der Antitrustgesetze in den Vereinigten Staaten zur Verurteilung der produktiven und effizienten Mitglieder unserer Gesellschaft geführt haben, *weil* sie produktiv und effizient sind.

5. Verbreitete Irrtümer über den Kapitalismus

von Nathaniel Branden

Diese Artikel erschienen ursprünglich in der *Abteilung Intellektuelle Munition* des *Objectivist Newsletter.* Es sind kurze Antworten auf die meistgestellten ökonomischen Fragen und die am weitesten verbreiteten Irrtümer über den Kapitalismus.

MONOPOLE

„Was würde in einer Gesellschaft aus Laissez-Faire-Kapitalismus die Entstehung von mächtigen Monopolen verhindern, die in der Lage wären, die Kontrolle über die gesamte Wirtschaft zu erlangen?"

Einer der schlimmsten Irrtümer auf dem Gebiet der Wirtschaftswissenschaft - der von Karl Marx propagiert und heute von fast jedem, inklusive der meisten Unternehmer akzeptiert wird - ist die Idee, dass die Entwicklung von Monopolen ein unabwendbares und intrinsisches Resultat der Arbeitsweise einer freien, unregulierten Wirtschaft sei. Tatsächlich trifft aber das genaue Gegenteil zu. Ein freier Markt macht Monopole unmöglich.

Es ist entscheidend, dass man „Monopol" klar und deutlich definiert. Wer in einem politischen oder ökonomischen Kontext über die Gefahren von Monopolen spricht, meint ein *Zwangsmonopol* - d.h. die exklusive Kontrolle eines bestimmten Produktionsfeldes, in dem es keinen Wettbewerb gibt, sodass die, die dieses Feld kontrollieren, unabhängig vom Markt willkürliche Produktionsmethoden und Preise durchsetzen können und immun gegen das Gesetz von Angebot und Nachfrage sind. Solch ein Monopol zieht mehr als die *Abwesenheit* von Wettbewerb nach sich; es zieht die *Unmöglichkeit* von Wettbewerb nach sich. Das ist das charakteristische Merkmal eines Zwangsmonopols, welches man bei der Verurteilung von Monopolen berücksichtigen muss.

In der gesamten Geschichte des Kapitalismus hat niemand ein Zwangsmonopol durch Wettbewerb in einem freien Markt etablieren können. Es gibt nur eine Möglichkeit, den Zugang zu einem bestimmten Produktionsfeld zu verbieten: per *Gesetz*. Jedes Zwangsmonopol, das existiert oder je existiert hat - in den Vereinigten Staaten, in Europa oder irgendwo auf der Welt -, *wurde nur durch eine Gesetzeshandlung geschaffen und ermöglicht:* durch besondere Alleinverkaufsrechte, Lizenzen oder Subventionen - durch *legislative* Handlungen, die einem Menschen oder einer Gruppe von Menschen spezielle Privilegien gewähren (die auf einem freien Markt nicht zu haben sind) und allen anderen verbieten, dieses Feld zu betreten.

Ein Zwangsmonopol ist nicht das Resultat von Laissez-Faire; es kann nur resultieren aus der *Abschaffung* von Laissez-Faire und aus der Einführung des *gegenteiligen* Prinzips - dem Prinzip des *Dirigismus*.

In unserem Land sind die Stromversorger Zwangsmonopole: Der Staat gewährt ihnen eine exklusive Lizenz für ein bestimmtes Gebiet, und niemand sonst darf diese Dienstleistung in diesem Gebiet anbieten; ein möglicher Konkurrent, der elektrischen Strom verkaufen will, würde per Gesetz aufgehalten werden. Die Telefongesellschaften sind ein Zwangsmonopol. Noch nach dem Zweiten Weltkrieg zwang der Staat die zwei damals existierenden Telegraphiegesellschaften, Western Union und Postal Telegraph, zu einem Monopol zu verschmelzen.

In den relativ freien Tagen des amerikanischen Kapitalismus, im späten 19. bis zum frühen 20. Jahrhundert, gab es bei verschiedenen Waren (z.B. bei Baumwolle und Weizen, um nur zwei berühmte Beispiele zu erwähnen) Versuche, „den Markt aufzuteilen", dann das Feld für Wettbewerb zu schließen und durch Verkauf zu exorbitanten Preisen enorme Profite einzufahren. All diese Versuche scheiterten. Wer es versuchte, musste aufgeben oder bankrott gehen. Dies geschah nicht durch legislative Handlungen, sondern durch die Wirkweise des freien Marktes.

Es wird oft gefragt: „Was wäre, wenn eine große, reiche Firma ihre kleineren Konkurrenten aufkauft oder sie durch Unterbietung der Preise und Verkauf mit Verlust aus dem Geschäft zwänge? Könnte sie dann nicht die Kontrolle über ein bestimmtes Feld erlangen und anfangen, hohe Preise zu nehmen und ohne Angst vor Wettbewerb zu stagnieren?" Die Antwort lautet: Nein, das kann sie nicht. Wenn eine Firma schwere Verluste hinnähme um Konkurrenten auszustechen und dann hohe Preise nimmt, um ihre Verluste auszugleichen, wäre dies ein Anreiz für neue Wettbewerber, in dieses Feld einzutreten und die hohe Profitabilität auszunutzen, ohne ihrerseits Verluste ausgleichen zu müssen. Die neuen Konkurrenten würden die Preise auf Marktniveau zwingen. Die große Firma würde ihren Versuch aufgeben müssen, Monopolpreise durchzusetzen - oder durch ihre eigene Politik bankrottgehen.

Es ist eine historische Tatsache, dass kein „Preiskrieg" je ein Monopol geschaffen oder Preise *über* ein Marktniveau gebracht hat, das außerhalb des Gesetzes von Angebot und Nachfrage lag. („Preiskriege" *haben* jedoch als Ansporn für die ökonomische Effizienz der konkurrierenden Firmen gedient - und haben den Kunden somit durch bessere Produkte zu niedrigeren Preisen enorme Vorteile gebracht.)

Bei Betrachtung dieser Frage ignorieren Leute häufig die wichtige Rolle des Kapitalmarktes in einer freien Ökonomie. Wie Alan Greenspan in seinem Artikel „Antitrust"[26] bemerkt: Wenn der Zugang zu einem bestimmten Produktionsfeld nicht durch gesetzliche Vorschriften, Lizenzen oder Subventionen behindert wird, ist „der letztendliche Wettbewerbsregulator in einer freien Ökonomie... *der Kapitalmarkt.* Solange wie Kapital frei fließen kann, wird es die Bereiche suchen, welche die maximale Gewinnspanne anbieten." Investoren suchen ständig die profitabelsten Anlagen für ihr Kapital. Wenn deswegen ein Produktionsfeld als hoch profitabel angesehen wird (besonders wenn die Profitabilität auf hohen Preisen statt auf niedrigen Kosten beruht), werden Unternehmer und Investoren zwangsläufig von diesem Feld angezogen; und, wenn das Angebot des fraglichen Produktes relativ zur Nachfrage ansteigt, so fallen die Preise dementsprechend. „Der Kapitalmarkt", so schreibt Mr. Greenspan, „handelt als Preisregulator, nicht zwangsläufig als Profitregulator. Er lässt einem Produzenten die Freiheit, durch Senkung seiner Kosten und durch Erhöhung seiner Effizienz relativ zu anderen so viel wie möglich zu verdienen. Daher stellt er den Mechanismus dar, der

---

[26] Siehe Kapitel 4.

größere Anreize für gesteigerte Produktivität erzeugt und der als Konsequenz zu einem steigenden Lebensstandard führt."

Der freie Markt gestattet in keinem Produktionsfeld Ineffizienz oder Stagnation ohne ökonomische Strafe. Nehmen Sie z.B. eine Geschichte aus der amerikanischen Automobilindustrie. Damals hatte Henry Fords „Model T" einen enormen Marktanteil. Aber als Ford stagnieren und sich dem veränderten Publikumsgeschmack widersetzen wollte („Sie können das Model T in jeder Farbe haben, solange es schwarz ist"), nahm ihm General Motors mit seinem attraktiveren Chevrolet Marktanteile ab. Die Ford Company war gezwungen, ihre Politik zu verändern, um konkurrieren zu können. Man wird solche Beispiele in der Geschichte jeder Industrie finden.

Wenn man nun die einzige Art von Monopol betrachtet, die im Kapitalismus existieren *kann*, ein *nichterzwungenes* Monopol, wird man sehen dass, 1.) seine Preise und Produktionsweisen nicht unabhängig sind von dem breiteren Markt, in dem es operiert, sondern völlig dem Gesetz von Angebot und Nachfrage unterliegen; 2.) es keinen Grund für die Aufrechterhaltung des Begriffs „Monopol" gibt, wenn man ihn in einem nichterzwungenen Sinn benutzt; und 3.) es keine rationalen Gründe gibt, warum man ein solches „Monopol" beklagen sollte.

Wenn z.B. eine kleine Stadt nur ein Lebensmittelgeschäft hat, das gerade so über die Runden kommt, könnte man den Eigentümer ein „Monopol" nennen - außer dass niemand diesen Begriff in diesem Zusammenhang benutzen würde. Es gibt keinen ökonomischen Bedarf oder Markt für ein zweites Geschäft und nicht genug Handel, um es zu tragen. Wenn aber diese Stadt wüchse, so hätte der eine Laden keine Möglichkeit und keine Macht, andere Läden zu verhindern.

Viele Leute denken, dass der Bergbau besonders anfällig für die Bildung von Monopolen sei, da die aus der Erde gewonnenen Materialien nur in begrenzter Menge existieren und eine Firma die Kontrolle über alle Quellen eines Rohstoffes erlangen könnte. Aber beachten Sie, dass International Nickel of Canada mehr als zwei Drittel der Weltnickelproduktion fördert - und doch *keine* Monopolpreise verlangt. Sie gestalten ihre Preise so, *als ob* sie viele Konkurrenten hätten - und die Wahrheit lautet, dass sie *wirklich* eine Menge Konkurrenten haben. Nickel (in Form von Legierungen und Stahl) konkurriert mit Aluminium und einer Reihe anderer Materialien. Das selten erkannte Prinzip in solchen Fällen lautet, dass kein Produkt, keine Ware und kein Material für eine Ökonomie *ungeachtet des Preises* unersetzlich ist oder sein kann. Eine Ware kann nur *relativ* zu anderen Waren bevorzugt werden. Als z.B. der Preis von Steinkohle anstieg (verursacht durch John L. Lewis*, der eine ökonomisch ungerechtfertigte Lohnerhöhung erzwang), stellte die Industrie massiv auf Öl und Gas um. Der freie Markt ist sein eigener Beschützer.

Wenn nun eine Firma in der Lage wäre, ein nichterzwungenes Monopol zu erlangen und zu halten, wenn sie allein durch produktive Effizienz und nicht durch spezielle staatliche Privilegien alle Kunden in einem bestimmten Feld gewinnen könnte - durch ihre Fähigkeit, ihre Kosten niedrig zu halten und/oder ein besseres Produkt anzubieten als jeder andere Konkurrent -, gäbe es keinen Grund, ein solches Monopol zu verurteilen. Im Gegenteil: Die Firma, die das erreichte, würde höchstes Lob und Ansehen verdienen.

Niemand kann moralisch das Recht beanspruchen, in einem bestimmten Feld zu konkurrieren, wenn er nicht die produktive Effizienz derer erreichen kann, mit denen er konkurrieren will. Es gibt keinen Grund, warum Menschen schlechtere Produkte zu höheren Preisen kaufen sollten, um weniger effiziente Firmen am Leben zu halten. Im Kapitalismus hat jeder Mensch und jede Firma, die ihre Wettbewerber übertreffen will, die Freiheit, das zu tun. In dieser Weise belohnt der freie Markt Leistung und arbeitet zum Wohle aller - außer derer, die das Unverdiente suchen.

Eine Plattitüde, die in diesem Zusammenhang von den Gegnern des Kapitalismus gern zitiert wird, ist die Geschichte des alten Lebensmittelhändlers, der von einer großen Ladenkette verdrängt wird. Was impliziert dieser Einwand? Dass die Leute, die in der Nachbarschaft des alten Lebensmittelhändlers leben, weiter bei ihm kaufen müssen, obwohl eine Kette ihnen besseren Service zu niedri-

---

* Vorsitzender der Gewerkschaft *United Mine Workers of America (UMWA).*

geren Preisen geben könnte und sie somit Geld sparen könnten. Deswegen müssen sowohl die Besitzer der Kette als auch die Leute in der Nachbarschaft bestraft werden - um das Recht des alten Lebensmittelhändlers auf Stagnation zu schützen. *Mit welchem Recht?* Wenn der Lebensmittelhändler nicht in der Lage ist, mit der Kette zu konkurrieren, hat er nur die Wahl, woanders hin zu ziehen, sein Geschäftsfeld zu wechseln oder eine Stelle bei der Kette zu suchen. Der Kapitalismus zieht aufgrund seiner Natur einen konstanten Prozess von Bewegung, von Wachstum und Fortschritt nach sich; niemand hat ein *Recht* auf eine Stellung, wenn andere es besser können als er.

Wenn man den freien Markt als „grausam" brandmarkt, prangert man die Tatsache an, dass der Markt von einem einzigen moralischen Prinzip beherrscht wird: von *Gerechtigkeit*. Und *daher* kommt der Hass auf den Kapitalismus.

Es gibt nur eine Art von Monopol, die man zu Recht verurteilen darf - die einzige Art, für die die Bezeichnung „Monopol" wirtschaftlich signifikant ist: ein *Zwangsmonopol*. (Beachten Sie, dass in der nicht-erzwungenen Bedeutung des Begriffes *jeder* Mensch als „Monopolist" beschrieben werden könnte - da er der ausschließliche Eigentümer seiner Arbeit und ihres Ertrages ist. Aber dies hält niemand für böse - außer Sozialisten.)

In der Frage von Monopolen wird der Kapitalismus wie in so vielen anderen Fragen allgemein der Übel beschuldigt, die seine Zerstörer begehen: Nicht freier Handel auf einem freien Markt schafft Zwangsmonopole, sondern Gesetze, staatliche Handlungen und staatliche Kontrollen. Wenn man sich über die Übel von Monopolen Sorgen macht, sollte man den wirklichen Übeltäter erkennen und die eigentliche Ursache der Übel identifizieren: staatliche Eingriffe in die Wirtschaft. Man sollte erkennen, dass es nur eine Art gibt, Monopole zu zerstören: durch die Trennung von Staat und Wirtschaft - d.h. durch die Einführung des Prinzips, dass der Staat die Freiheit von Produktion und Handel nicht einschränken darf.

Juni 1962

Depressionen

„Sind periodische Depressionen in einem System aus Laissez-Faire-Kapitalismus unabwendbar?"

Es ist charakteristisch für die Feinde des Kapitalismus, dass sie ihn für die Übel anprangern, die in Wirklichkeit nicht das Resultat des Kapitalismus, sondern des Dirigismus sind: Übel, die aus der Einmischung des Staates in die Wirtschaft resultieren und erst durch sie möglich gemacht werden.

Ich habe ein eklatantes Beispiel dafür diskutiert: die Anklage, dass Kapitalismus zur Errichtung von Zwangsmonopolen führt. Ein weiteres Beispiel ist die Behauptung, dass Kapitalismus aufgrund seiner Natur unabwendbar zu periodischen Depressionen führe.

Dirigisten behaupten ständig, dass Depressionen (das Phänomen des sogenannten Geschäftszyklus, von „Boom" und „Crash") in der Natur des Laissez-Faire lägen und dass der große Crash von 1929 der letzte Beweis für das Scheitern einer unregulierten Wirtschaft und des freien Marktes war. Wie sieht die Wahrheit in dieser Frage aus?

Eine Depression ist ein Abschwung in Produktion und Handel auf breiter Front; sie zeichnet sich aus durch einen scharfen Abfall der Produktion, der Investitionen, der Beschäftigung und des Wertes von Anlagevermögen (Fabriken, Maschinen usw.). Normale Fluktuationen oder ein vorübergehender Rückgang in der industriellen Expansion stellen keine Depression dar. Eine Depression ist eine landesweite Schrumpfung der Geschäftsaktivitäten und eine allgemeine Abnahme des Wertes von Anlagevermögen.

In der Natur eines freien Marktes gibt es nichts, das so ein Ereignis verursachen könnte. Die populären Erklärungen für Depressionen – „Überproduktion", „Unterkonsumierung", Monopole, arbeitssparende Geräte, Ungleichverteilung, exzessive Ansammlung von Reichtum usw. – sind bereits vielfach als Trugschlüsse entlarvt worden.[27]

Anpassungen ökonomischer Aktivität, Verlagerungen von Kapital und Arbeit von einer Industrie in eine andere infolge sich ändernder Umstände gibt es im Kapitalismus ständig. Dies zieht der Prozess

[27] Vgl. in diesem Zusammenhang Carl Snyder: *Capitalism the Creator*, New York 1940.

von Bewegung, Wachstum und Fortschritt nach sich, der für Kapitalismus typisch ist. Aber für profitable Unternehmungen in dem einen oder anderen Bereich gibt es immer Möglichkeiten, es gibt immer Nachfrage nach Gütern - und das Einzige, was sich verändern kann, ist die Art von Gütern, deren Produktion am profitabelsten ist.

In jeder Industrie ist es möglich, dass das Angebot die Nachfrage im Kontext aller anderen existierenden Nachfragen übersteigt. In solch einem Falle gibt es einen Verfall der Preise, der Profitabilität, der Investitionen und der Beschäftigung in dieser Industrie; Kapital und Arbeit fließen woanders hin und suchen vielversprechendere Möglichkeiten. Solch eine Industrie durchläuft eine Periode der Stagnation, als Resultat einer ungerechtfertigten, d.h. unökonomischen, unprofitablen und unproduktiven Investition.

In einer freien Wirtschaft, die nach einem Goldstandard funktioniert, sind solch unproduktive Investitionen streng begrenzt; es gibt keine ungerechtfertigte unkontrollierte Spekulation bis zu dem Punkt, an dem sie eine gesamte Nation erfasst. In einer freien Wirtschaft wird das Angebot an Geld und Kredit zur Finanzierung von Unternehmungen von *objektiven* ökonomischen Faktoren bestimmt. Das Bankensystem handelt als Wächter der ökonomischen Stabilität. Die Prinzipien, die das Geldangebot regeln, verbieten großflächige ungerechtfertigte Investitionen.

Die meisten Unternehmen finanzieren ihr Geschäft zumindest teilweise mittels Bankdarlehen. Banken funktionieren als Verrechnungsstelle; sie investieren die Ersparnisse ihrer Kunden in die vielversprechendsten Unternehmen. Die Mittel, die die Banken zu verleihen haben, sind nicht unbegrenzt; ihr Kreditrahmen ist beschränkt durch die Summe ihrer Goldreserven. Um erfolgreich zu bleiben, um Profite zu machen und somit die Ersparnisse von Investoren anzulocken, müssen Banken ihre Darlehen wohlüberlegt tätigen: Sie müssen die Unternehmen suchen, die sie als solide und potentiell profitabel beurteilen.

Wenn Banken in einer Periode ansteigender Spekulation einer maßlosen Anzahl von Darlehensanträgen gegenüber stehen, so erhöhen sie ihre Zinsen und sehen sich die Unternehmen, die Darlehensanträge gestellt haben, genauer an und legen als Antwort auf die gesunkene Verfügbarkeit von Geld strengere Maßstäbe für gerechtfertigte Investitionen an. Als Konsequenz sind Darlehen schwerer zu bekommen und es gibt eine vorübergehende Beschneidung und Schrumpfung von Investitionen. Unternehmer sind oft nicht in der Lage, das benötigte Geld aufzubringen und müssen ihre Expansionspläne zurückschrauben. Der Erwerb von Aktien, die ja die Einschätzung der Investoren über die zukünftigen Gewinne der Unternehmen reflektieren, wird ähnlich beschnitten; überbewertete Aktien fallen im Preis. Unternehmen, die unwirtschaftliche Geschäfte tätigen und die jetzt keinen weiteren Kredit bekommen können, müssen ihre Türen schließen; eine weitere Verschwendung von Produktivfaktoren wird gestoppt und wirtschaftliche Fehler werden liquidiert.

Schlimmstenfalls durchläuft die Wirtschaft eine kleine Rezession, d.h. eine allgemeine geringe Abschwächung der Investitionen und der Produktion. In einer unregulierten Wirtschaft geschehen Anpassungen ziemlich schnell, woraufhin Produktion und Investitionen wieder ansteigen. Die vorübergehende Rezession ist nicht schlimm, sondern vorteilhaft; sie repräsentiert ein ökonomisches System im Prozess der Fehlerbehebung, der Heilung und Gesundung.

Die Auswirkungen einer solchen Rezession mögen in einigen Industrien heftig zu spüren sein, aber sie ruiniert nicht eine gesamte Volkswirtschaft. Eine landesweite Depression, wie sie sich in den Vereinigten Staaten in den 30er-Jahren abspielte, wäre in einer völlig freien Gesellschaft unmöglich gewesen. Sie wurde nur durch die staatliche Einmischung in die Wirtschaft möglich gemacht - genauer gesagt durch die staatliche Manipulation des Geldangebots.

Die Politik der Regierung bestand darin, jene Regulatoren eines freien Bankensystems zu betäuben, die wilde Spekulation und den darauf folgenden wirtschaftlichen Zusammenbruch verhindern.

Jede staatliche Einmischung in die Wirtschaft basiert auf dem Glauben, dass ökonomische Gesetze ja nicht *zwangsläufig* handeln müssten, dass die Prinzipien von Ursache und Wirkung ausgesetzt werden könnten, dass alles „flexibel“ und „formbar“ sei, außer der allmächtigen Laune eines Bürokraten; Realität, Logik und Ökonomie dürften dem nicht im Wege stehen.

Dies war die implizite Prämisse, die 1913 zur Einführung des Federal Reserve Systems führte - eine Institution, die die individuellen Banken im Land (durch komplexe und oft indirekte Mittel) kontrolliert. Die Federal Reserve befreite individuelle Banken von den „Beschränkungen", die ihnen durch die Summe ihrer eigenen individuellen Rücklagen auferlegt waren, befreite sie von den Gesetzen des Marktes und maßte Regierungsbeamten das Recht an, zu entscheiden, wie viel Kredit sie wann verfügbar machen wollten.

Eine „Politik des billigen Geldes" war die Leitidee und das Ziel dieser Beamten. Banken waren in ihrer Kreditvergabe nicht länger durch ihre Goldreserven beschränkt. Die Zinssätze durften als Reaktion auf gestiegene Spekulation und die steigende Nachfrage nach Darlehen nicht mehr steigen. Kredit sollte immer bereitstehen - bis die Federal Reserve es anders entschied.[28]

Die Regierung argumentierte, dass wenn sie privaten Bankiers die Kontrolle über Geld und Kredit aus der Hand nähme, sie im Zusammenspiel mit anderen interventionistischen Maßnahmen das Geld- und Kreditangebot beliebig (und natürlich nach anderen Maßstäben als denen der „egoistischen" Banker) kontrollieren und Investitionen und ständigen Wohlstand garantieren könne. Viele Bürokraten glaubten, dass der Staat die Wirtschaft in einem unendlichen Boom halten könne.

Hier möchte ich eine brillante Metapher von Alan Greenspan benutzen: Wenn das Bankensystem und die Prinzipien, die die Verfügbarkeit von Darlehen kontrollieren, unter Laissez-Faire als Sicherung fungieren, die ein Durchbrennen der Ökonomie verhindert, dann hat der Staat - durch das Federal Reserve System - *einen Pfennig in den Sicherungskasten gesteckt*. Das Resultat war die Explosion, die als Crash von 1929 bekannt ist.

---

[28] Vgl. Benjamin M. Anderson: *Economics and the Public Welfare*, New Jersey 1949. Dies ist das beste Buch über die finanzielle und ökonomische Geschichte der Vereinigten Staaten von 1914 bis 1946.

In den zwanziger Jahren zwang der Staat die Banken, die Zinssätze künstlich und unökonomisch niedrig zu halten. Als Konsequenz wurde Geld in alle möglichen spekulativen Unternehmungen gepumpt. 1928 waren die Warnsignale deutlich sichtbar: Ungerechtfertigte Investitionen nahmen überhand und Aktien waren zunehmend überbewertet. Der Staat entschied sich, diese Warnsignale zu ignorieren.

Ein freies Bankensystem wäre gezwungen gewesen, in diesem Prozess der galoppierenden Spekulation die Bremsen anzuziehen. Kredit und Investitionen wären in einem solchen Fall drastisch beschnitten worden; die Banken, die unprofitable Investitionen getätigt hatten; die Unternehmen, die sich als unproduktiv herausgestellt hätten und solche, die mit ihnen handelten, würden leiden - aber das wäre alles; das Land als Ganzes würde nicht mit in den Abgrund gezogen werden. Die „Anarchie" eines freien Bankensystems wurde jedoch zugunsten „aufgeklärter" staatlicher Planung aufgegeben.

Der Boom und die wilde Spekulation, die jeder Depression vorangegangen war, durften ungehindert anwachsen und rissen in einem sich ausbreitendem Netzwerk von Fehlinvestitionen und Fehlberechnungen die gesamte ökonomische Struktur des Landes mit sich. Investiert wurde buchstäblich in alles und über Nacht wurden Vermögen gemacht - *auf Papier*. Gewinne wurden nach hysterisch übertriebenen Schätzungen der zukünftigen Erträge berechnet. Kredite wurden mit wahlloser Schludrigkeit ausgeweitet, unter der Prämisse, dass die Waren, auf denen sie beruhten, irgendwie da sein würden. Es war wie die Taktik eines Mannes, der ungedeckte Schecks ausstellt und hofft, dass er irgendwie einen Weg findet, das notwendige Geld zu bekommen und es auf die Bank zu bringen, bevor jemand seine Schecks einreicht.

Aber A ist gleich A - und die Realität ist nicht unendlich elastisch. 1929 war die wirtschaftliche und finanzielle Struktur des Landes gefährlich instabil geworden. Als die Regierung schließlich panisch die Zinsen anhob, war es zu spät. Es ist zweifelhaft, ob irgendjemand mit Sicherheit sagen kann, welche Ereignisse die Panik zuerst auslösten - und es ist auch egal: Der Crash war unvermeidlich geworden; jedes Ereignis hätte zum Auslöser werden können. Aber als die

Nachrichten der ersten Pleiten sich verbreiteten, raste eine Welle der Angst durch das Land. Alle begannen, ihre Aktien in der Hoffnung zu verkaufen, mit Gewinn aus dem Markt aussteigen zu können oder das Geld bekommen zu können, das sie plötzlich brauchten, um die nun fälligen Bankdarlehen abzulösen. Andere Beobachter begannen nun *ihrerseits* Aktien zu verkaufen - und buchstäblich über Nacht riss eine Lawine den Aktienmarkt herab. Preise kollabierten, Wertpapiere wurden wertlos, Darlehen wurden gekündigt, von denen viele nicht zurückgezahlt werden konnten, der Wert von Anlagevermögen sank erheblich, Vermögen wurden ausgelöscht und 1932 kam die geschäftliche Aktivität fast völlig zum Erliegen. Das Gesetz der Kausalität hatte sich gerächt.

Dies war kurz gesagt das Wesen und die Ursache der Depression von 1929.

Man erkennt deutlich die katastrophalen Konsequenzen einer „geplanten" Wirtschaft. Wenn ein individueller Unternehmer in einer freien Wirtschaft eine wirtschaftliche Fehleinschätzung begeht, erleidet *er* (und vielleicht die, die unmittelbar mit ihm handeln) die Konsequenzen; wenn ein zentraler Planer in einer kontrollierten Wirtschaft eine wirtschaftliche Fehleinschätzung begeht, erleidet das ganze Land die Konsequenzen.

Aber nicht die Federal Reserve, nicht die staatliche Einmischung bekam die Schuld für die Depression von 1929, sondern der Kapitalismus. Die Freiheit, so schrien Dirigisten aller Couleur und aller Sekten, hätte ihre Chance gehabt und versagt. Die Stimmen der wenigen Denker, die die wirkliche Ursache aufzeigten, wurden ertränkt in Verteufelungen von Unternehmern, von Profit, von Kapitalismus.

Wenn man sich entschieden hätte, die Ursache des Crashs zu verstehen, wäre dem Land viel von der darauf folgenden Agonie erspart geblieben. Die Depression wurde über Jahre unnötig verlängert durch das gleiche Übel, das sie verursacht hatte: staatliche Kontrollen und Vorschriften.

Entgegen der vorherrschenden Meinung begannen die Kontrollen und Vorschriften lange vor dem New Deal; in den 20er-Jahren war die Mischökonomie in Amerika bereits eine etablierte Tatsache. Aber der Trend zur Planwirtschaft beschleunigte sich unter der Hoover Administration - und mit Roosevelts New Deal beschleunigte er sich mit bisher beispielloser Geschwindigkeit. Es wurde verhindert, dass die wirtschaftlichen Anpassungen, die zur Beendung der Depression nötig gewesen wären, in Kraft traten - durch die Verhängung von höheren Steuern, strangulierenden Kontrollen und Arbeitsgesetzen. Letzteres hatte den Effekt, Löhne auf ungerechtfertigt hohe Niveaus zu zwingen und somit die Preise genau zu der Zeit zu erhöhen, als eine *Senkung* der Preise zur Wiederbelebung von Investitionen und Produktion nötig gewesen wäre.

Der National Recovery Act, der Wagner Act und die Aufhebung des Goldstandards (mit der darauf folgenden Inflation und Staatsverschuldungsorgie) waren nur drei der vielen durch den New Deal erlassenen katastrophalen Maßnahmen mit dem angeblichen Zweck, das Land aus der Depression zu holen; alle hatten den gegenteiligen Effekt.

Wie Alan Greenspan in „Stock Prices and Capital Evaluation"[29] aufzeigt, bestand das Problem der wirtschaftlichen Wiederbelebung nicht nur in der spezifischen New-Deal-Gesetzgebung; schlimmer noch war die von der Regierung geschaffene allgemeine Verunsicherung. Man konnte nie wissen, welches Gesetz als nächstes über einen hereinbrechen würde; man konnte nicht wissen, welche plötzlichen Änderungen in der Politik vorgenommen würden; man konnte nicht langfristig planen.

Um handeln und produzieren zu können, brauchen Unternehmer *Wissen*, die Möglichkeit der rationalen Berechnung, nicht „Vertrauen" oder „Hoffnung" - vor allem nicht „Vertrauen" oder „Hoffnung" auf die unvorhersagbaren Launen eines Bürokraten.

Die Fortschritte, die die Wirtschaft unter dem New Deal machen konnte, kollabierten 1937 - durch die zunehmende Unsicherheit über die nächsten Maßnahmen der Regierung. Die Arbeitslosenzahl stieg auf mehr als 10 Millionen und die Geschäftstätigkeit fiel fast auf den Tiefpunkt von 1932, das schlimmste Jahr der Depression.

---

[29] Vortrag bei der gemeinsamen Sitzung der *American Statistical Association* und der *American Finance Association* am 27. Dezember 1959.

Es ist Teil der offiziellen New-Deal-Mythologie, dass Roosevelt „uns aus der Depression geholt hat". Wie wurde das Problem der Depression schließlich „gelöst"? Durch das Lieblingsmittel aller Dirigisten, die in Schwierigkeiten stecken: einen Krieg.

Die Depression nach dem Börsencrash von 1929 war nicht die erste in der amerikanischen Geschichte - doch war sie unvergleichlich schlimmer als die vorangegangenen. Wenn man die früheren Depressionen studiert, wird man in der einen oder anderen Form, auf die ein oder andere Weise, den gleichen gemeinsamen Nenner finden: staatliche Manipulation des Geldangebots. Es ist typisch für das Anwachsen des Interventionismus, dass die Federal Reserve als Gegengift für die früheren Depressionen eingesetzt wurde - die ja selbst Produkte der Geldmanipulation durch den Staat waren.

Der Finanzmechanismus einer Wirtschaft ist das sensible Zentrum, das Herz der Geschäftsaktivität. In keinem anderen Bereich können staatliche Eingriffe solch katastrophale Konsequenzen produzieren. Eine weitere Abhandlung des Geschäftszyklus und seiner Beziehung zur staatlichen Manipulation des Geldangebots finden Sie in Ludwig von Mises Buch *„Human Action"*.[30]

Eine der verblüffendsten Tatsachen der Geschichte ist das Versagen der Menschen, aus ihr zu lernen. Sehen Sie sich diesbezüglich die Politik der gegenwärtigen Regierung an.

August 1962

DIE ROLLE DER GEWERKSCHAFTEN

„Erhöhen Gewerkschaften den allgemeinen Lebensstandard?"

Einer der verbreitetsten Irrtümer unserer Zeit ist der Glaube, dass der amerikanische Arbeiter seinen höheren Lebensstandard den Gewerkschaften und „humanitärer" Arbeitsgesetzgebung verdankt. Dem widersprechen jedoch die fundamentalsten Fakten und Prinzipien der Wirtschaft - Fakten und Prinzipien, die Gewerkschaftsfunktionäre, der Gesetzgeber und dirigistisch gesinnte Intellektuelle systematisch verdrängen.

---

[30] Yale University Press, New Haven, Connecticut 1949.

Der Lebensstandard eines Landes, inklusive der Löhne seiner Arbeiter, hängt von dessen Arbeitsproduktivität ab; hohe Produktivität hängt von Maschinen, Erfindungen und Kapitalinvestitionen ab, welche wiederum abhängen vom kreativen Einfallsreichtum individueller Menschen, für dessen Ausübung man wiederum ein politisch-ökonomisches System braucht, das die Rechte und die Freiheit des Individuums schützt.

Der produktive Wert von körperlicher Arbeit an sich ist gering. Wenn der Arbeiter von heute mehr produziert als der Arbeiter von vor 50 Jahren, liegt das nicht daran, dass er mehr körperlichen Aufwand betreibt - ganz im Gegenteil: Der ihm abverlangte körperliche Aufwand ist weit geringer. Der produktive Wert seiner Anstrengung ist durch die Werkzeuge und die Maschinen, mit denen er arbeitet, vielfach multipliziert worden; sie sind entscheidend für die Bestimmung des wirtschaftlichen Wertes seiner Arbeit. Um dieses Prinzip zu verdeutlichen: Wie groß wäre der wirtschaftliche Ertrag eines Menschen, der auf einer einsamen Insel seinen Finger einen halben Zentimeter weit bewegt? Und dann sehen Sie sich den Lohn an, den ein Fahrstuhlführer in New York City für die gleiche Arbeit bekommt. Den Unterschied machen nicht die Muskeln.

Wie Ludwig von Mises schreibt:

> „Amerikanische Löhne sind höher als Löhne in anderen Ländern, weil das pro Kopf investierte Kapital größer ist und Fabriken deswegen die effizientesten Werkzeuge und Maschinen einsetzen können. Was der ‚American Way of Life' genannt wird, ist das Resultat der Tatsache, dass die Vereinigten Staaten weniger Hindernisse in den Weg des Sparens und der Kapitalansammlung gelegt haben als andere Länder. Die ökonomische Rückständigkeit solcher Länder wie Indien besteht genau in der Tatsache, dass ihre Politik sowohl die Ansammlung von Kapital als auch die Investitionen von ausländischem Kapital verhindert. Da das erforderliche Kapital fehlt, können die indischen Unternehmen nicht genug modernes Equipment einsetzen, produzieren deswegen viel weniger pro Arbeitsstunde und können nur Löhne zahlen, die verglichen mit den amerikanischen schockierend niedrig erscheinen."[31]

[31] Ludwig von Mises: *Planning for Freedom*, South Holland, Illinois (2) 1962, S. 151f.

In einer freien Marktwirtschaft müssen Arbeitgeber um die Dienste der Arbeiter konkurrieren, genau wie um alle anderen Produktionsfaktoren. Wenn ein Arbeitgeber versucht, niedrigere Löhne zu bezahlen, als seine Arbeiter woanders bekommen können, wird er seine Arbeiter verlieren und somit gezwungen sein, seine Politik zu ändern oder dicht zu machen. Wenn er umgekehrt Löhne zahlt, die über Marktniveau liegen, werden seine höheren Kosten ihm einen Wettbewerbsnachteil beim Verkauf seiner Produkte verschaffen und wieder wird er gezwungen sein, seine Politik zu ändern oder dicht zu machen. Arbeitgeber senken Löhne nicht, weil sie grausam sind oder erhöhen Löhne, weil sie nett sind. Löhne werden nicht durch die *Laune* eines Arbeitgebers bestimmt. Löhne sind die Preise, die für menschliche Arbeit bezahlt werden, und wie alle anderen Preise in einer freien Wirtschaft werden sie durch das Gesetz von Angebot und Nachfrage bestimmt.

Seit Anbeginn der Industriellen Revolution und des Kapitalismus sind die Löhne ständig gestiegen - als unausweichliche Konsequenz der steigenden Kapitalansammlung, des technologischen Fortschritts und der industriellen Expansion. Während der Kapitalismus zahllose neue Märkte schuf, schuf er auch einen immer breiteren Arbeitsmarkt: Er multiplizierte die Anzahl und die Art von Arbeitsplätzen, erhöhte die Nachfrage und den Wettbewerb für die Dienste der Arbeiter und trieb somit die Löhne nach oben.

Das *wirtschaftliche Eigeninteresse* der Arbeitgeber führte zu Lohnerhöhungen und Arbeitszeitverkürzungen - nicht der Druck der Gewerkschaften. Der Acht-Stunden-Tag wurde in den meisten amerikanischen Industrien eingeführt, lange bevor Gewerkschaften bedeutsame Größe oder ökonomische Macht erlangten. Als seine Konkurrenten ihren Arbeitern zwischen zwei und drei Dollar pro Tag zahlten, zahlte Henry Ford fünf Dollar pro Tag und lockte somit die effizientesten Arbeiter des Landes an und erhöhte seine eigene Produktion und seine eigenen Gewinne. In den 20er-Jahren, als die Gewerkschaftsbewegung in Frankreich und Deutschland weitaus dominanter war als in den Vereinigten Staaten, war der Lebensstandard des amerikanischen Arbeiters um ein Vielfaches höher. Er war die Konsequenz von *wirtschaftlicher Freiheit*.

Es erübrigt sich zu sagen, dass Menschen das Recht haben, sich in Gewerkschaften zu organisieren, vorausgesetzt, dass sie es freiwillig tun, d.h. vorausgesetzt, niemand wird *gezwungen* beizutreten. Gewerkschaften können als Interessenorganisationen wertvoll sein. Sie dienen der Information ihrer Mitglieder über aktuelle Marktbedingungen oder als Mittel der effektiveren Verhandlungen mit Arbeitgebern, besonders in kleinen, isolierten Gemeinden. Es kann passieren, dass ein Arbeitgeber Löhne zahlt, die im Verhältnis zum Gesamtmarkt zu niedrig sind; in solch einem Fall kann ein Streik oder eine Streikdrohung ihn zwingen, sein Verhalten zu ändern, da er entdecken wird, dass er zu den angebotenen Löhnen keine geeigneten Arbeitskräfte bekommen kann. Jedoch ist der Glaube, dass Gewerkschaften einen *allgemeinen* Anstieg des Lebensstandards verursachen, ein Märchen.

Heute ist der Arbeitsmarkt nicht länger frei. Gewerkschaften genießen eine einzigartige, quasi-monopolistische Macht über viele Aspekte der Wirtschaft. Es gibt Gesetze, die Menschen zwingen, Gewerkschaften beizutreten, ob sie es wollen oder nicht, und Arbeitgeber zwingen, mit diesen Gewerkschaften zu verhandeln, ob sie wollen oder nicht. Als Konsequenz werden Löhne nicht länger durch einen freien Markt bestimmt; Gewerkschaften haben die Löhne merklich über ihr normales Marktniveau gezwungen. Dies sind die „sozialen Überschüsse", für die die Gewerkschaften üblicherweise gelobt werden. Tatsächlich jedoch ist das Resultat ihrer Politik a.) eine Beschneidung der Produktion, b.) verbreitete Arbeitslosigkeit und c.) die Bestrafung der Arbeiter in anderen Industrien und der restlichen Bevölkerung.

a.) Mit dem Anstieg der Löhne auf unangemessene Niveaus sind die Produktionskosten so hoch, dass oft Produktionskürzungen notwendig werden, neue Unternehmungen zu teuer werden und Wachstum behindert wird. Zu den gestiegenen Kosten können kleine Produzenten, die kaum im Markt konkurrieren konnten, ihr

Geschäft nicht weiter betreiben. Das Gesamtresultat: Waren und Dienstleistungen, die hätten produziert werden können, werden nicht geschaffen.

b.) Als Resultat der hohen Löhne können Arbeitgeber weniger Arbeiter anstellen; als Resultat der Produktionskürzungen brauchen sie weniger Arbeiter. Somit erlangt die eine Gruppe von Arbeitern ungerechtfertigt hohe Löhne auf Kosten von anderen Arbeitern, die überhaupt keine Arbeit finden können. In Zusammenarbeit mit den Gesetzen über Mindestlöhne ist dies die Ursache für weit verbreitete Arbeitslosigkeit. *Arbeitslosigkeit ist das unabwendbare Resultat, wenn man Löhne über ihr Marktniveau zwingt.* In einer freien Wirtschaft, in der weder Arbeitgeber noch Arbeitnehmer gezwungen werden, tendieren die Löhne stets zu dem Niveau, zu dem alle Arbeitssuchenden sie bekommen können. In einer erstarrten, kontrollierten Wirtschaft wird dieser Prozess blockiert. Als Resultat einer angeblich „arbeitnehmerfreundlichen" Gesetzgebung und der monopolistischen Macht von Gewerkschaften können Arbeitslose ihre Dienste nicht *unter* dem vorherrschenden Lohnniveau anbieten; Arbeitgeber dürfen sie nicht einstellen. Wenn Arbeitslose bei Streiks versuchen, zu niedrigeren Tarifen die Arbeit der streikenden Gewerkschaftsmitglieder zu übernehmen, sehen sie sich oft Drohungen und körperlicher Gewalt gegenüber. Diese Tatsachen sind so berüchtigt wie sie in den meisten Debatten des Arbeitslosenproblems vermieden werden - besonders von Regierungsbeamten.

c.) Wenn die Marktbedingungen so aussehen, dass die Produzenten, deren Lohnkosten gestiegen sind, die Preise ihrer Waren nicht erhöhen können, gibt es wie o.a. eine Produktionskürzung; die Bevölkerung erleidet einen Verlust an potentiellen Waren und Dienstleistungen (die Idee, dass Produzenten solche Lohnerhöhungen „absorbieren" könnten, sie ohne Schaden für zukünftige Produktion „aus den Profiten" nehmen könnten, ist schlimmer als ökonomisch naiv; diese Profite machen die zukünftige Produktion erst möglich; die Profite, die nicht in Investitionen sondern in den persönlichen Verbrauch des Produzenten gehen, kann man im wirtschaftlichen Gesamtkontext vernachlässigen). Zum Ausmaß wie Marktbedingungen es doch erlauben, müssen Produzenten, deren Lohnkosten gestiegen sind, die Preise ihrer Waren erhöhen. Daraufhin stellen Arbeiter in anderen Industrien fest, dass ihre Lebenshaltungskosten gestiegen sind, da sie nun höhere Preise zahlen müssen. Dann verlangen *sie* eine Lohnerhöhung in ihrer Industrie, was zu neuen Preiserhöhungen führt usw. (Gewerkschaftsführer sind typischerweise empört, wenn Preise erhöht werden; die einzigen Preise, deren Erhöhung für sie moralisch ist, sind Preise für Arbeit, d.h. *Löhne*.) Nicht-Gewerkschaftsmitglieder und der Rest der Bevölkerung stehen im Allgemeinen vor dem gleichen ständigen Anstieg ihrer Lebenshaltungskosten; sie werden gezwungen, die ungerechtfertigt hohen Löhne der Gewerkschaftsmitglieder zu subventionieren - und *sie* sind die unerkannten Opfer dieser „sozialen Überschüsse". Und dann gibt es Maurer, die zwei oder drei Mal mehr Gehalt als Büroangestellte oder Lehrer bekommen.

Man kann nicht deutlich genug sagen, dass nicht die Gewerkschaften an sich, sondern staatliche Kontrollen und Vorschriften diesen Zustand möglich machen. In einer freien, unregulierten Wirtschaft, in einem Markt, aus dem Zwang ausgeschlossen ist, kann keine Gruppe die Macht erlangen, den Rest der Bevölkerung zu bestrafen. Die Lösung liegt nicht in neuen Gesetzen *gegen* die Gewerkschaften, sondern in der Abschaffung der Gesetze, die den gegenwärtigen Zustand möglich gemacht haben.

Die Unfähigkeit der Gewerkschaften, echte, verbreitete Lohnerhöhungen zu erreichen - den allgemeinen Lebensstandard zu erhöhen -, wird teilweise verundeutlicht durch das Phänomen der Inflation. Als Konsequenz der Defizitfinanzierung und der Kreditausweitung ist die Kaufkraft der Geldeinheit (des Dollars) über die Jahre drastisch gesunken. Die *nominalen* Löhne sind heute erheblich höher als die *Reallöhne*, d.h. die Löhne gemessen an tatsächlicher Kaufkraft.

Noch weiter werden diese Tatsachen dadurch verschleiert, dass Reallöhne seit der Jahrhundertwende *wirklich* beträchtlich gestiegen sind. Trotz der sich ausweitenden zerstörerischen staatlichen Beschränkungen für die Freiheit der Produktion und des Handels gibt es Fortschritte in der Wissenschaft, der Technologie und der Kapitalansammlung, die den allgemeinen Lebensstandard heben. Es sollte hinzugefügt werden, dass diese Fortschritte geringer sind, als sie es in einer völlig freien Wirtschaft gewesen wären. Und da die Kontrollen weiter zunehmen, werden solche Fortschritte langsamer und seltener.

Sehen Sie sich an, gegen welche Hindernisse Unternehmer zu kämpfen hatten und weiter produzieren mussten, wenn Gewerkschaftsführer mit empörter Stimme das Recht der Arbeiter auf ein „größeres Stück" des „Sozialprodukts" einfordern. Um es mit John Galt zu sagen: Ein größeres Stück - *geliefert von wem*? Wird ausgeblendet.

Wirtschaftlicher Fortschritt hat wie jede andere Form von Fortschritt nur eine Quelle: den *Verstand* - und kann nur zu dem Ausmaß existieren, zu dem der Mensch frei ist, seine Gedanken in die Tat umzusetzen.

Wer glaubt, dass ein hoher Lebensstandard das Ergebnis von Gewerkschaften und staatlicher Kontrolle ist, sollte sich diese Frage stellen: Wenn man eine Zeitmaschine hätte und sämtliche Gewerkschaftsfunktionäre und 3 Millionen Regierungsbürokraten in das 10. Jahrhundert transportierte - wären *sie* in der Lage, den mittelalterlichen Knecht mit elektrischem Licht, Kühlschränken, Autos und Fernsehern zu versorgen? Wenn man begreift, dass sie das *nicht* könnten, sollte man identifizieren, wer und was diese Dinge möglich gemacht hat.[7]

P.S. Nach Niederschrift fiel mir ein Artikel in der *New York Times* vom 8. September auf, der zu passend ist, um ihn durchgehen zu lassen. Der Artikel „Automobilgewerkschaft stellt Loyalitätsverlust fest" von Damon Stetson berichtet, dass die Gewerkschaftsführer der United Automobile Workers während einer Versammlung die fehlende Loyalität der Arbeiter zur Gewerkschaft diskutiert haben. Ein UAW-Sprecher wird mit den Worten zitiert: „Wie können wir größere Loyalität zur Gewerkschaft bekommen? Alles, wofür wir gekämpft

---

[7] Für eine exzellente und detailliertere Abhandlung dieser Fragen, s. Ludwig von Mises: *Planning for Freedom*, besonders das Kapitel *Wages, Unemployment and Inflation* und Henry Hazlitt: *Die 24 wichtigsten Regeln der Wirtschaft*, München 2014, besonders die Kapitel *Verordnete Mindestlöhne* und *Können Gewerkschaften wirklich Löhne erhöhen?*

haben, kriegen wir jetzt. Wir müssen Sachen finden, die die Arbeiter wollen und die die Arbeitgeber ihnen *nicht* geben wollen. Wir müssen unser Programm um diese Dinge herumbauen, damit es einen Grund für Gewerkschaftszugehörigkeit gibt."

Es erübrigt sich jeder Kommentar.

November 1963

Öffentliche Bildung

„Sollte es eine Schulpflicht geben und sollten Schulen durch Steuern finanziert werden?"

Die Antwort auf diese Frage wird offensichtlich, wenn man die Frage konkreter und spezifischer stellt, z.B.: „Sollte der Staat Kinder mit oder ohne Zustimmung der Eltern zwangsweise von zu Hause entfernen dürfen, und Kindern Bildungsinhalte und -methoden aufzwingen, denen die Eltern zustimmen oder auch nicht? Sollten Bürger enteignet werden, um ein Bildungssystem zu unterstützen, das sie billigen oder auch nicht, und für Kinder bezahlen, die nicht ihre eigenen sind?" Für jeden, der das Prinzip individueller Rechte versteht und sich ihm verpflichtet fühlt, lautet die Antwort eindeutig: „Nein."

Es gibt keine moralischen Gründe für die Behauptung, dass Bildung das Vorrecht des Staates sei - oder für die Behauptung, dass es richtig sei, einige Menschen zugunsten anderer zu enteignen und ihnen unverdiente Wohltaten zukommen zu lassen.

Die Idee, dass Bildung durch den Staat kontrolliert werden sollte, entspricht der Staatstheorie der Nazis und der Kommunisten. Der amerikanischen Staatstheorie entspricht sie nicht.

Die totalitären Implikationen der Staatsbildung (infamerweise als „kostenlose Bildung" bezeichnet) werden teilweise von der Tatsache verschleiert, dass Privatschulen in Amerika, anders als in Nazi-Deutschland und in Sowjetrussland, gesetzlich toleriert werden. Solche Schulen existieren jedoch nicht durch Recht, sondern nur durch *Erlaubnis*.

Weiterhin bleibt die Tatsache, dass a.) die meisten Eltern quasi gezwungen sind, ihre Kinder auf staatliche Schulen zu schicken, da sie die Steuern dafür zahlen und sie daher nicht die erforderlichen Gebühren aufbringen können, um ihre Kinder auf Privatschulen zu schicken; b.) der Staat die Bildungs*standards* für *alle* Schulen vorschreibt; c.) der Staat seine Kontrolle über jeden Aspekt der Bildung immer weiter ausdehnt.

Ein Beispiel für diesen letzten Aspekt: Als viele Eltern ihren Kindern zu Hause nach der phonetischen Methode das Lesen beibringen wollten, da sie die piktographische Methode ablehnten, wurde ein Gesetzentwurf eingebracht, dies *gesetzlich zu verbieten*. Welche Implikation steckt dahinter, wenn nicht die, dass der Verstand eines Kindes dem Staat gehört?

Wenn der Staat die *finanzielle* Kontrolle der Bildung übernimmt, dann ist es logisch, dass der Staat zunehmend die Kontrolle über den *Inhalt* der Bildung übernimmt - da der Staat die Verantwortung dafür trägt, dass seine Mittel „verantwortlich" eingesetzt werden. Aber wenn ein Staat die Sphäre der *Ideen* betritt - wenn er intellektuelle *Inhalte* vorschreiben will -, dann ist das der Tod einer freien Gesellschaft.

Um Isabel Paterson in *„The God of the Machine"* zu zitieren:

> „Unterrichtstexte sind in Bezug auf Thema, Sprache und Ansichten zwangsläufig selektiv. Wenn es Privatschulen gibt, wird es eine beträchtliche Schulvielfalt geben; die Eltern müssen dann anhand des Lehrplans beurteilen, was ihre Kinder lernen sollen und jeder muss nach der objektiven Wahrheit suchen... Nirgendwo wird einem vorgeschrieben werden, die ‚Überlegenheit des Staates' zu lehren. Aber jedes politisch kontrollierte Bildungssystem wird dies früher oder später tun, sei es in der Version des ‚göttlichen Rechts der Könige' oder als ‚Wille des Volkes' in der ‚Demokratie'. Wenn diese Lehre erst einmal akzeptiert wurde, ist es eine fast übermenschliche Aufgabe, den Würgegriff der Staatsmacht über das Leben der Bürger zu brechen. Sie hat ihre Körper, ihr Eigentum und ihren Geist seit der Kindheit in den Fängen gehabt."[8]

Das schändlich niedrige Bildungsniveau in Amerika ist das vorhersagbare Resultat eines staatlich kontrollierten Schulsystems. Bildung ist zu einem Statussymbol und einem Ritual geworden: Mehr und mehr Leute gehen auf weiterführende Schulen - und immer weniger

[8] a.a.O., Caldwell, Idaho 1964, S. 271f. Erstauflage New York 1943.

verlassen sie ordentlich ausgebildet. Unser Bildungssystem ist wie ein riesiges Amt, eine riesige Bürokratie, in der alle Qualifikationen eines Lehrers eine Rolle spielen (z.B. die Anzahl seiner Publikationen) *außer seine Lehrfähigkeiten*, und alle Qualifikationen eines Schülers (z.B. seine „soziale Kompetenz") *außer seine intellektuelle Kompetenz.*

Die Lösung besteht darin, *den Bereich der Bildung auf den freien Markt zu bringen.*

Es gibt ein dringendes *wirtschaftliches Bedürfnis* nach Bildung. Wenn Bildungseinrichtungen miteinander in der Qualität ihrer Ausbildung (beim Wert ihrer Diplome) konkurrieren müssen, werden Bildungsstandards zwangsläufig steigen. Wenn sie miteinander um die besten Lehrer konkurrieren müssen - um die Lehrer, die die meisten Schüler anlocken -, werden die Qualität der Lehre (und die Lehrergehälter) zwangsläufig steigen. (Heute geben die talentiertesten Lehrer oft ihren Beruf auf und gehen in die Privatwirtschaft, wo ihre Leistungen besser bezahlt werden.) Wenn die ökonomischen Prinzipien, die für die überragende Effizienz der amerikanischen Industrie verantwortlich sind, auch im Bildungswesen wirken könnten, wäre das Resultat eine Revolution, eine spektakuläre Entwicklung und Verbesserung des Bildungswesens.

Bildung sollte der Kontrolle oder der Intervention des Staates entzogen werden und in *profitorientierte* Privatunternehmen verwandelt werden - nicht weil Bildung unwichtig ist, sondern gerade weil Bildung so *lebenswichtig* ist.

Bekämpft werden muss der vorherrschende Glaube, dass Bildung eine Art „natürliches Recht" sei - ein Geschenk der Natur. Solche Geschenke *gibt es nicht.* Aber es ist im Interesse des Dirigismus, diese Illusion aufrecht zu erhalten - um ein Deckmäntelchen über die Frage zu werfen, wessen Freiheit geopfert werden muss, um für solche „Geschenke" zu bezahlen.

Als Resultat der Tatsache, dass Bildung seit so langer Zeit steuerfinanziert ist, finden die meisten Menschen es schwierig, sich eine Alternative vorzustellen. Doch nichts unterscheidet Bildung von anderen menschlichen Bedürfnissen, die von Privatunternehmen befriedigt werden. Wenn der Staat seit vielen Jahren alle Bürger mit

Schuhen versorgt hätte, (da Schuhe ein dringendes Bedürfnis sind) und jemand daraufhin vorschlüge, dass dieser Bereich in Privatunternehmen verwandelt werden sollte, so würde ihm zweifellos empört entgegnet werden: „Was? Du willst, dass alle außer den Reichen barfuß herumlaufen müssen?" Aber die Schuhindustrie macht ihren Job ungleich besser als das öffentliche Bildungswesen *seinen* macht.

Um noch einmal Isabel Paterson zu zitieren:

> „Aus den pädagogischen Berufen kann man die größte Verachtung für jeden Vorschlag erwarten, dass sie aus ihrer diktatorischen Position entfernt werden sollten; diese wird überwiegend in Schmähungen ausgedrückt, von denen ‚reaktionär' noch die gemäßigtste ist. Nichtsdestotrotz lautet die Frage an jeden Lehrer, der so empört ist: ‚Meinen Sie, dass Ihnen niemand *freiwillig* seine Kinder anvertrauen würde und Sie für deren Ausbildung bezahlen würde? Warum müssen Sie Ihre Gebühren erpressen und Ihre Schüler durch Zwang rekrutieren?'"[9]

Juni 1963

ERERBTER WOHLSTAND

„Sind geerbte Vermögen in einer Wettbewerbsökonomie nicht ein unfairer Vorteil?"

Bei der Betrachtung der Frage ererbten Wohlstands muss man zuerst erkennen, dass es nicht um das Recht des Erben geht, sondern um das des ursprünglichen *Produzenten* des Wohlstands. Das Recht auf Eigentum ist das Recht auf Benutzung und Verfügung. Genau wie derjenige, der Wohlstand produziert, das Recht hat, ihn zu benutzen und darüber während seines Lebens zu verfügen, so hat er das Recht, zu bestimmen, wer dessen Empfänger nach seinem Tod sein soll. Niemand sonst hat das Recht, diese Entscheidung zu treffen. Es ist deswegen in diesem Kontext irrelevant, ob ein bestimmter Erbe es wert ist oder nicht; um *sein* Recht geht es in erster Linie gar nicht. Wer ererbten Wohlstand angreift, greift in Wirklichkeit *das Recht des Produzenten* an.

[9] *Ebd.*, S. 274.

Es wird argumentiert, dass der Erbe kein Recht auf Wohlstand habe, für dessen Produktion er gar nicht gearbeitet hat. Das ist wahr: Das Recht des Erben ist ein *abgeleitetes* Recht; das einzige *primäre* Recht ist das des Produzenten. Aber wenn der zukünftige Erbe keinen moralischen Anspruch auf den Wohlstand hat, außer durch die Entscheidung des Produzenten, *hat das sonst erst recht niemand* - und bestimmt nicht der Staat oder „die Allgemeinheit."

In einer *freien* Wirtschaft ist ererbter Wohlstand kein Hindernis und keine Bedrohung für die, die ihn nicht besitzen. Denken Sie daran, dass Wohlstand keine statische, begrenzte Menge ist, die nur geteilt oder geraubt werden kann; Wohlstand wird produziert; seine potentielle Menge ist buchstäblich unbegrenzt.

Wenn ein Erbe seines Geldes würdig ist, d.h. wenn er es produktiv einsetzt, schafft er mehr Wohlstand und hebt den allgemeinen Lebensstandard - und zu diesem Ausmaß macht er den Weg für einen talentierten Neuling einfacher. Je größer die Menge an Wohlstand und industrieller Entwicklung ist, umso höher sind die wirtschaftlichen Erträge (in Form von Löhnen und Profiten) und *umso größer ist der Markt für Talente* - für neue Ideen, Produkte und Dienstleistungen.

Je *weniger* Wohlstand es gibt, umso länger und härter ist der Kampf für jeden. In den Anfangsjahren einer industriellen Wirtschaft sind Löhne niedrig; der Markt für ungewöhnliche Begabungen ist noch klein. Aber mit jeder nachfolgenden Generation steigt die wirtschaftliche Nachfrage nach kompetenten Menschen zusammen mit der Kapitalansammlung. Die existierenden Industrien brauchen solche Leute dringend; ihnen bleibt keine andere Wahl, als für die Dienste solcher Menschen immer höhere Löhne zu bieten (und somit *ihre eigenen zukünftigen Konkurrenten auszubilden*), sodass die Zeit, die ein Neuling braucht, um sein eigenes Vermögen anzusammeln und sein eigenes Geschäft aufzubauen, immer kürzer wird.

Wenn der Erbe seines Geldes nicht würdig ist, so ist er selbst die einzige Person, die dadurch bedroht wird. Eine freie Marktwirtschaft ist ein ständiger Prozess der Verbesserung, der Innovation und des Fortschritts; Stagnation toleriert sie nicht. Wenn ein unfähiger Erbe ein Vermögen und ein großes Industrieunternehmen von seinem

Vater bekommt, wird er es nicht lange behalten können. Er hat seinen Konkurrenten nichts entgegenzusetzen. In einer freien Wirtschaft, in der Bürokraten und Gesetzgeber nicht die Macht haben, ökonomische Gefälligkeiten zu verkaufen oder zu gewähren, wäre sein gesamtes Geld nicht in der Lage, ihm Schutz vor der eigenen Inkompetenz zu kaufen. Er muss gut in seiner Arbeit sein oder seine Kunden an Firmen verlieren, die von besseren Leuten geleitet werden. Nichts ist so verletzlich wie eine große, schlecht geführte Firma, die mit kleinen effizienten konkurriert.

Der persönliche Luxus oder die Saufgelage, die der inkompetente Erbe sich mit dem Geld seines Vaters leistet, sind *ökonomisch* ohne Bedeutung. Im Geschäftsleben kann er talentierten Konkurrenten nicht im Weg stehen oder als Hindernis für kompetente Menschen fungieren. Er würde nirgendwo automatische Sicherheit finden.

Zur Jahrhundertwende gab es ein Sprichwort, das diesbezüglich sehr treffend ist: „In drei Generationen von Hemdsärmeln zu Hemdsärmeln". Wenn ein Self-Made-Man durch Kompetenz aufstieg und sein Geschäft unwerten Erben hinterließ, so landete sein Enkel wieder bei den Hemdsärmeln eines Kleinverdieners (und wurde *nicht* Gouverneur eines Staates).

Nur eine *Mischökonomie* - wie die halb-sozialistische oder halbfaschistische Variante, die wir heute haben - schützt die unproduktiven Reichen durch das Einfrieren einer Gesellschaft auf einer bestimmten Entwicklungsstufe. Sie friert Menschen in Klassen und Kasten ein und macht es für sie zunehmend schwieriger, dort herauszukommen. Wer also *vor* dieser Einfrierung ein Vermögen erbte, braucht keine Angst davor zu haben, es zu verlieren - genau wie ein Erbe in einer Feudalgesellschaft.

Es ist interessant, wie viele Erben von großen Industrievermögen - die 2. und 3. Generation von Millionären - heute den Sozialstaat befürworten und nach mehr und mehr Kontrollen schreien. Das Ziel und die Opfer dieser Kontrollen sind die kompetenten Menschen, die in einer freien Wirtschaft diese Erben vertreiben würden; die Menschen, mit denen diese Erben nicht konkurrieren könnten.

Wie Ludwig von Mises in „*Human Action*" schreibt:

„Heute absorbieren Steuern oft den Großteil der ‚exzessiven' Profite des Neulings. Er kann kein Kapital ansammeln, er kann sein Geschäft nicht ausweiten, er wird nie groß werden und den Seilschaften nie ebenbürtig werden. Die alten Firmen brauchen seine Konkurrenz nicht zu fürchten; sie werden durch den Steuereintreiber beschützt. Sie dürfen ungestraft in Routine verharren... Richtig: Die Einkommenssteuer verhindert auch, dass sie selbst neues Kapital ansammeln. Wichtiger ist aber, dass es den gefährlichen Neuling daran hindert, überhaupt Kapital anzusammeln. Sie werden vom Steuersystem buchstäblich privilegiert. In diesem Sinne halten progressive Steuern den ökonomischen Fortschritt in Schach und schaffen Stillstand...

Die Interventionisten beschweren sich, dass das ‚Big Business' immer unbeweglicher und bürokratischer wird und dass es für kompetente Neulinge nicht länger möglich ist, die Seilschaften der alten reichen Familien anzugreifen. Berechtigt wie ihre Beschwerden auch sind, so beschweren sie sich über Dinge, die das Resultat ihrer eigenen Politik sind."[10]

Juni 1963

Die Praktikabilität des Kapitalismus

„Stimmt die Behauptung, dass Laissez-Faire-Kapitalismus mit der zunehmenden Komplexität der Gesellschaft immer weniger praktikabel wird?"

Diese Behauptung ist genau die Art von kollektivistischer Plattitüde, die die „Liberalen" ritualartig wiederholen, ohne sie zu beweisen oder zu unterlegen. Wer sie untersucht, stellt ihre Absurdität fest.

Die Freiheit, die notwendig ist, um ein hohes Niveau an industrieller Entwicklung - ein hohes Niveau an „Komplexität" - zu *erreichen*, ist auch nötig, um es zu *erhalten*. Zu sagen, dass eine Gesellschaft komplexer geworden ist, bedeutet bloß, dass mehr Menschen im gleichen geographischen Gebiet leben und miteinander zu tun haben; dass sie ein größeres Handelsvolumen umsetzen und mehr und diversifiziertere produktive Aktivitäten betreiben. In diesen Tatsachen liegt nichts, das die Abschaffung wirtschaftlicher Freiheit zugunsten von staatlicher „Planung" rechtfertigen könnte.

---

[10] S. 804f.

Im Gegenteil: Je „komplexer“ eine Ökonomie ist, umso größer ist die Anzahl der zu treffenden Entscheidungen und deswegen wird es offenkundig unpraktikabler, diesen Prozess von einer zentralen Regierungsbehörde ausführen zu lassen. Wenn es Abstufungen der Irrationalität gibt, wäre es plausibler, dass eine primitive, vorindustrielle Ökonomie vom Staat gemanagt werden könnte, ohne in einer Katastrophe zu enden. Aber die Idee, eine wissenschaftliche, hoch industrialisierte Gesellschaft mit Sklavenarbeit zu betreiben, ist in der Ignoranz, die sie offenbart, barbarisch.

Sehen Sie sich an, dass die gleichen Leute, die diese Doktrin vertreten, auch erklären, dass die unterentwickelten Länder der Erde nicht für wirtschaftliche Freiheit bereit seien und ihr primitives Entwicklungsniveau Sozialismus erforderlich mache. Somit argumentieren sie gleichzeitig, dass man einem Land Freiheit nicht erlauben könne, weil es ökonomisch zu unterentwickelt ist und dass man einem Land Freiheit nicht erlauben könne, weil es zu *hoch* entwickelt ist.

Beide Positionen sind primitive Rationalisierungen von Dirigisten, die nie begriffen haben, wodurch eine industrielle Zivilisation erst zustande kommt.

November 1963

6. Gold und wirtschaftliche Freiheit

von Alan Greenspan

Erstmals erschienen in: *The Objectivist*, Juli 1966

Eine fast hysterische Feindseligkeit gegen den Goldstandard vereint die Dirigisten aller Couleur. Sie scheinen zu erkennen - vielleicht deutlicher als viele konsequente Verteidiger von Laissez-Faire -, dass Gold und wirtschaftliche Freiheit unteilbar sind, dass der Goldstandard ein Instrument von Laissez-Faire ist und dass eins das andere impliziert und erfordert.

Um den Ursprung ihrer Feindseligkeit zu verstehen, muss man zuerst die spezifische Rolle von Gold in einer freien Gesellschaft verstehen.

Geld ist der gemeinsame Nenner aller wirtschaftlichen Transaktionen. Es dient als Tauschmittel, das alle Teilnehmer in einer Wirtschaft als Bezahlung für ihre Waren oder Dienstleistungen universell akzeptieren und das deswegen als Maßstab für Marktwert und als Wertspeicherung (d.h. als Mittel zum Sparen) benutzt werden kann.

Die Existenz eines solchen Artikels ist eine Vorbedingung für eine arbeitsteilige Volkswirtschaft. Wenn Menschen keinen objektiven Wert hätten, der als Geld allgemein akzeptiert würde, müssten sie auf primitiven Tauschhandel zurückgreifen oder wären gezwungen, auf selbstversorgenden Farmen zu leben und auf die unschätzbaren Vorteile der Spezialisierung zu verzichten. Wenn man kein Mittel hätte, Werte zu speichern, d.h. zu sparen, wären weder langfristige Planung noch Austausch möglich.

Welches Tauschmittel von allen Teilnehmern einer Volkswirtschaft akzeptiert wird, wird nicht willkürlich festgelegt. Zuerst sollte das Tauschmittel haltbar sein. In einer primitiven Gesellschaft mit wenig Wohlstand kann Weizen als Tauschmittel dienen, da der gesamte Handel nur während und unmittelbar nach der Ernte stattfände und keinen Wert zum Speichern übrig ließe. Wo aber Wertspeicherungen wichtig sind, z.B. in reicheren, zivilisierteren Gesellschaften, muss das Tauschmittel dauerhafter sein, üblicherweise ein Metall. Man nimmt im Allgemeinen ein Metall, weil es homogen und teilbar ist: Jede Einheit entspricht der anderen und kann in jede beliebige Menge geteilt werden. Edelsteine z.B. sind weder homogen noch teilbar.

Noch wichtiger ist, dass das gewählte Tauschmittel ein Luxus sein muss. Der menschliche Wunsch nach Luxus ist unbegrenzt und deswegen werden Luxusgüter immer nachgefragt und immer akzeptiert werden. Weizen ist in unterernährten Gesellschaften ein Luxus, nicht aber in wohlhabenden. Zigaretten würden normalerweise nicht als Geld dienen, sie taten es aber nach dem Zweiten Weltkrieg in Europa, wo sie Luxus waren. Der Begriff „Luxusware" impliziert Seltenheit und einen hohen Stückwert. Durch seinen hohen Stückwert ist solch ein Gut leicht transportierbar; z.B. ist eine Unze Gold eine halbe Tonne Eisen wert.

In den frühen Stadien einer sich entwickelnden Geldökonomie können verschiedene Tauschmittel benutzt werden, da eine Vielzahl von Artikeln die o.g. Bedingungen erfüllt. Jedoch wird einer alle anderen ersetzen, da er die größte Akzeptanz genießt. Als Wertspeicher wird der ausgewählt, der die größte Akzeptanz genießt, was diesen Artikel wiederum noch begehrter machen wird. Die Verlagerung ist allmählich, bis dieser Artikel das einzige Tauschmittel ist. Der Gebrauch eines einzigen Mediums ist aus den gleichen Gründen sehr vorteilhaft, aus denen eine Geldökonomie einer Tauschökonomie überlegen ist: Es ermöglicht Handel in einem unerrechenbar größeren Umfang.

Ob man als Tauschmittel nun Gold, Silber, Muscheln, Rinder oder Tabak nimmt, ist optional und abhängig vom Kontext und der Entwicklung einer bestimmten Wirtschaft. Tatsächlich sind alle zu verschiedenen Zeiten als Tauschmittel in Gebrauch gewesen. Sogar noch in diesem Jahrhundert sind die zwei wichtigsten, Gold und Silber, als internationales Tauschmittel verwendet worden, wobei Gold schließlich zum dominierenden Medium wurde. Gold ist immer als Luxusgut angesehen worden, da es sowohl künstlerischen als auch funktionellen Nutzen hatte und relativ knapp war. Es ist haltbar, transportabel, homogen und teilbar und hat deswegen signifikante Vorteile gegenüber allen anderen Tauschmitteln. Seit dem Ausbruch des Ersten Weltkrieges ist es der einzige internationale Wechselstandard gewesen.

Wenn alle Waren und Dienstleistungen in Gold bezahlt werden müssten, wären große Zahlungen schwer durchführbar, und dies würde das Ausmaß der Arbeitsteilung und der Spezialisierung in der Gesellschaft begrenzen. Daher ist die logische Erweiterung die Entwicklung eines Bankensystems und eines Kreditinstruments (Banknoten und Guthaben), die als Ersatz für Gold dienen, aber in Gold konvertierbar sind.

Ein freies Bankensystem, das auf Gold basiert, kann seinen Kredit je nach den Produktionsbedürfnissen der Volkswirtschaft ausweiten und somit Banknoten (die Währung) und Guthaben schaffen. Individuellen Goldbesitzern wird durch Zinszahlung ein Anreiz gegeben, ihr Gold in einer Bank zu deponieren (gegen das man Schecks einlösen kann). Aber da es selten vorkommt, dass alle Depotinhaber all ihr Gold zur gleichen Zeit abheben wollen, muss die Bank nur einen Bruchteil ihrer absoluten Golddepots als Reserve behalten. Dies versetzt die Bank in die Lage, mehr zu verleihen, als die Summe ihrer Golddepots (d.h. dass sie als Sicherheit nicht Gold, sondern Anrechte auf Gold hält). Aber die Summe der Darlehen, die sie vergeben kann, ist nicht willkürlich: Sie muss in Beziehung zu ihren Reserven und dem Status ihrer Investitionen stehen.

Wenn Banken Geld verleihen, um produktive und profitable Unternehmungen zu finanzieren, werden die Darlehen schnell abbezahlt und Bankkredite sind weiterhin allgemein verfügbar. Aber wenn die durch Kredit finanzierten Unternehmungen weniger profitabel sind und der Kredit nur langsam abbezahlt wird, stellen die Banken bald fest, dass ihre ausstehenden Darlehen relativ zu ihren Goldreserven zu hoch sind. Sie beginnen nun, neue Darlehen zu verknappen – üblicherweise durch höhere Zinsen. Dies führt zur Beschränkung in der Finanzierung neuer Unternehmungen und fordert von den neuen Schuldnern eine Verbesserung ihrer Profitabilität, bevor sie Kredit für weitere Expansion bekommen können. Daher fungiert der Goldstandard unter einem freien Bankensystem als Beschützer der Stabilität einer Wirtschaft und ihres ausgewogenen Wachstums.

Wenn Gold als Tauschmittel von den meisten oder allen Nationen akzeptiert wird, dient ein freier internationaler Goldstandard zur Förderung einer weltweiten Arbeitsteilung und des internationalen Handels. Obwohl die Tauscheinheiten (der Dollar, das Pfund, der Franc usw.) von Land zu Land verschieden sind, handeln die Volkswirtschaften der verschiedenen Länder zusammen, wenn alle auf Gold definiert sind - so lange es keine Beschränkungen des Handels und des Kapitalverkehrs gibt. Kredit, Zinssätze und Preise folgen in allen Ländern ähnlichen Mustern. Wenn z.B. Banken in einem Land zu freimütig Kredite vergeben, so werden die Zinssätze in diesem Land sinken und somit werden Investoren ihr Gold in andere Länder mit höheren Zinsen verlagern. Dies wird sofort eine Verknappung der Bankreserven in diesem „Easy-Money"-Land verursachen. Damit werden strengere Kreditmaßstäbe und eine Rückkehr zu höheren Zinssätzen nötig.

Ein völlig freies Bankensystem und ein völlig konsequenter Goldstandard sind noch nie erreicht worden. Aber vor dem Ersten Weltkrieg basierte das Bankensystem in den Vereinigten Staaten (und fast der gesamten Welt) auf dem Goldstandard. Und obwohl Staaten gelegentlich intervenierten, war das Bankensystem eher frei als kontrolliert. Gelegentlich waren Banken als Resultat einer zu schnellen Kreditvergabe bis an die Grenze ihrer Goldreserven ausgeliehen, die Zinsen stiegen scharf an, neue Kredite wurden abgeschnitten und die Wirtschaft durchlief eine scharfe, aber kurzlebige Depression. (Verglichen mit den Depressionen von 1920 und 1932 waren die Abschwünge vor dem Ersten Weltkrieg wirklich mild.) Die begrenzten Goldreserven stoppten unausgewogene Expansionen, bevor sie sich wie nach dem Ersten Weltkrieg zu einer Katastrophe entwickeln konnten. Die Perioden der Wiederanpassung waren kurz und die Wirtschaft baute schnell wieder eine solide Basis auf, um wieder Wachstum aufzunehmen.

Aber der Heilungsprozess wurde als die Krankheit fehldiagnostiziert: Wenn die Verknappung der Bankreserven einen Abschwung verursachte – so argumentierten die Interventionisten –, warum nicht einen Weg finden, die Banken mit größeren Reserven auszustatten, damit sie nie knapp bei Kasse sein müssten? Wenn Banken unendlich viel Geld verleihen könnten, bräuchte es nie wieder Depressionen zu geben, so wurde behauptet. Und somit wurde 1913 das Federal Reserve System gegründet. Es bestand aus zwölf regionalen Federal Reserve Banken, die nominell Privatbankiers gehörten, aber tatsächlich staatlich gesponsert, kontrolliert und unterstützt wurden. Die Sicherheiten dieser Banken bestehen praktisch (wenn auch nicht gesetzlich) aus den Steuereinnahmen der Bundesregierung. Technisch gesehen blieben wir beim Goldstandard; Individuen konnten immer noch Gold besitzen und Gold wurde weiter als Bankreserve benutzt. Aber zusätzlich zu Gold konnten jetzt die Kredite der Federal Reserve Banken („Papierreserven") als legales Zahlungsmittel benutzt werden, um Kontoinhaber auszuzahlen.

Als die Wirtschaft in den Vereinigten Staaten 1927 einen milden Abschwung durchlief, schuf die Federal Reserve mehr Papierreserven – in der Hoffnung, eine mögliche Verknappung der Bankreserven zu verhindern. Schlimmer noch war jedoch der Versuch der Federal Reserve, Großbritannien zu helfen. Das britische Gold floss in die Vereinigten Staaten, weil die Bank of England einen Anstieg der Zinsen untersagte, als die Märkte es diktierten. (Es war politisch unerwünscht.) Die Begründung der beteiligten Behörden lautete wie folgt: Wenn die Fed exzessiv Papierreserven in amerikanische Banken pumpte, würden die Zinssätze in den Vereinigten Staaten auf ein Niveau fallen, das mit dem in Großbritannien vergleichbar wäre; dies würde den Goldverlust in Großbritannien stoppen und die peinliche politische Maßnahme vermeiden, die Zinsen anheben zu müssen.

Die „Fed" war erfolgreich: Sie stoppte den Goldverlust, aber sie zerstörte dabei fast die gesamte Weltwirtschaft. Der exzessive Kredit, den die Fed in die Wirtschaft pumpte, lief in den Aktienmarkt und löste einen gewaltigen spekulativen Boom aus. Zu spät versuchte die Federal Reserve, die überschüssigen Reserven aufzusaugen und schaffte es endlich, den Boom zu bremsen. Aber es war zu spät: 1929 waren die spekulativen Ungleichgewichte so überwältigend geworden, dass dieser Versuch eine Vertrauenskrise und einen Rückzug aus der Wirtschaft heraufbeschwor. Als Resultat brach die amerikanische Wirtschaft zusammen. Großbritannien erging es noch schlechter, und anstatt die vollen Konsequenzen ihrer vorhergehenden Idiotie zu tragen, gab es den Goldstandard 1931 komplett auf, zerstörte somit alles, was noch an Vertrauen übrig war und löste eine weltweite Serie von Bankpleiten aus. Die Welt verfiel in die große Depression der 30er-Jahre.

Mit einer Logik, die an eine Generation zuvor erinnerte, argumentierten die Dirigisten, dass hauptsächlich der Goldstandard schuld an dem Debakel war, das zur großen Depression geführt hatte. Wenn der Goldstandard nicht existiert hätte, so ihr Argument, hätte die Einstellung der britischen Goldzahlungen 1931 nicht die weltweiten Bankpleiten verursachen können. (Die Ironie bestand darin, dass wir seit 1913 nicht auf einem Goldstandard, sondern auf einem „Goldmischstandard" gewesen waren; und doch bekam das Gold die Schuld.)

Aber dass eine wachsende Zahl von Sozialstaats-Befürwortern gegen den Goldstandard ist, erklärt sich durch eine scharfsinnigere Einsicht: durch die Erkenntnis, dass der Goldstandard nicht mit chronischer Defizitpolitik (dem Aushängeschild des Sozialstaates) vereinbar ist. Ohne seinen akademischen Jargon ist der Sozialstaat nichts weiter als ein Mechanismus, durch den der Staat den Wohlstand der produktiven Mitglieder einer Gesellschaft konfisziert, um eine Vielfalt von Sozialausgaben zu tätigen. Ein erheblicher Teil der Konfiszierung wird durch Steuern erreicht. Aber die Sozialstaats-Dirigisten merkten schnell, dass, wenn sie weiter an der Macht bleiben wollten, das Ausmaß der Besteuerung begrenzt werden musste und sie auf massive Defizitprogramme zurückgreifen mussten, d.h. sie mussten durch die Ausgabe von Staatsanleihen Geld pumpen, um breit angelegte Sozialprogramme zu finanzieren.

Unter einem Goldstandard wird die Kreditmenge, die eine Wirtschaft aushalten kann, durch die materiellen Vermögenswerte der Wirtschaft bestimmt, da jedes Kreditinstrument letztendlich der Anspruch auf einen materiellen Vermögenswert ist. Aber Staatsanleihen werden nicht von materiellem Wohlstand gestützt, sondern nur durch das Versprechen des Staates, die zukünftigen Steuern einzutreiben, und können nicht einfach durch die Kapitalmärkte absorbiert werden. Ein großes Volumen neuer Staatsanleihen kann der Öffentlichkeit nur zu immer höheren Zinssätzen verkauft werden. Daher ist die Defizitfinanzierung unter einem Goldstandard streng begrenzt.

Die Aufhebung des Goldstandards machte es für die Sozialstaats-Dirigisten möglich, das Bankensystem als Mittel zur unbeschränkten Kreditausweitung zu benutzen. Sie haben Papierreserven in Form von Staatsanleihen geschaffen, die die Banken durch eine komplexe Serie von Schritten anstelle materieller Werte akzeptieren und sie behandeln, als ob sie ein wirkliches Depot wären, d.h. als Äquivalent dessen, was einmal ein Golddepot gewesen war. Der Eigentümer von Staatsanleihen oder eines Bankdepots aus Papierreserven glaubt, dass er einen gültigen Anspruch auf einen echten Wert hat. Aber Tatsache ist, dass es nun mehr ausstehende Ansprüche als tatsächliche Werte gibt.

Das Gesetz von Angebot und Nachfrage kann man nicht betrügen. Wenn das Geldangebot relativ zum Angebot von materiellen Werten in der Wirtschaft ansteigt, so müssen die Preise letztendlich steigen. Somit werden die Ersparnisse der produktiven Mitglieder der Gesellschaft an Wert verlieren. Wenn die Bücher der Volkswirtschaft wieder ausgeglichen sind, findet man heraus, dass dieser Wertverlust die Waren repräsentiert, die der Staat für Sozialprogramme oder andere Zwecke ausgegeben hat - durch die Gelderlöse der Staatsanleihen, die durch Kreditausweitung finanziert wurden.

In der Abwesenheit des Goldstandards gibt es keine Möglichkeit, Ersparnisse vor der Konfiszierung durch Inflation zu schützen. Es gibt keinen sicheren Wertspeicher. Wenn es ihn gäbe, würde der Staat seinen Besitz für illegal erklären müssen, wie es beim Gold geschah. Wenn sich z.B. jeder entschlösse, alle seine Bankdepots in Silber oder Kupfer oder irgendein anderes Gut einzutauschen und sich dann weigern würde, Schecks als Bezahlung anzunehmen, so würden Bankdepots ihre Kaufkraft verlieren und der durch den Staat geschaffene Kredit wäre als Anspruch auf Waren wertlos. Die Finanzpolitik des Sozialstaates erfordert es, dass es keine Möglichkeit gibt, sich zu schützen.

Dies ist das schäbige Geheimnis hinter den Tiraden gegen das Gold von Seiten der Sozialstaats-Dirigisten. Defizitpolitik ist nur ein Plan für die „versteckte" Konfiszierung von Wohlstand. Gold steht diesem hinterhältigen Prozess im Weg. Es ist der Beschützer der Eigentumsrechte. Wenn man das verstanden hat, hat man keine Schwierigkeiten zu verstehen, warum Dirigisten gegen den Goldstandard sind.

7. Anmerkungen zur Geschichte der amerikanischen freien Marktwirtschaft

von Ayn Rand

Veröffentlicht vom *Nathaniel Branden Institute*, New York (1959)

Wenn man eine detaillierte Tatsachenstudie über alle Beispiele in der Geschichte der amerikanischen Industrie erstellen würde, die von den Dirigisten als Anklage gegen die freie Marktwirtschaft und als Argument zugunsten einer staatlich kontrollierten Wirtschaft benutzt wurden, würde man herausfinden, dass die Schuld, die den Unternehmern gegeben wurde, *nur* durch die staatlichen Eingriffe in die Wirtschaft verursacht, erzwungen und ermöglicht wurde. Die Übel, die im Allgemeinen den großen Industriellen zugeschrieben werden, kamen nicht durch eine unregulierte Industrie, sondern durch die Macht des Staates über die Industrie zustande. Der Schurke war nicht der Unternehmer, sondern der Gesetzgeber, nicht die freie Marktwirtschaft, sondern die staatlichen Kontrollen.

Die Unternehmer waren die Opfer, und doch haben sie die Schuld auf sich genommen (und tun es noch immer), während die schuldige Partei ihre eigene Schuld als Argument für die Ausweitung ihrer Macht benutzt, um das gleiche Verbrechen immer öfter und in immer größerem Umfang zu begehen. Die öffentliche Meinung ist so sehr über die wahren Tatsachen desinformiert worden, dass wir nun das Stadium erreicht haben, wo die Leute als Lösung für die Probleme des Landes mehr und mehr von dem Gift wollen, das sie erst krank gemacht hat.

Als Illustration werde ich einige Beispiele auflisten, die ich im Verlauf meiner Forschungen in der Geschichte einer einzigen Industrie gefunden habe - der amerikanischen Eisenbahnen.

Ein Argument der Dirigisten zugunsten von staatlichen Kontrollen lautet, dass die amerikanischen Eisenbahnen hauptsächlich durch die finanzielle Hilfe des Staates gebaut wurden und ohne sie unmöglich gewesen wären. In Wirklichkeit belief sich die staatliche Hilfe an die Eisenbahnen auf 10 Prozent der Kosten aller Eisenbahnen im Land - und die Konsequenzen dieser Hilfe sind für die Eisenbahnen katastrophal gewesen. Ich zitiere aus *„The Story of American Railroads"* von Stewart H. Holbrook:

> „In knapp zwei Jahrzehnten wurden mit staatlicher Hilfe drei transkontinentale Eisenbahnen gebaut. Alle drei endeten im Bankrott. Und als James Jerome Hill sagte, dass er eine Linie von den Großen Seen nach Puget Sound bauen würde, und zwar ohne staatliche Gelder oder Landgeschenke, hielten ihn selbst seine engsten Freunde für verrückt. Aber seine Great Northern Linie kam in Puget Sound ohne einen Pfennig Staatshilfe an und war erfolgreich. Es war eine Leistung, die den vielbeschworenen Bau des Eriekanals wie ein Kinderspiel erscheinen ließ."[32]

Das Ausmaß der von einer Eisenbahn empfangenen Subventionen steht in direktem Verhältnis zu ihrem Scheitern. Die Eisenbahnen mit den schlimmsten Skandalen, Betrügereien und Bankrotten hatten die meisten Subventionen bekommen. Die Eisenbahnen, die am besten liefen und nie Bankrott gingen, waren die, die nie Subventionen bekommen oder um sie gebeten hatten. Es mag Ausnahmen von dieser Regel geben, aber in all meinen Forschungen habe ich noch keine gefunden.

Allgemein wird angenommen, dass es in der Periode, als in Amerika die ersten Eisenbahnen gebaut wurden, eine Menge nutzlosen „Überbauens" gab - viele Strecken, die angefangen und wieder aufgegeben wurden, nachdem sie sich als wertlos herausgestellt und die Beteiligten ruiniert hatten. Die Dirigisten benutzen diese Periode oft als Beispiel für das „planlose Chaos" der freien Marktwirtschaft. In Wahrheit wurden die meisten (und vielleicht alle) dieser nutzlosen Eisenbahnen nicht mit der Absicht gebaut, eine profitable Eisenbahn zu schaffen, sondern von Spekulanten mit politischem Einfluss, die diese Unternehmen aus einem einzigen Zweck begonnen hatten - um Geld vom Staat zu bekommen.

Es gab viele Arten von staatlichen Hilfen für diese Projekte, z.B. Landgeschenke, Subventionen, Staatsanleihen, Kommunalanleihen usw. Viele Spekulanten begannen Eisenbahnprojekte, um schnell an

[32] A.a.O., New York 1947, S. 8f.

staatliche Gelder zu kommen, ohne sich um die Zukunft oder die kommerziellen Möglichkeiten ihrer Eisenbahn zu scheren. Sie verlegten zwar irgendwo etliche Meilen an minderwertigen Schienen, aber ohne Nachforschung, ob die Orte, die sie auswählten, eine Eisenbahn brauchten oder eine wirtschaftliche Zukunft hatten. Einige dieser Leute nahmen das Geld und verschwanden, ohne je eine Schiene verlegt zu haben. Daher rührt der allgemeine Eindruck, dass der Ursprung der amerikanischen Eisenbahnen eine Periode wilder, skrupelloser Spekulation war. Aber die Eisenbahnen, die von Unternehmern für einen legitimen, privaten, kommerziellen Zweck geplant und gebaut wurden, überlebten, florierten und bewiesen ungewöhnliche Weitsicht in der Wahl ihrer Strecken.

Unter den Eisenbahnen mit den skandalösesten Geschichten waren die Union Pacific und die Central Pacific (heute unter dem Namen Southern Pacific). Beide wurden mit Subventionen der Bundesregierung gebaut. Die Union Pacific brach bald nach ihrer Errichtung mit dem vielleicht schändlichsten Skandal aller Eisenbahnen zusammen, in dem es um öffentliche Korruption ging. Diese Bahn wurde erst ordentlich organisiert und gemanagt, als sie von einem privaten Kapitalisten, Edward H. Harriman, übernommen wurde.

Die Central Pacific, die von den „Big Four“ aus Kalifornien mit Bundessubventionen gebaut wurde, war die Eisenbahn, die all der Missetaten schuldig war, die im Allgemeinen gegen die Eisenbahnen ins Feld geführt werden. Fast 30 Jahre lang kontrollierte die Central Pacific Kalifornien, hielt ein Monopol und erlaubte keinem Konkurrenten, den Staat zu betreten. Sie nahm katastrophale Preise, änderte sie jedes Jahr und nahm den kalifornischen Farmern und Frachtunternehmen, die keine andere Eisenbahn hatten, buchstäblich den gesamten Profit ab. Wie war das möglich? Durch die Macht der kalifornischen Gesetzgeber. Die „Big Four“ kontrollierten die Legislative und verriegelten den Staat für Konkurrenten durch gesetzliche Beschränkungen (z.B. das Gesetz, das den Big Four die exklusive Kontrolle über die gesamte kalifornische Küste gab und jeder anderen Eisenbahn verbot, einen Hafen anzufahren). Während dieser 30 Jahre wurden viele Versuche unternommen, in Kalifornien konkurrierende Eisenbahnen zu bauen und das Monopol der Central Pacific zu brechen. Diese Versuche scheiterten - nicht wegen der Methoden des freien Handels und des freien Wettbewerbs, sondern aufgrund von *Gesetzen*.

Dieses 30-jährige Monopol der Big Four und ihre Praktiken werden immer als Beispiel für die Übel des „Big Business" und der freien Marktwirtschaft zitiert. Und doch waren die Big Four keine Marktwirtschaftler; sie waren keine Unternehmer, die ihre Macht durch unregulierten Handel erlangten. Sie waren typische Repräsentanten dessen, was nun „Mischökonomie" heißt. Sie erlangten Macht durch gesetzliche Intervention in die Wirtschaft; keiner ihrer Missbräuche wäre in einer freien, unregulierten Wirtschaft möglich gewesen.

Die gleiche Central Pacific ist berüchtigt für ein Landgeschäft, das zu Enteignungen von Farmern und zu blutigen Ausschreitungen in den 1870er-Jahren führte. Dieser Vorfall diente als Basis für den Anti-Business-Roman *„The Octopus"* von Frank Norris, verursachte große öffentliche Empörung und führte zu Hass auf alle Eisenbahnen und auf das „Big Business". Aber in diesem Geschäft ging es um Land, das die Big Four vom Staat bekamen, und die darauffolgende Ungerechtigkeit wurde nur durch gesetzliche und juristische Hilfe ermöglicht. Und doch bekamen nicht die staatlichen Eingriffe in die Wirtschaft die Schuld - die bekamen die Unternehmer.[33]

Auf der anderen Seite der Skala steht die Eisenbahn mit der saubersten Geschichte, die unter schwierigsten Umständen am besten gebaut wurde und ganz alleine für die Entwicklung des gesamten amerikanischen Nordwestens verantwortlich war. Es war die von J.J. Hill ohne jegliche Bundeshilfen gebaute Great Northern. Und doch wurde Hill sein Leben lang vom Staat unter dem Sherman Act als Monopolist verfolgt (!).

Die schlimmste Ungerechtigkeit ist jedoch Commodore Vanderbilt von der New York Central widerfahren. Man nennt ihn noch immer den „alten Piraten", „ein Monster aus der Wall Street" usw., und er wird immer für die angebliche Rücksichtslosigkeit seiner Börsenaktivitäten verschrien. Doch die wirkliche Geschichte lautet

[33] Eine detaillierte Geschichte der Central Pacific findet sich bei Oscar Lewis: *The Big Four*, New York 1938.

wie folgt: Als Vanderbilt anfing, verschiedene kleine Eisenbahnen zum New York Central System zu organisieren, musste er eine Lizenz vom Stadtrat bekommen - eine Erlaubnis für seine „New York and Harlem“, New York City zu betreten. Der Rat war für seine Korruptheit bekannt, und wenn man eine Lizenz wollte, so musste man bezahlen - was Vanderbilt auch tat. (Sollte man ihm dafür die Schuld geben oder liegt die Schuld in der Tatsache, dass der Staat willkürliche Macht und Vanderbilt keine Wahl hatte?) Die Aktie seiner Firma stieg, sobald bekannt wurde, dass seine Eisenbahn die Erlaubnis hatte. Ein bisschen später zog der Rat seine Lizenz plötzlich zurück und die Vanderbilt-Aktien begannen zu fallen. Die Ratsherren (die Vanderbilts Geld genommen hatten) verkauften die Vanderbilt-Aktien mit einer Clique von Spekulanten nämlich short*. Vanderbilt kämpfte gegen sie und rettete seine Eisenbahnen. Seine Rücksichtslosigkeit bestand daraus, seine Aktien so schnell wieder aufzukaufen, wie sie auf den Markt geworfen wurden und somit zu verhindern, dass der Preis auf das Niveau fiel, das die Verkäufer brauchten. Er riskierte seinen gesamten Besitz, aber gewann. Die Spekulanten und die Ratsherren gingen Bankrott.

Und als ob das nicht genug wäre, wurde der gleiche Trick etwas später noch einmal versucht, diesmal von der Staatsregierung von New York. Vanderbilt brauchte ein Gesetz, das es ihm erlauben würde, seine zwei Eisenbahnen zusammenzulegen. Wieder einmal musste er die Verantwortlichen für das Versprechen bezahlen, das notwendige Gesetz zu verabschieden. Die Aktie seiner Gesellschaft stieg, die Gesetzgeber verkauften sie short und verweigerten Vanderbilt das versprochene Gesetz. Er musste noch einmal denselben Kampf an der Wall Street führen. Er nahm eine fürchterliche Verantwortung auf sich, riskierte alles, was er besaß, und Millionen, die er sich von Freunden geliehen hatte. Aber er gewann und ruinierte die Politiker aus Albany. „Wir haben das gesamte Parlament hochgehen lassen“, sagte er, „und einige der ehrenwerten Mitglieder mussten nach Hause gehen, ohne ihre Rechnungen zu bezahlen.“

---

* *short verkaufen*: Aktien verkaufen, die man noch nicht besitzt, in der Erwartung, dass der Preis fällt, Anm. d. Ü.

Die Details dieser Geschichte sind heute vergessen, und es liegt eine tragische Ironie darin, dass Vanderbilt nun von denen als Beispiel für die Übeltaten der freien Marktwirtschaft benutzt wird, die staatliche Kontrollen befürworten. Die Politiker aus Albany sind vergessen und Vanderbilt wird zum Ganoven abgestempelt. Wenn Sie heute jemanden fragen, warum Vanderbilt so böse war, wird man Ihnen antworten: „Na ja, er hat irgendwas Schlimmes an der Wall Street gemacht und viele Menschen ruiniert."[34]

Die beste Illustration für die allgemeine Verwirrung zu der Frage von Marktwirtschaft und Staat findet man in Mr. Holbrooks Buch. Auf Seite 231 schreibt er:

> „Fast von Anfang an mussten die Eisenbahnen Belästigungen von Politikern und ihren Gerichtsdienern ertragen oder auf eine oder andere Weise Schutzgelder bezahlen. Die Methode war fast narrensicher: Der Politiker, üblicherweise ein Mitglied der Staatsregierung, dachte sich irgendein Gesetz oder eine Vorschrift aus, die für die Eisenbahnen in seinem Staat teuer oder unangenehm sein würde. Dann formulierte er es als Gesetzesantrag, sprach laut darüber, dass er verabschiedet werden müsse, wenn das souveräne Volk vor den Eisenbahnmonstern beschützt werden sollte, und wartete dann auf einen Gesandten der Eisenbahnen, der ihn vom Gegenteil überzeugte - mit einer Methode, die so alt ist wie die Menschheit. Es ist amtlich, dass während einer Sitzungsperiode nicht weniger als 35 Gesetzesanträge eingebracht wurden, die die Eisenbahnen schikaniert hätten."

Und der gleiche Mr. Holbrook schreibt im gleichen Buch nur vier Seiten weiter (S. 235f.):

> „Kurz gesagt, 1870, um ein willkürliches Datum zu nehmen, waren die Eisenbahnen ein Staat im Staate geworden. Sie hatten Senatoren und Kongressabgeordnete gekauft, wie sie Schienen und Lokomotiven gekauft hatten - mit Bargeld. Ihnen gehörten ganze Parlamente und oft auch die Gerichte... Die Eisenbahnen von 1870 korrupt zu nennen, ist kein zu starkes Wort."

---

[34] Zu den Details dieser Geschichte vgl. David Marshall: *Grand Central*, New York 1946, S. 60ff. und Alwin F. Harlow: *The Road of the Century*, New York 1947, S. 166ff.

Die Verbindung zwischen diesen beiden Aussagen und die Schlussfolgerung, die aus ihnen gezogen werden muss, ist Mr. Holbrook offensichtlich nie aufgefallen. Es sind die Eisenbahnen, die er „korrupt" nennt. Doch was konnten die Eisenbahnen anderes tun, als den Versuch zu unternehmen, ganze Parlamente zu besitzen, wenn diese die Macht über Leben und Tod ihrer Eisenbahnen hatten? Was konnten die Eisenbahnen anderes tun, als sich in Bestechung zu flüchten, wenn sie überhaupt existieren wollten? Wer ist der Schuldige und wer war „korrupt" - der Unternehmer, der für das Recht, im Geschäft zu bleiben, „Schutzgeld" bezahlen musste - oder die Politiker, die die Macht hatten, dieses Recht zu verkaufen?

Noch eine verbreitete Beschuldigung gegen Großkonzerne lautet, dass egoistische, private Interessen den Fortschritt behindern und verzögern, wenn sie von einer neuen Erfindung bedroht werden, die ihren Markt zerstören könnte. Kein privates Interesse könnte dies tun oder hat dies je getan, außer mithilfe des Staates. Die frühe Geschichte der Eisenbahnen ist eine gute Illustration dafür. Die Besitzer von Kanälen und Dampfschiffgesellschaften waren aufs Äußerste gegen die Eisenbahnen, da der meiste Frachtverkehr damals verschifft wurde. Eine Unmenge von Gesetzen, Vorschriften und Restriktionen wurde durch die Anstiftung der Kanalanlieger verabschiedet, um die Entwicklung der Eisenbahnen zu behindern und zu unterbinden - und zwar im Namen des „Allgemeinwohls" (!). Als die erste Eisenbahnbrücke über den Mississippi gebaut wurde, verklagten die Dampfschiffbesitzer die Erbauer - und das Gericht verfügte die Zerstörung der Brücke wegen „Behinderung und Belästigung". Der Oberste Gerichtshof hob das Urteil mit einer knappen Mehrheit auf und ließ die Brücke zu.[35] Fragen Sie sich, wie das Schicksal der industriellen Entwicklung der Vereinigten Staaten ausgesehen hätte, wenn diese knappe Mehrheit anders herum ausgefallen wäre - und wie das Schicksal des ökonomischen Fortschritts aussieht, wenn er nicht durch objektive Demonstration, sondern durch die willkürliche Entscheidung einiger weniger Menschen mit politischer Macht bestimmt wird.

---

[35] Frank H. Spearman: *The Strategy of Great Railroads*, New York 1904, S. 273ff.

Es ist wichtig anzumerken, dass die Besitzer der Eisenbahnen ihr Geschäft nicht damit *begannen*, die Regierung zu bestechen. Sie mussten die Gesetzgeber aus Selbstschutz bestechen. Die ersten und besten Eisenbahnbauer waren freie Unternehmer, die mit privatem Kapital und ohne staatliche Hilfe große Risiken auf sich nahmen. Erst als sie dem Land demonstrierten, dass die neue Industrie enormen Wohlstand versprach, beeilten sich die Spekulanten und die Gesetzgeber, den neuen Giganten so gründlich wie möglich zu melken. Erst als die Gesetzgeber die Erpressung und die Drohung mit katastrophalen und unmöglichen Gesetzen begannen, mussten die Eisenbahnbesitzer mit Bestechungen anfangen.

Es ist bezeichnend, dass die besten Eisenbahnbauer diejenigen waren, die mit privaten Mitteln anfingen, keine Gesetzgeber bestachen, um Konkurrenten abzuwürgen oder um irgendwelche speziellen gesetzlichen Vorteile oder Privilegien zu erlangen. Sie machten ihre Vermögen durch ihre eigenen persönlichen Fähigkeiten - und wenn sie wie Commodore Vanderbilt auf Bestechung zurückgriffen, dann nur, um die Entfernung einer künstlichen Restriktion zu erkaufen, wie etwa die Erlaubnis, zwei Linien zusammenzulegen. Sie bezahlten nicht, um etwas von der Legislative zu *bekommen*, sondern nur, um die Legislative aus dem Weg zu bekommen. Aber diejenigen, die wie die Big Four der Central Pacific mit staatlichen Hilfen anfingen, benutzten den Staat für spezielle Vorteile und verdankten ihre Vermögen dem Gesetzgeber und nicht ihren persönlichen Fähigkeiten. Dies ist das unabwendbare Resultat einer Mischökonomie. Nur mithilfe staatlicher Vorschriften kann jemand mit geringeren Fähigkeiten seine Konkurrenten zerstören - und er ist der einzige Typ, der zum Staat rennt, weil er wirtschaftliche Hilfe braucht.

Dies ist keine Frage von Persönlichkeiten, von „unehrlichen Unternehmern" oder „unehrlichen Gesetzgebern". Die Unehrlichkeit liegt im System und wird von ihm geschaffen. Solange ein Staat die wirtschaftliche Kontrolle hält, wird er zwangsläufig eine spezielle „Elite", eine „Aristokratie der Beziehungen" schaffen, wird er korrupte Politiker anziehen, zum Vorteil des unehrlichen Unternehmers arbeiten und die Fähigen und Ehrlichen bestrafen und letztendlich zerstören.

Die zitierten Beispiele sind nur ein paar der offensichtlicheren; es gibt eine Menge anderer, die alle dasselbe belegen. Diese hier stammen bloß aus der Geschichte einer einzigen Industrie. Man kann sich leicht vorstellen, was man entdecken würde, wenn man in ähnlicher Weise durch die Geschichte der anderen amerikanischen Industrien ginge.

Es ist Zeit, jene bösartige Verwirrung aufzuklären, die der Marxismus geschaffen hat und die die meisten Leute gedankenlos akzeptiert haben: die Idee, dass wirtschaftliche Kontrolle die legitime Aufgabe des Staates sei, dass der Staat ein Werkzeug ökonomischer Klasseninteressen sei und dass die Frage nur laute, welcher speziellen Klasse oder Interessengruppe der Staat dienen solle. Die meisten Menschen glauben, dass freie Marktwirtschaft aus einer kontrollierten Wirtschaft besteht, die angeblich den Interessen der Industriellen dient - im Gegensatz zum Sozialstaat, der aus einer kontrollierten Wirtschaft besteht, die angeblich den Interessen der Arbeiter dient. Die Idee oder die Möglichkeit einer *unkontrollierten Wirtschaft* ist völlig vergessen und wird jetzt absichtlich ignoriert. Die meisten Menschen sehen keinen Unterschied zwischen Unternehmern wie J.J. Hill von der Great Northern oder den Big Four der Central Pacific. Die meisten Menschen sehen einfach über den Unterschied hinweg, indem sie sagen, dass Unternehmer Gauner sind, die immer die Regierung bestechen werden und dass die Lösung darin besteht, die Regierung von den Gewerkschaften bestechen zu lassen.

Die Frage lautet nicht Pro-Industrie-Kontrollen oder Pro-Gewerkschafts-Kontrollen sondern Kontrollen oder Freiheit. Es stehen nicht die Big Four gegen den Sozialstaat, sondern die Big Four und der Sozialstaat auf der einen Seite und J.J. Hill und jeder ehrliche Arbeiter auf der anderen. Staatliche Kontrolle der Wirtschaft ist (egal zu wessen Gunsten) in der Geschichte unserer Industrie die Wurzel aller Übel gewesen - und die Lösung ist Laissez-Faire-Kapitalismus, d.h. die Abschaffung jeder Form von staatlichen Eingriffen in Produktion und Handel - die Trennung von Staat und Wirtschaft, auf gleiche Weise und aus denselben Gründen wie die Trennung von Staat und Kirche.

8. Die Auswirkungen der industriellen Revolution auf Frauen und Kinder

von Robert Hessen

Erstmals erschien in: *The Objectivist Newsletter*, April und November 1962

Kinderarbeit und die industrielle Revolution

Der am wenigsten verstandene und korrekt dargestellte Aspekt der Geschichte des Kapitalismus ist der der Kinderarbeit.

Man kann das Phänomen der Kinderarbeit in England während der Industriellen Revolution im späten 18. und frühen 19. Jahrhundert nicht bewerten, wenn man nicht begreift, dass die Einführung des Fabriksystems einen Lebensunterhalt für zehntausende Kinder bot, die in vorkapitalistischen Zeiten nicht überlebt hätten.

Das Fabriksystem führte zu einem Anstieg des allgemeinen Lebensstandards, zu schnell fallenden städtischen Sterberaten und sinkender Kindersterblichkeit - und produzierte eine beispiellose Bevölkerungsexplosion.

1750 betrug die Bevölkerung in England sechs Millionen; 1800 betrug sie neun Millionen und 1820 zwölf Millionen - eine Zuwachsrate ohne Gleichen. Die Altersverteilung der Bevölkerung verlagerte sich enorm; der Anteil von Kindern und Jugendlichen stieg steil an.

> „Der Anteil der in London geborenen Kinder, die vor Erreichen des 5. Lebensjahres starben, fiel von 74,5 Prozent in den Jahren 1730-49 auf 31,8 Prozent in den Jahren 1810-1829.“[36]

Kinder, die bis dato als Säuglinge gestorben wären, hatten nun eine Überlebenschance.

Sowohl die wachsende Bevölkerung als auch die steigende Lebenserwartung zeigen die Lüge in der Behauptung der sozialistischen und faschistischen Kritiker des Kapitalismus auf, dass die Bedin-

---

[36] Mabel C. Buer: *Health, Wealth and Population in the Early Days of the Industrial Revolution 1760-1815*, London 1926, S. 30.

gungen der arbeitenden Klasse sich während der Industriellen Revolution fortwährend verschlechterten.

Es ist sowohl moralisch ungerecht als auch historisch falsch, wenn man dem Kapitalismus die Schuld an den Bedingungen für die Kinder während der Industriellen Revolution gibt, da der Kapitalismus die früheren Bedingungen in Wirklichkeit enorm verbesserte. Die Quelle dieser Ungerechtigkeit waren schlecht informierte, emotionale Schriftsteller und Dichter wie Dickens und Mrs. Browning; abstruse Mittelalterliche wie Southey und politische Traktatschreiber, die als Wirtschaftshistoriker posierten wie Engels und Marx. Sie alle malten ein verschwommenes, rosiges Bild eines verlorenen „goldenen Zeitalters" der arbeitenden Klasse, das angeblich von der Industriellen Revolution zerstört wurde. Historiker haben deren Behauptungen nicht bestätigen können. Untersuchungen und gesunder Menschenverstand haben das vor-industrielle System der Heimarbeit entglorifiziert. In diesem System machte der Arbeiter eine kostspielige Anfangsinvestition oder bezahlte hohe Mieten für einen Webstuhl oder einen Webrahmen und trug den Großteil der enthaltenen spekulativen Risiken. Seine Ernährung war eintönig und karg, und sogar dieses Existenzminimum hing davon ab, ob man Arbeit für Frau und Kinder finden konnte. Es gab nichts Romantisches oder Beneidenswertes an Familien, die in schlecht beleuchteten, unzureichend belüfteten und schlecht konstruierten Häusern lebten und arbeiteten.

Wie erging es Kindern *vor* der Industriellen Revolution? 1697 schrieb John Locke für die Handelskammer einen Bericht über das Problem der Armut und der Armenfürsorge. Locke schätzte, dass ein arbeitender Mann und seine Frau bei guter Gesundheit nicht mehr als zwei Kinder unterhalten könnten, und er empfahl, dass alle Kinder über 3 Jahren lernen sollten, ihren Lebensunterhalt zu verdienen, am besten in Spinn- und Strickschulen, wo sie Essen bekommen würden. „Was sie zu Hause von ihren Eltern bekommen können" schrieb Locke, „ist selten mehr als Brot und Wasser und das auch nur sehr spärlich."

Professor Ludwig von Mises erinnert uns:

> „Die Fabrikbesitzer hatten nicht die Macht, jemanden zu zwingen, eine Stelle in der Fabrik anzunehmen. Sie konnten nur Menschen anwerben, die bereit waren, für die ihnen angebotenen Löhne zu arbeiten. Niedrig wie diese Löhne auch waren, sie waren nichtsdestotrotz mehr als diese Armen in jedem anderen für sie offenen Bereich verdienen konnten. Es ist eine Verzerrung der Fakten, wenn man sagt, die Fabriken hätten die Hausfrauen aus den Kinderzimmern und Küchen und die Kinder vom Spielen geholt. Diese Frauen hatten nichts zu kochen und nichts, um ihre Kinder zu ernähren. Diese Kinder waren mittellos und kurz vor dem Verhungern. Ihre einzige Zuflucht war die Fabrik. Sie rettete sie buchstäblich vor dem Hungertod."[37]

Fabrikkinder gingen zur Arbeit auf Drängen ihrer Eltern. Ihre Arbeitszeiten waren sehr lang, aber die Arbeit war meistens sehr leicht – üblicherweise eine Spinn- oder Webmaschine überwachen und gerissene Fäden reparieren. Die Agitation für Fabrikgesetze geschah nicht im Auftrag solcher Kinder. Das erste Kinderarbeitsgesetz in England (1788) regulierte die Arbeitszeiten und -bedingungen jener elenden Kinder, die als Schornsteinfeger arbeiteten – eine schmutzige und gefährliche Arbeit, die der Industriellen Revolution lange vorausging und in keiner Beziehung zu Fabriken stand. Das erste Gesetz für Fabrikkinder wurde zum Schutze jener verabschiedet, die von der Gemeindebehörde – einer *staatlichen Einrichtung* – buchstäblich versklavt wurden: Es waren verlassene oder verwaiste Armenkinder, die per Gesetz unter Vormundschaft von Beamten standen und durch lange unbezahlte Lehren als Gegenleistung für das nackte Existenzminimum an diese Vertreter gebunden waren.

Arbeitsbedingungen und sanitäre Einrichtungen waren in den größeren und neueren Fabriken anerkanntermaßen am besten. Mit nachfolgenden Fabrikgesetzen zwischen 1819 und 1846, die mehr und mehr Restriktionen für die Beschäftigung von Kindern und Jugendlichen brachten, entschieden sich die Eigentümer der größeren Fabriken, die häufiger Untersuchungen von Inspektoren unterworfen waren, Kinder lieber zu entlassen als die komplizierten, willkürlichen und sich ständig ändernden Vorschriften zu befolgen. Das

---

[37] Ludwig van Mises: *Human Action*, New Haven, Connecticut 1949, S. 615.

Resultat dieser Gesetzesintervention sah so aus, dass diese Kinder, die die Arbeit zum Überleben brauchten, entlassen wurden und nun gezwungen waren, Arbeit in kleineren, älteren und entlegeneren Fabriken zu suchen, in denen die Arbeits-, Sanitär- und Sicherheitsbedingungen deutlich schlechter waren. Wer keine neue Stelle finden konnte, fiel zurück in den Zustand vor hundert Jahren, d.h. gelegentliche Landarbeit oder schlimmer - mit den Worten von Professor Ludwig von Mises „sie überschwemmten das Land als Vagabunden, Bettler, Räuber und Prostituierte."

Kinderarbeit wurde nicht durch Gesetze abgeschafft; Kinderarbeit hörte auf, als Kinder nicht mehr für ihr Überleben arbeiten mussten - als die Einkommen ihrer Eltern für ihren Unterhalt ausreichten. Die Emanzipatoren und Wohltäter dieser Kinder waren nicht Gesetzgeber oder Fabrikinspektoren, sondern Produzenten und Investoren. Ihre Anstrengungen und Investitionen in Maschinen führten zu einem Anstieg der Reallöhne, zu einem wachsenden Überfluss an Waren zu niedrigeren Preisen und einer unvergleichlichen Verbesserung des allgemeinen Lebensstandards.

Die richtige Antwort an die Kritiker der Industriellen Revolution gibt Professor T.S. Ashton:

> „Heute gibt es in den Ebenen von Indien und China seuchengeplagte und hungrige Männer und Frauen, die kaum besser leben als das Vieh, das tags mit ihnen arbeitet und nachts ihre Schlafplätze teilt. Solche asiatischen Standards und solche unmechanisierten Schrecken sind das Los derer, die sich vermehren, ohne eine Industrielle Revolution zu durchlaufen."[38]

Ich möchte hinzufügen, dass die Industrielle Revolution und der folgende Wohlstand Errungenschaften des Kapitalismus waren und unter keinem anderen politisch-ökonomischen System erreicht werden können. Als Beweis biete ich Ihnen Sowjetrussland an, das Industrialisierung und Hungersnöte kombiniert.

---

[38] T.S. Ashton: *The Industrial Revolution 1760-1830*, London 1948, S. 161.

Frauen und die industrielle Revolution

Um den Kapitalismus zu verurteilen, muss man zuerst seine Geschichte falsch darstellen. Die Idee, dass industrieller Kapitalismus zu nichts als Elend und Entwürdigung für Frauen führte, ist ein Glaubensgrundsatz seiner Kritiker. Er ist genauso vorherrschend wie die Idee, dass Kinder von der Industriellen Revolution ausgebeutet und verheizt wurden - und genauso falsch.

Lassen Sie uns den Ursprung dieser Idee untersuchen. Um die Vorteile zu würdigen, die der Kapitalismus den Frauen brachte, muss man ihren Status im Kapitalismus mit dem in vorherigen Jahrhunderten vergleichen. Aber das taten die Kritiker des Kapitalismus im 19. Jahrhundert nicht; stattdessen verzerrten und verfälschten sie die Geschichte, verklärten die Vergangenheit und entwürdigten alles relativ Moderne.

Richard Oastler, einer der fanatischsten Feinde des Kapitalismus im 19. Jahrhundert, behauptete z.B., dass es im Mittelalter jedem materiell und geistig besser ging als im frühen 19. Jahrhundert. Als er das mittelalterliche England beschrieb, schwärmte Oastler über das verlorene goldene Zeitalter: „Oh, was für ein herrliches Schiff England einst war! Es war gut gebaut, gut bemannt, gut ausgerüstet und gut aufgetakelt! Alles war damals fröhlich, heiter und glücklich an Bord!"

Das wird über Jahrhunderte gesagt, in denen „der Großteil der Bevölkerung aus bitterarmen, leibeigenen Bauern bestand, die an ihren Status gefesselt waren, die ihre Lebensweise nicht ändern und nicht aus ihrem Geburtsort fortziehen durften"[39] - wo Menschen als Beistand gegen Seuchen, Hungersnöte und bestenfalls halbgefüllte Mägen nur das Versprechen von Glück jenseits des Grabes hatten - wo Menschen in Häusern lebten, die so vor Dreck und Ungeziefer starrten, dass ein Historiker über diese Häuser schrieb: „Vom gesundheitlichen Standpunkt her gibt es nur eine positive Sache über sie zu sagen - dass sie leicht abbrannten!"[40]

---

[39] Buer, S. 250.
[40] *Ebd.*, S. 88.

Oastler repräsentierte den Standpunkt der Mittelalterlichen. Die Sozialisten, die ihnen beipflichteten, waren genauso schlechte Historiker.

Friedrich Engels stellte z.B. bei der Beschreibung der Zustände im vorindustriellen 17. und 18. Jahrhundert fest: „Auf diese Weise vegetierten die Arbeiter in einer ganz behaglichen Existenz und führten ein rechtschaffenes und geruhiges Leben in aller Gottseligkeit und Ehrbarkeit, ihre materielle Stellung war bei weitem besser als die ihrer Nachfolger."

Das wird über eine Zeit geschrieben, die sich auszeichnet durch irrsinnig hohe Kindersterblichkeit, überfüllte Städte und Dörfer ohne sanitäre Anlagen und berüchtigt hohen Schnapskonsum. Die Ernährung der Arbeiterklasse bestand hauptsächlich aus Haferbrei, Milch, Käse und Bier, während Brot, Kartoffeln, Kaffee, Tee, Zucker und Fleisch immer noch teure Luxusgüter waren. Gebadet wurde selten und gewaschen fast nie, weil Seife so kostspielig war und Kleidung, die ein Jahrzehnt oder eine Generation halten musste, häufiges Waschen nicht überstanden hätte.

Die schnellste durch die Industrielle Revolution hervorgerufene Veränderung war die Verlagerung der Textilproduktion von der Heim- in die Fabrikproduktion. Unter dem vorherigen System, das „Heimindustrie" genannt wurde, wurde im Haus des Arbeiters mithilfe seiner Frau und Kinder gesponnen und gewebt. Als technologische Fortschritte die Verlagerung der Textilproduktion in die Fabriken herbeiführten, führte dies, so sagte ein Kritiker des Kapitalismus „zum Zusammenbruch des Heims als soziale Einheit".[41]

Mrs. Neff schreibt beifällig, dass „unter dem System der Heimindustrie Eltern und Kinder zusammen gearbeitet hatten, mit dem Vater als autokratischem Kopf, der das Familieneinkommen verwaltete und die Anschaffungen regelte." Ihr Ton verwandelt sich in Anklage, wenn sie schreibt: „Aber unter dem Fabriksystem hatten die Familienmitglieder alle ihren eigenen Verdienst, sie arbeiteten in getrennten

---

[41] Wanda Neff: *Victorian Working Women*, New York 1920, S. 51.

Abteilungen der Fabrik und kamen nur zum Essen und Schlafen nach Hause. Das Zuhause war nun kaum mehr als ein Unterschlupf."

Die Fabriken wurden von solchen Kritikern für jedes gesellschaftliche Problem dieser Zeit verantwortlich gemacht, inklusive Promiskuität, Untreue und Prostitution. In der Anklage der Fabrikarbeit schwingt die Idee mit, dass die Frau ins Haus gehöre und ihre einzig wahre Rolle darin bestehe, das Haus zu hüten und die Kinder aufzuziehen. Den Fabriken wurde gleichzeitig die Schuld dafür gegeben, dass Mädchen der Aufsicht ihrer Eltern entzogen wurden und sie frühe Heiraten förderten und später dafür, dass sie mütterliche Vernachlässigung und schlechte Haushaltsführung hervorbrächten, sowie für die fehlende weibliche Unterordnung und für das Verlangen nach Luxusgütern.

Es ist eine vernichtende Anklage des vorkapitalistischen Systems, wenn man sich ansieht, welche Art „Luxusgüter" die Industrielle Revolution in die Reichweite der arbeitenden Klasse brachte. Frauen suchten solchen Luxus wie Schuhe statt Holzpantinen, Hüte statt Kopftücher und „Delikatessen" (wie Kaffee, Tee und Zucker) statt „Hausmannskost."

Kritiker prangerten an, dass man nun mehr vorgefertigte Kleidung trug, und sie hielten die Verdrängung von Wolle und Leinen durch preiswerte Baumwolle für ein Zeichen wachsender Armut. Frauen wurden dafür angeklagt, nicht per Hand gefertigt zu haben, was sie dank der Revolution in der Textilproduktion billiger kaufen konnten. Kleidung musste nicht länger ein Jahrzehnt halten. Frauen mussten nicht länger grobe Unterröcke tragen, bis diese sich durch Dreck und Alter auflösten; preiswerte Baumwollkleidung und Unterwäsche waren eine hygienische Revolution.

Die beiden vorherrschenden Erklärungen, warum Frauen in Fabriken arbeiteten, lauteten im 19. Jahrhundert a.) dass „ihre Ehemänner es vorzogen, faul zu Hause zu bleiben und sich von ihren Frauen aushalten ließen" und b.) dass das Fabriksystem „erwachsene Männer verdrängte und den Frauen ‚die Pflicht und Last übertrug, Mann und Familie zu unterhalten'". Diese Anklagen wurden in *„Wives and Mothers in Victorian Industry"* untersucht, einer maßgeblichen Studie von Dr. Margaret Hewitt von der Universität in Exeter. Ihre Schlussfolgerung lautet: „Keine dieser Annahmen hat irgendeine statistische Grundlage."[42]

Tatsächlich arbeiteten Frauen aus weit prosaischeren Gründen in der Fabrik. Dr. Hewitt zählt sie auf: Viele Frauen arbeiteten, weil „die Löhne ihrer Männer nicht ausreichend waren, um den Lebensunterhalt zu bestreiten"; andere waren verwitwet oder verlassen; andere waren unfruchtbar oder hatten erwachsene Kinder; einige hatten arbeitslose Männer oder Männer in Saisonarbeit; und einige arbeiteten, um Geld für zusätzlichen heimischen Komfort zu haben, obwohl die Löhne der Ehemänner ausreichten, um das Nötigste abzudecken.[43]

Das Fabriksystem bot diesen Frauen *nicht* Elend und Entwürdigung, sondern einen Lebensunterhalt und wirtschaftliche Unabhängigkeit, um über das nackte Existenzminimum hinauszukommen. So schwer die Bedingungen des Fabriksystems im 19. Jahrhundert auch im Vergleich mit denen des 20. Jahrhunderts waren, zogen Frauen es vor, lieber in Fabriken zu arbeiten als in irgendeinem anderen für sie zugänglichen Bereich, wie z.B. als Dienstmädchen, in landwirtschaftlicher Knochenarbeit oder in Bergwerken als Schlepper und Zieher; weiterhin wurden Frauen nicht in eine frühe Heirat gezwungen, wenn sie eigenständig waren.

Sogar Professor Trevelyan, der ständig die Fabriken herabwürdigte und die „gute alte Zeit" pries, gab zu:

> „...die Frauen, die in Fabriken arbeiteten, erlangten Unabhängigkeit, obwohl sie einige der besten Dinge im Leben verloren [Trevelyan erklärt nicht, was er damit meint.]... Das Geld, das sie verdienten, gehörte ihnen. Die Fabrikarbeiterin erlangte eine ökonomische Position, die andere Frauen mit der Zeit beneideten."

Und Trevelyan schloss: „Als das Heim der arbeitenden Klasse nicht länger eine Miniaturfabrik war, wurde es oft komfortabler, ruhiger und sauberer."[44]

---

[42] a.a.O., London 1958, S. 190.
[43] *Ebd.*, S. 192 ff.
[44] George M. Trevelyan: *English Social History*, New York und London 1942, S. 487.

Kritiker des Fabriksystems versuchen immer noch zu argumentieren, dass die Heimspinner oder -weber immer noch den Stolz an ihrer Arbeit hatten, den sie verloren, als sie bloße Zahnräder in einem riesigen industriellen Komplex wurden. Dr. Dorothy George zerstört diese Thesen mit Leichtigkeit: „Es ist wenig wahrscheinlich, dass der Durchschnittsweber, der Stunde um Stunde das Schiffchen vor und zurück schoss, was eine monotone und anstrengende Schufterei war, die Reaktionen hatte, die einen modernen Enthusiasten für bäuerliche Kunst erfüllen würde."[45]

Schlussendlich wurde behauptet, dass Fabrikarbeit Frauen zu sehr auf materiellen Komfort fixiere, und zwar auf Kosten von geistigen Belangen.

Die Frauen, die im vorkapitalistischen Elend lebten, hielten vielleicht an den Worten des Neuen Testaments fest: „Habt nicht lieb die Welt, noch was in der Welt ist."[46] Aber der produktive Glanz des Kapitalismus verdrängte diese Einstellung. Heute sind die Vorkämpfer dieser Einstellung Professor Galbraith und die Enthaltsamkeits-Prediger hinter dem Eisernen Vorhang.

---

[45] M. Dorothy George: *England in Transition: Life and Work in the 18th Century*, London 1953, S. 139.

[46] Joh. 2,15.

9. Der Angriff auf die Integrität

von Alan Greenspan

Erstmals erschienen in: *The Objectivist Newsletter*, August 1963

Der Schutz des Verbrauchers vor „unehrlichen und skrupellosen Geschäftspraktiken“ ist ein wichtiger Bestandteil des Sozialstaats-Dirigismus. Es wird behauptet, wenn man sie ließe, würden Unternehmer versuchen, unsichere Produkte, gefährliche Medikamente, betrügerische Anlagen und minderwertige Gebäude zu verkaufen. Daher wird argumentiert, die Lebensmittelaufsicht, die Arzneimittelbehörde, die Finanzaufsicht und die zahlreichen anderen Aufsichtsbehörden seien unabdingbar, wenn der Verbraucher vor der „Gier“ der Unternehmer geschützt werden solle.

Aber genau die „Gier“ der Unternehmer - oder genauer gesagt: ihr Profitstreben - ist ein unübertroffener Verbraucherschutz.

Die Kollektivisten weigern sich, die Tatsache anzuerkennen, dass es im Eigeninteresse eines jeden Unternehmers ist, sich mit ehrlichen Geschäften und Qualitätsprodukten einen guten Ruf zu erwerben. Da der Marktwert eines Unternehmens an seinem Gewinnpotential gemessen wird, ist „guter Ruf“ oder „good will“ genauso ein Vermögenswert wie seine Fabrik und seine Maschinen. Für manch ein Pharmaunternehmen ist der Wert seines Rufes, der sich in der Verkäuflichkeit seines Markennamens widerspiegelt, sein wichtigster Vermögenswert. Der Verlust des guten Rufs durch den Verkauf eines schlechten oder gefährlichen Produkts würde den Marktwert eines Pharmaunternehmens drastisch reduzieren, obwohl seine materiellen Ressourcen intakt blieben. Der Marktwert eines Wertpapierhändlers ist noch enger an seinen Ruf gebunden. Wertpapiere in Höhe von Hunderten von Millionen Dollar werden täglich über das Telefon gehandelt. Der leiseste Zweifel an der Vertrauenswürdigkeit eines Brokers würde ihn über Nacht aus dem Geschäft werfen.

Guter Ruf ist somit in einer unregulierten Wirtschaft ein wichtiges Wettbewerbsinstrument. Baufirmen, die sich einen Ruf für Spitzenqualität erworben haben, nehmen weniger gewissenhaften Konkurrenten Marktanteile ab. Der renommierteste Wertpapiermakler bekommt den Hauptteil des Kommissionsgeschäfts. Pharma- und Nahrungsmittelfirmen wetteifern miteinander darum, ihren Markennamen zum Synonym für Spitzenqualität zu machen.

Ärzte müssen in der Beurteilung der Medikamente, die sie verschreiben, ebenso sorgsam sein. Auch sie betreiben ein Geschäft und stehen im Wettbewerb um Vertrauenswürdigkeit. Sogar der Lebensmittelhändler an der Ecke ist betroffen: Wenn er Geld machen will, kann er es sich nicht leisten, ungesunde Lebensmittel zu verkaufen. Tatsächlich ist jeder Produzent oder Verkäufer von Waren und Dienstleistungen auf die eine oder andere Weise in den Wettbewerb um guten Ruf eingebunden.

Es erfordert jahrelange konsequente Spitzenleistungen, um sich einen guten Ruf zu erwerben und ihn als finanziellen Wert zu etablieren. Danach erfordert es sogar noch größeren Aufwand, diesen zu behalten: Eine Firma kann es sich nicht für einen Moment leisten, Jahre der Investition durch Absenkung ihrer Qualitätsstandards oder durch ein minderwertiges Produkt zu riskieren; auch wäre „eine schnelle Mark" für sie kein Anreiz. Neulinge, die dieses Feld betreten, können nicht sofort in den Wettbewerb mit den etablierten, angesehenen Firmen treten und müssen in bescheidenerem Umfang Jahre damit zubringen, sich einen vergleichbaren Ruf zu erwerben. Daher operiert der Anreiz zu sorgfältigster Leistung auf allen Stufen des jeweiligen Produktionsfeldes. Er ist eine eingebaute Sicherheitsmaßnahme einer freien Marktwirtschaft und der einzige wirkliche Schutz der Verbraucher gegen Unehrlichkeit.

Staatliche Vorschriften sind kein alternativer Verbraucherschutz. Sie verleihen Waren keine Qualität und Informationen keine Genauigkeit. Ihr einziger „Beitrag" besteht darin, Anreize zum „Schutz" der Verbraucher durch Zwang und Angst zu ersetzen. Trotz der Euphemismen von regierungsamtlichen Presseerklärungen besteht die Grundlage jeder Vorschrift aus bewaffneter Gewalt. Unter den Bergen von Papier liegt eine Pistole. Wie sehen die Resultate aus?

Um das Greshamsche Gesetz etwas abzuwandeln: Schlechter „Schutz" vertreibt guten. Der Versuch, den Verbraucher durch Zwang zu schützen, untergräbt den Schutz, den er durch Anreiz bekommt. Zuerst untergräbt er den Wert des Rufs dadurch, dass er die angesehene Firma auf die gleiche Stufe stellt wie die unbekannte, den Neuling oder den Betrüger. Er erklärt im Grunde genommen, dass alle gleich verdächtig sind und dass der jahrelange Beweis des Gegenteils einen Menschen nicht von diesem Verdacht befreit. Zweitens gewährt er eine automatische (wenn auch unerreichbare) Sicherheitsgarantie für die Produkte jeder Firma, die seinen willkürlich festgelegten Mindeststandards gehorcht. Der Wert des guten Rufs basiert auf der Tatsache, dass Verbraucher bei der Wahl der von ihnen gekauften Waren und Dienstleistungen ihr Urteilsvermögen ausüben müssen. Die „Garantie" des Staates untergräbt diese Notwendigkeit; sie erklärt den Verbrauchern im Grunde genommen, dass Entscheidung oder Urteilsvermögen nicht erforderlich seien - und dass die Geschichte einer Firma und ihre Leistungen irrelevant seien.

Die Mindeststandards, die die Basis der Regulierung sind, werden auch schnell zu Maximalstandards. Wenn Mindeststandards im Bauwesen aufgestellt werden, bekommt ein Bauunternehmer kaum Wettbewerbsvorteile durch die Übererfüllung dieser Standards und dementsprechend tendiert er dazu, nur die Mindeststandards zu erfüllen. Wenn es Mindestspezifikationen für Vitamine gibt, liegt wenig Profit in der Produktion von überdurchschnittlicher Qualität. Schrittweise wird sogar der Versuch, die Mindeststandards zu erfüllen, unmöglich, da das Austrocknen der Anreize zur Qualitätsverbesserung letztendlich sogar das Minimum untergräbt.

Der Leitgedanke des staatlichen Regulierers besteht darin, eher etwas zu verhindern als zu erschaffen. Er bekommt es nicht gedankt, wenn die Wissenschaftler einer Pharmafirma ein neues Wundermittel entdecken; er bekommt es gedankt, wenn er Contergan verbietet. Dieser Nachdruck auf dem Negativen stellt den Rahmen auf, in dem selbst der gewissenhafteste Regulierer arbeiten muss. Das Resultat ist ein wachsender Berg an restriktiven Gesetzen in Bezug auf Entwicklung, Tests und Vertrieb von Medikamenten. Wie überall in der Forschung ist es unmöglich, der Entwicklung neuer Medikamente weitere Restriktionen hinzuzufügen, ohne gleichzeitig die sekundären Vorteile solcher Forschungen abzuschneiden: die Verbesserung existierender Medikamente. Qualitätsverbesserung und Innovation sind untrennbar.

Baumindeststandards sollen die Allgemeinheit schützen. Aber dadurch, dass sie gezwungen sind, an Baustandards festzuhalten, lange nachdem sie durch neue technologische Entdeckungen übertroffen worden sind, lenken Bauunternehmer ihre Anstrengungen darauf, die alten beizubehalten anstatt neue und sicherere Bautechniken zu übernehmen.

Regulierung (die auf Zwang und Angst beruht) untergräbt die moralische Basis des Geschäfts. Es wird billiger, einen Bauinspektor zu bestechen, als seine Standards zu erfüllen. Ein betrügerischer Wertpapierhändler kann schnell alle Bedingungen der S.E.C. erfüllen, damit den Anschein der Respektabilität gewinnen und dann seine Kunden über den Tisch ziehen. In einer unregulierten Ökonomie müsste er einige Jahre mit vertrauenswürdiger Geschäftstätigkeit zubringen, bevor er eine Vertrauensposition erlangen und Investoren dazu bringen könnte, ihm Kapital anzuvertrauen.

Verbraucherschutz durch Regulierung ist somit illusorisch. Anstatt den Verbraucher vor unehrlichen Unternehmern zu schützen, zerstört er schrittweise den einzig verlässlichen Schutz, den der Verbraucher hat: Wettbewerb um guten Ruf.

Während der Verbraucher somit gefährdet wird, ist das Hauptopfer der „schützenden" Regulierung der Produzent: der Unternehmer. Regulierung, die den Wettbewerb um Ruf zerstört, untergräbt den ideellen Firmenwert, den Unternehmer über Jahre aufgebaut haben. Es ist eine Enteignung von Wohlstand, der durch Integrität geschaffen wurde. Da der Wert einer Firma - ihr Vermögen - auf ihrer Fähigkeit beruht, Geld zu verdienen, gehören staatliche Handlungen, die die Fabrik einer Firma ergreifen oder ihren Ruf entwerten, in die gleiche Kategorie: Beides sind Enteignungen.

Weiterhin fällt „schützende" Gesetzgebung in die Kategorie von vorbeugenden Gesetzen. Unternehmer werden dem Zwang des Staates ausgesetzt, bevor sie überhaupt ein Verbrechen begehen. In einer freien Wirtschaft darf der Staat nur einschreiten, wenn ein Betrug vorliegt oder einem Verbraucher ein nachweisbarer Schaden entstanden ist; in solchen Fällen braucht man nur den Schutz des Strafgesetzbuches.

Staatliche Regulierungen eliminieren potentiell unehrliche Individuen nicht - ihre Aktivitäten werden nur schwerer aufzudecken oder sind leichter unter der Decke zu halten. Außerdem können Staatsbeamte ebenso unehrlich sein wie alle anderen Gruppen. Nur weil jemand Inspektor oder Bürokrat ist, garantiert dies nicht sein überlegenes Urteilsvermögen, sein besseres Wissen und seine Integrität - und die tödlichen Konsequenzen, ihn mit willkürlicher Macht auszustatten, sind offensichtlich.

Das Aushängeschild der Kollektivisten ist ihr tief verwurzeltes Misstrauen gegen Freiheit und die Abläufe eines freien Marktes; aber ihre Befürwortung des sogenannten „Verbraucherschutzes" offenbart das Wesen ihrer Grundprämissen besonders deutlich. Durch die Bevorzugung von Zwang und Angst anstelle von Anreiz und Belohnung als Mittel menschlicher Motivation gestehen sie ihr Menschenbild: Der Mensch ist ein hirnloser Dummkopf, der nicht über den nächsten Augenblick hinaus sehen kann, dessen eigentliches Interesse in Betrug und der „schnellen Mark" liegt. Sie gestehen ihre Unwissenheit über die Rolle der Intelligenz im Produktionsprozess, über den breiten intellektuellen Kontext und über die langfristige Planung, die erforderlich sind, um eine moderne Industrie aufrechtzuerhalten. Sie gestehen ihre Unfähigkeit, die Wichtigkeit der moralischen Werte zu verstehen, die die Zugkraft des Kapitalismus sind. Kapitalismus basiert auf Eigeninteresse und Selbstachtung; Integrität und Vertrauenswürdigkeit sind seine Kardinaltugenden, die sich auf dem Markt bezahlt machen, und er verlangt somit, dass Menschen durch Werte und nicht durch Laster überleben. Es ist dieses zutiefst moralische System, das die Sozialstaatsdirigisten verbessern wollen – durch vorbeugende Gesetze, schnüffelnde Bürokraten und den Ansporn der chronischen Angst.

10. Die Besitzverhältnisse der Radiofrequenzen

von Ayn Rand

Erstmals erschienen in: *The Objectivist Newsletter*, April 1964

Jedes materielle Element oder jede Ressource, die, um nützlich oder wertvoll für den Menschen zu werden, die Anwendung menschlichen Wissens und menschlicher Arbeit erfordert, sollte Privatbesitz sein – aufgrund des Rechts derer, die dieses Wissen und diese Arbeit aufbringen.

Dies gilt besonders für Sendefrequenzen, weil sie durch menschliche Handlung produziert werden und ohne sie nicht existieren. In der Natur existiert nur das Potential und der Raum, durch den diese Wellen sich bewegen müssen.

Genau wie zwei Züge nicht gleichzeitig auf demselben Abschnitt einer Schiene fahren können, so können zwei Sendungen nicht gleichzeitig dieselbe Frequenz im gleichen Gebiet benutzen, ohne einander zu stören. Es gibt keinen prinzipiellen Unterschied zwischen dem Besitz von Land und dem Besitz von Sendefrequenzen. Das einzige Problem liegt in der Anwendung der Eigentumsrechte auf dieses spezielle Gebiet. Bei dieser Aufgabe hat die amerikanische Regierung kläglich versagt, mit unberechenbar katastrophalen Konsequenzen.

Es gibt keinen wesentlichen Unterschied zwischen einer Sendung und einem Konzert: Erstere überträgt die Töne bloß über eine längere Strecke und benötigt komplexeres technisches Equipment. Niemand würde zu behaupten wagen, dass ein Pianist seine Finger und seinen Flügel besitzen dürfe, aber der Raum im Konzertsaal (durch den die von ihm produzierten Töne reisen) „Allgemeinbesitz" sei und er deswegen kein Recht habe, ohne staatliche Lizenz ein Konzert zu geben. Und doch bekommt unsere Sendeindustrie genau diese Absurdität aufgehalst.

Das Hauptargument für die Idee, dass Sendefrequenzen „Allgemeinbesitz" sein sollten, hat Richter Frankfurter kurz und bündig benannt: „[Radio]einrichtungen sind begrenzt; sie stehen nicht allen zur Verfügung, die sie benutzen wollen; das Radiospektrum ist einfach nicht groß genug, um jeden unterzubringen. Es gibt eine natürliche Beschränkung in der Anzahl an Stationen, die operieren können, ohne einander zu stören."

Der Trugschluss dieses Argumentes ist offensichtlich. Die Anzahl der Sendefrequenzen *ist* begrenzt; genau wie die Anzahl der Konzertsäle, die Menge an Öl, Weizen oder Diamanten, ebenso wie die gesamte Fläche der Erde. Kein materielles Element und kein Wert existiert in *unbegrenzter* Menge. Und wenn der „Wunsch", eine bestimmte „Einrichtung" zu benutzen, das Kriterium für das Recht auf Benutzung ist, dann ist das Universum nicht groß genug, um all jene zu beherbergen, die sich das Unverdiente wünschen.

Es ist die legitime Aufgabe des Staates, individuelle Rechte zu schützen und (als Teil davon) die Gesetze zu formulieren, durch die diese Rechte umgesetzt und gerichtlich anerkannt werden. Es ist die Verantwortung des Staates, die Anwendung individueller Rechte auf einen bestimmten Bereich zu definieren - zu *definieren,* (d.h. zu identifizieren), nicht zu schaffen, zu erfinden, zu schenken oder zu enteignen. Die Frage der Anwendung von Eigentumsrechten hat sich bereits oft als Nachwirkung wichtiger wissenschaftlicher Entdeckungen oder Erfindungen ergeben, wie z.B. in der Frage von Ölrechten, Luftraumrechten usw. In den meisten Fällen wurde die amerikanische Regierung vom richtigen Prinzip geleitet: Sie versuchte alle beteiligten individuellen Rechte zu schützen - *nicht* sie abzuschaffen.

Ein beachtenswertes Beispiel für die richtige Methode, Privateigentum in einem zuvor besitzerlosen Gebiet neu zu schaffen, ist der Homestead Act von 1862, mit dem die Regierung die westlichen Siedlungsgrenzen öffnete und „öffentliches Land" an private Eigentümer übertrug. Die Regierung bot jedem Erwachsenen eine 160 Morgen große Farm an, der darauf siedeln und sie für fünf Jahre kultivieren wollte, wonach sie sein Eigentum werden würde. Obwohl dieses Land zuerst per Gesetz als „Allgemeinbesitz" angesehen wurde, folgte die Verteilungsmethode *tatsächlich* dem richtigen Prinzip (*tatsächlich,* aber nicht in der ausdrücklichen ideologischen Intention). Die Bürger mussten den Staat nicht *bezahlen*, als ob er der Besitzer sei; Besitz begann mit *ihnen* und sie verdienten ihn mit der Methode, die der Ursprung des Begriffs „Besitz" ist: durch Arbeit an ungenutzten materiellen Ressourcen, durch Verwandlung von Wildnis in Zivilisation. Somit handelte der Staat in diesem Fall nicht als Besitzer, sondern als Verwalter besitzloser Ressourcen, der objektive, unparteiische Regeln definiert, nach denen potentielle Besitzer sie erwerben können.

So hätte das Prinzip und Muster zur Verteilung der Sendefrequenzen aussehen sollen.

Sobald es augenscheinlich wurde, dass das Radio ein neues Gebiet materieller Ressourcen aufgestoßen hatte, welches in Abwesenheit gesetzlicher Definitionen ein Dschungel aus kollidierenden individuellen Ansprüchen werden würde, hätte die Regierung das Äquivalent eines Homestead Acts der Radiofrequenzen erlassen sollen – ein Gesetz, das private Eigentumsrechte in diesem neuen Bereich dadurch definiert, dass der Benutzer einer Radiofrequenz sie besitzt, nachdem er einen Sender über eine bestimmte Anzahl von Jahren betrieben hat und alle Frequenzen nach der Prioritätsregel verteilt werden, d.h. „Wer zuerst kommt, mahlt zuerst".

Denken Sie daran, dass die Entwicklung des kommerziellen Radios viele Jahre des Kampfes und des Experimentierens erforderte und dass der Goldrausch der „Wünscher" nicht begann, bis die Pioniere – die die Risiken getragen hatten, in unbekanntes Terrain vorzustoßen – es in ein leuchtendes Versprechen von großem kommerziellen Wert verwandelt hatten. Nach welchem Recht, Kodex oder Maßstab hatte irgendjemand Anspruch auf diesen Wert, außer den Menschen, die ihn geschaffen hatten?

Wenn der Staat beim Prinzip privater Eigentumsrechte geblieben und das Eigentum der Pioniere gesetzlich geregelt worden wäre, dann hätte ein Nachzügler, der eine Radiostation hätte erwerben wollen, sie von einem der ursprünglichen Besitzer *kaufen* müssen (wie es bei jedem anderen Typ von Eigentum der Fall ist). Die Tatsache, dass die Anzahl der zur Verfügung stehenden Frequenzen begrenzt war, hätte nicht der Verschanzung der ursprünglichen Besitzer gedient, sondern der Bedrohung ihres Besitzes, wenn sie ihn nicht bestmöglich wirtschaftlich genutzt hätten (was freier Wettbewerb mit jeder anderen Art von Besitz auch tut). Mit einem begrenzten Angebot und steigender Nachfrage hätte der Wettbewerb den Marktwert einer Radiostation (und später Fernsehstation) so hoch getrieben, dass es sich nur die Kompetentesten hätten leisten können, sie zu kaufen oder zu behalten; wenn jemand unfähig wäre, Profit zu machen, könnte er es sich nicht lange leisten, einen so wertvollen Besitz zu verschwenden. Wer bestimmt auf einem freien Markt den wirtschaftlichen Erfolg oder Misserfolg eines Unternehmens? *Die Allgemeinheit* (die Bevölkerung als Summe individueller Produzenten, Hörer und Zuschauer, von denen jeder seine eigene Entscheidung trifft - *nicht* ein einziges, hilfloses, körperloses *Kollektiv* mit einigen Bürokraten, die sich als Sprecher seines Willens ausgeben).

Wenn Sie eine „begrenzte" Ressource entgegen dem „Argument der Seltenheit" für alle Menschen verfügbar machen wollen, machen Sie Privateigentum daraus und werfen Sie es auf einen freien, offenen Markt.

Das „Argument der Seltenheit" ist übrigens überholt, sogar in seiner buchstäblichen Bedeutung: Mit der Entdeckung der UKW-Frequenzen gibt es heute mehr Sendefrequenzen als voraussichtliche Bewerber, die sie betreiben wollen. Wie gewöhnlich wollen die „Wünscher" nicht erschaffen, sondern die Belohnungen und die Vorteile übernehmen, die andere geschaffen haben.

Die Geschichte der Kollektivierung von Radio und Fernsehen demonstriert in komprimierter Form, in einer Art Mikrokosmos, den Verlauf und die Ursachen der Zerstörung des Kapitalismus. Sie ist eine wortreiche Illustration für die Tatsache, dass der Kapitalismus an der philosophischen Unterlassung seiner angeblichen Verteidiger verendet.

Die Kollektivisten zitieren die frühen Jahre des Radios oft als Beispiel für das Versagen der freien Marktwirtschaft. In diesen Jahren, als Sender keine Eigentumsrechte an den Frequenzen und keinen gesetzlichen Schutz hatten, waren die Frequenzen ein chaotisches Niemandsland, wo jeder jede Frequenz nutzen und jeden anderen stören konnte. Einige professionelle Sender versuchten, ihre

Frequenzen durch private Übereinkünfte zu teilen, welche sie nicht gegen andere durchsetzen konnten. Auch konnten sie die Beeinträchtigung durch vereinzelte, böswillige Amateure nicht bekämpfen. Dieser Zustand wurde und wird benutzt, um die staatliche Kontrolle der Radiofrequenzen zu betreiben und zu rechtfertigen.

Dies ist ein Beispiel dafür, wie der Kapitalismus die Schuld für die Übeltaten seiner Gegner bekommt.

Das Chaos der Radiofrequenzen ist kein Beispiel für eine freie Marktwirtschaft, sondern für *Anarchie*. Es wurde nicht von privaten Eigentumsrechten, sondern von deren *Abwesenheit* verursacht. Es demonstrierte, warum Kapitalismus unvereinbar mit Anarchie ist, warum Menschen eine Regierung brauchen und was die legitime Funktion eines Staates ist. Benötigt wurde *Legalität*, nicht *Kontrollen*.

Was eingesetzt wurde, war schlimmer als Kontrollen: totale Verstaatlichung. Durch einen schrittweisen, unangefochtenen Prozess - durch ideologische Unterlassung - wurde es als gegeben hingenommen, dass die Radiofrequenzen „dem Volk" gehörten und „Allgemeinbesitz" seien.

Wenn Sie den intellektuellen Zustand unserer Zeit sehen wollen, bitte ich Sie, die politische Ideologie des Autors des folgenden Zitats zu erraten:

> „Radio kann nicht bloß als ein Geschäft angesehen werden, das für privaten Gewinn, für private Werbung oder die Unterhaltung der Neugierigen betrieben wird. Radio ist eine Angelegenheit der Allgemeinheit, die der Obhut der Allgemeinheit bedarf und zuallererst vom Standpunkt des Allgemeinwohls betrachtet werden muss - im gleichen Umfang und auf der Basis der gleichen allgemeinen Prinzipien wie unsere anderen öffentlichen Einrichtungen."

Nein, dies hat kein Unternehmer-hassender Kollektivist gesagt, der darauf brennt, den Vorrang des „Allgemeinwohls" vor „privatem Gewinn" zu etablieren; kein sozialistischer Planer und kein kommunistischer Verschwörer hat das gesagt, sondern der damalige Wirtschaftsminister Herbert Hoover (1924).

Es war Hoover, der für die staatliche Kontrolle des Radios kämpfte und als Wirtschaftsminister wiederholt den Versuch unternahm, die

Macht des Staates über die damaligen gesetzlichen Grenzen hinaus auszuweiten - Versuche, Radiofrequenzen an detaillierte Bedingungen zu knüpfen, wozu er keine gesetzliche Befugnis hatte und welche von den Gerichten wiederholt abgeschlagen wurden. Hoovers Einfluss war hauptsächlich für den Grabstein der Radioindustrie (und der damals noch ungeborenen Fernsehindustrie), bekannt als Gesetz von 1927, verantwortlich und etablierte die Federal Radio Commission mit all ihrer autokratischen, willkürlichen, undefinierten und undefinierbaren Macht. (Dieses Gesetz ist - mit kleineren Überarbeitungen und Anhängen, inklusive des Gesetzes von 1934, das die *Federal Radio Commission* in die *Federal Communications Commission* verwandelte - immer noch mit allen maßgeblichen Aspekten das grundlegende Dokument, das die Sendeindustrie bis heute beherrscht.)

„Was wir machen", sagte der Vorsitzende der Federal Communications Commission, Newton N. Minow 1962, „begann nicht mit der New Frontier." Er hatte recht.

Das Gesetz von 1927 beschränkte den Staat nicht auf die Rolle eines Verkehrspolizisten, der die Rechte der Sendenden vor Beeinträchtigung schützt. (Mehr war nicht nötig und mehr sollte kein Staat tun.) Es etablierte das „Allgemeinwohl" als Kriterium nach dem die FRC die Bewerber um Sendelizenzen beurteilen, zulassen oder ablehnen sollte. Da es so etwas wie „das Allgemeinwohl" (entgegen der Summe der individuellen Interessen individueller Bürger) nicht gibt, da diese kollektivistische Parole nie definiert wurde und nie definiert werden kann, bekamen jene Bürokraten, die zufällig in der Kommission mit der absoluten Macht über die Sendeindustrie saßen, einen Blankoscheck.

Das „Allgemeinwohl" - dieses intellektuelle Messer an der Opferguillotine der Kollektivisten, welche die Betreiber der Sender testen müssen, indem sie alle drei Jahre ihre Köpfe auf den Block legen - wurde nicht von den Feinden des Kapitalismus über die Köpfe der Betreiber gehoben, sondern von ihren eigenen Anführern.

Es waren die sogenannten „Konservativen" und einige der Pioniere der Sendeindustrie, die damals zum Staat rannten, um Regulierungen und Kontrollen zu bekommen - und die heute protestieren und jammern. Sie begrüßten die Idee vom „Allgemeinbesitz" und vom Dienst am „Allgemeinwohl" und pflanzten somit die Saat, dessen logischer, konsequenter Auswuchs Mr. Minow und Mr. Henry sind. Die Sendeindustrie wurde versklavt mit Billigung der Opfer - aber sie waren keine völlig unschuldigen Opfer.

Viele Unternehmer befürworten eine Mischökonomie und verachten die eigentliche Natur des Kapitalismus: Sie glauben, dass es sicherer ist, eine Position nicht durch Recht, sondern durch Gefälligkeit zu bekleiden; sie fürchten den Wettbewerb eines freien Marktes und haben das Gefühl, dass die Freundschaft eines Bürokraten einfacher zu gewinnen ist. Einfluss, nicht Verdienst, ist ihre „Sozialversicherung". Sie glauben, dass sie immer Erfolg haben werden beim Stiefellecken, beim Druck ausüben oder beim Bestechen eines Bürokraten, der ein „feiner Kerl" ist, mit dem sie „gut klarkommen" und der sie vor diesem gnadenlosen Fremden schützen wird: dem fähigeren Konkurrenten.

Beachten Sie die speziellen Privilegien, die es für einen staatlich anerkannten Diener des „Allgemeinwohls" und einen lizenzierten Benutzer des „Allgemeinbesitzes" gibt. Sie stellen einen Menschen nicht nur außerhalb der Reichweite des ökonomischen Wettbewerbs, sondern sie ersparen ihm auch die Verantwortung und *die Kosten*, die Privateigentum nach sich zieht. Sie gewähren ihm *gratis* die Benutzung einer Sendefrequenz, für die er auf einem freien Markt einen enormen Preis hätte bezahlen müssen und die er nicht lange behalten könnte, wenn er die Art von unverschämtem Müll sendete, die er heute sendet.

So sehen die Interessen aus, die die Doktrin des „Allgemeinwohls" möglich gemacht haben - und dies sind die Nutznießer der Doktrin von „Allgemeinbesitz" in jeder Form.

Nun beachten Sie den praktischen Beweis der Tatsache, dass ohne Eigentumsrechte keine anderen Rechte möglich sind. Wenn es bei uns jemals zu Zensur und zur Unterdrückung der Redefreiheit kommt, wird sie im Radio und Fernsehen ihren Ursprung haben.

Mit dem „Allgemeinwohl" als Urteilskriterium verlieh das Gesetz von 1927 einer Regierungskommission die absolute Macht über das berufliche Schicksal der Sender und verbot der Kommission gleichzeitig, Radioprogramme zu zensieren. Von Anfang an haben viele Stimmen aufgezeigt, dass dies ein Widerspruch sei, der unmöglich zu praktizieren ist - und tun es seit Jahren lauter und deutlicher. Wie soll ein Kommissionsmitglied beurteilen, welcher Sendelizenzbewerber am besten dem „Allgemeinwohl" dient, ohne den Inhalt, das Wesen und den Wert der Programme zu beurteilen, die die Bewerber anbieten oder anbieten werden?

Wenn der Kapitalismus ordentliche intellektuelle Verteidiger gehabt hätte, hätten sie am lautesten gegen einen solchen Widerspruch protestieren müssen. Aber das war nicht der Fall: Angegriffen haben ihn die Dirigisten, aber nicht zur Verteidigung der Redefreiheit, sondern zur Unterstützung des *„Rechts"* der Kommission, Sendungen zu zensieren. Und solange das Kriterium „Allgemeinwohl" unangefochten bestand, war die Logik auf Seiten der Dirigisten.

Das Resultat fiel so aus, wie es ausfallen musste (und es illustrierte wieder einmal die Macht von Grundprinzipien): Durch allmähliche, unauffällige und immer schnellere Schritte vergrößerte die Kommission ihre Kontrolle über den Inhalt von Radio- und Fernsehprogrammen - was zu den offenen Drohungen und Ultimaten von Mr. Minow führte, der bloß laut aussprach, was seit Jahren implizit bekannt war. Nein, die Kommission zensierte keine Sendungen: Sie nahm zur Zeit der Lizenzerneuerung nur Kenntnis vom Programminhalt. Etabliert wurde etwas Schlimmeres als offene Zensur (die vor Gericht nicht bestehen würde): die unbeweisbare, ungreifbare, heimtückische *Zensur-durch-Nichtgefallen* - das übliche und einzige Resultat aller nicht-objektiven Gesetze.[47]

Alle Medien beeinflussen einander. Es ist unmöglich, das Ausmaß zu berechnen, zu dem die langweilige, demütige, angstgeplagte, beschwichtigende Mittelmäßigkeit eines so mächtigen Mediums wie des Fernsehens zur Demoralisierung unserer Kultur beigetragen hat.

---

[47] Vgl. meine Artikel *Have Gun, Will Nudge* und *Vast Quicksands* im *Objectivist Newsletter,* März 1962 und Juli 1963. Für einen bildlichen Report des Zustandes der Fernsehindustrie, s. Edith Efrons Artikel *TV: The Timid Giant* und *Why the Timid Giant Treads Softly* in *TV Guide,* 18. Mai und 10. August 1963.

Auch kann die Freiheit eines Mediums nicht zerstört werden, ohne alle anderen in Mitleidenschaft zu ziehen. Wenn Radio und Fernsehen die Zensur erst einmal als *fait accompli* akzeptiert haben, wird es nicht lange dauern, bevor alle anderen Medien - Bücher, Zeitschriften, Zeitungen, Vorlesungen - ihnen folgen, unauffällig, inoffiziell und mit derselben Methode: einmal offen, im Namen des „Allgemeinwohls" - zum anderen heimlich aus Angst vor staatlichen Repressalien (und dieser Prozess beginnt schon.)

So viel zur Beziehung von „Menschenrechten" und Eigentumsrechten.

Da „Allgemeinbesitz" ein kollektivistisches Märchen ist, da die Allgemeinheit als Ganzes ihr „Eigentum" weder benutzen noch darüber verfügen kann, wird dieses „Eigentum" immer von einer politischen „Elite", von einer kleinen Clique, übernommen werden, die dann die „Allgemeinheit" beherrschen wird - eine Allgemeinheit aus wahrhaftig besitzlosen Proletariern.

Wenn Sie abschätzen wollen, wie weit eine kollektivistische Theorie von der Realität entfernt ist, fragen Sie sich: Nach welchem unbegreiflichen Maßstab kann man behaupten, dass die Sendefrequenzen das Eigentum eines Tagelöhners sind, der nicht lesen und schreiben kann und nie das Konzept der Elektronik begreift? Oder das Eigentum eines Hinterwäldlers, dessen Ingenieurfähigkeiten kaum ausreichen, um mit einer Schnapsbrennmaschine umzugehen? Und wie kann man behaupten, dass ein Radiosender - das Produkt einer unglaublichen Menge an wissenschaftlichem Schöpfergeist - vom Willen solcher Besitzer beherrscht wird?

Bedenken Sie, dass *dies* das angebliche Prinzip ist, das die Grundlage der gesamten gesetzlichen Struktur unserer Sendeindustrie bildet.

Es gibt für dieses Problem nur eine Lösung und sie muss an der Wurzel ansetzen; weniger genügt nicht. Die Sendefrequenzen müssen in Privatbesitz verwandelt werden. Die einzige Möglichkeit, dies jetzt zu tun, besteht darin, Radio- und Fernsehfrequenzen an den Meistbietenden zu verkaufen (durch einen objektiv definierten, offenen, unparteiischen Prozess) - und somit dem grauenhaften Märchen vom „Allgemeinbesitz" ein Ende zu bereiten.

Solch eine Reform kann nicht über Nacht durchgeführt werden; sie wird einen langen Kampf erfordern; aber dies ist das letztendliche Ziel, das die Vertreter des Kapitalismus im Auge behalten sollten. Dies ist die einzige Möglichkeit, den katastrophalen, atavistischen Fehler zu korrigieren, der von den vermeintlichen Verteidigern des Kapitalismus gemacht wurde.

Ich sage „atavistisch", weil es viele Jahrhunderte dauerte, bevor primitive Nomadenstämme den Begriff „Privatbesitz" entwickelt hatten - besonders *Grundbesitz*, der den Anfang der Zivilisation markiert. Es ist eine tragische Ironie, dass in der Anwesenheit eines neuen Bereiches, der von einer gigantischen Leistung der Wissenschaft eröffnet wurde, unsere politischen und intellektuellen Führer auf die Gesinnung primitiver Nomaden zurückgriffen und (da sie unfähig sind, sich Eigentumsrechte vorzustellen) diesen neuen Bereich zu einem Stammesjagdgebiet erklärten.

Die Kluft zwischen den wissenschaftlichen Leistungen des Menschen und seiner ideologischen Entwicklung wird jeden Tag größer. Es ist Zeit zu begreifen, dass es so nicht lange weitergehen kann, wenn der Mensch für jeden Schritt vorwärts in der wissenschaftlichen Entwicklung einen Schritt rückwärts in der intellektuellen geht.

11. Patente und Urheberrechte

von Ayn Rand

Erstmals erschienen in: *The Objectivist Newsletter*, Mai 1964

Patente und Urheberrechte sind die gesetzliche Umsetzung der Basis aller Eigentumsrechte: dem Recht des Menschen auf das Produkt seines eigenen Verstandes.

Jede produktive Arbeit enthält eine Kombination aus geistiger und körperlicher Anstrengung: aus Denken und der Handlung, dieses Denken in materielle Form zu übersetzen. Die Proportion dieser zwei Elemente variiert bei verschiedenen Arbeiten: Am unteren Ende der Skala ist der geistige Aufwand für die Verrichtung von ungelernter körperlicher Arbeit minimal. Am anderen Ende erkennen die Patent- und Urheberrechtsgesetze die überragende Rolle der geistigen Anstrengung in der Produktion materieller Werte an; diese Gesetze schützen den Beitrag des Geistes in seiner reinsten Form: die Hervorbringung einer *Idee*. Patent- und Urheberrechte beschäftigen sich mit *intellektuellem* Eigentum.

Eine Idee an sich kann nicht geschützt werden, bis ihr nicht materielle Form verliehen wurde. Eine Erfindung muss in einem Modell verkörpert sein, bevor sie patentiert werden kann; eine Geschichte muss geschrieben oder gedruckt sein. Aber das Patent oder das Urheberrecht schützt nicht das materielle Objekt, sondern die *Idee*, die es verkörpert. Durch das Verbot einer unerlaubten Reproduktion des Objekts erklärt das Gesetz quasi, dass die körperliche Arbeit des Kopierens nicht der Ursprung des Wertes dieses Objekts ist, dass dieser Wert vom Schöpfer der Idee geschaffen wurde und nicht ohne seine Zustimmung benutzt werden darf. Somit etabliert das Gesetz das Eigentumsrecht eines Geistes auf das, was er geschaffen hat.

Man muss in diesem Zusammenhang festhalten, dass nicht eine *Entdeckung*, sondern nur eine *Erfindung* patentiert werden kann. Eine wissenschaftliche oder philosophische Entdeckung, die ein Naturgesetz, ein Prinzip oder eine Tatsache der Realität identifiziert, die vorher unbekannt war, kann nicht das ausschließliche Recht des Entdeckers sein, weil er a.) sie nicht *erschaffen* hat und b.) wenn er seine Entdeckung publiziert und ihre Stichhaltigkeit behauptet, nicht verlangen kann, dass man das Richtige nur mit seiner Erlaubnis praktizieren darf. Er kann *das Buch* schützen lassen, in dem er seine Entdeckung präsentiert und er kann verlangen, dass *seine Urheberschaft* der Entdeckung anerkannt wird und dass niemand anderes das Ansehen dafür beanspruchen oder plagiieren darf - aber er kann nicht *theoretisches* Wissen schützen lassen. Patente und Urheberrechte gelten nur für die *praktische* Umsetzung von Wissen: für die Schaffung eines spezifischen Objekts, das vorher nicht in der Natur existiert hat - ein Objekt, welches im Falle von Patenten vielleicht nie ohne diesen bestimmten Erfinder existiert und im Falle von Urheberrechten *nie* existiert hätte.

Der Staat „gewährt" kein Patent oder Urheberrecht im Sinne eines Geschenks, eines Privilegs oder einer Gefälligkeit - der Staat *sichert* es bloß, d.h. der Staat beurkundet die Erschaffung einer Idee und schützt das ausschließliche Recht des Eigentümers auf Benutzung und Verfügung. Ein Mensch ist nicht gezwungen, ein Patent oder ein Urheberrecht zu beantragen; wenn er will, kann er seine Idee verschenken; aber wenn er sein Eigentumsrecht ausüben will, wird der Staat es schützen, wie alle anderen Rechte auch. Ein Patent oder Urheberrecht repräsentiert das formale Äquivalent der Registrierung eines Besitzanspruchs oder Titels. Der Patent- oder Urheberrechtsaufdruck auf einem materiellen Objekt repräsentiert die öffentliche Erklärung der Bedingungen, nach denen der Erfinder oder Autor willens ist, sein Produkt zu verkaufen: zur Benutzung des Käufers, aber *nicht* zu kommerzieller Reproduktion.

Das Recht auf intellektuelles Eigentum kann nicht auf ewig ausgeübt werden. Intellektuelles Eigentum repräsentiert keinen Anspruch auf materielle Objekte, sondern auf die Idee, die sie verkörpern, d.h. nicht bloß auf existierenden Wohlstand, sondern auf Wohlstand, der erst noch produziert werden muss - einen Anspruch auf Bezahlung für das Werk eines Erfinders oder eines Autors. Doch diese Ansprüche können nicht unendlich ausgedehnt werden.

Materielles Eigentum repräsentiert eine statische Menge an Wohlstand, der schon produziert worden ist. Er kann vererbt werden, aber er kann nicht ohne das Zutun der Erben auf ewig in ihrem Besitz bleiben: Die Erben können ihn aufbrauchen oder müssen seinen fortgesetzten Besitz durch ihre eigene produktive Arbeit *verdienen*. Je größer der Wert ihres Besitzes, umso größer ist der Aufwand, der von den Erben verlangt wird. In einer freien Wettbewerbsgesellschaft könnte niemand eine Fabrik oder ein Stück Land ohne Ausübung von angemessener Arbeit lange behalten.

Intellektuelles Eigentum kann aber nicht aufgebraucht werden. Wenn es auf ewig behalten werden würde, würde es zum Gegenteil des Prinzips führen, auf dem es basiert: Es würde nicht zu verdienten Belohnungen, sondern zu unverdientem Schmarotzertum führen. Es würde ein Pfand auf die Produktion ungeborener Generationen werden, was sie letztendlich lähmen würde. Überlegen Sie, was passieren würde, wenn man bei der Produktion eines Automobils Tantiemen an die Nachkommen aller betroffenen Erfinder zahlen müsste, beim Erfinder des Rades angefangen. Abgesehen von der Unmöglichkeit, solche Urkunden aufzubewahren, denken Sie an den zufälligen Status solcher Nachkommen und die Unwirklichkeit ihrer unverdienten Ansprüche.

Die Vererbung von materiellem Besitz repräsentiert einen dynamischen Anspruch auf eine statische Menge an Wohlstand; die Vererbung von intellektuellem Besitz repräsentiert einen statischen Anspruch auf einen dynamischen Produktionsprozess.

Intellektuelle Leistung kann *tatsächlich* nicht übertragen werden, genau wie Intelligenz, Kompetenz oder irgendeine andere persönliche Tugend nicht übertragen werden kann. Übertragen werden kann nur das materielle Resultat einer Leistung, in Form tatsächlich produzierten Wohlstands. Durch die Natur des Rechts, auf dem intellektuelles Eigentum basiert - dem Recht eines Menschen auf das Produkt seines Verstandes -, endet dieses Recht mit ihm. Er kann nicht über das verfügen, was er nicht wissen oder beurteilen kann: die noch unproduzierten, indirekten, potentiellen Resultate seiner Leistung vier Generationen oder vier Jahrhunderte später.

In dieser Frage ist unsere ziemlich kollektivistische Terminologie missverständlich: Beim Auslaufen eines Patents oder Urheberrechts wird das fragliche Eigentum nicht „Allgemeinbesitz" (obwohl es als „Public Domain" bezeichnet wird); es hört auf, qua *Besitz* zu existieren. Und wenn die Erfindung oder das Buch weiter hergestellt wird, geht der Erlös dieses früheren Besitzes nicht an die „Allgemeinheit" - er geht an die einzig rechtmäßigen Erben: an die Produzenten - an die, die die Arbeit investieren, diese Idee in neuer materieller Form zu verkörpern und sie somit am Leben zu erhalten.

Da intellektuelle Eigentumsrechte nicht auf ewig ausgeübt werden können, ist die Frage ihrer zeitlichen Begrenzung enorm komplex. Wenn sie auf die Lebenszeit des Erfinders beschränkt wären, würde es ihren Wert zerstören, da langfristige Verträge unmöglich gemacht würden: Wenn ein Erfinder einen Monat nach der Markteinführung seiner Erfindung stürbe, könnte es den Hersteller ruinieren, der ein Vermögen in diese Erfindung investiert hat. Unter solchen Bedingungen könnten Investoren keine langfristigen Risiken eingehen; je revolutionärer oder wichtiger eine Erfindung wäre, umso geringer wäre ihre Chance auf finanzielle Unterstützung. Deswegen muss das Gesetz eine Zeitspanne definieren, die die Rechte und Interessen aller Beteiligten schützt.

Im Falle der Urheberrechte ist das britische Copyright-Gesetz von 1911 die rationalste Lösung, welches das Urheberrecht für Bücher, Gemälde, Filme usw. 50 Jahre über den Tod des Autors hinaus festlegt.

Im Falle von Patenten ist die Frage komplexer. Eine patentierte Erfindung tendiert oft dazu, weitere Forschung und Entwicklung in einem bestimmten Wissenschaftsgebiet zu behindern oder zu beschränken. Viele Patente decken überlappende Bereiche ab. Die Schwierigkeit liegt in der Definition der spezifischen Rechte des Erfinders, ohne mehr einzuschließen, als er in Form indirekter Konsequenzen oder noch unentdeckter Implikationen rechtmäßig beanspruchen kann. Ein Patent auf Lebenszeit könnte eine nicht zu rechtfertigende Barriere für die Entwicklung von Wissen über die potentielle Kraft oder die eigentliche Leistung des Erfinders hinaus werden. Das juristische Problem besteht darin, ein Zeitlimit zu setzen, welches dem Erfinder den größtmöglichen Nutzen seiner Erfindung sichert, ohne die Rechte anderer auf unabhängige Forschung zu verletzen. Wie in vielen anderen gesetzlichen Fragen muss dieses Zeitlimit nach dem Prinzip bestimmt werden, dass alle beteiligten individuellen Rechte definiert und geschützt werden.

Als Einwand gegen Patentgesetze zitieren manche die Tatsache, dass zwei Erfinder unabhängig voneinander über Jahre an der gleichen Erfindung arbeiten können, aber einer dem anderen beim Patentamt eine Stunde oder einen Tag zuvorkommt und ein exklusives Monopol erwirbt, während die Arbeit des Verlierers dann völlig umsonst war. Ein solcher Einwand basiert auf dem Fehler, das Potentielle mit dem Tatsächlichen gleichzusetzen. Die Tatsache, dass jemand Erster hätte sein *können*, ändert nichts an der Tatsache, dass er es nicht *war*. Da die Frage kommerzielle Rechte betrifft, muss der Verlierer in einem solchen Fall die Tatsache akzeptieren, dass er, wenn er mit anderen Handel treiben will, die Möglichkeit in Betracht ziehen muss, dass ein Konkurrent das Rennen macht, was für alle Arten von Wettbewerb gilt.

Heute sind Patente direkt und indirekt ein Hauptziel für die Attacken der Kollektivisten, durch solche Fragen wie die beabsichtigte Abschaffung von Markennamen, Warenzeichen usw. Während die sogenannten „Konservativen" diese Attacken gleichgültig oder zeitweise wohlwollend betrachten, scheinen die Kollektivisten zu erkennen, dass Patente das Herz und der Kern der Eigentumsrechte sind und dass, wenn sie erst einmal zerstört sind, die Zerstörung aller anderen Rechte automatisch als kurze Fußnote folgen wird.

Der gegenwärtige Zustand unseres Patentsystems ist ein Alptraum. Die Rechte der Erfinder werden durch so viele nicht-objektive Gesetze eingeschränkt, erodiert, angesägt, angeknabbert und auf jede erdenkliche Weise verletzt, dass die Industrie anfängt, sich auf Geheimhaltung zu verlassen, um wertvolle Erfindungen zu schützen, die zu patentieren sie sich fürchtet. (Beachten Sie die Behandlung von Patenten unter den Antitrust-Gesetzen als nur ein Beispiel unter vielen.)

Wer das Schauspiel des fortschreitenden Zusammenbruchs von Patenten sieht - das Schauspiel von Mittelmäßigkeiten, die die Leistungen von Genies absahnen wollen - und seine Implikationen versteht, wird verstehen, warum im letzten Abschnitt von Kapitel VII, Teil II von *„Der Streik"* einer der schuldigsten Menschen der Passagier ist, der sagt: „Warum sollte Rearden der Einzige sein, der Rearden-Metall herstellen darf?"

Theorie und Praxis

12. Die Menschenhasser

von Ayn Rand

Diese beiden Artikel erschienen ursprünglich 1962 als *Ayn Rand Column* in der *Los Angeles Times*.

Wenige Fehler sind so naiv und selbstmörderisch wie die Versuche der „Konservativen“, den Kapitalismus aus altruistisch-kollektivistischen Gründen zu rechtfertigen.

Viele Menschen glauben, dass Altruismus Freundlichkeit, Gutmütigkeit oder Respekt für die Rechte anderer bedeutet. Aber er bedeutet das genaue Gegenteil: Er predigt Selbstopferung und die Opferung anderer für ein unspezifiziertes „Allgemeinwohl“; er sieht Menschen als Opfertiere an.

Da sie glauben, dass es Kollektivisten wirklich um das Wohlergehen der Menschheit geht, versichern die vermeintlichen Verteidiger des Kapitalismus ihren Feinden, dass der Kapitalismus der praktische Weg zum Ziel der Sozialisten, das beste Mittel zum selben Ziel und der beste „Diener“ des Allgemeinwohls sei.

Und dann wundern sie sich, warum sie scheitern - und warum der blutige Schleim der Verstaatlichung weiter und weiter über den Erdball kriecht.

Sie scheitern, weil niemands Wohlergehen durch die Opferung eines anderen erreicht werden kann - und weil das Wohlergehen der Menschheit nicht das Ziel der Sozialisten ist. Nicht für seine vermeintlichen Fehler hassen die Altruisten und Kollektivisten den Kapitalismus, sondern für seine Tugenden.

Wenn Sie es bezweifeln, sehen Sie sich einige Beispiele an.

Viele kollektivistische Historiker kritisieren die Verfassung der Vereinigten Staaten mit der Begründung, dass sie von reichen Landbesitzern geschrieben wurde, die angeblich nicht von politischen

Idealen, sondern von ihren eigenen „egoistischen" ökonomischen Interessen motiviert waren.

Natürlich stimmt das nicht. Aber es stimmt, dass der Kapitalismus nicht die Opferung der Interessen anderer Menschen erfordert. Und bedeutsam ist hier die Moral hinter den Argumenten der Kollektivisten.

Vor der amerikanischen Revolution, quer durch die Jahrhunderte des Feudalismus und der Monarchie, lagen die Interessen der Reichen in der Enteignung, in der Versklavung und im Elend des Volkes. Deswegen sollte eine Gesellschaft, in der die Interessen der Reichen allgemeine Freiheit, unbeschränkte Produktivität und Schutz individueller Rechte heißen, von jedem, dessen Ziel das Wohlergehen des Menschen ist, als ideales System gepriesen werden.

Aber das ist *nicht* das Ziel der Kollektivisten.

Eine ähnliche Kritik führen die kollektivistischen Ideologen über den amerikanischen Bürgerkrieg an. Der Norden, so behaupten sie verächtlich, wurde nicht von selbstopfernder Sorge um die Notlage der Schwarzen motiviert, sondern von den „egoistischen" ökonomischen Interessen des Kapitalismus, der einen freien Arbeitsmarkt brauchte.

Der letzte Satz stimmt. Kapitalismus kann nicht mit Sklavenarbeit funktionieren. Es war der agrarische, feudale Süden, der die Sklaverei aufrechterhielt. Es war der industrielle, kapitalistische Norden, der sie auslöschte - genau wie der Kapitalismus die Sklaverei und die Leibeigenschaft in der gesamten zivilisierten Welt des 19. Jahrhunderts auslöschte.

Welche größere Tugend kann man einem Gesellschaftssystem zuschreiben, als die Tatsache, dass es niemandem die Möglichkeit eröffnet, seine Interessen durch die Versklavung anderer Menschen zu erreichen? Welches edlere System könnte sich jemand wünschen, dessen Ziel das Wohlergehen des Menschen ist?

Aber das ist *nicht* das Ziel der Kollektivisten.

Der Kapitalismus hat den höchsten Lebensstandard geschaffen, den es je auf Erden gab. Der Beweis ist unanfechtbar. Der Kontrast zwischen West- und Ost-Berlin ist die neueste Demonstration, wie ein Laborexperiment vor aller Augen. Und doch sind es dieselben Leute, die lauthals ihren Wunsch nach der Abschaffung der Armut proklamieren und am lautesten den Kapitalismus anprangern. Das Wohlergehen der Menschheit ist nicht ihr Ziel.

Die „unterentwickelten" Nationen sind angeblich ein Problem für die Welt. Die meisten von ihnen sind mittellos. Einige (wie z.B. Brasilien) berauben (oder verstaatlichen) das Eigentum ausländischer Investoren; andere (wie der Kongo) schlachten Ausländer ab, inklusive Frauen und Kinder und schreien dann alle nach ausländischer Hilfe, Technikern und Geld. Nur die Unanständigkeit altruistischer Lehren erlaubt ihnen die Hoffnung, damit durchzukommen.

Wenn diesen Nationen beigebracht würde, Kapitalismus einzuführen, mit vollem Schutz von Eigentumsrechten, würden ihre Probleme verschwinden. Wer es sich leisten könnte, würde mit der Erwartung auf Profite privates Kapital in die Entwicklung natürlicher Ressourcen investieren. Sie würden die Techniker, die Mittel, den zivilisierenden Einfluss und die Arbeitsplätze mitbringen, die diese Nationen brauchen. Jeder würde profitieren, auf niemands Kosten und ohne Opfer.

Aber das wäre ja „egoistisch" und deswegen böse – jedenfalls dem altruistischen Kodex nach. Stattdessen ziehen sie es vor, die Einkommen der Menschen durch Steuern an sich zu reißen und sie in jeden ausländischen Ausguss zu schütten und zuzusehen, wie sich unser Wirtschaftswachstum Jahr um Jahr verlangsamt.

Das nächste Mal, wenn Sie sich selbst einen Wunsch oder einen kleinen Luxus nicht leisten können, der den Unterschied zwischen Vergnügen und Eintönigkeit ausgemacht hätte, fragen Sie sich, welcher Teil Ihres Geldes für eine Straße in Kambodscha oder für die Unterstützung der „selbstlosen" kleinen Altruisten aus dem „Peace Corps" draufgegangen ist, die sich im Dschungel auf Kosten der Steuerzahler wie eine große Nummer aufführen.

Wenn Sie das beenden wollen, müssen Sie zuerst erkennen, dass Altruismus keine Doktrin der Liebe, sondern des Hasses auf den Menschen ist.

Kollektivismus predigt nicht Opfer als vorübergehendes Mittel für ein wünschenswertes Ziel. Opfer ist das Ziel – Opfer als Lebensweise. Was die Kollektivisten zerstören wollen, sind Unabhängigkeit, Erfolg, Wohlstand und Glück.

Beachten Sie den hysterischen Hass, mit dem sie jeden Vorschlag aufnehmen, dass Opfer nicht nötig sind, dass eine nicht-opfernde Gesellschaft möglich ist und dass dies die einzige Gesellschaft ist, die das Wohlergehen der Menschen erreichen kann.

Wenn der Kapitalismus nicht existiert hätte, hätte ihn jeder ehrliche Menschenfreund erfinden müssen. Aber wenn Sie sehen, wie darum gekämpft wird, seine Existenz zu verdrängen, sein Wesen falsch darzustellen und seine letzten Überbleibsel zu zerstören - dann können Sie sich sicher sein, dass Menschenliebe nicht das Motiv ist.

Blindes Chaos

Aus den gegenwärtigen Vorgängen in Algerien kann man eine wichtige politische Lektion lernen.

Präsident Kennedy hat einen ideologischen Krieg gegen alle Ideologien angezettelt. Er hat wiederholt gesagt, dass Politikphilosophie nutzlos sei und dass „Raffinesse" darin bestehe, nach der Zweckdienlichkeit des Augenblicks zu handeln.

Am 31. Juli erklärte er vor einer Gruppe brasilianischer Studenten, dass es keine Regeln oder Prinzipien gebe, die „die Mittel zur Erlangung des Fortschritts" lenken und dass jedes politische System (inklusive Sozialismus) so gut sei wie jedes andere, solange es „eine freie Entscheidung" des Volkes repräsentiere.

Am 31. August, genau einen Monat später, gab ihm die Geschichte wie in einem gut konstruierten Theaterstück eine deutliche Antwort. Das Volk von Algier marschierte in verzweifeltem Protest gegen den erneut drohenden Bürgerkrieg durch Straßen der Stadt und rief: „Wir wollen Frieden! Wir wollen eine Regierung!"

Was sollen sie tun, um eine zu bekommen?

Während der Jahre des Bürgerkrieges waren sie vereint - nicht durch eine politische Philosophie, sondern nur durch eine Rassefrage. Sie kämpften nicht *für* ein Programm, sondern nur *gegen* die französische Herrschaft. Als sie ihre Unabhängigkeit erlangten, fielen sie auseinander - in rivalisierende Stämme und bewaffnete „Willayas", die gegeneinander kämpften.

Die *New York Times* vom 2. September 1962 beschrieb es als „ein bitteres Rennen um die Macht zwischen Menschen, die eigentlich das Land hätten führen sollen". Führen - aber wohin? In der Abwesenheit politischer Prinzipien ist die Frage von Regierung nur eine Frage von Machtergreifung und Herrschaft durch nackte Gewalt.

Das algerische Volk und seine verschiedenen Stammesfürsten, die die Mehrheit derer darstellen, die den Krieg gegen Frankreich führten, wurde übernommen von einer gut organisierten Minderheit, die erst nach dem Sieg auf der Szenerie erschien. Diese Minderheit wird angeführt von Ben Bella und ausgerüstet von Sowjetrussland.

Eine Mehrheit ohne Ideologie ist ein hilfloser Mob, der von jedem übernommen werden kann.

Und was bedeutet nun Mr. Kennedys Rat an die Brasilianer und die Welt? Er drückte nicht die Philosophie der Vereinigten Staaten aus, sondern das Prinzip unbeschränkter Mehrheitsherrschaft - die Idee, dass die Mehrheit alles tun darf, was sie will, dass alles, was die Mehrheit tut, richtig und praktisch ist, weil ihr Wille allmächtig ist.

Dies bedeutet, dass die Mehrheit die Rechte der Minderheit abwählen und über das Leben eines Individuums, seine Freiheit und sein Eigentum verfügen kann, bis er seine eigene Mehrheitsgang zusammensammelt. Dies würde, irgendwie, politische Freiheit garantieren.

Aber Wünschen alleine reicht nicht - weder für ein Individuum, noch für eine Nation. Für politische Freiheit braucht man viel mehr als den Wunsch des Volkes. Man braucht ein enorm komplexes Wissen über politische Theorie und darüber, wie sie in der Praxis umzusetzen ist.

Jahrhunderte an intellektueller und philosophischer Entwicklung waren nötig, um politische Freiheit zu erlangen. Es war ein langer Kampf, von Aristoteles über John Locke bis zu den Gründervätern. Das System, das sie etablierten, basierte nicht auf unbegrenzter Mehrheitsherrschaft, sondern auf dem Gegenteil: auf individuellen Rechten, die nicht durch Mehrheitsentscheidung oder Minderheitsverschwörungen abgeschafft werden können. Das Individuum war nicht der Gnade seiner Nachbarn oder seiner Herrscher ausgeliefert: Das Verfassungssystem von Checks and Balances wurde wissenschaftlich ausgearbeitet, um es vor beiden zu schützen.

Dies war die große Errungenschaft Amerikas - und wenn das tatsächliche Wohlergehen anderer Nationen das Motiv unserer Führer wäre, dann hätten wir genau dies der Welt beibringen sollen.

Stattdessen täuschen wir die Unwissenden und die Halbwilden, indem wir ihnen sagen, dass politisches Wissen unnötig sei, dass unser System nur ein subjektives Vorurteil sei, dass jede prähistorische Form von Stammestyrannei, Bandenherrschaft und Abschlachtung genauso gut sei und von uns gebilligt und unterstützt werde.

Somit ermutigen wir die algerischen Arbeiter, durch die Straßen zu marschieren und zu rufen: „Arbeit, nicht Blut!“ - ohne dass sie wissen, welch großes Wissen und welche Tugenden erforderlich sind, dies zu erlangen.

Auf gleiche Weise verlangten die russischen Bauern 1917 „Land und Freiheit“. Sie bekamen Lenin und Stalin.

1933 verlangten die Deutschen „Lebensraum“. Sie bekamen Hitler.

1793 schrien die Franzosen: „Freiheit, Gleichheit, Brüderlichkeit!“. Sie bekamen Napoleon.

1776 proklamierten die Amerikaner „Die Menschenrechte“ - und geführt von Politikphilosophen erreichten sie sie.

Keine noch so gerechtfertigte Revolution und keine noch so populäre Bewegung hat je ohne eine politische Philosophie, die ihre Richtung und ihr Ziel bestimmte, Erfolg gehabt.

Die Vereinigten Staaten - das herausragendste Beispiel der Geschichte für ein von politischen Theoretikern geschaffenes Land - haben ihre eigene Philosophie aufgegeben und fallen auseinander.

Als Nation zersplittern wir in kriegführende Stämme, die nur aus einer nachlassenden zivilisierten Tradition „ökonomische Interessengruppen“ genannt werden. Die einzige Opposition gegen unseren anwachsenden Dirigismus besteht aus den nutzlosen „Willayas“ der sogenannten „Konservativen“, die nicht *für* politische Prinzipien, sondern nur *gegen* die „Liberalen“ kämpfen.

Verbittert vom Abrutschen Algeriens ins Chaos bemerkte ein algerischer Politiker: „Wir haben über die Kongolesen gelacht; jetzt sind wir auch dran."

Und wir auch.

13. Lasst uns in Ruhe!

von Ayn Rand

Überarbeitete Fassung einer Kolumne in der *Los Angeles Times*, August 1962.

Da Wirtschaftswachstum das große Problem unserer Tage ist und unsere gegenwärtige Regierung verspricht, es zu „stimulieren" - allgemeinen Wohlstand zu erreichen durch immer weitere staatliche Kontrollen, während man einen unproduzierten Wohlstand ausgibt -, frage ich mich, wie viele Leute den Ursprung des Begriffes „Laissez-Faire" kennen.

Frankreich war im 17. Jahrhundert eine absolute Monarchie. Sein System wurde beschrieben als „durch Chaos beschränkter Absolutismus". Der König hatte die absolute Macht über jedermanns Leben, Arbeit und Eigentum - und nur durch Korruption hatte man einen inoffiziellen Spielraum.

Ludwig XIV. war der typische Despot: eine prätentiöse Mittelmäßigkeit mit grandiosem Ehrgeiz. Seine Herrschaft wird als eine der herausragendsten Perioden der französischen Geschichte angesehen: Er stattete das Land mit einem „nationalen Ziel" aus, in Form langer und erfolgreicher Kriege; er machte Frankreich zur führenden Macht und zum kulturellen Zentrum Europas. Aber „nationale Ziele" kosten Geld. Die Fiskalpolitik seiner Regierung führte zu einem chronischen Krisenzustand, der gelöst wurde durch das uralte Mittel, das Land durch immer höhere Steuern auszubluten.

Colbert, der Chefberater von Ludwig XIV., war einer der frühen modernen Dirigisten. Er glaubte, dass staatliche Regulierungen nationalen Wohlstand schaffen könnten und dass man nur durch das „Wirtschaftswachstum" des Landes ein höheres Steueraufkommen bekommen könne; also widmete er sich dem „allgemeinen Anstieg des Wohlstands durch die Förderung der Industrie". Diese Förderung bestand aus der Einführung zahlloser staatlicher Kontrollen und genauer Vorschriften, die die Geschäftsaktivität abwürgten. Das Resultat war ein totaler Fehlschlag.

Colbert war kein Feind der Industrie; jedenfalls nicht mehr als unsere gegenwärtige Regierung. Colbert war erpicht darauf, das Opfertier zu mästen, und bei einer historischen Gelegenheit fragte er eine Gruppe von Produzenten, was er denn für die Industrie tun könne. Ein Produzent namens Legendre antwortete: „Laissez-nous faire!" („Lassen Sie uns in Ruhe!")

Anscheinend hatten die Unternehmer des 17. Jahrhunderts mehr Courage und ein besseres Verständnis für Wirtschaft als ihre amerikanischen Kollegen des 20. Jahrhunderts. Sie wussten, dass staatliche „Hilfe" für die Industrie ebenso katastrophal wie staatliche Verfolgung ist und dass der Staat dem nationalen Wohlstand nur helfen kann, wenn er seine Finger davon lässt.

Zu sagen, dass das, was im 17. Jahrhundert stimmte, heute nicht mehr stimmt, weil wir in Düsenflugzeugen reisen, während man damals in Pferdekutschen reiste, ist so, als ob man sagte, dass wir heute keine Nahrung mehr brauchen wie die Menschen damals, weil wir Trenchcoats und Jeans statt gepuderter Perücken und Reifröcke tragen. Diese Art von gegenständlich denkender Oberflächlichkeit – diese Unfähigkeit, Prinzipien zu verstehen und das Wesentliche vom Unwesentlichen zu unterscheiden – macht die Menschen für die Tatsache blind, dass die Wirtschaftskrise unserer Tage die älteste und abgestandenste der Geschichte ist.

Betrachten Sie das Wesentliche. Wenn staatliche Kontrolle in einem vorindustriellen Zeitalter nur Lähmung, Hunger und den totalen Zusammenbruch erreichen konnte – was passiert, wenn man einer hoch industrialisierten Wirtschaft Kontrollen aufdrückt? Was ist für Bürokraten leichter zu regulieren: Handwebstühle und Handschmelzöfen – oder Stahlwerke, Flugzeugwerke und Elektrokonzerne? Wer arbeitet wahrscheinlich eher unter Zwang: eine Horde Menschen, die ungelernte Handarbeit verrichtet, oder die unberechenbare Anzahl individueller Menschen mit kreativem Schöpfergeist, die für die Errichtung und Aufrechterhaltung einer industriellen Zivilisation erforderlich sind? Und wenn staatliche Kontrollen schon an der ersten Aufgabe scheitern, welches Ausmaß an Verdrängung lässt die modernen Dirigisten hoffen, dass sie mit letzterer Erfolg haben könnten?

Die erkenntnistheoretische Methode der Dirigisten besteht aus endlosen Debatten über einzelne, konkrete, zusammenhanglose Fragen, die nie in eine Summe integriert werden dürfen und die sich nie auf Grundprinzipien oder letztendliche Konsequenzen beziehen - und somit in ihren Anhängern einen Zustand intellektueller Desintegration hervorrufen. Der Zweck dieses verbalen Nebels besteht in der Verdrängung zweier fundamentaler Fragen: a.) dass Produktion und Wohlstand das Produkt menschlicher Intelligenz sind und b.) dass die Macht des Staates aus Zwang durch körperliche Gewalt besteht.

Wenn man diese beiden Tatsachen erst erkannt hat, ist die daraus zu ziehende Schlussfolgerung unausweichlich: dass Intelligenz nicht unter Zwang funktioniert und dass der menschliche Geist nicht mit vorgehaltener Waffe funktioniert.

Das ist die maßgebliche Frage; alle anderen Aspekte sind im Vergleich dazu triviale Details.

Die Details einer Volkswirtschaft sind so verschieden wie die vielen vergangenen Kulturen und Gesellschaften. Aber die gesamte Geschichte ist die praktische Demonstration desselben Grundprinzips, ungeachtet der Varianten in der Form: Der Grad des Wohlstands, der Errungenschaften und des Fortschritts ist die direkte Folge des Grades an politischer Freiheit. Als Zeugen: das antike Griechenland, die Renaissance, das 19. Jahrhundert.

In unserer Zeit ist der Unterschied zwischen West- und Ost-Deutschland eine so deutliche Demonstration für die Effizienz einer (vergleichsweise) freien Volkswirtschaft gegen eine kontrollierte, dass jede weitere Diskussion unnötig ist. Und kein Theoretiker kann ernst genommen werden, wenn er die Existenz eines solchen Kontrastes ausblendet, seine Implikationen nicht beantwortet, seine Ursachen nicht identifiziert und seine Lektionen daraus nicht lernt.

Sehen Sie das Schicksal Englands an, „das friedliche Experiment des Sozialismus", das Beispiel eines Landes, das durch Wahlen Selbstmord beging: Es gab keine Gewalt, kein Blutvergießen und keinen Terror, bloß den Prozess der „demokratisch" eingesetzten erdrosselnden staatlichen Kontrollen - aber auch die Klagen über Englands „brain drain", über die Tatsache, dass die Besten und

Fähigsten, besonders die Wissenschaftler und Ingenieure, aus England flüchten und dahin rennen, wo es in der heutigen Welt noch einen Rest an Freiheit gibt.

Denken Sie daran, dass die Berliner Mauer errichtet wurde, um einen ähnlichen „brain drain" aus Ostdeutschland zu stoppen; denken Sie daran, dass Sowjetrussland trotz des besten Ackerbodens der Welt nach 45 Jahren einer totalen Planwirtschaft seine Bevölkerung nicht ernähren kann und Weizen aus den halb-kapitalistischen Vereinigten Staaten importieren muss; lesen Sie *„Ost minus West gleich Null"* von Werner Keller[48] für eine bildliche (und unbestrittene) Illustration der sowjetischen Unfähigkeit - und *dann* beurteilen Sie die Frage von Freiheit oder Kontrollen.

Wohlstand muss ungeachtet der Ziele, für die man ihn benutzen will, zuerst produziert werden. Wirtschaftlich gesehen gibt es zwischen den Motiven von Colbert und Präsident Kennedy keinen Unterschied. Beide wollten nationalen Wohlstand. Ob der durch Steuern enteignete Wohlstand zum unverdienten Wohl von Ludwig XIV. oder zum unverdienten Wohl der „Unterprivilegierten" abgeschöpft wird, macht für die wirtschaftliche Produktivität eines Landes keinen Unterschied. Ob man für einen „edlen" oder einen unedlen Zweck angekettet ist, ob zum Wohl der Armen oder der Reichen, ob zugunsten von „Bedürfnissen" oder „Gier" - wenn man angekettet ist, kann man nicht produzieren.

Es gibt keinen Unterschied zwischen den letztendlichen Schicksalen aller angeketteten Ökonomien, ungeachtet aller angeblichen Rechtfertigungen für die Ketten.

Betrachten Sie einige dieser Rechtfertigungen:

Die Schaffung von „Inlandsnachfrage"? Es wäre interessant auszurechnen, wie viele Hausfrauen mit Sozialhilfe die „Inlandsnachfrage" von Madame de Maintenon und ihrer zahllosen Kolleginnen ausmachen würden.

Eine „faire" Umverteilung von Wohlstand? Die privilegierten Favoritinnen von Ludwig XIV. genossen keinen so unfairen Vorteil

---

[48] Werner Keller: *Ost minus West gleich Null*, Stuttgart 1962.

über andere Menschen wie unsere „Aristokratie der Beziehungen", die wirklichen und potentiellen Varianten von Billie Sol Estes oder Bobby Baker.

Die Erfordernisse des „nationalen Interesses"? Wenn es so etwas wie das „nationale Interesse" gibt, das durch die Opferung der Rechte und der Interessen von Individuen erreicht wird, dann hat Ludwig XIV. einen Freispruch erster Klasse erreicht. Der größte Teil seiner Extravaganzen war nicht „egoistisch": Er baute Frankreich zu einer Großmacht aus - und ruinierte die Wirtschaft, d.h. er erlangte „Prestige" bei anderen totalitären Herrschern - zum Preis des Wohlergehens, der Zukunft und der Leben seiner Untertanen.

Die Förderung unseres „kulturellen" oder „geistigen" Fortschritts? Es ist zweifelhaft, ob ein staatlich subventioniertes Theaterprojekt jemals die Menge an Genialität produzieren wird wie die am Hofe Ludwigs XIV. in seiner Rolle als *Patron des Arts* (Corneille, Racine, Molière usw.). Aber niemand wird je errechnen können, wie viele Genies unter einem solchen System verenden, wenn sie nicht die Kunst des Stiefelleckens lernen, die ein politischer *Patron des Arts* braucht. (Lesen Sie „Cyrano de Bergerac"!)

Tatsache ist, dass Absichten keine Tatsachen verändern. Am Wichtigsten für die Produktivität einer Nation ist Freiheit; Menschen können nicht unter Zwang und Kontrollen produzieren - und moralisch gesehen werden sie es auch nicht.

Die wirtschaftlichen Probleme von heute sind weder neu noch mysteriös. Genau wie Colbert fragt Präsident Johnson die verschiedenen ökonomischen Gruppen um Rat, was er für sie tun könne. Und wenn er nicht mit einem Zeugnis ähnlich dem Colberts in die Geschichte eingehen möchte, täte er gut daran, die Stimme eines modernen Legendre zu hören, der ihm, wenn es ihn gäbe, denselben unsterblichen Rat geben würde: „Deregulieren!"

14. Die Anatomie des Kompromisses

von Ayn Rand

Erstmals erschienen in: *The Objectivist Newsletter*, Januar 1964

Ein Hauptsymptom für die intellektuelle und moralische Auflösung eines Menschen oder einer Kultur ist das Abnehmen von Visionen und Zielen bis hin auf die Spanne des unmittelbaren Augenblicks, d.h. das fortschreitende Verschwinden von Abstraktionen aus den mentalen Prozessen eines Menschen oder den Angelegenheiten einer Gesellschaft. Ein sich auflösendes Bewusstsein manifestiert sich in der Unfähigkeit, in Prinzipien zu denken und nach ihnen zu handeln.

Ein Prinzip ist „eine fundamentale, primäre oder allgemeine Wahrheit, von der andere Wahrheiten abhängen". Somit ist ein Prinzip eine Abstraktion, die eine große Menge von Einzeldingen umfasst. Nur mittels Prinzipien kann man seine langfristigen Ziele festlegen und die konkreten Alternativen des jeweiligen Momentes einschätzen. Nur Prinzipien versetzen einen Menschen in die Lage, seine Zukunft zu planen und sie zu verwirklichen.

Den gegenwärtigen Zustand unserer Kultur kann man daran messen, wie sehr Prinzipien aus öffentlichen Diskussionen verschwunden sind und zu welchem Ausmaß unsere kulturelle Atmosphäre einer zänkischen Familie gleicht, die um konkrete Kleinigkeiten feilscht, während sie ihre wichtigsten Werte betrügt und ihre Zukunft für irgendeinen augenblicklichen zweifelhaften Vorteil verkauft.

Um es noch grotesker zu machen, wird das Feilschen begleitet von einer Aura hysterischer Selbstgerechtigkeit in Form von kämpferischen Behauptungen, dass man mit allen und allem Kompromisse schließen müsse (außer mit dem Lehrsatz, dass man Kompromisse schließen muss) und von panischen Appellen an „Praktikabilität".

Aber es gibt nichts Unpraktischeres als den sogenannten „praktischen" Menschen. Was er für praktisch hält, kann man am besten wie folgt illustrieren: Wenn Sie von New York nach Los Angeles fahren wollen, so ist es „unpraktisch" und „idealistisch" eine Landkarte zur

Hand zu nehmen und den besten Weg dorthin auszuwählen; Sie werden viel schneller dort ankommen, wenn Sie auf gut Glück losfahren, irgendwo abbiegen, jede Straße in irgendeiner Richtung entlang fahren und nur Ihren augenblicklichen Launen und dem Wetter folgen.

Natürlich werden Sie mit dieser Methode nie dort ankommen. Aber während die meisten Leute diese Tatsache in Bezug auf eine Reise erkennen, sind sie in Bezug auf den Kurs ihres Lebens und ihres Landes nicht so weitsichtig.

Es gibt nur eine Wissenschaft, die Blindheit in solchem Ausmaß produzieren könnte, nämlich die Wissenschaft, deren Aufgabe es gewesen wäre, Menschen mit Augenlicht zu versorgen: die Philosophie. Da die moderne Philosophie eine konzertierte Attacke gegen die begriffliche Stufe des menschlichen Bewusstseins ist - ein anhaltender Versuch, Vernunft, Abstraktionen, Generalisierungen und jede Integration von Wissen ungültig zu machen -, produzieren die Universitäten seit vielen Jahrzehnten Menschen mit der erkenntnistheoretischen Hilflosigkeit von Wilden ohne die geringste Ahnung vom Wesen, von der Funktion oder von der praktischen Anwendung von Prinzipien. Diese Menschen tappen blind durch die verwirrende Masse von (für sie) unbegreiflichen Einzelfällen im täglichen Leben einer komplexen Industriegesellschaft. Sie tasten umher, kämpfen, scheitern, geben auf und verenden - und können nicht begreifen, warum sie als ihr eigener Zerstörer gehandelt haben.

Wer diesen selbstmörderischen Prozess nicht fortsetzen will, muss daher einige Regeln über die praktische Wirkweise von Prinzipien und über die Beziehung von Prinzipien zu Zielen kennen.

Die drei unten aufgeführten Regeln sind auf keinen Fall vollständig; sie sind bloß erste Anhaltspunkte zum Verständnis eines komplexen Themas.

1.) In jedem *Konflikt* zwischen zwei Menschen (oder Gruppen), die die gleichen Grundprinzipien haben, gewinnt der Konsequentere.

2.) In jeder *Kollaboration* zwischen zwei Menschen (oder Gruppen), die *verschiedene* Grundprinzipien haben, gewinnt der Bösere oder Irrationalere.

3.) Wenn entgegengesetzte Grundprinzipien klar und offen definiert werden, arbeitet dies zum Vorteil der rationalen Seite; wenn sie *nicht* klar definiert, sondern versteckt oder verdrängt werden, arbeitet dies zum Vorteil der irrationalen Seite.

zu 1.): Wenn zwei Menschen (oder Gruppen) die gleichen Grundprinzipien vertreten und doch in einer bestimmten Frage anderer Meinung sind, bedeutet dies, dass einer inkonsequent ist. Da Grundprinzipien das letztendliche Ziel eines langfristigen Handlungsprozesses bestimmen, wird die Person, die das zu erreichende Ziel klarer und konsequenter verfolgt, in der Wahl seiner Mittel konsequenter richtig liegen - und die Widersprüche seines Gegners werden psychologisch und existentiell zu seinem Vorteil arbeiten.

Psychologisch wird der Inkonsequente die gleichen Ideen wie sein Gegenspieler vertreten und propagieren, aber in einer abgeschwächten, verdünnten Form - und er wird somit den Sieg seines Gegenspielers billigen, unterstützen und beschleunigen, weil diese Ideen bei ihren Anhängern den Eindruck erwecken, dass sein Gegenspieler ehrlicher und mutiger ist, während er sich selbst mit einer Aura der Ausflucht und der Feigheit diskreditiert.

Existentiell wird jeder Schritt oder jede Maßnahme, die zum Erreichen ihres gemeinsamen Ziels unternommen wird, weitere und wichtigere Schritte in die gleiche Richtung bedingen (wenn das Ziel nicht aufgegeben und die Grundprämissen nicht umgekehrt werden) - und somit den Führungsanspruch der konsequenteren Person stärken und die inkonsequente schwächen.

Ungeachtet dessen, ob die Grundprinzipien der zwei Gegner richtig oder falsch, wahr oder falsch, rational oder irrational sind, wird der Konflikt so ablaufen.

Betrachten Sie z.B. den Konflikt zwischen den Republikanern und den Demokraten (und innerhalb der Parteien zwischen den „Konservativen" und den „Liberalen"). Da Altruismus das moralische Grundprinzip beider Parteien ist, vertreten beide einen Sozialstaat oder eine Mischökonomie als ihr ultimatives Ziel. Jede staatliche Kontrolle, die der Wirtschaft aufgezwungen wird (egal zu wessen Gunsten), macht die Einführung weiterer Kontrollen notwendig, um für den Moment die Katastrophen abzumildern, die von der ersten Kontrolle verursacht worden sind. Da die Demokraten das Anwachsen der Staatsmacht konsequenter vertreten, können die Republikaner sie nur hilflos nachahmen und ungeschickt alle Programme der Demokraten abkupfern. Ihnen bleibt nur das schändliche Geständnis, dass sie „das gleiche Ziel“ wie die Demokraten erreichen wollen, wenngleich mit anderen Mitteln.

Genau diese Ziele (Altruismus-Kollektivismus-Dirigismus), muss man ablehnen. Aber wenn keine Partei es tun will, wird die Logik der Ereignisse, die von ihren gemeinsamen Grundprinzipien geschaffen wurden, beide weiter und weiter nach links ziehen. Falls und wenn die „Konservativen“ völlig aus dem Spiel sind, wird der Konflikt zwischen den „Liberalen“ und den bekennenden Sozialisten fortgesetzt; wenn die Sozialisten gewonnen haben werden, wird der Konflikt zwischen den Sozialisten und den Kommunisten fortgesetzt; wenn die Kommunisten gewonnen haben, wird das letzte Ziel des Altruismus erreicht sein: weltweite Selbstopferung.

Man kann diesen Prozess nicht aufhalten, außer an der Wurzel: durch eine Änderung der Grundprinzipien.

Der Beweis für diesen Ablauf wird weltweit deutlicher sichtbar. Und während sie ihn beobachten, flüstern die Gedankenlosen über eine mysteriöse okkulte Macht mit Namen „historische Notwendigkeit“, die auf unspezifizierte Weise und durch irgendein unerkennbares Mittel die Menschheit vorbestimmt habe, in den Abgrund des Kommunismus zu stürzen. Aber es gibt keine fatalistische „historische Notwendigkeit“: Die „mysteriöse“ Kraft, die die Ereignisse der Welt bewegt, ist die Ehrfurcht erregende Macht der Prinzipien - die nur für die „praktischen“ modernen Wilden unbegreiflich ist, denen beigebracht wurde, sie als „machtlos“ abzutun.

Aber - so könnte man argumentieren - da die Vertreter einer Mischökonomie zumindest teilweise auch Freiheit befürworten, warum muss dann der irrationale Teil ihrer Mixtur gewinnen? Dies führt uns zu der Tatsache, dass

2.) in jeder *Kollaboration* zwischen zwei Menschen (oder zwei Gruppen), die *verschiedene* Grundprinzipien haben, der Bösere oder Irrationalere gewinnt.

Das Rationale (die rationalen Prinzipien, Prämissen, Ideen oder Handlungen) ist das, was mit den Tatsachen der Realität übereinstimmt; das Irrationale ist das, was den Tatsachen widerspricht und versucht, damit durchzukommen. Eine Kollaboration ist eine gemeinsame Unternehmung, eine gemeinsame Vorgehensweise. Das Rationale (das Gute) hat vom Irrationalen (dem Bösen) nichts zu gewinnen, außer einen Teil seines Scheiterns und seiner Verbrechen; das Irrationale hat vom Rationalen alles zu gewinnen: einen Teil seiner Errungenschaften und seiner Werte. Ein Industrieller braucht nicht die Hilfe eines Einbrechers, um Erfolg zu haben; ein Einbrecher braucht die Leistung des Industriellen, um überhaupt zu existieren. Welche Kollaboration ist zwischen ihnen möglich und zu welchem Zweck?

Wenn ein Individuum gemischte Prämissen hat, dann untergraben, behindern, besiegen und zerstören seine Laster letztendlich seine Tugenden. Wie moralisch ist ein ehrlicher Mensch, der ab und zu stiehlt? Gleiches gilt, wenn eine Gruppe gemischte Ziele verfolgt; dann verdrängen ihre schlechten Prinzipien ihre guten. Was ist der politische Status eines freien Landes, dessen Regierung ab und zu die Rechte der Bürger verletzt?

Nehmen Sie den Fall einer Geschäftspartnerschaft: Wenn der eine Partner ehrlich und der andere ein Schwindler ist, trägt letzterer nichts zum Erfolg des Geschäfts bei; aber der Ruf des Ersteren entwaffnet die Opfer und bietet dem Schwindler eine Gelegenheit, die er alleine nicht hätte bekommen können.

Nun betrachten Sie die Kollaboration der halbfreien Länder mit den kommunistischen Diktaturen in den Vereinten Nationen. Diese Institution zu identifizieren heißt, sie zu verdammen, sodass jede Kritik überflüssig ist. Es ist eine Institution, die angeblich dem Frieden, der Freiheit und den Menschenrechten verpflichtet ist, und Sowjetrussland - den brutalsten Aggressor, die blutigste Diktatur, den größten Massenmörder und Massenversklaver in der Geschichte - als Gründungsmitglied hat. Dieser Tatsache ist nichts hinzuzufügen und nichts kann sie abmildern. Es ist ein so grotesker Affront gegen die Vernunft, gegen die Moral und gegen die Zivilisation, dass keine weitere Diskussion, sondern nur ein Blick auf die Konsequenzen nötig ist.

Psychologisch hat die UNO eine Menge zum grauen Sumpf aus Demoralisierung, Zynismus, Verbitterung, Hoffnungslosigkeit, Angst und namenloser Schuld beigetragen, der die westliche Welt verschlingt. Aber die kommunistische Welt hat von der westlichen Welt eine moralische Billigung, ein Zeichen der zivilisierten Respektabilität erhalten. Sie hat die Hilfe des Westens bei der Täuschung ihrer Opfer gewonnen, sie hat den Status und das Prestige eines gleichwertigen Partners gewonnen und somit die Idee etabliert, dass der Unterschied zwischen Menschenrechten und Massenabschlachtung bloß ein Unterschied zwischen zwei politischen Auffassungen ist.

Das erklärte Ziel der kommunistischen Länder ist die Eroberung der Welt. Was sie von einer Kollaboration mit den (relativ) freien Ländern gewinnen können, sind deren materielle, finanzielle, wissenschaftliche und intellektuelle Ressourcen; die freien Länder haben von den kommunistischen Ländern nichts zu gewinnen. Deswegen ist die einzige Form gemeinsamer Politik oder eines Kompromisses, der zwischen zwei solchen Parteien möglich ist, die Politik von Eigentümern, die einem Verbrecher als Austausch für sein Versprechen, ihn nicht auszurauben, scheibchenweise Zugeständnisse machen.

Die Vereinten Nationen haben einen größeren Teil der Welt an Sowjetrussland ausgeliefert, als Sowjetrussland je durch bewaffnete Gewalt alleine hätte erobern können. Die Behandlung von Katanga im Vergleich mit der Behandlung von Ungarn ist ein ausreichendes Beispiel für die Politik der UNO. Eine Institution, die angeblich gegründet wurde, um Aggressoren durch die vereinte Macht der Welt aufzuhalten, liefert ein hilfloses Land nach dem anderen der Macht des Aggressors aus.

Wer, außer einem gegenständlich denkenden erkenntnistheoretischen Wilden, könnte von einem solchen „Kollaborationsexperiment“ andere Resultate erwartet haben? Was kann man von einer Polizei erwarten, deren Aufsichtsrat aus den führenden Verbrechern der Gemeinde besteht?

Nur eine totale Verdrängung von Grundprinzipien kann dies möglich machen. Und dies illustriert den Grund, warum

3.) wenn *entgegengesetzte* Grundprinzipien klar und offen definiert werden, dies zum Vorteil der rationalen Seite arbeitet; wenn sie *nicht* klar definiert werden, sondern versteckt oder verdrängt werden, dies zum Vorteil der irrationalen Seite arbeitet.

Um zu gewinnen, ist es für die rationale Seite jeder Kontroverse erforderlich, dass man ihre Ziele versteht. Sie hat nichts zu verstecken, da die Realität ihr Verbündeter ist. Die irrationale Seite muss betrügen, verwirren und verdrängen, um ihre Ziele zu verstecken. Nebel, Dunkelheit und Blindheit sind nicht Werkzeuge der Vernunft; sie sind Werkzeuge der Irrationalität.

Denken, Wissen oder Konsequenz ist zum Zerstören nicht erforderlich; unablässiges Denken, enormes Wissen und eine unnachgiebige Konsequenz sind erforderlich, um etwas zu erreichen oder zu erschaffen. Jeder Irrtum, jede Ausweichung oder jeder Widerspruch hilft dem Ziel der Zerstörung; nur Vernunft und Logik können das Ziel der Erschaffung vorantreiben. Das Negative braucht eine Abwesenheit (Unwissenheit, Ohnmacht, Irrationalität); das *Positive* erfordert eine Anwesenheit, etwas Existierendes (Wissen, Wirksamkeit, Denken).

Die Ausbreitung des Bösen ist das Symptom eines Vakuums. Immer, wenn das Böse gewinnt, tut es das nur aufgrund einer Unterlassung: aufgrund des moralischen Versagens derer, die der Tatsache ausweichen, dass es keinen Kompromiss zwischen Grundprinzipien geben kann.

> „Bei jedem Kompromiss zwischen Nahrung und Gift kann immer nur der Tod gewinnen. Bei jedem Kompromiss zwischen Gut und Böse kann nur das Böse gewinnen.“ (*„Der Streik“*)

15. Zuckt Atlas jetzt mit den Schultern?

von Ayn Rand

Vortrag vor dem *Ford Hall Forum* am 19. April 1964 in Boston, erstmals veröffentlicht in *The Objectivist Newsletter*, August 1964

Wie der Titel dieses Vortrags andeutet, geht es um die Beziehung der Ereignisse aus meinem Buch *„Der Streik"* zu den wirklichen Ereignissen unserer Zeit.*

Oder um die Frage so zu stellen, wie sie mir oft gestellt wird: „Ist *‚Der Streik'* ein prophetischer oder ein historischer Roman?"

Der zweite Teil der Frage scheint den ersten zu beantworten: Wenn einige Menschen glauben, dass *„Der Streik"* ein *historischer* Roman ist, bedeutet dies, dass er eine erfolgreiche Prophezeiung war.

Die Wahrheit kann man am besten so formulieren: Obwohl die politischen Aspekte von *„Der Streik"* weder sein zentrales Thema noch sein Hauptzweck sind, war meine Einstellung zu ihnen während der Jahre des Schreibens in einer kurzen Regel enthalten, die ich mir selbst aufgestellt hatte: *„Der Zweck dieses Buches besteht darin, zu verhindern, dass es prophetisch wird."*

Das Buch erschien 1957. Seitdem habe ich viele Briefe bekommen und viele Kommentare gehört, die auf Folgendes hinausliefen: „Als ich *‚Der Streik'* zuerst las, dachte ich, dass Sie übertrieben - aber dann merkte ich plötzlich, während ich die Zeitungen las, dass die Dinge, die heute in der Welt passieren, genau wie in Ihrem Buch sind."

Das sind sie wirklich. Nur schlimmer.

Der gegenwärtige Zustand der Welt, die politischen Ereignisse, Forderungen und Ideen von heute sind so grotesk irrational, dass weder ich noch irgendein anderer Schriftsteller sie je in einen Roman packen könnte: Niemand würde sie glauben. Ein Romanschriftsteller könnte damit nicht durchkommen; nur ein Politiker kann sich das vorstellen.

---

* Der Titel des englischen Originals lautet *Atlas Shrugged* - „Atlas zuckte mit den Schultern" (Anm. d. Ü.).

Die politischen Aspekte von *„Der Streik"* sind nicht sein Thema, aber eine der Konsequenzen seines Themas. Sein Thema lautet: *die Rolle des Verstandes im menschlichen Dasein* und (als Folge) die Präsentation eines neuen Moralkodexes - die Moral des rationalen Egoismus.

Die Geschichte in *„Der Streik"* zeigt, was mit der Welt passiert, wenn die Verstandesmenschen - die Erfinder und Innovatoren auf jedem Gebiet - in den Streik treten und aus Protest gegen eine altruistisch-kollektivistische Gesellschaft verschwinden.

Es gibt zwei Schlüsselszenen in *„Der Streik"*, die seine Bedeutung kurz zusammenfassen. Die erste ist eine Erklärung von John Galt:

> „Es gibt nur eine Sorte Mensch, die in der Geschichte der Menschheit noch nie im Streik gewesen ist. Jede andere Sorte Mensch, sämtliche Klassen haben gestreikt, wann sie wollten, und haben der Welt ihre Forderungen präsentiert, haben behauptet, unverzichtbar zu sein - bis auf die Menschen, die die Welt auf ihren Schultern getragen haben, sie am Leben erhalten haben, als einzige Entlohnung Qualen gelitten, aber die Menschheit niemals im Stich gelassen haben. Nun, jetzt sind sie an der Reihe. Soll die Welt entdecken, wer sie sind, was sie tun und was geschieht, wenn sie sich weigern zu funktionieren. Dies ist der Streik der Verstandesmenschen, Miss Taggart. Dies ist der Verstand im Streik."

Die zweite Szene, die den Titel des Romans erklärt, lautet:

> „‚Mr. Rearden', sagte Francisco mit feierlicher, ruhiger Stimme, ‚wenn Sie sehen würden, wie Atlas, der Riese, der die Welt auf seinen Schultern trägt, immer noch versucht, sie mit allerletzter Kraft hochzustemmen, während das Blut über seine Brust hinabläuft, seine Knie einknicken und seine Arme erzittern, und wie die Welt immer schwerer auf seinen Schultern lastet, je mehr er sich bemüht - was würden Sie ihm raten zu tun?'
>
> ‚Ich... ich weiß es nicht. Was könnte er tun? Was würden *Sie* ihm raten?'
>
> ‚Mit den Schultern zu zucken.'"

Die Geschichte in *„Der Streik"* präsentiert den Konflikt zwischen zwei fundamentalen Gegnern, zwei entgegengesetzten philosophischen Schulen, oder zwei entgegengesetzten Lebenseinstellungen. Als kurzgefasste Identifikation werde ich sie die „Vernunft-Individualismus-Kapitalismus-Achse" und die „Mystizismus-Altruismus--Kollektivismus-Achse" nennen. Die Geschichte demonstriert, dass der grundlegende Konflikt unserer Zeit *nicht* bloß politisch oder ökonomisch, sondern moralisch und philosophisch ist; dass die dominante Philosophie unserer Zeit eine virulente Auflehnung gegen die Vernunft ist; dass die sogenannte Umverteilung von Wohlstand nur eine oberflächliche Manifestation der Mystizismus-Altruismus-Kollektivismus-Achse ist und dass die tatsächliche Natur und die tiefste, letztendliche Bedeutung dieser Achse lautet: *Menschenfeindlichkeit, Vernunftfeindlichkeit und Lebensfeindlichkeit.*

Denken Sie, dass ich übertrieben habe?

Während und nach der Niederschrift von *„Der Streik"* legte ich eine Akte an, die formell „Forschungs- oder Dokumentationsakte" heißen sollte. Persönlich nannte ich sie die „Horrorakte". Lassen Sie mich Ihnen einige Beispiele daraus geben.

Hier ist ein Beispiel für die moderne Ideologie, aus einem Seminar der Wesleyan University vom Juni 1959 mit dem Titel „Das Misstrauen gegen die Vernunft":

> „Vielleicht wird die Vernunft in Zukunft nicht mehr wichtig sein. Vielleicht werden sich Menschen in Notzeiten nicht dem Denken, sondern der menschlichen Leidensfähigkeit zuwenden. Nicht die Universitäten mit ihren Denkern, sondern die Orte und Menschen in Not, die Insassen von Anstalten und Konzentrationslagern, die hilflosen Entscheidungsträger in der Bürokratie und die hilflosen Soldaten in Schützengräben werden uns den Weg erleuchten und ihr Wissen über Katastrophen in etwas Kreatives umwandeln. Vielleicht betreten wir ein neues Zeitalter. Unsere Helden sind vielleicht nicht intellektuelle Riesen wie Isaac Newton oder Albert Einstein, sondern Opfer wie Anne Frank, die uns ein größeres Wunder als das Denken zeigen werden. Sie werden uns beibringen, wie man leidet - wie man Gutes inmitten des Bösen tut und wie man in Anwesenheit des Todes Liebe fördert. Wenn das passiert, wird die Universität jedoch immer noch ihren Platz haben. Sogar der intellektuelle Mensch kann noch ein Beispiel kreativen Leidens sein."

Denken Sie, dass dies eine seltene Ausnahme ist, ein wirres Extrem? Am 4. Januar 1963 erschien folgender Artikel in *Time*:

> „‚Gesellschaftliche Höchstleistung sollte das Auswahlkriterium der Eliteuniversitäten sein - nicht bloß Grips und Zensuren', sagt Headmaster Leslie R. Severinghaus von der Haverford School bei Philadelphia. Im Journal of the Association of College Admissions Counselors warnt er vor dem ‚hochintellektuellen, aggressiven, persönlich ehrgeizigen und sozial gleichgültigen Egoisten.' Weil diese selbstzentrierten klugen Studenten ‚weder jetzt noch später viel anzubieten haben', sollten Universitäten andere gute Eigenschaften willkommen heißen. ‚Wer sagt, dass nur Grips und motivierte Leistung als Talent gelten? Ist soziale Kompetenz nicht auch eine Facette von Talent? Ist es nicht aufregend, einen Kandidaten zu finden, der glaubt, dass kein Mensch eine Insel ist? Was ist mit Führungsqualität? Integrität? Der Fähigkeit, Ideen und Freundschaft zu kommunizieren? Dürfen wir spirituellen Eifer ignorieren? Und warum sollten wir über Kooperation mit anderen für gute Zwecke hinwegsehen, wenn sie sogar mit der Opferung der eigenen akademischen Leistung einhergeht? Was ist mit Güte und Anstand? Nichts davon findet Eingang in die Zeugnisse', kritisiert Severinghaus. ‚Universitäten müssen selber an das Potential dieser jungen Leute glauben.'"

Denken Sie darüber nach, was das bedeutet. Wenn Ihre Frau, Ihr Mann oder Ihr Kind eine tödliche Krankheit hätte, was würde Ihnen die „soziale Kompetenz" oder die „Güte" des Arztes nutzen, wenn dieser Arzt seine „eigene akademische Leistung" geopfert hätte? Wenn Ihr Land von nuklearer Zerstörung bedroht wäre, hinge unser Leben dann von der *Intelligenz* und dem *Ehrgeiz* unserer Wissenschaftler ab oder von ihrem „spirituellem Eifer" und ihrer „Fähigkeit, Freundschaft zu kommunizieren"?

Ich würde einen solchen Abschnitt nicht mal einer Figur in der übertriebensten Farce-Satire in den Mund legen - ich würde es zu absurd finden. Und doch wird dies in einer angeblich zivilisierten Gesellschaft gesagt, gehört und *ernsthaft* diskutiert.

Glauben Sie, dass solche Theorien keine Resultate in der Praxis haben werden? Ich zitiere aus der *Rochester Times Union* vom 18. Februar 1960, aus einem Artikel mit dem Titel „Gehen uns die Talente aus?":

> „Gehen unserer mächtigen Nation die Talente aus?

Könnte unser Land an diesem Punkt in der Geschichte, ‚im tödlichen Wettbewerb mit Russland', aus Mangel an Intellekt ins Hintertreffen geraten?

Dr. Henry Lionel Shapiro, Vorsitzender des anthropologischen Instituts im American Museum of Natural History in New York City sagt: ‚Es herrscht eine zunehmende Unruhe, die noch nicht vollständig artikuliert wurde..., dass das Angebot an Talenten zurückgeht.' Die medizinischen Berufe seien ‚tief beunruhigt' über dieses Thema. Studien hätten gezeigt, dass die heutigen Medizinstudenten schlechtere Zensuren haben als die vor einem Jahrzehnt.

Einige Sprecher des Berufszweiges gaben der dramatischen finanziellen Anziehung anderer Berufe im Weltraumzeitalter (den Ingenieurwissenschaften und anderen technologischen Fächern) die Schuld.

Aber, sagt Dr. Shapiro, ‚dies scheint eine verbreitete Klage zu sein.'

Der Anthropologe sprach vor einer Gruppe von Wissenschaftsjournalisten in Ardsley-on-Houston. Dieselbe Gruppe interviewte zwei Wochen lang ca. 25 Wissenschaftler - und sie hörte von Ingenieuren, Physikern, Meteorologen und vielen anderen dieselbe Klage.

Diese Wissenschaftler, herausragende Köpfe auf ihrem Gebiet, maßen diesem Thema größere Wichtigkeit bei als der Forderung nach mehr Geld.

Dr. William O. Baker, Vizepräsident der Forschungsabteilung bei Bell Laboratories in Murray Hill, N.J., einer der Top-Wissenschaftler in unserem Land, sagte, dass mehr Forschung nötig wäre - aber dass sie nicht durch mehr Geld zustande käme.

‚Alles hängt von Ideen ab', sagte er, ‚nicht von vielen, aber es müssen neue Ideen sein.'

Dr. Baker fügte an, dass die nationale Gesundheitsbehörde ihre Zuwendungen erhöht habe, aber die Ergebnisse gleich geblieben wären, ‚wenn nicht sogar schlechter.'

Eugene Kone, Public-Relations Director der American Physical Society, sagte, dass ‚wir in der Physik nicht einmal annähernd genug Spitzenleute haben.'

Dr. Sidney Ingram, Vizepräsident der Engineering Manpower Commission, sagte, dass die Situation ‚absolut einzigartig in der Geschichte der westlichen Zivilisation ist.'"

Unsere Presse schenkte diesem Artikel keine Aufmerksamkeit. Er reflektiert die ersten Angstsymptome über eine Situation, die die Allgemeinheit noch nicht bemerkt hat. Aber dieselbe Situation ist in Großbritannien so offensichtlich, dass sie nicht länger versteckt werden kann und in den Schlagzeilen diskutiert wird. Die Briten haben einen Namen dafür geprägt: Sie nennen sie „brain drain".

Ich möchte Sie beiläufig daran erinnern, dass John Galt in *„Der Streik"* über den Streik sagt: „Ich habe mit Vorsatz und Absicht das getan, was im Verlauf der gesamten Geschichte durch stillschweigende Unterlassung getan worden ist." Und er zählt auf, wie die außergewöhnlichen Menschen verschwunden sind, wie die Intelligenz *psychologisch* gegen die Tyrannei in den Streik trat und sie jede mystisch-altruistisch-kollektivistische Gesellschaft im Stich ließ. Vielleicht erinnern Sie sich daran, wie Dagny Galt beschrieb, bevor sie ihn traf und dass er diese Beschreibung später für sie wiederholt: „Der Mann, der das Gehirn der Welt trockenlegt."[49]

Nein, ich möchte nicht andeuten, dass die Briten meine Worte abgekupfert haben. Viel bedeutsamer ist, dass sie es *nicht* getan haben; die meisten haben *„Der Streik"* zweifellos nie gelesen. Bedeutsam ist, dass sie demselben Phänomen gegenüberstehen und versuchen, es zu begreifen.

Ich zitiere aus einem Artikel in der *New York Times* vom 11. Februar 1964:

> „Die Labour Party verlangt eine amtliche Studie über die Auswanderung von britischen Wissenschaftlern in die Vereinigten Staaten - ein Problem, das man hier als ‚brain drain' kennt. Die Initiative von Labour... folgt der Ankündigung von Professor Ian Bush und seinem Forscherteam, die Birmingham University zu verlassen und zur Worcester Foundation for Experimental Biology nach Shrewsbury, Mass., zu gehen.
>
> Professor Bush, 35, leitet das Physiologieinstitut in Birmingham. Sein Team aus neun Wissenschaftlern forscht an der medikamentösen Behandlung psychischer Erkrankungen.
>
> Heute Nacht wurde bekannt, dass ein führender Mediziner und ein Spitzenforscher aus der Krebspathologie, Professor Maurice Pryce und Dr. Leonard Weiss, eine Stelle in den Vereinigten Staaten annehmen...

[49] Im Original: „The man who is draining the brains of the world."

Tom Dalyell, Labour-Party Sprecher für Wissenschaft, wird anfragen, ob Premierminister Sir Alec Douglas-Hume eine königliche Kommission einsetzen wird, ‚um das gesamte Problem der Ausbildung, Anwerbung und Bewahrung von Wissenschaftlern für den Dienst in Großbritannien zu behandeln'...

Sir George Pickering, der Präsident der British Medical Association, nannte Professor Bushs Entscheidung ‚tragisch'. Er beschrieb den Professor als ‚den brillantesten Schüler, den ich je hatte und einen der brillantesten Menschen, den ich je getroffen habe.'"

Aus der *New York Times* vom 12. Februar 1964:

„Der Aufruhr über Großbritanniens Verlust an wissenschaftlichem Talent wurde heute intensiviert, als ein theoretischer Mediziner sagte, er verlasse Großbritannien in Richtung Vereinigte Staaten.

Dr. John Anthony Pople, Superintendent der Basic Physics Division am National Physical Laboratory, sagte, er gehe in ungefähr einem Monat ans Carnegie Institute of Technology in Pittsburgh.

Die Abendzeitungen berichteten in großen Schlagzeilen über diese Auswanderung, die dreizehnte seit dem Wochenende. Eine Titelseite schrieb: ‚Another one down the brain drain.'"

Aus der *New York Times* vom 13. Februar 1964:

„Nach der Ankündigung der bevorstehenden Ausreise von mindestens fünf weiteren Wissenschaftlern aus Großbritannien begann die Nation erneut mit der Suche nach den Ursachen für den Exodus."

Der Artikel nennt zwei der ausreisenden Wissenschaftler: Dr. Ray Guillery, der 34-jährige Privatdozent für Anatomie am University College in London und Dr. Eric Shooter, 39, Hochschulassistent für Biochemie, ebenfalls vom University College.

Aus der *New York Times* vom 16. Februar 1964:

„In Großbritannien herrscht Unruhe über die anhaltende Ausreise seiner Wissenschaftler. Man sucht wieder nach den Ursachen für den Exodus und verlangt ein Gegenmittel...

Der ‚brain drain', wie die Ausreise der Wissenschaftler hier genannt wird, ist für Großbritannien nicht neu. Seit Jahrzehnten haben ausländische Universitäten und andere Forschungsinstitutionen – besonders aus den Vereinigten Staaten – wissenschaftliche Talente aus Großbri-

> tannien abgezogen. Im letzten Jahr verlor Großbritannien einer Umfrage der Association of University Teachers zufolge 160 Universitätsprofessoren, ca. 60 Prozent davon an die Vereinigten Staaten... Einem Bericht der Royal Society aus dem letzten Jahr zufolge haben jährlich mindestens 140 britische Wissenschaftler mit neu erworbenen Doktortiteln das Land verlassen. Das sind ca. 12 Prozent der Gesamtsumme...
>
> Die abwandernden Wissenschaftler erklären überwiegend, dass die in den Vereinigten Staaten zur Verfügung stehenden Mittel für Forschungsausrüstung und -personal in England nicht vorhanden sind.
>
> Einige sagen offen, dass sie von zwei- bis dreimal höheren Gehältern und auch von der größeren Aufmerksamkeit für wissenschaftliche Anstrengungen und Leistungen in den Vereinigten Staaten gelockt werden.
>
> Andere klagen über die Stellenknappheit an den Universitäten, über den administrativen Dschungel, durch den Forschungsgelder in Großbritannien beantragt werden müssen und über (wie sie es nennen) die geizige, kontrollierende Hand der Finanzverwaltung für alle Universitätsgelder."

Welche intellektuellen Argumente bekommen die Wissenschaftler als Anreiz, um nicht wegzugehen, und welche praktischen Gegenmittel werden vorgeschlagen? Quintin Hogg, Bildungs- und Wissenschaftsminister, „appellierte an den Patriotismus der Wissenschaftler, in der Heimat zu bleiben. ‚Britisch zu sein ist besser als alles andere', sagte er." Ein früherer Artikel (*New York Times*, 31. Oktober 1963) sagte, dass ein „Bericht, eingereicht von einem Komitee unter Vorsitz von Kabinettssekretär Sir Burke Trend, eine Reform des Bildungswesens und *mehr Macht* für den Wissenschaftsminister verlangt." [Hervorhebung von mir].

Es gibt natürlich eine Menge impliziter und expliziter Empörung gegen amerikanischen Wohlstand und amerikanische Großkonzerne, die für die Briten die Hauptschuldigen an der Flucht ihrer wissenschaftlichen Talente sind.

Nun möchte ich Ihre Aufmerksamkeit auf zwei wichtige Tatsachen lenken: das Alter und die Berufe der Wissenschaftler, die namentlich in diesen Artikeln erwähnt werden. Die meisten sind in den 30ern; die meisten haben mit theoretischer Medizin zu tun.

Ein verstaatlichtes Gesundheitswesen ist eine fest verankerte Institution im politischen System Großbritanniens. Was für eine Zukunft hätten junge Menschen in einem staatlichen Gesundheitswesen? Ziehen Sie Ihre eigenen Schlüsse über die Ursachen des „brain drain", über das zukünftige Wohl derer, die im Sozialstaat zurückbleiben und über die Rolle des Verstandes im menschlichen Dasein.

Wenn Sie das nächste Mal Berichte über die Erfolge des verstaatlichten Gesundheitswesens in Großbritannien und den anderen Sozialstaaten in Europa hören oder lesen - Berichte, die aus einer oberflächlichen, gegenständlich denkenden Gesinnung kommen, die nicht über die Spanne des Augenblicks hinaussehen kann und erklärt, dass sie keine Veränderung in der gewissenhaften Effizienz der Hausärzte sieht -, dann denken Sie daran, dass die Effizienz, das Wissen und die Macht des Hausarztes aus den Labors der theoretischen Medizin kommt und dass diese Quelle dabei ist, auszutrocknen. *Das* ist der wahre Preis, den ein Land für ein staatliches Gesundheitswesen bezahlt - ein Preis, der nicht auf den Kostenabrechnungen der staatlichen Planer erscheint, aber bald in der Realität erscheinen wird.

Zurzeit liegen wir auf dem Weg in den kollektivistischen Abgrund noch hinter Großbritannien - aber nicht sehr weit. In den letzten Jahren gab es in den Zeitungen beunruhigende Berichte über die Zahl der Einschreibungen an unseren medizinischen Hochschulen. Es gab eine Zeit, als diese Schulen eine weitaus größere Anzahl an Bewerbern hatten, als angenommen werden konnten - und nur die fähigsten Studenten mit den besten akademischen Zensuren und Zeugnissen hatten eine Chance, aufgenommen zu werden. Heute fällt die Zahl der Bewerber - und wird einigen Berichten zufolge bald *unter* der Anzahl der vorhandenen Plätze liegen.

Sehen Sie sich das Anwachsen der verstaatlichten Gesundheitswesen in der Welt an; sehen Sie sich den Medicare-Plan in unserem Land an; sehen Sie sich den Streik der kanadischen Ärzte in Saskatchewan und den kürzlichen Streik der Ärzte in Belgien an. Beachten Sie die Tatsache, dass in allen Fällen die überwältigende Mehrheit der Ärzte gegen die Verstaatlichung gekämpft hat und dass der moralische Kannibalismus der Sozialstaatsdirigisten nicht zögerte, sie mit vorgehaltener Waffe in die Sklaverei zu zwingen. Das Bild in Belgien war besonders aussagekräftig, wo tausende Ärzte in panischer Angst das Land verließen - und die angeblich „humanitäre" Regierung zu der primitiven, Nazi-artigen, militaristischen Maßnahme griff, die Ärzte *in die Armee einzuziehen*, um sie wieder zur Arbeit zu zwingen.

Sehen Sie sich das an - und dann lesen Sie die Erklärung von Dr. Hendricks in *„Der Streik"*, dem Chirurgen, der aus Protest gegen das verstaatlichte Gesundheitswesen in den Streik trat: „Ich habe oft über die Selbstgefälligkeit gestaunt, mit der die Menschen das Recht einfordern, mich zu versklaven, meine Arbeit zu kontrollieren, meinen Willen zu unterwerfen, meinem Bewusstsein Gewalt anzutun, meinen Verstand zu ersticken - aber was glauben sie, worauf sie angewiesen sind, wenn sie unter meinen Händen auf dem Operationstisch liegen?"

Das ist die Frage, die man den altruistischen Sklaventreibern in Belgien stellen sollte.

Das nächste Mal, wenn Sie eine Diskussion über Medicare hören, schenken Sie einen Gedanken an die Zukunft - besonders an die Zukunft Ihrer Kinder, die zu einer Zeit leben werden, in der die besten Köpfe nicht länger in die medizinischen Berufe gehen werden.

Ragnar Danneskjöld, der Pirat in *„Der Streik"*, sagte, dass er „die Vorstellung [bekämpft], dass Bedürftigkeit ein heiliger, Menschenopfer einfordernder Abgott sei; dass die Bedürftigkeit der einen zum Fallbeil wird, das über anderen hängt… und dass wir umso eher in Gefahr sind, je größer unser Talent ist. Demnach ist es der Erfolg, der unseren Kopf aufs Schafott bringt, wogegen das Versagen uns das Recht verleiht, am Seil zu ziehen." *Das* ist die Kernaussage der Moral des Altruismus: Je größer die Leistung eines Menschen und je größer das Bedürfnis der Gesellschaft nach ihm ist, umso schlimmer ist die Behandlung, die er bekommt und umso näher kommt er an den Status eines Opfertieres heran.

Unternehmer - die uns einen Lebensunterhalt, Arbeitsplätze, arbeitssparende Geräte, modernen Komfort und einen immer weiter steigenden Lebensstandard geben - sind die Menschen, die von der

Gesellschaft am unmittelbarsten und am dringendsten gebraucht werden. Sie sind die ersten Opfer – die gehassten, verleumdeten, angeprangerten, ausgebeuteten Sündenböcke der mystisch-altruistisch-kollektivistischen Achse. Ärzte kommen als nächstes; eben weil ihre Dienste so lebenswichtig sind und sie so dringend gebraucht werden, sind Ärzte jetzt auf der ganzen Welt das Angriffsziel der Altruisten.

Zum gegenwärtigen Zustand von Unternehmern möchte ich Folgendes erwähnen: Nachdem ich *„Der Streik"* fertiggestellt hatte, ließ ich die technischen Einzelheiten von einem Eisenbahnexperten überprüfen. Die erste Frage, die er mir stellte, nachdem er es gelesen hatte, war: „Wissen Sie eigentlich, dass all die Gesetze und Direktiven, die Sie erfunden haben, schon in unseren Satzungen stehen?" „Ja", antwortete ich, „das weiß ich."

Und das ist es, worum ich meine Leser bitte.

In meinem Roman stellte ich diese Fragen durch Abstraktionen dar, welche die Kernpunkte von staatlichen Kontrollen und dirigistischen Gesetzen zu jeder Zeit und in jedem Land darstellen. Aber die Prinzipien von jedem Erlass und jeder Direktive in *„Der Streik"* wie z.B. das „Chancenausgleichsgesetz" oder die „Direktive 10-289" kann man in primitiverer Form in unseren *Antitrust-Gesetzen* finden.

In dieser Ansammlung von nichtobjektiven, undefinierbaren und ungerechten Gesetzen werden Sie alle erdenklichen Varianten finden, wie man Kompetenz bestraft, weil sie Kompetenz ist – Bestrafung von Erfolg, weil er Erfolg ist – die Opferung von produktivem Schöpfergeist zugunsten der Forderungen von neidischen Mittelmäßigkeiten. Sie werden Gesetze finden wie: die erzwungene Aufspaltung großer Firmen oder der „Trennung" von ihren Tochtergesellschaften (was mein „Chancenausgleichsgesetz" ist); das erzwungene Teilen von Anlagen großer Firmen mit jedem Neuling; Anlagen, die zu schaffen Jahre in Anspruch genommen hat; die Zwangslizenzierung oder die komplette Konfiszierung von Patenten – und als I-Tüpfelchen müssen diese Opfer ihren eigenen Konkurrenten noch *beibringen*, wie man diese Patente benutzt.

Das Einzige, was noch zwischen uns und der Stufe gesellschaftlicher Auflösung in *„Der Streik"* steht, ist die Tatsache, dass die

Dirigisten sich nicht trauen, ihre Macht zur Durchsetzung der Antitrust-Gesetze voll auszuüben - noch nicht. Aber die Macht ist da - und Sie können sehen, wie sich der Prozess ihrer Anwendung von Jahr zu Jahr beschleunigt.

Jetzt denken Sie vielleicht, dass der „Eisenbahnvereinigungsplan" und der „Stahlvereinigungsplan", die ich gegen Ende von *„Der Streik"* eingeführt habe, kein Gegenstück im wirklichen Leben haben. Habe ich auch gedacht. Ich habe sie erfunden - als von der Logik der Ereignisse diktierte Entwicklung -, um die letzten Stufen des Zusammenbruchs einer Gesellschaft zu illustrieren. Diese beiden Pläne waren typische kollektivistische Maßnahmen, um den schwächsten Mitgliedern einer Industrie auf Kosten der stärksten zu helfen, indem man sie zwingt, ihre Ressourcen „zusammenzulegen". Ich dachte, diese Pläne wären unserer Zeit ein bisschen voraus.

Ich hatte unrecht.

Ich zitiere aus einer Meldung vom 17. März 1964:

> „Die drei TV-Netzwerke sind von der Bundesregierung gebeten worden, einen vorläufigen Plan zu erwägen, unter dem jeder einen Teil seiner Programme an existierende oder neue TV-Stationen überstellt, die unter Wettbewerbsnachteilen leiden...
>
> Die [Federal Communications] Commission brachte noch einen ergänzenden Vorschlag in die Diskussion ein, der einige Sender eines Netzwerks zwingen würde, sich einer anderen Kette anzuschließen.
>
> Die Anträge, die quasi die ‚Habenden' der TV-Industrie bitten, den ‚Habenichtsen' zu helfen, zogen am Wochenende heftige Proteste von Columbia Broadcasting Systems nach sich...
>
> Die Anträge der FCC sollen existierende UHF-Sender unterstützen und den Start zusätzlicher solcher Sender fördern, indem man ihnen Programmressourcen mit garantierten Einschaltquoten gibt. Die meisten Werbekunden bevorzugen normalerweise die stärkeren VHF-Sender...
>
> Infolge dieser kontroversen Anträge würde die Gesamtheit der Sender unter zwei VHF-Sendern und einem UHF-Sender aufgeteilt werden."

Die vermeintliche Rechtfertigung für diese Anträge ist der Wunsch, „Wettbewerbsungleichheiten" zu beseitigen.

Kommen wir nun zur Situation auf dem Arbeitsmarkt.

In „*Der Streik*" zwang man die Eisenbahnen in einer Zeit mit verzweifelter Verknappung an Transportmitteln, ausgelöst durch Mangel an Lokomotiven, Schienen und Treibstoff, kürzere Züge mit niedrigeren Geschwindigkeiten zu fahren. Heute, in einer Zeit, wo die Eisenbahnen sterben oder am Rande des Bankrotts stehen, verlangen die Gewerkschaften die Aufrechterhaltung von „Abfederungspraktiken" (d.h. von nutzlosen, unnötigen Jobs) und antiquierten Arbeitsvorschriften und Lohntarifen.

Die Pressekommentare zu dieser Frage waren gemischt. Aber ein Leitartikel verdient einen Moment besonderer Beachtung: Er ist aus dem *Star Herald* aus Camden, N.J., vom 16. August 1963 und wurde mir von einem Fan zugesandt:

> „Die Geldmacher, die mächtigen Konzernlenker Amerikas, haben nicht verstanden, dass Wohlstand inhuman sein kann. Sie haben nicht verstanden, dass Menschen wichtiger sind als Profite...
>
> Ehrgeiz und Profitstreben sind etwas Gutes. Sie spornen einen Menschen zu höheren Leistungen an. Aber sie müssen die Gesellschaft und ihre Mitglieder berücksichtigen und im Lichte menschlicher Bedürfnisse verlangsamt werden...
>
> Diese Gedanken treiben uns um, wenn wir an das Eisenbahn-Patt denken. Indem sie wie ein Kriegsruf ‚Hängematte!' brüllen, haben die Manager der Eisenbahnen darauf bestanden, zehntausende Arbeitsplätze zu vernichten..., Arbeitsplätze von kleinen Leuten..., Arbeitsplätze, die den Unterschied zwischen dem Gefühl der Würde und der Nutzlosigkeit ausmachen... Bevor Sie zu einem solch schmerzlichen Fortschritt ‚Ja' sagen, stellen Sie sich Ihren Mann, Bruder oder Vater als einen derer vor, die verurteilt sind, auf dem Altar des Fortschritts geopfert zu werden. Es ist in unseren Augen besser, wenn die Regierung auf ihrer Einbahnstraße, die Profit auf Kosten von Menschen macht, die Eisenbahnen verstaatlicht und ein weiteres menschliches Desaster verhindert."

Dieser Artikel hatte keine Autorenangabe, aber mein anonymer Bewunderer hatte darauf in Großbuchstaben geschrieben: „Von Eugene Lawson???"

Diese Art „humanitärer“ Einstellung richtet sich nicht gegen Profite, sondern gegen Leistung; sie richtet sich nicht gegen die Reichen, sondern gegen die *Kompetenten*. Denken Sie, dass die einzigen Opfer der mystisch-altruistisch-kollektivistischen Achse ein paar außergewöhnliche Menschen an der Spitze der gesellschaftlichen Pyramide sind, einige wenige Finanz- und Intelligenzgenies?

Hier ist ein alter Ausschnitt aus meiner „Horrorakte“, der ein paar Jahre alt ist:

> „Großbritannien empört sich gegenwärtig über die Geschichte eines jungen Bergmanns, der seinen Job gekündigt hat, um den Streik von 2.000 Bergleuten in Doncaster zu verhindern.
>
> Alan Bulmer, 31, bekam Ärger mit seinen Arbeitskollegen, als er die Arbeit einer Woche drei Stunden vor der Zeit beendet hatte. Anstatt sich drei Stunden lang hinzusetzen, fing er mit einer neuen Schicht an.
>
> Mehr als 2.000 Bergleute hielten eine Versammlung ab, um dagegen zu protestieren, dass er zu hart arbeite. Sie verlangten, dass er für drei Wochen degradiert werde und seine Bezahlung von umgerechnet 36 Dollar pro Woche auf 25 Dollar gekürzt werden sollte. Bulmer kündigte seinen Job, um die Krise zu beenden und erklärte, dass es immer seine Überzeugung gewesen sei, dass ‚ein Mann für einen ganzen Tag Bezahlung einen ganzen Tag Arbeit leisten sollte.‘
>
> Sprecher der staatlichen Bergwerke erklärten, die Sache liege bei den Gewerkschaften.“

Fragen Sie sich, was in der Zukunft aus diesem jungen Mann werden wird. Wie lange wird er sich seine Integrität und seinen Ehrgeiz bewahren, wenn er weiß, dass er dafür *bestraft* und nicht belohnt wird? Wird er weiter sein Talent ausüben, wenn er dafür degradiert wird? Genau so verliert ein Land seine besten Menschen.

Erinnern Sie sich an die Szene in *„Der Streik“*, als Hank Rearden sich schließlich entschied, in den Streik zu treten? Der letzte Tropfen, der ihm die Situation klar machte, war James Taggarts Äußerung, dass er, Rearden, immer einen Weg finden würde, „etwas zu tun“ - sogar angesichts der irrationalsten und unmöglichsten Forderungen. Vergleichen Sie das mit dem folgenden Zitat aus einer Meldung vom 28. Dezember 1959 - eine Äußerung von Michael J. Quill, Vorsitzender

der Transport Workers Union, der einen angedrohten Streik kommentierte: „Viele Leute denken, dass wir es auf die Spitze treiben. Aber zufällig war jedes Mal, wenn wir zum Brunnen gingen, irgendetwas da."

In den letzten Kapiteln von *„Der Streik"* beschrieb ich die Arbeitsmarktsituation des Landes wie folgt:

> „‚Gebt uns Leute!' Die an die Vereinigungsbehörde gerichtete Forderung wurde immer lauter. Sie kam aus allen Teilen eines von Arbeitslosigkeit geplagten Landes, und weder die Rufenden noch die Behörde wagten auszusprechen, was sie eigentlich ausdrücken sollte: ‚Gebt uns fähige Leute!' Für die Stellen von Hausmeistern, Mechanikern, Pförtnern und Hilfskellnern gab es Bewerberlisten mit jahrelangen Wartezeiten; um die Posten von Geschäftsführern, leitenden Angestellten, Vorstehern und Ingenieuren bewarb sich niemand." (Teil 3, Kap.8)

Ein Artikel im *Barron's* vom 29. Juli 1963 erwähnt

> „die zunehmende Verknappung gelernter Arbeiter inklusive ‚extremem Mangel an Wissenschaftlern, Lehrern, Ingenieuren, Ärzten, Krankenschwestern, Stenotypisten, Stenographen, Auto- und TV-Mechanikern, Schneidern und Hauspersonal', wie Dr. Arthur F. Burns in einer Kritik der öffentlichen Arbeitslosenstatistik kürzlich bemerkte."

Erinnern Sie sich an die Geschichte der Erntekatastrophe in *„Der Streik"*? Eine Rekordernte an Weizen verschimmelte entlang der Straßen, in den überfüllten Silos und Getreideaufzügen - aus Mangel an Frachtzügen, die auf Befehl der Regierung entsandt wurden, um Sojabohnen zu transportieren.

Die folgende Meldung ist aus der *Chicago Sun Times* vom 2. Dezember 1962:

> „Landwirtschaftsbeamte und Getreidehändler aus Illinois trafen sich am Donnerstag, um in einer gemeinsamen Anstrengung eine akute Frachtzugverknappung zu lindern, die zurzeit die Getreideernte im mittleren Westen bedroht...
>
> Farmer und Getreidehändler waren sich einig, dass die Verknappung an Frachtwagons ‚kritisch' geworden sei und sahen für mindestens zwei Wochen wenig Hoffnung auf Besserung.
>
> Einige Getreidehändler zeigten der Gruppe Fotos von Maishaufen neben Silos voller Mais, der nicht transportiert werden konnte...

> Die Schuld für die Verknappung der Frachtwagons schrieb man dem Einbringen von drei Haupternten - Mais, Soja und Hirse - zur gleichen Zeit in diesem Jahr zu. Zusätzlich gab es umfangreiche Bewegungen von staatlichem Getreide."

In *„Der Streik"* klagte Ragnar Danneskjöld Robin Hood als Abbild des Bösen an, das er in den Köpfen der Menschen zerstören wolle. „Er ist der Mann, der zum Symbol der Idee wurde, dass Bedürftigkeit und nicht Leistung die Quelle aller Rechte sei; dass wir nicht produktiv sein müssen, sondern dass es reicht, etwas zu brauchen; dass uns nicht gehört, was wir verdient haben, sondern nur das, was unverdient ist."

Ich werde nie erfahren, ob Ragnar die Inspiration für einen Artikel war, der im letzten Jahr in einem britischen Magazin namens *„Justice of the Peace and Local Government Review"* erschien, einer Zeitschrift über das Gesetzes- und Polizeiwesen. Der Anlass für diesen Artikel war die Neuauflage des Robin-Hood-Festivals:

> „Angesichts der Tatsache, dass die Großtaten dieses legendären Helden sich hauptsächlich mit der Beraubung der Reichen befassten, mit dem trügerischen Motiv, den Armen zu geben - eine Funktion, die heute vom Sozialstaat übernommen wurde -, ist es zweifelhaft, ob ein Robin-Hood-Festival nicht gegen die allgemeine Politik ist."

Aber nun kommen wir zu einer Komposition, die alles in *„Der Streik"* in den Schatten stellt. Ich gebe zu, dass ich nicht in der Lage wäre, so etwas zu erfinden und dass ich, egal wie niedrig meine Meinung über die altruistisch-kollektivistische Gesinnung auch sein mag - und sie ist *sehr* niedrig -, nicht geglaubt hätte, dass dies möglich ist. Dies ist keine Fiktion. Es ist eine Meldung, die am 23. März 1964 auf der Titelseite der *New York Times* erschien:

> „Jedem Amerikaner sollte das Recht auf ein ausreichendes Einkommen zustehen, ob er arbeitet oder nicht. Dies forderte heute eine 32-köpfige Gruppe, die sich selbst das ‚Ad Hoc Committee on the Triple Revolution' nennt...
>
> Die an Präsident Johnson gesandte Liste zählt die drei Revolutionen auf: ‚Die Cyber-Revolution, die Waffen-Revolution und die Menschenrechtsrevolution.'

> ‚Das fundamentale Problem, das die Cyber-Revolution den Vereinigten Staaten stellt, besteht daraus, dass sie den allgemeinen Mechanismus unwirksam macht, der bis jetzt benutzt wird, um die *Rechte der Bürger als Verbraucher* zu untergraben', erklärte das Komitee.
>
> ‚Bis jetzt sind ökonomische Ressourcen auf der Basis des Beitrags an der Produktion verteilt worden, *wo Maschinen mit Menschen unter etwa gleichen Bedingungen konkurrieren.* Im sich entwickelnden kybernetischen System kann durch Maschinen, die wenig Kooperation von Menschen brauchen, ein fast unbegrenztes Wachstum erreicht werden.
>
> Wenn man weiterhin Einkommen an Arbeit bindet, behindert es die effektive Umverteilung von Nachfrage und *das Recht auf Konsum* – was die Hauptbremse der fast unbegrenzten Kapazität eines kybernetischen Produktionssystems ist.'
>
> Das Komitee mahnte an, dass diese Verknüpfung durch ‚ein uneingeschränktes Engagement' gebrochen werden sollte, sodass die Gesellschaft mit ihren gesetzlichen und administrativen Institutionen ‚jedem Bürger und jeder Familie *ein angemessenes Einkommen* als verbrieftes Recht zur Verfügung stellen kann.'" [Hervorhebungen von mir].

Zur Verfügung stellen - durch wen? Wird ausgeblendet.

Man würde erwarten, dass eine solche Proklamation von einer Gruppe von Kleinstadt-Hippies ohne Bezug zur Realität und ohne jegliches Wirtschaftswissen herausgegeben wurde. Oder man würde erwarten, dass sie von einer Gruppe von Aufwieglern herausgegeben wurde, um die niedrigsten Elemente der Bevölkerung zu Gewalt gegen jedes Geschäft aufzuhetzen, das einen Computer besitzt und sie somit um ihr „Recht zu konsumieren" bringt.

Aber das war nicht der Fall.

Diese Proklamation wurde von einer Gruppe aus Professoren, Wirtschaftswissenschaftlern, Lehrern, Schriftstellern und anderen „Intellektuellen" verfasst. Als Symptom für den gegenwärtigen Zustand unserer Kultur ist es beängstigend, dass sie es auf die Titelseiten schaffte und dass dies für augenscheinlich zivilisierte Leute noch im Rahmen der zivilisierten Diskussion liegt.

Wie sieht die kulturelle Atmosphäre unserer Zeit aus? Schauen Sie, ob die folgende Beschreibung zutrifft. Ich zitiere aus *„Der Streik"* – aus einem Abschnitt über eine Serie von Desastern und Katastrophen:

> „Kein Wort davon war in den Zeitungen zu lesen. Die Leitartikel handelten weiterhin von Selbstverleugnung als Pfad zu künftigem Fortschritt, von Aufopferung als moralischem Imperativ, von Habgier als dem Feind und von Liebe als Lösung - und ihre fadenscheinigen Argumente waren so süßlich wie der Geruch von Äther in einem Siechenhaus.
>
> Hinter vorgehaltener Hand verbreiteten sich zwar im ganzen Land ängstlich zynische Gerüchte - doch man las die Zeitungen, tat, als glaubte man das Gelesene, wetteiferte mit den anderen, wenn es darum ging, blindes Stillschweigen zu wahren und vorzugeben, man wüsste nicht, was man doch wusste, und bemühte sich zu glauben, das Unausgesprochene sei unwirklich. Es war, als weigerten sich Menschen am Fuß eines ausbrechenden Vulkans, die plötzlichen Risse, den schwarzen Rauch und die brodelnden Rinnsale zu sehen, als glaubten sie beharrlich, ihre einzige Gefahr bestünde im Anerkennen der Wirklichkeit dieser Erscheinungen." (Teil 3, Kap.7)

Ich diskutierte dies heute nicht um zu prahlen oder um den Eindruck zu erwecken, dass ich irgendeine mystische prophetische Gabe besitze, sondern um das genaue Gegenteil zu beweisen: dass diese Gabe *nicht* mystisch ist. Entgegen der vorherrschenden Idee der angeblichen Gelehrten von heute ist Geschichte *kein* sinnloses Chaos, das durch Glück und Launen beherrscht wird. Historische Trends *können* vorausgesagt und verändert werden - Menschen sind keine hilflosen, blinden, verdammten Kreaturen, die durch unbegreifliche Kräfte jenseits ihrer Kontrolle zu ihrer Zerstörung getrieben werden.

Es gibt nur eine Kraft, die den Kurs der Geschichte bestimmt, ebenso wie sie den Lebenslauf jedes Individuums bestimmt: die Macht des menschlichen Denkvermögens - *die Macht der Ideen*. Wenn Sie die Überzeugungen eines Menschen kennen, können Sie seine Handlungen voraussagen. Wenn Sie die vorherrschende Philosophie einer Gesellschaft kennen, können Sie ihren Kurs vorhersagen. Aber der Mensch kann seine Überzeugungen und seine Philosophie frei wählen.

Es gibt keine fatalistische, vorherbestimmte historische Notwendigkeit. *„Der Streik"* ist keine Prophezeiung unserer unvermeidlichen Zerstörung, sondern ein Manifest unserer Macht, sie zu verhindern, wenn wir uns entscheiden, unseren Kurs zu ändern.

Es ist die Philosophie der mystisch-altruistisch-kollektivistischen Achse, die uns zu unserem gegenwärtigen Zustand gebracht hat und uns zu einem Finale bringt, wie es die Gesellschaft in *„Der Streik"* erleidet. Es ist einzig die Philosophie der Vernunft-Individualismus-Kapitalismus-Achse, die uns retten und in ein Atlantis führen kann, wie ich es auf den letzten beiden Seiten meines Romans geschildert habe.

Da Menschen freien Willen haben, kann man weder das Ergebnis noch die Dauer eines *ideologischen* Konflikts mit Sicherheit voraussagen. Es ist noch zu früh zu sagen, welche Wahl unser Land treffen wird. Ich kann nur sagen: Wenn das Ziel von *„Der Streik"* darin liegt, zu verhindern, dass es prophetisch wird, dann gibt es viele, viele Anzeichen dafür, dass es darin erfolgreich ist.

Postskript: Über ein Jahr nachdem dieser Artikel geschrieben wurde, ereignete sich ein beachtenswertes Ereignis.

Im letzten Kapitel von *„Der Streik"*, welches den Zusammenbruch der kollektivistischen Herrschaft beschreibt, gibt es folgenden Abschnitt:

> „Das Flugzeug flog eben über die Wolkenkratzer hinweg, als die Stadt urplötzlich vom Erdboden verschwand, als hätte die Erde sich aufgetan und sie verschluckt. Es dauerte einen Augenblick, ehe sie begriffen, dass die Panik auch die Kraftwerke erfasst hatte - und die Lichter von New York erloschen waren." (Teil 3, Kap.10)

Am 9. November 1965 gingen die Lichter in New York und in der gesamten Ostküstenregion aus. Die Situation war nicht genau parallel zu der in meiner Geschichte, aber viele Leser erkannten die symbolische Bedeutung des Ereignisses. Ich zitiere einige Briefe und Telegramme, die ich einige Tage später bekam:

Ein Telegramm aus Austin, Texas, unterzeichnet von mehreren Namen: „Wir dachten, Sie hätten gesagt, der Roman sei nicht prophetisch."

Ein Telegramm aus Marion, Wisconsin: „Es gibt einen John Galt."

Aus einem Brief aus Indianapolis: „Man braucht noch nicht einmal eine Panik, nicht wahr, Miss Rand? Bloß die gleiche alte Unverantwortlichkeit und Inkompetenz. Wir haben über die Zugunglücke [usw.] gekichert, aber diese erfüllte Prophezeiung machte uns Gänsehaut."

Eine Nachricht aus Dundee, Schottland: „Als wir im Fernsehen New York ohne Licht sahen, musste ich an Ihr Buch *‚Der Streik'* denken. Da auf dem Bildschirm waren die schwarzen Canyons der Gebäude und die schwachen Lichter der Autos, die einen Weg nach draußen suchten."

Aus Memphis, Tennessee (eine Postkarte von der Mutter eines Lesers, der sie an mich schickte): „Das muss ich loswerden: Während des Stromausfalls rief [ein Freund] an und fragte, ob du da wärest. Ich sagte nein und er sagte: ‚Oh, schade, ich wollte ihn fragen, ob Atlas mit den Schultern gezuckt hätte.'"

Eine Nachricht aus Chicago: „Wir erwarteten die einzig rationale Erklärung des Stromausfalls vom 9. November: ‚Hier spricht John Galt.'"

16. Wie man mit Einfluß hausieren geht

von Ayn Rand

Erstmals erschienen in: *The Objectivist Newsletter*, September 1962

Amerikas Außenpolitik ist so grotesk irrational, dass die meisten Menschen glauben, irgendein sinnvoller Zweck müsse dahinterstecken. Das Ausmaß der Irrationalität ist sein eigener Schutz: Die Technik der „großen Lüge" lässt die Leute glauben, dass etwas so offenkundig Böses ja nicht wirklich so böse sein könne, wie es scheint und deswegen *irgendjemand* seine Bedeutung verstehen muss, auch wenn man selbst es nicht tut.

Die ekelerregenden Generalisierungen und Widersprüche, die als Rechtfertigung für das Entwicklungshilfeprogramm zitiert werden, fallen grob gesagt in zwei Kategorien, die meistens gleichzeitig genannt werden: die „idealistische" und die „praktische" - oder anders gesagt: Gefühlsduselei und Angst.

Die „idealistischen" Argumente appellieren an Altruismus und verschwimmen in einem Nebel aus schwebenden Abstraktionen über unsere Pflicht, die „unterentwickelten" Nationen des gesamten Globus zu unterstützen, die ohne unsere selbstlose Hilfe verhungern und zugrunde gehen würden.

Die „praktischen" Argumente appellieren an Angst und geben eine andere Art von Nebel von sich - in etwa, dass es in unserem eigenen Interesse liege, bankrott zu gehen, um die Gunst der „unterentwickelten" Nationen zu erkaufen, die sonst eine gefährliche Bedrohung für uns würden.

Es ist sinnlos, den Vertretern unserer Außenpolitik aufzuzeigen, dass nur entweder/oder geht: Entweder sind die „unterentwickelten" Länder so schwach, dass sie ohne unsere Hilfe verloren sind, in welchem Fall sie keine Bedrohung für uns sein können - oder sie sind so stark, dass sie uns mithilfe anderer gefährlich werden können, in welchem Falle wir nicht unsere Wirtschaftskraft austrocknen sollten, um dem Wachstum so mächtiger potentieller Feinde zu helfen.

Es ist sinnlos, die Widersprüche zwischen diesen zwei Behauptungen zu diskutieren, weil keine von beiden wahr ist. Ihre Vertreter sind unzugänglich für Tatsachen, Logik und die überwältigenden Beweise, dass unsere Außenpolitik nach zwei Jahrzehnten aus globalem Altruismus das genaue Gegenteil ihrer angeblichen Ziele erreicht hat. Diese Außenpolitik ruiniert unsere Wirtschaft - sie macht uns international zu ohnmächtigen Versagern, die nur eine Reihe von Kompromissen, Rückzügen, Niederlagen und Betrug erreicht haben - und anstatt der Welt Fortschritt zu bringen, schafft sie chaotische Stammeskriege und liefert eine hilflose Nation nach der anderen dem Kommunismus aus.

Wenn eine Gesellschaft auf einem selbstmörderischen Kurs besteht, dann kann man sich sicher sein, dass die angeblichen Gründe und die proklamierten Parolen bloße Rationalisierungen sind. Die Frage lautet nur: Was verstecken diese Rationalisierungen?

Beachten Sie, dass es kein konsequentes Muster im ziellosen Chaos unserer Entwicklungshilfe gibt. Und obwohl sie auf lange Sicht Sowjetrussland begünstigt, ist Russland nicht ihr direkter, unmittelbarer Nutznießer. Es gibt keinen ständigen Gewinner, nur einen ständigen Verlierer: die Vereinigten Staaten.

Angesichts eines solchen Schauspiels geben manche Leute den Versuch zu verstehen auf; andere denken, dass irgendeine allmächtige Verschwörung Amerika zerstört und dass die Rationalisierungen einen bösartigen, unglaublich mächtigen Riesen verstecken.

Die Wahrheit ist schlimmer als das: Die Rationalisierungen verstecken nichts - und am Grunde des Nebels ist nichts außer einem Nest krabbelnder Kakerlaken.

Ich reiche als Beweismittel Auszüge aus einem Artikel von der Titelseite der *New York Times* vom 15. Juli 1962 mit dem Titel „Die Rolle der ausländischen Lobbys" ein:

> „Ein ‚undiplomatisches Korps' aus ausländischen Agenten blüht seit einigen Jahren [in Washington]...
>
> Sie betreiben Lobbyarbeit im Kongress, um für ihre ausländischen Klienten die Verabschiedung von Gesetzen zu erreichen oder zu verhindern. Sie üben Druck auf die Administration aus, um bestimmte

> politische oder wirtschaftliche Ziele zu erreichen, oder versuchen, die öffentliche Meinung durch eine Myriade von Methoden zu formen; diese Legion von Spezialagenten ist ein dunkler Schatten, der in Washington und überall im Land operiert."

„Lobbyarbeit" ist der Versuch, die Gesetzgebung durch private Einflussnahme auf die Abgeordneten zu beeinflussen. Sie ist das Resultat und das Geschöpf einer Mischökonomie - einer Regierung durch Interessengruppen. Ihre Methoden reichen von bloßen gesellschaftlichen Höflichkeiten und Cocktailparty-Freundschaften über Gefälligkeiten bis hin zu Drohungen, Bestechung und Erpressung.

Alle Lobbyisten, ob sie nun ausländischen oder inländischen Interessen dienen, müssen aufgrund in den letzten drei Jahrzenten erlassener Gesetze bei der Regierung registriert sein. Diese Registrierungen sind mit einer solchen Geschwindigkeit gewachsen (wobei die ausländischen Lobbyisten die inländischen übertreffen), dass die Abgeordneten anfangen, sich Sorgen zu machen. Das Foreign Relations Committee des Senats hat angekündigt, eine Untersuchung über die Aktivitäten dieser ausländischen Agenten vorzubereiten.

Der Artikel der *New York Times* beschreibt die ausländische Lobbyarbeit wie folgt:

> „Die Theorie hinter diesem gesamten Unternehmen besteht darin, dass eine ausländische Regierung oder Interessengruppe (ob nun ökonomisch oder politisch) für eine Gebühr oder eine Pauschale (und oft für Hunderttausende von Dollars an Werbung und Spesen) *ein begünstigendes Gesetz im Kongress, eine freundliche Politik der Regierung* oder ein positives Image in den Augen der amerikanischen öffentlichen Meinung *kaufen kann,* was wieder zu *profitablen politischen oder ökonomischen Vorteilen* führt." [Hervorhebungen von mir].

Wer sind diese Lobbyisten? Menschen mit politischem Einfluss - mit „Zugang" zu einflussreichen Personen in Washington - Amerikaner, angeworben von ausländischen Interessen. Der Artikel erwähnt, dass die meisten dieser Männer „Washingtoner Anwälte" oder „New Yorker PR-Firmen" sind.

Russland ist einer dieser ausländischen Interessen und wird von registrierten Lobbyisten in Washington bedient; aber Russland macht bloß Kasse wie die anderen auch. Der Erfolg seiner Verschwörung in unserem Land ist das *Resultat* unserer Selbstzerstörung – nicht die Ursache. Russland gewinnt durch Unterlassung. Die Ursache dafür liegt tiefer.

Dieses Thema erregte kürzlich Aufmerksamkeit durch den Streit ausländischer Lobbyisten, die von der amerikanischen Regierung Zuckerquoten erlangen wollten.

> „Ihre Anstrengungen richteten sich auf den Abgeordneten Harold D. Cooley, Demokrat aus North Carolina und Vorsitzender des Agrarausschusses, der zumindest bis heute fast die absolute Macht über die Quotenzuteilung hat. Es ist nie klar geworden, welche Kriterien Mr. Cooley bei der Zuteilung dieser Quoten angewendet hat – und umgekehrt ist es unmöglich zu bestimmen, welchen Effekt die Bittgesuche der Lobbyisten auf ihn hatten.
>
> Aber da diese Repräsentanten ausländischen Regierungen oder Zuckerfarmerverbänden ihre Dienste anbieten, bieten sie quasi ihre echte oder angebliche Freundschaft mit Mr. Cooley zum Verkauf an."

Das ist der Kern und das Wesen von Lobbyarbeit, unserer Entwicklungshilfe und einer Mischökonomie.

Das Problem besteht nicht darin, dass „nie klar geworden [ist], welche Kriterien Mr. Cooley bei der Zuteilung dieser Quoten angewendet hat", sondern dass es nie klar war und nie klar sein kann, welche Kriterien er auf Gesetze hätte anwenden *sollen*, die ihm eine solche Macht verliehen. In diesem Kontext können keinerlei Kriterien definiert werden; das ist das Wesen nicht-objektiver Gesetze und aller wirtschaftlichen Vorschriften.

Solange ein Begriff wie „das allgemeine Interesse" (oder das „soziale" oder „nationale" oder „internationale" Interesse) als gültiges Prinzip für die Verabschiedung von Gesetzen betrachtet wird, werden Lobbys und Interessengruppen zwangsläufig weiter existieren. Da es so eine Entität wie *„die Allgemeinheit"* nicht gibt – da die Allgemeinheit nur eine Anzahl von Individuen ist – kann die Idee, dass „das allgemeine Interesse" private Interessen und Rechte verdrängt, nur eine einzige Bedeutung haben: dass die Interessen und Rechte *einiger* Individuen Vorrang vor den Interessen und Rechten *anderer* haben.

Wenn dem so ist, dann müssen alle privaten Gruppen bis aufs Messer darum kämpfen, für „die Allgemeinheit" gehalten zu werden. Die Politik der Regierung muss wie ein zielloses Pendel von Gruppe zu Gruppe schwingen, einige umstoßen und andere bevorzugen, je nach der Laune des Augenblicks - und so muss ein grotesker Beruf wie Lobbyist („Einfluss" verkaufen) ein Vollzeitjob werden. Wenn es Schmarotzertum, Vetternwirtschaft und Gier nach dem Unverdienten nicht gäbe - eine Mischökonomie würde sie hervorbringen.

Da es keine rationale Rechtfertigung für die Opferung einiger Menschen zugunsten anderer gibt, gibt es kein objektives Kriterium, nach dem solch eine Opferung in der Praxis betrieben werden könnte. Alle Gesetze „im Interesse der Allgemeinheit" (und jede Umverteilung von Geld, das einigen durch Gewalt abgenommen wurde, damit andere unverdiente Vorteile erlangen) laufen letztendlich darauf hinaus, einigen Regierungsbeamten undefinierte, undefinierbare, nicht-objektive und willkürliche Macht zu verleihen.

Der schlimmste Aspekt davon ist nicht, dass solch eine Macht unehrlich ausgeübt werden kann, *sondern dass sie nicht ehrlich ausgeübt werden kann.* Der weiseste Mensch der Welt mit der reinsten Integrität kann kein Kriterium für die gerechte, unparteiische, rationale Anwendung eines ungerechten, parteiischen und irrationalen Prinzips finden. Das Beste, was ein ehrlicher Beamter tun kann, ist für seine willkürliche Entscheidung keine Bestechung anzunehmen; aber das macht seine Entscheidung und ihre Konsequenzen nicht gerechter oder weniger katastrophal.

Ein Mensch mit festen Überzeugungen ist für den Einfluss von außen unzugänglich. Aber wenn feste Überzeugungen unmöglich sind, übernimmt persönlicher Einfluss. Wenn der Verstand eines Menschen im nebligen Labyrinth des Nichtobjektiven gefangen ist, das keinen Ausgang und keine Lösungen hat, wird er jedes einigermaßen überzeugende, halbplausible Argument begrüßen. Ohne Gewissheit wird er jedem folgen, der ein Faksimile davon hat. Er ist natürliche Beute für „Manipulatoren", für Propagandaverkäufer und Lobbyisten.

Wenn jedes Argument so unschlüssig ist wie jedes andere, wird das subjektive, emotionale oder „menschliche" Element entscheidend.

Ein Abgeordneter mag bewusst oder unterbewusst zu dem Schluss kommen, dass der freundliche Mann, der ihm bei der Cocktailparty letzte Woche zugelächelt hat, ein guter Mensch ist, der ihn nicht täuschen würde und dessen Meinung man gefahrlos trauen kann. Durch solche Überlegungen verfügen Bürokraten über *Ihr* Geld, *Ihre* Arbeit und *Ihre* Zukunft.

Obwohl es zweifellos Korruptionsfälle bei Abgeordneten und Beamten gibt, sind sie in der heutigen Situation nicht der Hauptfaktor. Bezeichnend ist, dass die Bestechungssummen in den bekannt gewordenen Fällen fast jämmerlich gering waren. Männer, die die Macht über Millionen von Dollar hatten, verkauften ihre Gefälligkeiten für einen 1000-Dollar-Teppich, einen Pelzmantel oder einen Kühlschrank.

Es ist sehr wahrscheinlich, dass sie es nicht als Bestechung oder als Betrug am öffentlichen Vertrauen ansahen; sie dachten nicht, dass ausgerechnet ihre Entscheidung auf die eine oder andere Weise entscheidend wäre bei der Art von grundloser Entscheidung, die sie zu treffen hatten, bei der Abwesenheit aller Kriterien, inmitten der allgemeinen Orgie, einen anscheinend besitzerlosen Wohlstand wegzuschmeißen. Menschen, die ihr Land nicht für eine Million Dollar verkaufen würden, verkaufen es für ein Lächeln und einen Ausflug nach Florida. Um es mit John Galt zu sagen: „Aus solchen Pennys und Lächeln ist die Zerstörung unseres Landes gemacht."

Die Öffentlichkeit ist erstaunt und hilflos. Die „Intellektuellen" ziehen es vor, unsere Außenpolitik nicht zu genau anzusehen. Sie fühlen sich schuldig; sie spüren, dass ihre eigenen abgetragenen Ideologien, die sie nicht hinterfragen wollen, die Ursache für die Konsequenzen sind, die sie nicht sehen wollen. Je mehr sie verdrängen, umso größer ist ihre Bereitwilligkeit, jede Rationalisierung und jeden modischen Strohhalm zu ergreifen und ihn mit hohläugiger Aggressivität aufrechtzuerhalten. Das fadenscheinige Deckmäntelchen des Altruismus dient mit seiner schwindenden Aura der moralischen Rechtschaffenheit als Tarnung und als Billigung für diese Ausflüchte. Der erschöpfte Zynismus einer bankrotten Kultur, einer Gesellschaft ohne Werte, Prinzipien, Überzeugungen oder intellektuelle Maßstäbe erledigt den Rest: Er hinterlässt ein Vakuum, das dann jeder ausfüllen kann.

Die Antriebskraft hinter der selbstmörderischen Ausblutung des großartigsten Landes der Welt besteht nicht länger aus altruistischem Eifer oder einem kollektivistischen Kreuzzug, sondern aus den Manipulationen kleiner Anwälte und PR-Agenten, die die mentalen Strippen lebloser Automaten ziehen.

Sie - die Lobbyisten auf der Gehaltsliste ausländischer Interessen, die Menschen, die nicht hoffen konnten, unter anderen Umständen das Geld zu kriegen, das sie jetzt kriegen - sind die wirklichen und einzigen Profiteure der globalen Opferung, wie es ihr Schlag am Ende jeder altruistischen Bewegung in der Geschichte gewesen ist. Nicht die „unterentwickelten" Nationen oder die „unterprivilegierten" Massen oder die hungernden Kinder in Dschungeldörfern profitieren von Amerikas Selbstopferung - das tun die Menschen, die zu klein sind um solche Bewegungen zu starten und die klein genug sind, am Ende abzusahnen.

Es ist kein „hohes Ideal", das die Altruismus-Kollektivismus-Doktrin erreicht oder je erreichen kann. Das Ende des Weges sieht wie folgt aus:

> „Infolge des Eisenbahnvereinigungsplans war eine regionale Eisenbahngesellschaft in North Dakota bankrottgegangen, wodurch die Region zum Schicksal eines Notstandsgebiets verurteilt war; der örtliche Bankier hatte Selbstmord begangen, nachdem er zuerst Frau und Kinder getötet hatte; in Tennessee war mit einem Tag Vorwarnung ein Güterzug gestrichen worden, sodass eine Fabrik dort keine Transportmöglichkeiten mehr hatte; der Sohn des Fabrikeigentümers war vom College abgegangen und wartete nun im Gefängnis auf seine Hinrichtung wegen eines Mordes, den er mit einer Räuberbande begangen hatte; in Kansas war ein Haltepunkt geschlossen worden, und der Bahnhofsvorsteher, der gerne Wissenschaftler geworden wäre, hatte sein Studium aufgegeben und war Tellerwäscher geworden - all dies, damit er, James Taggart, in einer Privatbar sitzen und für den Alkohol aufkommen konnte, der Orren Boyles Kehle hinablief; für den Kellner, der Boyles Kleidung abtupfte, nachdem Boyle seinen Drink über seine Brust verschüttet hatte; für den Teppich, in den ein Exzuhälter aus Chile Löcher brannte, weil er sich nicht die Mühe machen wollte, sich den einen Meter von ihm entfernt stehenden Aschenbecher zu holen." (*„Der Streik"*, Teil 3, Kap.4)

17. „Extremismus" oder die Kunst der Verleumdung

von Ayn Rand

Erstmals erschienen in: *The Objectivist Newsletter*, September 1964

Unter den vielen Symptomen des moralischen Bankrotts von heute war die Show der sogenannten „Gemäßigten" beim Bundesparteitag der Republikaner der vorläufige Höhepunkt. Dieser Parteitag war ein Versuch, Verleumdungen als Instrument der nationalen Politik zu institutionalisieren und diese Verleumdungen der Boulevardpresse zum Parteiprogramm zu erheben. *Die „Gemäßigten" verlangten die Ablehnung von „Extremismus" ohne jegliche Definition des Begriffs.*

Da sie wiederholte Aufforderungen, zu definieren, was sie mit „Extremismus" meinten, ignorierten und Identifikation durch Schmähungen ersetzten, debattierten sie nur über konkrete Einzelfälle und benannten keine breiteren Abstraktionen oder Prinzipien. Sie gossen Beleidigungen über einige spezielle Gruppen aus, ohne zu erläutern, anhand welcher Kriterien diese Gruppen ausgewählt wurden. Das einzig klar Erkennbare waren zähnefletschende Gesichter und hasserfüllte, hysterisch kreischende Stimmen - während sie die „Hassprediger" anprangerten und „Toleranz" verlangten.

Wenn Menschen so starke Gefühle für eine Sache hegen und sich doch weigern, diese zu benennen; wenn sie wild für irgendein scheinbar unzusammenhängendes, unverständliches Ziel kämpfen - dann kann man sicher sein, dass ihr eigentliches Ziel der öffentlichen Identifikation nicht standhalten würde. Lassen Sie es uns also identifizieren.

Beachten Sie zuerst die seltsame Ungleichheit der Gruppen, die die „Gemäßigten" so sehr hassen: „Die Kommunistische Partei, der Ku-Klux-Klan und die John Birch Society." Wenn man versucht, das gemeinsame Merkmal zu abstrahieren, das Prinzip, das diese drei Gruppen vereint, findet man keins - oder zumindest kein spezifischeres als „politische Gruppe“. Das hatten die „Gemäßigten“ wohl nicht im Sinn.

Das gemeinsame Merkmal - so würden die „Gemäßigten“ hier knurren - ist „böse“. Okay, warum böse? Die Kommunistische Partei ist schuldig der Abschlachtung von Millionen Menschen auf jedem Kontinent der Erde. Der Ku-Klux-Klan ist schuldig des Lynchmordes an unschuldigen Opfern. Wessen hat sich die John Birch Society schuldig gemacht? Die einzige Antwort, die den „Gemäßigten“ zu entlocken war, lautete: „Sie beschuldigte General Eisenhower, Kommunist zu sein.“

Schlimmstenfalls fällt diese Anschuldigung in die Kategorie „Verleumdung“. Lassen Sie uns die Tatsache ignorieren, dass sich jeder Gegner des Sozialstaats-Dirigismus in öffentlichen Diskussionen Verleumdungen ausgesetzt sieht. Einigen wir uns darauf, dass Verleumdung ein ernstzunehmendes Vergehen ist und fragen wir uns: Gehört das zur selben Kategorie wie die Handlungen der Kommunistischen Partei und des Ku Klux Klan?

Sollen wir die Abschlachtung von Menschen, Lynchmorde und Verleumdung als gleich böse ansehen?

Wenn jemand sagen würde: „Ich bin gegen die Beulenpest, gegen Säureattacken auf Menschen und gegen die Nörgelei meiner Schwiegermutter“, dann würde man daraus schließen, dass die Schwiegermutter das einzige Objekt seines Hasses ist und dass ihre Eliminierung das eigentliche Ziel ist. Das gleiche Prinzip gilt für beide Beispiele der gleichen Technik.

Niemand, der wirklich gegen die Kommunistische Partei und den Ku-Klux-Klan ist, würde deren Bösartigkeit so auf die leichte Schulter nehmen und sie mit den Aktivitäten einer überflüssigen, verwirrten Organisation gleichsetzen, deren schlimmstes angebliches Vergehen aus unverantwortlichen und unbewiesenen Verleumdungen besteht.

Mehr noch: Die Kommunistische Partei ist kein Wahlkampfthema, weder für Republikaner, Demokraten noch die Wähler im Allgemeinen; wirklich jeder prangert die Kommunistische Partei heute an und niemand braucht dafür eine formelle Ablehnung. Der Ku-Klux-Klan ist kein Problem der Republikaner; seine Mitglieder sind traditionell

Demokraten; die Republikaner müssen deren Stimmen ebenso wenig ablehnen wie die von Tammany Hall.*

Bleibt also die John Birch Society als das wirkliche Thema des Republikanischen Parteitages übrig. Und um sie ging es - aber in einem tieferen und abwegigeren Sinn, als es oberflächlich erscheint.

Es ging nicht um die John Birch Society an sich: Sie war bloß ein künstlicher und zweitklassiger Strohmann, den die „Gemäßigten" zur beabsichtigten Zerstörung von viel größeren und wichtigeren Opfern ausgesucht hatten.

Beachten Sie, dass jeder beim Parteitag der Republikaner den impliziten Zweck hinter der „Extremismusfrage" zu verstehen schien, aber niemand sie explizit benennen wollte. Die Debatte wurde mit enormen, undefinierten „Paketangeboten" geführt, als ob Worte bloße Annäherungen seien, die eine Frage, die niemand zu benennen wagt, bloß *andeuten* sollen. Das Resultat hinterließ den Eindruck eines Kampfes auf Leben und Tod, der ohne Fokus geführt wird.

Dieselbe Atmosphäre dominiert auch die öffentliche Diskussion, die jetzt über diese Frage tobt. Es wird über „Extremismus" gestritten, als ob man wüsste, was das Wort bedeutet, und doch benutzt es niemand im gleichen Sinn und niemand scheint über das gleiche Thema zu reden. Wenn es je eine babylonische Sprachverwirrung gab, dann diese hier. Bitte beachten Sie, dass *das* ein wichtiger Teil der Sache ist.

Tatsächlich *kennen* die wenigsten Leute die Bedeutung des Wortes „Extremismus", sie *fühlen* sie bloß. Sie fühlen, dass ihnen etwas übergestülpt wird - mit Mitteln, die sie nicht begreifen können.

Um zu verstehen, was passiert und wie es passiert, lassen Sie uns einige frühere Beispiele derselben Technik untersuchen.

Ein Beispiel ist die Einführung des Wortes „Isolationismus" in unser politisches Vokabular. Es war ein abschätziger Begriff, der etwas Böses andeutete und keine klare, ausdrückliche Definition hatte. Er wurde benutzt, um zwei Bedeutungen zu transportieren: eine vorgeblich, die andere real - und um beide zu verurteilen.

---

* Einflussreicher New Yorker Zirkel der Demokratischen Partei, Anm. d. Übers.

Die angebliche Bedeutung lautete in etwa so: „Isolationismus ist die Einstellung einer Person, die sich nur für das eigene Land interessiert und sich nicht um den Rest der Welt sorgt." Die reale Bedeutung war: „Patriotismus und nationales Eigeninteresse."

Was genau ist „*Sorge* um den Rest der Welt"? Da niemand die Position vertreten hat (oder vertreten könnte), dass der Zustand der Welt für unser Land *ohne* Bedeutung ist, war der Begriff „Isolationismus" ein Strohmann, der jene verleumden sollte, denen es um die Interessen unseres Landes ging. Der Begriff „Patriotismus" wurde durch den Begriff „Isolationismus" ersetzt und verschwand aus der öffentlichen Debatte.

Die Anzahl der ehrenwerten Patrioten, die mit diesem Etikett verleumdet, geknebelt und eliminiert wurden, wäre schwierig auszurechnen. Dann übernahm der eigentliche Zweck dieses Etiketts die Führung - durch einen graduellen, nicht wahrnehmbaren Prozess: Der Begriff „Sorge" wurde verwandelt in „*selbstlose* Sorge". Das letztendliche Resultat war eine Außenpolitik, die bis heute die Vereinigten Staaten ruiniert: die selbstmörderische Ansicht, dass unsere Außenpolitik nicht vom nationalen Eigeninteresse, sondern von der Sorge um die Interessen und das Wohlergehen der Welt, d.h. für alle Länder außer unserem eigenen geleitet werden müsse.

Ende der 40er-Jahre wurde ein neuer Begriff in unsere kulturellen Arterien injiziert: „*McCarthyism*". Wieder war es ein abschätziger Begriff, der ein heimtückisches Übel ohne klare Definition andeutete. Die angedeutete Bedeutung lautete: „Ungerechtfertigte Anschuldigungen, Verfolgung und Rufmord an unschuldigen Opfern". Seine wirkliche Bedeutung lautete „*Antikommunismus*".

Senator McCarthy wurde dieser Anschuldigungen nie überführt, aber der Effekt dieses Begriffes bestand darin, öffentliche Diskussionen einzuschüchtern und abzuwürgen. Jede kompromisslose Verurteilung von Kommunismus oder Kommunisten wurde (und wird bis heute) als „McCarthyism" verleumdet. Als Konsequenz sind Enthüllungen über kommunistische Unterwanderung fast aus unserer intellektuellen Szene verschwunden. (Ich muss erwähnen, dass ich kein Fan von Senator McCarthy bin, aber *nicht* aus den Gründen, die von dieser Verleumdung angeführt wurden.)

Nun sehen Sie sich den Begriff *„Extremismus"* an. Die angedeutete Bedeutung lautet: „Intoleranz, Hass, Rassismus, irre Theorien und Anstiftung zu Gewalt". Die eigentliche Bedeutung lautet „die Befürwortung von Kapitalismus."

Beachten Sie die in diesen drei Beispielen angewendete Technik. Sie besteht daraus, einen künstlichen, unnötigen und (rational) unanwendbaren Begriff zu schaffen, der einen legitimen Begriff ersetzen und auslöschen soll - ein Wort, das wie ein Begriff klingt, aber aus einem „Paketangebot" von unvereinbaren, nicht zusammenpassenden, widersprüchlichen Elementen besteht, die aus jeder logischen begrifflichen Ordnung herausgerissen wurden, ein „Paketangebot", dessen (ungefähres) definierendes Merkmal immer etwas Unwesentliches ist. Besonders letzteres ist der Kern des Tricks.

Ich möchte Sie daran erinnern, dass der Zweck einer Definition daraus besteht, die Dinge, die unter einem einzigen Begriff zusammengefasst werden, von allen anderen zu unterscheiden und dass ihr definierendes Merkmal deswegen jenes *wesentliche* Merkmal sein muss, das diese Dinge von allen anderen unterscheidet.

Anders kann man Sprache nicht verwenden. Es gibt keine andere Weise, zu kommunizieren. Und wenn jemand einen Begriff mit einer Definition aus unwesentlichen Dingen verwendet, wird sein Verstand die maßgeblichen Merkmale der Dinge, die er beschreiben will, dadurch ersetzen.

„Sorge (oder Sorglosigkeit) um den Rest der Welt" ist z.B. kein wesentliches Merkmal irgendeiner Theorie von Außenpolitik. Wenn jemand den Begriff „Isolationisten" auf eine Gruppe von Individuen angewendet hört, wird er feststellen, dass das wesentliche Merkmal, das sie von anderen unterscheidet, *Patriotismus* ist - und er wird daraus schließen, dass „Isolationismus" Patriotismus bedeutet und dass Patriotismus böse ist. Somit wird die angebliche Bedeutung des Begriffes automatisch die wirkliche Bedeutung ersetzen.

Wenn jemand den Begriff „McCarthyism" hört, wird er feststellen, dass das bekannteste Merkmal, das Senator McCarthy von anderen öffentlichen Personen unterscheidet, ein *antikommunistischer* Standpunkt ist und er wird daraus schließen, dass Antikommunismus böse ist.

Wenn jemand den Begriff „Extremismus" hört und die harmlose John Birch Society als Beispiel bekommt, wird er feststellen, dass ihr bekanntestes Merkmal „konservativ" ist, und er wird daraus schließen, dass „konservativ" böse ist - so böse wie die Kommunistische Partei und der Ku-Klux-Klan. („Konservativ" ist selbst ein ungenauer, undefinierter und irreführender Begriff - aber im allgemeinen Sprachgebrauch soll er „pro-kapitalistisch" heißen.)

Dies ist die Funktion moderner Verleumdungsetiketten und dies ist der Prozess, durch den sie unsere öffentliche Kommunikation zerstören, indem sie rationale Diskussion über politische Fragen unmöglich machen.

Die gleiche Gesinnung, die einen „Anti-Helden" schafft, um Helden zu zerstören, und einen „Anti-Roman" schafft, um Romane zu zerstören, schafft *„Anti-Begriffe"*, um Begriffe zu zerstören.

Der Zweck von „Anti-Begriffen" besteht daraus, bestimmte Begriffe ohne öffentliche Diskussion auszulöschen und als Mittel dazu Diskussionen unverständlich zu machen, und diese Desintegration im Geiste eines jeden Menschen zu induzieren, der sie annimmt. Sie machen ihn unfähig, klar zu denken oder rational zu urteilen. Kein Verstand ist besser als die Genauigkeit seiner Begriffe.

(Besonders zwei Klassen von Menschen möchte ich darauf aufmerksam machen, die bei der Verbreitung von „Anti-Begriffen" helfen und sie begünstigen: die akademischen Elfenbeinturm-Philosophen, die behaupten, dass Definitionen eine Sache willkürlicher gesellschaftlicher Laune oder Konvention seien und dass es so etwas wie wahre oder falsche Definitionen nicht geben könne - und die „praktischen" Menschen, die glauben, dass eine so abstrakte Wissenschaft wie Erkenntnistheorie keinen Effekt auf die politischen Ereignisse der Welt haben könne.)

Von allen „Anti-Begriffen", die unsere kulturelle Atmosphäre vergiften, ist „Extremismus" der ehrgeizigste und hat die größten Implikationen; er geht weit über Politik hinaus. Lassen Sie ihn uns nun detailliert untersuchen.

Zuallererst ist „Extremismus" ein Begriff, der für sich genommen keine Bedeutung hat. Der Begriff „extrem" deutet eine Relation an, ein Ausmaß, einen Grad. Das Wörterbuch gibt die folgenden Definitionen: „*extrem*, adj. - 1. am weitesten vom Gewöhnlichen oder dem Durchschnitt entfernt. 2. in übergroßem Ausmaß."

Es ist offensichtlich, dass man vor Benutzung dieses Begriffes fragen muss: Ein Ausmaß - wovon?

„Von allem!" zu antworten und dann zu behaupten, dass ein Extrem böse ist, weil es ein Extrem ist - das *Ausmaß* einer Eigenschaft ungeachtet ihrer *Natur* für böse zu halten -, ist absurd. Maße an sich haben keinen Wert und erlangen ihn nur durch das, was gemessen wird.

Sind extreme Gesundheit und extreme Krankheit gleich begehrenswert? Ist extreme Intelligenz und extreme Dummheit - beides gleich weit „vom Gewöhnlichen oder vom Durchschnitt entfernt" - gleich wertlos? Ist extreme Ehrlichkeit und extreme Unehrlichkeit gleich unmoralisch? Sind extrem tugendhafte und extrem verkommene Menschen gleich böse?

Die Beispiele solcher Absurditäten kann man unendlich fortführen - besonders im Feld der Moral, wo nur ein extremes (d.h. lückenloses, kompromissloses) Ausmaß an Tugend auch Tugend genannt werden kann. (Wie moralisch ist ein Mensch mit „mittelmäßiger" Integrität?)

Aber „versuchen Sie nicht, eine Dummheit zu untersuchen - fragen Sie sich, was sie erreicht". Was soll der Anti-Begriff „Extremismus" in der Politik erreichen?

Die grundlegendste und wichtigste Frage unserer Zeit ist *Kapitalismus gegen Sozialismus*, oder Freiheit gegen Dirigismus. Seit Jahrzehnten wird diese Frage unterdrückt, verdrängt und versteckt unter den nebligen, undefinierten Gummibegriffen „Konservatismus" und „Liberalismus", die ihre originäre Bedeutung verloren haben und gedehnt werden können, bis sie alles für jeden bedeuten.

Das Ziel der „Liberalen" - wie man es den letzten Jahrzehnten entnehmen kann - bestand darin, unser Land in den Sozialstaats-Dirigismus zu schmuggeln, die Macht des Staates mittels einzelner, konkreter, spezifischer Maßnahmen schrittweise zu vergrößern, die zusammen nie in Prinzipien gefasst, deren Richtung nie identifiziert oder deren Grundfragen nie benannt werden durften. Somit sollte der Dirigismus nicht durch Wahlen oder Gewalt kommen, sondern durch langsame Verrottung - durch einen langen Prozess von Verdrängung und erkenntnistheoretischem Zerfall, der zu einem *fait accompli* führt. (Das Ziel der „Konservativen" bestand nur darin, diesen Prozess zu verlangsamen.)

Für das Programm der „Liberalen" muss man den Begriff „Kapitalismus" auslöschen - nicht bloß, dass er nicht länger existieren könne, sondern dass er nie existiert hat. Das eigentliche Wesen, die Prinzipien und die Geschichte des Kapitalismus mussten verleumdet, verzerrt, entstellt und somit aus der öffentlichen Debatte gehalten werden - weil Sozialismus nicht gewonnen hat und in offener Debatte auf dem offenen Markt der Ideen nicht gewinnen kann, weder auf der Basis von Logik noch in Ökonomie, Moral oder historischer Leistung. Sozialismus kann nur durch Unterlassung gewinnen, durch die moralische Unterlassung seiner vermeintlichen Gegner.

Dieser Blackout schien für eine Weile zu funktionieren. Aber man kann nicht alle Menschen ständig zum Narren halten. Heute brechen die alten, abgetragenen Etiketten „Konservatismus" und „Liberalismus" auf - und was darunter zum Vorschein kommt, ist: Kapitalismus gegen Sozialismus.

Die Sozialstaats-Dirigisten brauchen ein neues Deckmäntelchen. Jetzt erleben wir einen verzweifelten letzten Versuch, zwei „Anti-Begriffe" einzuführen: Die *„Extremisten"* und die *„Gemäßigten"*.

Um einen „Anti-Begriff" zu vermitteln, braucht man einen Strohmann (eine Vogelscheuche, einen Sündenbock), der als Beispiel seiner *vermeintlichen* Bedeutung dient. Für diese Rolle haben die „Liberalen" die John Birch Society ausgewählt.

Vor einigen Jahren warf die „liberale" Presse diese Gruppe der Öffentlichkeit vor und publizierte sie (gemessen an ihrer Bedeutung) völlig überproportional. Sie hat keine klare, spezifische politische Philosophie (sie ist nicht *für* Kapitalismus, sondern bloß *gegen* Kommunismus), kein echtes politisches Programm und keinen intellektuellen Einfluss; sie repräsentiert eine verwirrte, nicht-intellektuelle Form von Protest; sie ist bestimmt *nicht* der Wortführer noch der

Sammelpunkt des pro-kapitalistischen Lagers oder auch nur der „Konservativen". *Genau das* sind die Gründe, warum sie von den „Liberalen" ausgewählt wurde.

Die beabsichtigte Technik sieht wie folgt aus: Zuerst die Existenz jeder ernsthaften, achtbaren, intellektuellen Vertretung des Kapitalismus und der wachsenden Menge an Literatur über dieses Thema durch die Behauptung ignorieren, dass er nicht existierte oder existiert, dann die John Birch Society als einzigen Repräsentanten der „Rechten" darstellen und dann alle „Rechten" durch die Gleichsetzung mit der John Birch Society in den Dreck ziehen.

Dass dies die ausdrückliche Intention ist, bewies Senator Rockefeller, der Anführer der Attacke gegen den „Extremismus" beim republikanischen Parteitag, im letzten Jahr in einem Fernsehinterview (15. September 1963). Auf die Frage, was er mit der „radikalen Rechten" meinte sagte er:

> „Die beste Illustration war, was sich auf dem Parteitag der Young Republicans in San Francisco vor einigen Monaten ereignete, wo ein Young Republican mit einem Programm gewählt wurde, die Einkommenssteuer abzuschaffen und aus den Vereinten Nationen auszutreten. *Ich weiß nicht, ob es auch die Absetzung von Earl Warren enthielt*, aber *das ist Teil dieses ganzen Konzepts*, ebenso wie die Idee, dass General Eisenhower ein Kryptokommunist war." [Hervorhebungen von mir].

Teil *welchen* Konzepts?

Die ersten beiden Forderungen sind legitime „rechte" Positionen, die von vielen stichhaltigen Gründen unterstützt werden; die dritte ist eine Dummheit der John Birch Society; die vierte ist eine Unverantwortlichkeit eines einzelnen ihrer Vertreter. Alles zusammen ist ein Beispiel für die Kunst der Verleumdung.

Nun betrachten Sie die dem Begriff „rechts" zugeschriebene Bedeutung innerhalb des Paketangebots von „Extremismus". Im allgemeinen Gebrauch bedeuten die Begriffe „rechts" und „links" Vertreter von Kapitalismus und Sozialismus. Aber beachten Sie die abnormale, künstliche Betonung des Versuches, Rassismus und Gewalt mit „der extremen Rechten" zu assoziieren - zweier Übel, derer nicht einmal der Strohmann John Birch Society schuldig ist und die viel plausibler mit den Demokraten (via dem Ku Klux Klan) assoziiert werden können. Der Zweck besteht darin, ein altes Märchen aus der Zeit vor dem Zweiten Weltkrieg wiederzubeleben: die Idee, dass die zwei uns konfrontierenden politischen Gegenteile, die zwei Extreme, Faschismus und Kommunismus seien.

Der politische Ursprung dieser Idee ist noch schändlicher als die „Gemäßigten" gerne öffentlich zugeben möchten. Mussolini kam an die Macht mit der Behauptung, dass das die einzige Wahl Italiens sei. Hitler kam an die Macht mit der Behauptung, dass das die einzige Wahl Deutschlands sei. Es ist eine Tatsache, dass die Kommunistische Partei in der Reichstagswahl von 1933 zur Wahl der Nazis aufrief - mit der Erläuterung, dass sie später mit den Nazis um die Macht kämpfen könne, sie aber zuerst bei der Zerstörung ihres gemeinsamen Feindes helfen müsse: des Kapitalismus und seiner parlamentarischen Form der Regierung.

Es ist offensichtlich, was die betrügerische Frage von Faschismus gegen Kommunismus erreicht: Sie stellt zwei Varianten desselben politischen Systems als Gegenteil auf; sie eliminiert die Möglichkeit, Kapitalismus in Betracht zu ziehen; sie ersetzt die Frage „Freiheit oder Diktatur?" durch „Welche Form der Diktatur?" - und etabliert somit Diktatur als unausweichliche Tatsache und bietet nur eine Wahl zwischen Herrschern an. Die Wahl lautet also: eine Diktatur der Reichen (Faschismus) oder eine Diktatur der Armen (Kommunismus).

Dieser Betrug brach in den 1940er-Jahren, in den Nachwehen des Zweiten Weltkrieges zusammen. Es ist offensichtlich und leicht nachweisbar, dass Faschismus und Kommunismus nicht zwei Gegenteile sind, sondern zwei rivalisierende Banden, die um das gleiche Territorium kämpfen - dass beides Varianten des Dirigismus sind, basierend auf dem kollektivistischen Prinzip, dass der Mensch der rechtlose Sklave des Staates ist - dass beides Sozialismus ist, theoretisch, praktisch und in den ausdrücklichen Aussagen ihrer Führer - dass unter beiden Systemen die Armen versklavt und die Reichen zugunsten der regierenden Clique enteignet werden - dass Faschismus nicht das Produkt der politischen „Rechten", sondern der „Linken" ist - dass die Grundfrage nicht „reich gegen arm" lautet, sondern der

Mensch gegen den Staat oder individuelle Rechte gegen totalitären Staat, d.h. Kapitalismus oder Sozialismus.[50]

Die Verleumdung der Kapitalismus-Befürworter als „Faschisten" ist in unserem Land gescheitert und verschimmelt seit über einem Jahrzehnt in dunklen Ecken. Sie verschafft sich selten öffentliches Gehör und kommt nur gelegentlich hervorgekrochen - aus den Abflussrohren der Linken. Und das ist die Art von Idee, deren Wiederbelebung die „Liberalen" versuchen. Aber es ist offensichtlich, welchen Interessen diese Idee dienen kann.

Wenn es wahr wäre, dass Diktatur unausweichlich ist und dass Faschismus und Kommunismus die zwei „Extreme" an den entgegengesetzten Enden unseres Weges sind, was ist dann der sicherste Platz? Na, der Mittelweg. Die sichere undefinierte, unbestimmte, mischökonomische, „gemäßigte" Mitte - mit einer „gemäßigten" Menge an staatlichen Gefälligkeiten und speziellen Privilegien zugunsten der Reichen und einer „gemäßigten" Menge an staatlichen Almosen zugunsten der Armen - mit „gemäßigtem" Respekt für die Rechte des Individuums und einem „gemäßigten" Grad brutaler Gewalt - mit einer „gemäßigten" Menge Freiheit und einer „gemäßigten" Menge Sklaverei - mit einem „gemäßigten" Grad an Gerechtigkeit und einem „gemäßigten" Grad an Ungerechtigkeit - mit einer „gemäßigten" Menge an Sicherheit und einer „gemäßigten" Menge Terror - und mit einem gemäßigten Grad an Toleranz für alle, außer für diese „Extremisten", die Prinzipien, Standfestigkeit, Objektivität und Moral haben und sich weigern, Kompromisse zu schließen.

Die Idee von Kompromiss als höchstem Wert, der alles andere verdrängt, ist der moralische Imperativ und die moralische Vorbedingung einer Mischökonomie.[51] Eine Mischökonomie ist eine explosive, unhaltbare Mixtur zweier gegensätzlicher Elemente, die nicht stabil bleiben kann, sondern letztendlich den einen oder anderen Weg gehen muss; sie ist eine Mixtur von Freiheit und Kontrollen, d.h. nicht Faschismus oder Kommunismus, sondern Kapitalismus

[50] Siehe mein Vortrag *The Fascist New Frontier*, New York 1963, erschienen beim *Nathaniel Branden Institute*, New York 1963.

[51] Vgl. „Der Kult der moralischen Grauzone" in: *Die Tugend des Egoismus*, Jena 2015.

oder Dirigismus (inklusive all seiner Varianten). Wer den nicht unterstützbaren, sich auflösenden Status Quo unterstützen will, schreit panisch, dass er am Leben erhalten werden könne durch die Eliminierung der zwei *„Extreme"* ihrer beiden Komponenten; aber die zwei Extreme sind Kapitalismus oder totale Diktatur.

Eine Diktatur lebt vom ideologischen Chaos erstaunter, demoralisierter, zynisch flexibler und widerstandsloser Menschen. Aber Kapitalismus erfordert einen kompromisslosen Standpunkt (Zerstörung kann blind und auf gut Glück stattfinden, aber Aufbau erfordert striktes Festhalten an spezifischen Prinzipien.) Die Sozialstaats-Dirigisten hoffen, den Kapitalismus durch Verleumdung und Schweigen zu eliminieren - und Diktatur durch „freiwilligen" Gehorsam, durch eine Politik des Verhandelns und durch Kompromisse mit der wachsenden Macht des Staates zu „vermeiden".

Dies führt uns zu den tieferen Implikationen des Begriffs „Extremismus". Es ist offensichtlich, dass ein kompromissloser Standpunkt (für was auch immer) das eigentliche Merkmal ist, welches dieser „Anti-Begriff" verurteilen soll. Es ist auch offensichtlich, dass Kompromiss inkompatibel mit Moral ist. Im Feld der Moral bedeuten Kompromisse Kapitulation vor dem Bösen.

Es kann keinen Kompromiss bei Grundprinzipien geben. Es kann keinen Kompromiss in moralischen Fragen geben. Es kann keinen Kompromiss in Wissensfragen, mit der Wahrheit und mit rationalen Überzeugungen geben.

Wenn ein kompromissloser Standpunkt als „Extremismus" verleumdet wird, dann zielt diese Verleumdung auf die Liebe zu Werten, auf Loyalität zu Prinzipien, auf feste Überzeugungen, auf Konsequenz, auf Standhaftigkeit, auf Leidenschaft, auf Verpflichtung zu unumstößlicher, unverletzlicher Wahrheit - *auf jeden integren Menschen.*

Gegen all dies wurde und wird dieser „Anti-Begriff" benutzt.

Hier kann man die tieferen Wurzeln sehen, die Quelle, die die Verbreitung von „Anti-Begriffen" möglich gemacht hat: die Gesinnung paralysierter, angstgeplagter Neurotiker, die von der Desintegration der modernen Philosophie produziert wurden - mit ihrem Kult der Ungewissheit, ihrem erkenntnistheoretischen Irrationalismus und ihrem ethischen Subjektivismus. Gebrochen von chronischer Angst kommen sie aus unseren Universitäten; sie wollen vor der Absolutheit der Realität flüchten, mit der sie nicht umgehen können. Angst treibt sie dazu, sich mit aalglatten politischen Manipulatoren und pragmatischen Stimmenfängern zu vereinen, um die Welt für Mittelmäßigkeit sicher zu machen, indem man den archetypischen Bürger einer Mischökonomie zu einem moralischen Ideal erhöht: den gefügigen, formbaren, gemäßigten Duckmäuser, der sich nie aufregt, nie Ärger macht, sich keine Sorgen macht, sich allem anpasst und für nichts eintritt.

Das beste Indiz für den Zusammenbruch einer intellektuellen Bewegung ist der Tag, an dem sie als Ideal nur eine Bitte um „Mäßigung" anzubieten hat. Dies ist der letzte Beweis für den Bankrott des Kollektivismus. Die Vision, der Mut, das Engagement und das moralische Feuer sind auf der jetzt gerade erst erwachenden Seite der Kämpfer für Kapitalismus.

Man braucht mehr als einen „Anti-Begriff", um sie zu stoppen.

18. Die Auslöschung des Kapitalismus

von Ayn Rand

Erstmals erschienen in: *The Objectivist Newsletter*, Oktober 1965

In meinem Beitrag „‚Extremismus' oder Die Kunst der Verleumdung" diskutierte ich das Problem der „Anti-Begriffe", d.h. künstliche, unnötige, undefinierte und (rational) unanwendbare Begriffe, die bestimmte legitime Begriffe ersetzen und auslöschen sollen.

Ich sagte, dass die „Liberalen" solche „Anti-Begriffe" prägen und verbreiten, um unser Land durch einen unmerklichen Prozess dem Dirigismus auszuliefern und dass die vordringliche Zielscheibe für diese Auslöschung der Begriff „Kapitalismus" ist, der, wenn er verloren ginge, das Wissen mit sich nähme, dass eine freie Gesellschaft existieren kann und existiert hat.

Aber es gibt etwas noch Unattraktiveres (und politisch Zerstörerischeres) als die Feinde des Kapitalismus: seine vermeintlichen Freunde - von denen einige bei dem Spiel mitmachen und selbst „Anti-Begriffe" herstellen.

Kennen Sie dieses peinliche Gefühl, wenn man eine absolut blamable menschliche Leistung mitansehen muss, wie z.B. einen Komiker, der überhaupt nicht lustig ist? Es erfüllt einen mit einer unpersönlichen, fast metaphysischen Peinlichkeit, dass man mitansehen muss, wie ein Mitglied der menschlichen Rasse sich so unwürdig benimmt.

Das fühle ich, wenn ich Gouverneur Romneys Antwort auf die Prahlerei der Kommunisten hören muss, dass sie den Kapitalismus begraben würden:

> „Aber was die nicht verstehen - und was wir versäumt haben, der Welt zu sagen - ist, dass die Amerikaner den Kapitalismus schon längst begraben haben und zu Konsumentismus übergegangen sind."

Die Implikationen einer solchen Aussage sind ekelerregend offensichtlich. Der beste Kommentar dazu stammt von Earl Lively, der in seiner Kolumne „Lively Comments" im *Richardson Digest* (Richardson, Texas, 28. April 1965) schrieb:

> „Aus Angst, alleine zu stehen, und sei es auf Knien, sagt uns Romney, dass wir die Definition von Kapitalismus nicht kennen, ökonomische Prinzipien nicht verstehen und es uns besser ginge, wenn wir aufhörten, einen solch unpopulären Begriff wie ‚Kapitalismus' zu verteidigen."

Mr. Lively ist bewundernswert präzise in seiner Beschreibung der fraglichen Haltung. Aber Mr. Romney ist damit nicht alleine. Viele intellektuell achtbarere Menschen (inklusive einiger ausgezeichneter marktwirtschaftlicher Ökonomen) haben aus denselben psychologischen Gründen dieselbe Haltung und dieselbe Meinung angenommen.

Es gibt die Ökonomen, die behaupten, dass das Wesen (und die moralische Rechtfertigung) des Kapitalismus „*Dienst* an anderen - an den Verbrauchern" sei, dass die Wünsche der Verbraucher die absoluten Edikte seien, die einen freien Markt regierten usw. (Dies ist ein Beispiel dafür, was eine unmaßgebliche Definition anrichtet und warum eine Halbwahrheit schlimmer als eine Lüge ist: All diese Theoretiker erwähnen nicht die Tatsache, dass der Kapitalismus nur *einem* Verbraucher Anerkennung zollt: dem Produzenten - dass nur Händler, d.h. Produzenten, die etwas anzubieten haben, in einem freien Markt anerkannt werden, nicht „Verbraucher" an sich - dass in einer kapitalistischen Ökonomie ebenso wie in der Vernunft, in der Gerechtigkeit und der Realität, Produktion die Vorbedingung von Konsum ist.)

Es gibt Unternehmer, die angeblich zur Verteidigung des Kapitalismus ein Vermögen für ideologische Anzeigen ausgeben, die der Öffentlichkeit versichern, dass alles außer einem winzigen Bruchteil der Einnahmen einer Industrie an die Arbeitskosten (Löhne), an den Staat (Steuern) usw. geht, diese Anteile als große Stücke eines Kuchens darstellen und irgendwo dazwischen einen entschuldigend kleinen Splitter mit der Aufschrift „2½ Prozent Profite" verstecken.

Es gibt eine Ausstellung von Diagrammen und Modellen in der Empfangshalle der New Yorker Börse, die die Leistungen der freien

Marktwirtschaft darstellt - unter der Überschrift „Der Kapitalismus des Volkes".

Da keiner dieser Versuche erfolgreich darin sein kann, das Wesen des Kapitalismus zu verbergen oder ihn zur Stufe eines altruistischen Viehhofs zu degradieren, besteht ihr einziges Resultat daraus, die Öffentlichkeit davon zu überzeugen, dass Kapitalismus irgendein böses Geheimnis versteckt, welches seine vermeintlichen Verteidiger mit einer Aura von kriecherischer Schuld und Heuchelei erfüllt. Aber in Wirklichkeit ist das Geheimnis, welches sie verstecken wollen, der Kernpunkt des Kapitalismus und seine größte Tugend: dass er auf der Anerkennung individueller Rechte basiert - auf dem Recht des Menschen, für sich selbst zu existieren und zu arbeiten - nicht auf dem altruistischen Menschenbild, dass er ein Opfertier ist. Somit wollen sie der Öffentlichkeit die *Tugend* des Kapitalismus als böse verkaufen und bekräftigen *Altruismus* als Maßstab des Guten.

Was sie nicht in ihre Köpfe lassen wollen, ist die Tatsache, dass Kapitalismus und Altruismus unvereinbar sind; also wundern sie sich, warum der Kapitalismus immer unpopulärer wird, je mehr Propaganda sie betreiben. Sie geben der Dummheit der Leute die Schuld (weil die Leute nicht glauben wollen, dass ein erfolgreicher Industrieller ein Exponent der altruistischen Selbstopferung ist) - und der Gier der Leute nach dem Unverdienten (weil man ihnen eingetrichtert hat, dass der Wohlstand des Industriellen „moralisch" gesehen ihnen gehört und sie nun anfangen, es zu glauben).

Kein „Anti-Begriff" der „Liberalen" geht so weit und ist so primitiv wie das Etikett „Konsumentismus". Er impliziert klar und deutlich, dass der Status des „Verbrauchers" nichts mit dem des Produzenten zu tun hat und ihm überlegen ist; er suggeriert ein Gesellschaftssystem, das dem Dienst an einer neuen Aristokratie der Verbraucher verpflichtet ist, die die Kaste der Knechte mit der Fähigkeit, zu produzieren, ausbeuten darf. Wenn man es ernst nähme, würde ein solches Etikett zu der ultimativen Absurdität führen, in der die Kommunisten sagen: „Wer nicht arbeitet, soll nicht essen" - und die vermeintlichen Repräsentanten des Kapitalismus antworten: „Oh doch, soll er!". Und wenn das „Ad Hoc Committee on the Triple Revolution" eine moralische Obszönität wie *„das Recht auf Konsum"* vorschlägt, wer ist dann verantwortlich dafür - Karl Marx oder Gouverneur Romney?

Es stimmt, dass wir kein kapitalistisches System mehr sind; wir sind eine Mischökonomie, d.h. eine Mixtur aus Kapitalismus und Dirigismus, aus Freiheit und Kontrollen. Eine Mischökonomie ist ein Land im Prozess der Auflösung, ein Bürgerkrieg von Interessengruppen, die einander ausrauben und verschlingen. In diesem Sinne kann „Konsumentismus" ein angemessener Name dafür sein.

Bei wem wollen sich die Freunde, die Teilfreunde oder auch nur die Bekannten des Kapitalismus so dringend entschuldigen?

Als deutlichste Illustration für die psychologischen Motive, die moralische Bedeutung und die intellektuelle Technik bei der Herstellung von „Anti-Begriffen" biete ich Ihnen eine Kolumne von C.L. Sulzberger mit dem Titel „Sollten die alten Etiketten ausgetauscht werden?" in der *New York Times* vom Juli 1964.

> „Ein Forschungsprojekt der United States Information Agency hat wehmütig festgestellt, dass uns die Welt umso weniger mag, je mehr unsere Propaganda die Tugenden des ‚Kapitalismus' bewirbt und den ‚Sozialismus' angreift... Verwirrte Semantik macht schlechte PR... Nach der Analyse der demoskopischen Ergebnisse in beiden Hemisphären bemerkt die U.S.I.A.-Studie: ‚Kapitalismus ist böse. Die Vereinigten Staaten sind das führende kapitalistische Land. Deswegen sind die Vereinigten Staaten böse.' Der Schaden, den diese Denkweise angerichtet hat, ist kaum zu übertreffen. In der Sowjetunion und im kommunistischen China bestärkt sie Einstellungen und Handlungen, die das Risiko eines thermonuklearen Krieges vergrößern."

Was ist hier mit so einem nebligen Ausdruck wie „bestärkt sie Einstellungen und Handlungen" gemeint? Die Verleumdung des Kapitalismus als böse kommt von den Kommunisten und wird von ihnen ständig wiederholt. Bedeutet obiges, dass ihre eigene Verleumdung ihre Einstellung bestärkt? Und bedeutet es, dass man einen thermonuklearen Krieg dadurch verhindert, dass man zustimmt, diese Verleumdung sei wahr?

Das sagt der Bericht nicht. Er fährt bloß fort:

> „In der nichtkommunistischen Welt vergiftet diese Denkweise die Atmosphäre, in der wir versuchen, unsere Hilfsprogramme und andere internationale Kooperationen durchzuführen."

Das bedeutet, dass der Schaden für uns in der Gefahr liegt, die Empfänger unserer Spenden könnten unser Geld ablehnen - und dass wir, um ihre „Kooperation" zu erlangen, uns selbst ins Gesicht spucken und bei der Verleumdung des Systems mitmachen müssen, welches den Wohlstand produziert hat, der ihr Leben rettet.

> „‚Kapitalismus' ist für Millionen Nicht-Marxisten ein schmutziges Wort. Sie halten ‚Sozialismus' für irgendwie menschlicher. Als die U.S.I.A. ausländische Meinungen einholte, erfuhr sie, dass die Mehrheit ‚Sozialismus' nicht mit Staatseigentum gleichsetzt und er nicht zwangsläufig mit Kommunismus verwandt sei. Er scheint eher ein System zu implizieren, das das Wohlergehen der kleinen Leute begünstigt."

Wenn Sie bezweifeln, dass die Philosophie des Pragmatismus wirklich lehrt, dass die Wahrheit durch Umfragen herausgefunden wird, dann ist hier ein Beispiel dafür, in reiner und nackter Form. Trotz Bänden an Theorie, einem Jahrhundert an Geschichte und der blutigen Praxis auf fünf Kontinenten, heißt „Sozialismus" nicht Staatseigentum und ist nicht mit Kommunismus verwandt - weil die Mehrheit der Befragten es gesagt hat. Und was heißt „ein System, das das Wohlergehen der kleinen Leute begünstigt"? Wie „begünstigt" man die kleinen Leute? Auf Kosten der großen? Eine „Gunst" bedeutet das Unverdiente - da das Verdiente ein Recht und keine Gunst ist. Wessen Rechte und Eigentum sollen abgeschafft und enteignet werden und zu wessen Vorteil? Die einzige Variante des Sozialismus, die „Gunst" ohne Staatseigentum verteilen kann, ist Faschismus. Ziehen Sie Ihre eigenen Schlüsse über die politische Gesinnung der an dieser Umfrage beteiligten moralischen Kannibalen.

> „Die meisten Ausländer halten ‚Kapitalismus' nicht für eine treffende Beschreibung einer effizienten Wirtschaft oder des Schutzes individueller Rechte. Für sie bedeutet er wenig Rücksicht auf die Armen, ungerechte Verteilung von Wohlstand und ungebührlichen Einfluss der Reichen."

Wie kombiniert man den Schutz individueller Rechte mit staatlich erzwungener „Rücksicht auf die Armen", mit staatlich verteiltem Wohlstand und „Einfluss"? Keine Antwort.

> „Die U.S.I.A. fand heraus, dass eine beeindruckende Prozentzahl von Briten, Westdeutschen, Italienern, Japanern, Mexikanern und Brasilianern eine positive Meinung vom ‚Sozialismus' und eine stark negative Meinung vom ‚Kapitalismus' hat."

Sehen Sie sich die philosophischen Trends und die moralischen Zeugnisse dieser Länder an - *und ihre politischen Resultate.* Deutschland, Japan und Italien waren faschistische Diktaturen; ihre politischen Weisheiten bestehen aus einer Demonstration von Gräueln, an die nur ihre ideologischen Brüder in Sowjetrussland und Rotchina heranreichen. Großbritannien, Mexiko und Brasilien sind Mischökonomien, die längst die Grenze zu sozialistischen Ländern (und ihrem ökonomischen Bankrott) überschritten haben. Und *dies* sind die Nationen, deren Meinungen wir schätzen und um deren Gunst wir buhlen sollen. Dies sind die moralischen Autoritäten, bei denen wir uns für das edelste System in der Geschichte entschuldigen sollen: unseres. Dies sind die Richter, die wir beschwichtigen müssen, indem wir unser System verleugnen, sein Zeugnis entehren und seinen Namen auslöschen.

Gibt es irgendein denkbares Motiv, das eine Nation zu einem solch niederträchtigen Verrat führen könnte? Denkbar - nein, wenn man sich auf rationale Begriffe bezieht. Aber -

> „Kapitalismus ist in Übersee häufig ein abschätziges Wort. Versuche, es von seinem negativen Beigeschmack mit Phrasen wie ‚der Kapitalismus des Volkes' zu säubern, sind fehlgeschlagen... Aber ‚Sozialismus' ist schick. [Ja, *schick.*] Sogar im Vereinigten Königreich und in Westdeutschland, wo Privateigentum die Regel ist, drückte die Mehrheit ihre Sympathie für ‚Sozialismus' aus, während sie Kommunismus verabscheute."

Wenn Ihnen nun der Begriff „Gesellschaftsmetaphysik" einfällt, hätten Sie recht - außer dass selbst dieser Begriff zu sauber und fast zu unschuldig scheint, um Folgendes zu erklären:

> „Viele Führer unterentwickelter Länder verschmähen ‚Kapitalismus' und prahlen mit speziellen Varianten von ‚Sozialismus'. Leopold Senghor aus dem Senegal sagt: ‚Sozialismus ist ein Gemeinschaftsgefühl, was Rückkehr zu Afrikanismus bedeutet.' Julius Nyerere aus Tanganjika unterstreicht, dass ‚sich kein unterentwickeltes Land etwas anderes als Sozialismus leisten kann.' Habib Bourguiba aus Tunesien behauptet, dass die Jünger Mohammeds ‚Sozialisten waren, bevor das Wort erfunden wurde.' Und Kambodschas Prinz Sihanouk macht geltend: ‚Unser Sozialismus ist zuallererst eine Anwendung des Buddhismus.'"

Das oben Gesagte ist wahr, absolut wahr, wahr bis hin zu den tiefsten philosophischen, psychologischen, politischen und moralischen Fundamenten. Und *das* ist die verdammungswürdigste Anklage des Sozialismus, die jeder rationale Mensch einfach sehen muss. Sozialismus ist ein Rückschritt in primitive Barbarei. Doch das ist nicht die Beurteilung oder die Schlussfolgerung, zu dem der U.S.I.A.-Bericht kommt. Bei den Mohammedanern, den Buddhisten und den Kannibalen (und zwar den wirklichen Kannibalen), bei den Unterentwickelten, den Unentwickelten und den nicht zu Entwickelnden sollen sich die kapitalistischen Vereinigten Staaten von Amerika für ihre Wolkenkratzer, ihre Automobile, ihre Kanalisation und ihre lachenden, selbstbewussten, ungefolterten, nicht lebendig begrabenen jungen Menschen entschuldigen! Die Kolumne endet wie folgt:

> „Die Studie kommt zu dem Schluss, dass Ausländer den Vereinigten Staaten ein hohes Maß an kapitalistischer Ausbeutung und an kapitalistischer Macht über die Gesellschaft als Ganzes nachsagen, wie auch eine *weitreichende Abwesenheit der sozialen Wohlfahrtsmaßnahmen, welche für sie das entscheidende Kriterium des Sozialismus sind.'* [Hervorhebung im Original].
>
> Es macht sicherlich keinen Sinn, unsere Philosophie in Begriffen zu proklamieren, die unverkäuflich und für unsere Gegner angreifbar sind...
>
> Unser System des Kapitalismus hat sich immens von der altmodischen ökonomischen Lehre entfernt, auf die Marx und andere Denker des 19. Jahrhunderts das Etikett ursprünglich angewendet hatten. Könnte die U.S.I.A. nicht eine weitere Umfrage versuchen, um Wege zu finden, unser gesellschaftliches und politisches System in einer ak-

zeptableren Weise an jene zu vermitteln, deren Meinungen wir beeinflussen wollen?"

Beeinflussen - wie? In welche Richtung? Zu welchem Zweck? Wenn wir zum Zweck der Beschwichtigung unsere Philosophie ablegen und ihre annehmen, wenn wir die letzten Überbleibsel des Kapitalismus über Bord werfen und hier einen „nationalsozialistischen Sozialstaat" ausrufen, wer hätte wen „beeinflusst" - und begraben?

Vieles kann man aus dieser ungewöhnlich aufschlussreichen Kolumne lernen. Es ist natürlich wahr, dass, wenn amerikanische Propagandisten den Kapitalismus im Ausland so verteidigen würden, wie sie es zu Hause tun, die Resultate genauso aussähen, wie in der Studie der U.S.I.A. beschrieben - oder schlimmer. Zu Hause beschwichtigen die „Konservativen" die „Liberalen" und verlieren, weil sie es nicht wagen, die wahre Natur des Kapitalismus zu vertreten. Im Ausland beschwichtigen die „Liberalen" aus demselben Grund die Kommunisten: Man kann den Kapitalismus nicht verteidigen, ohne das Menschenrecht auf Leben zu vertreten, d.h. ohne den Altruismus abzulehnen.

Sehen Sie sich an, wie entsetzlich gleichgültig den vermeintlichen Freunden des Kapitalismus die Frage „wahr oder falsch" ist. Sie schreiben solchen Widersprüchen wie der Sympathie für Sozialismus, während man Kommunismus verabscheut, keine Bedeutung zu - oder der Tatsache, dass Kapitalismus das einzige Gegenteil und die einzige Verteidigung gegen Kommunismus ist. Sie schreiben der Unwissenheit, der Unehrlichkeit, der Ungerechtigkeit und der Irrationalität der Kritiker des Kapitalismus keine Bedeutung zu. Angesichts einer moralisch-philosophischen Frage ist ihre Antwort eine sofortige Kapitulation an Unwissenheit, Unehrlichkeit, Ungerechtigkeit und Irrationalität. Angesichts des Wissens, dass Kapitalismus von den Kommunisten verleumdet wird, von eben dem Feind, den sie bekämpfen wollen, besteht ihre Politik nicht darin, diese Verleumdungen zu zersprengen, die Welt zu erleuchten, das Opfer zu verteidigen und die Stimme für die Gerechtigkeit zu erheben, sondern darin, beim Lynchen mitzumachen. Was sie fühlen, ist: Was bedeutet schon Wahrheit angesichts der Überlegung, dass „die Leute uns nicht mögen"? Sie schreien stattdessen: „Aber so schaffen wir es, dass die Leute das Opfer mögen!" – nachdem wir geholfen haben, es in Stücke zu reißen. Dann wundern sie sich, warum sie nur Verachtung ernten – sowohl von verratenen Verbündeten als auch von geschworenen Feinden. Moralische Feigheit ist weder ein attraktiver noch ein inspirierender oder sehr praktischer Charakterzug.

Beachten Sie die Obszönität der Europäer, die es wagen (und zwar heute, in der steigenden Flut des globalen Blutvergießens, angesichts der unaussprechlichen Gräueltaten in den „Schwellenländern"), über „wenig Rücksicht auf die Armen" zu plappern und die Vereinigten Staaten *dafür* zu kritisieren. Was auch immer ihre Motive sind – Sorge um menschliches Leid ist nicht darunter.

All das könnten wir mitansehen, aber es scheint fast irrelevant neben der einen zentralen, überwältigenden Tatsache: Die intellektuellen Wortführer von heute sind willens, alles zu verzeihen und zu akzeptieren; sie sind willens, das Recht des Buddhismus und des Afrikanismus auf ihre prahlerisch behaupteten Traditionen zu akzeptieren (denken Sie an das Wesen und die Geschichte dieser Traditionen) – aber sie machen eine Ausnahme. Es gibt ein Land – die Vereinigten Staaten von Amerika –, das für sie nicht akzeptabel ist, das *seine* Traditionen aufgeben, als Buße auf Knien kriechen und die Wilden auf fünf Kontinenten anbetteln muss, doch bitte einen neuen Namen für sein System zu wählen, der die Schuld seiner Vergangenheit auslöschen würde. Woraus besteht diese Schuld? Dass dieses Land für einen kurzen Moment in der Weltgeschichte die Vision des ungeopferten Menschen in einer nicht-opfernden Lebensweise geboten hat.

Wenn man *das* begreift, weiß man, dass es nutzlos ist, über politische Trivialitäten zu streiten, sich über die Natur des Altruismus zu wundern oder darüber, warum die Herrschaft der Altruisten zu immer größeren Gräueln in der Welt führt. *Das* ist das Wesen des Altruismus; *das* – nicht Gutmütigkeit, Wohlwollen oder Sorge um menschliches Unglück. Hass auf den Menschen, nicht der Wunsch, ihm zu helfen – Hass auf das Leben, nicht der Wunsch, es zu fördern –

Hass auf *das erfolgreiche Leben* – und das ultimative, apokalyptische Böse: *Hass auf das Gute, weil es das Gute ist.*

Was jedem erfolgreichen Menschen (erfolgreich in irgendeinem menschlichen Wert, geistig oder materiell) begegnet ist, was er gefühlt, was ihn erstaunt, was er aber selten identifiziert hat, kann man nun offen sehen. Statt individueller Menschen verordnen nun Nationen das gleiche unaussprechliche Böse auf weltweiter Skala, wo es nicht länger versteckt werden kann. Nicht für ihre Fehler werden die Vereinigten Staaten von Amerika gehasst, sondern *für ihre Tugenden* – nicht für ihre Schwächen, sondern *für ihre Leistungen* – nicht für ihr Scheitern, sondern *für ihren Erfolg* – ihren prächtigen, leuchtenden, lebensspendenden Erfolg.

> „Es ist nicht euer Vermögen, hinter dem sie her sind. Sie haben sich gegen den Verstand verschworen, das heißt: gegen das Leben und den Menschen.
>
> Diese Verschwörung hat weder einen Anführer noch eine Ausrichtung, und die zufälligen kleinen Ganoven, die sich gerade an den Qualen des einen oder anderen Landes bereichern, sind beliebiger Abschaum, der seit Jahrhunderten auf den Fluten schwimmt, die aus den gebrochenen Dämmen der Kloaken strömen, aus dem Sammelbecken des Hasses gegen Vernunft, gegen Logik, gegen Können, gegen Leistung und gegen Freude in jedem winselnden Menschenfeind, der je die Überlegenheit des ‚Herzens' gegenüber dem Verstand gepredigt hat."
> *(„Der Streik")*

Mit dem Großteil der Welt in Trümmern, ohne die Stimme der Philosophie und mit den letzten Überbleibseln der Zivilisation, die unverteidigt verschwinden, in einer unheiligen Allianz der Wilden und der Dekadenz, kämpfen Verbrecher um die Beute, während die zynischen Pragmatiker, die das Ruder übernommen und keine Ahnung haben, versuchen, ihre Panik auf Cocktailpartys in Europa zu ertränken, wo verweichlichte Männer und hysterische, verkniffene Frauen das Schicksal der Welt bestimmen, indem sie erklären, dass Sozialismus schick ist.

So sieht unsere Zeit aus. Der Versuch, sie durch Kompromisse, Versöhnung, Ausflüchte und Umschreibungen zu bekämpfen, ist schlimmer als grotesk. Dies ist ein Kampf, den man weder führen kann, indem man seinem Feind hilft, oder indem man sich seine Parolen oder seine blutige ideologische Ausrüstung borgt, oder damit, die Welt über das Wesen dieses Kampfes zu täuschen, noch damit, so zu tun, als ob man „in" ist - mit solchen Leuten.

Es ist ein Kampf nur für die, die wissen, warum es notwendig ist, „out" zu sein - so weit „out" aus diesem Strom, wie Worte einen tragen - warum man, wenn moralische Fragen auf dem Spiel stehen, damit beginnen muss, das Fundament des Feindes in die Luft zu sprengen und jede Verbindung, jede Brücke und jeden Halt abzuschneiden - und wenn man missverstanden wird, man besser auf Seiten der Unnachgiebigkeit stehen sollte und nicht auf der Seite, die einem so monströsen Übel ähnlich sieht.

Es ist nur ein Kampf für die, die in den etwas abgewandelten Worten einer Figur aus *„Der Streik"* bereit sind zu sagen:

> „Der Kapitalismus war das einzige Land in der Geschichte, in dem Reichtum nicht durch Plünderung, sondern durch Produktion erzielt wurde, nicht durch Gewalt, sondern durch Handel, das einzige System, das für das Recht des Menschen eintritt, über seinen Verstand, seine Arbeit, sein Leben, sein Glück und seine Person selbst zu bestimmen. Wenn das nach den geltenden Maßstäben der Welt böse ist, wenn das der Grund ist, warum man uns verurteilt, dann nehmen wir - wir, die Vorkämpfer des Menschen - das hin und entscheiden uns dafür, von dieser Welt verurteilt zu werden. Wir entscheiden uns dafür, den Namen ‚Kapitalismus' mit Stolz als unser Adelsabzeichen auf der Stirn zu tragen."

Dieses Bekenntnis ist für unseren Kampf erforderlich - und kein Bisschen weniger.

19. Konservatismus: Ein Nachruf

von Ayn Rand

Nach einem Vortrag an der *Princeton University* am 7. Dezember 1960, veröffentlicht 1962 vom *Nathaniel Branden Institute*, New York.

Sowohl die „Konservativen" als auch die „Liberalen" betonen eine Tatsache, der anscheinend jedermann zustimmt: dass die Welt einem tödlichen Konflikt gegenübersteht und dass wir darum kämpfen müssen, die Zivilisation zu retten.

Aber was ist das Wesen dieses Konflikts? Beide Gruppen antworten: Es ist ein Konflikt zwischen Kommunismus und... und was? Es ist ein Konflikt zwischen zwei Lebensweisen, antworten sie, der kommunistischen und... und was? Wird ausgeblendet. Es ist ein Konflikt zwischen zwei Ideologien, antworten sie. Was ist unsere Ideologie? Wird ausgeblendet.

Die Wahrheit, welche beide Gruppen nicht sehen und zugeben wollen, lautet, dass der heutige Weltkonflikt politisch der letzte Akt im Kampf zwischen *Kapitalismus* und Dirigismus ist.

Wir stehen für *Freiheit*, sagen beide Gruppen - und erklären dann, welche Kontrollen, Vorschriften, Zwänge, Steuern und „Opfer" sie einsetzen, welche willkürliche Macht sie verlangen und welche „sozialen Überschüsse" sie an verschiedene Gruppen verteilen würden, ohne zu spezifizieren, von welchen anderen Gruppen diese „Überschüsse" enteignet würden. Keine Gruppe schert sich darum, zuzugeben, dass staatliche Kontrolle der Wirtschaft - jede Art oder jeder Grad einer solchen Kontrolle von welcher Gruppe oder für welchen Zweck auch immer - auf dem Prinzip des Dirigismus beruht, dem Prinzip, dass das Leben des Menschen dem Staat gehört. Eine Mischökonomie ist bloß ein halbversklavtes Land, d.h. ein von unversöhnlichen Widersprüchen zerrissenes Land im Prozess der allmählichen Auflösung.

Freiheit bedeutet im politischen Kontext Freiheit von Zwang durch den Staat. Sie bedeutet *nicht* Freiheit vom Vermieter oder Freiheit vom Arbeitgeber oder Freiheit von den Naturgesetzen, die den Menschen nicht mit automatischem Wohlstand versorgen. Es bedeutet Freiheit vom Zwang der Staatsmacht - und sonst nichts.

Der heutige Weltkonflikt ist der Konflikt des Individuums gegen den Staat - derselbe Konflikt, der durch die gesamte Geschichte ausgetragen worden ist. Die Namen wechseln, aber die Kernpunkte - und die Resultate - bleiben dieselben, ob das Individuum nun gegen den Feudalismus oder gegen die absolute Monarchie oder gegen den Kommunismus oder Faschismus oder Nazismus oder Sozialismus oder den Sozialstaat steht.

Wenn man Freiheit vertritt, muss man individuelle Rechte vertreten; wenn man individuelle Rechte vertritt, muss man das Recht auf Leben, auf Freiheit und auf das Streben nach Glück vertreten - d.h. man muss ein politisches System vertreten, das diese Rechte garantiert und schützt - d.h. das politisch-ökonomische System des *Kapitalismus.*

Individuelle Rechte, Freiheit, Gerechtigkeit und Fortschritt waren die philosophischen Werte, die theoretischen Ziele und die praktischen Resultate des Kapitalismus. Kein anderes System kann sie erschaffen oder aufrechterhalten und kein anderes System hat das je getan oder wird es je tun. Sehen Sie sich als Beweis das Wesen und die Funktion von Grundprinzipien an; sehen Sie sich als Beweis die Geschichte an - und den gegenwärtigen Zustand der verschiedenen Länder Europas.

Die Frage lautet *nicht* Sklaverei für einen „guten" Zweck oder Sklaverei für einen „schlechten" Zweck; die Frage lautet *nicht* Diktatur einer „guten" Bande oder Diktatur einer „schlechten" Bande. Die Frage lautet Freiheit oder Diktatur. Erst *nachdem* Menschen Sklaverei und Diktatur gewählt haben, können sie mit dem üblichen Bandenkrieg sozialisierter Länder beginnen, der heute „Krieg der Interessengruppen" heißt: Wessen Bande wird herrschen, wer wird wen versklaven, wessen Wohlstand wird zu wessen Gunsten geplündert, wer wird für welchen „edlen" Zweck geopfert. All solche Argumente kommen später und sind in Wirklichkeit bedeutungslos: Die Resultate werden immer gleich ausfallen. Die erste Entscheidung - und die einzige, die zählt -, lautet: Freiheit oder Diktatur - *Kapitalismus oder Dirigismus.*

Das ist die Entscheidung, die die heutigen politischen Anführer entschlossen verdrängen wollen. Die „Liberalen" versuchen, Dirigismus *heimlich* durchzukriegen - Dirigismus einer halb-sozialistischen, halb-faschistischen Art -, ohne das Land merken zu lassen, welchen Weg es nimmt und auf welches ultimative Ziel es zusteuert. Und während eine solche Politik abstoßend ist, gibt es noch etwas Abstoßenderes: die Politik der „Konservativen", die die Freiheit *heimlich* verteidigen wollen.

Wenn die „Liberalen" Angst haben, ihr Programm beim Namen zu nennen, wenn sie jeden spezifischen Schritt, jede Maßnahme und jedes Prinzip des Dirigismus befürworten, sich aber drehen und winden und in semantischen Verdrehungen wie „Sozialstaat", „New Deal" und „New Frontier" verknoten, dann bewahren sie sich noch einen letzten Rest an Logik, wenn nicht sogar an Moral: Es ist die Logik eines Betrügers, der nicht riskieren kann, dass seine Opfer sein Ziel entdecken. Nebenbei bemerkt hat die Mehrheit derer, die mit dem Begriff „Liberale" identifiziert werden, Angst, *selbst* zu entdecken, dass sie Dirigismus befürworten. Sie wollen die volle Bedeutung ihres Ziels nicht akzeptieren; sie wollen die Vorteile und Wirkungen des Kapitalismus behalten, während sie seine Ursachen zerstören, und sie wollen Dirigismus einführen, ohne seine notwendigen Konsequenzen zu bekommen. Sie wollen nicht wissen oder zugeben, dass sie die Vorkämpfer der Diktatur und der Sklaverei sind. Also weichen sie dieser Frage aus, aus Angst vor der Entdeckung, dass ihr Ziel *böse* ist.

Unmoralisch wie das auch sein mag - was soll man von Menschen halten, die derselben Frage ausweichen, aus Angst zu entdecken, dass ihr Ziel *gut* ist? Wie moralisch ist jemand, der Angst hat zu erklären, ein Vorkämpfer der *Freiheit* zu sein? Wie integer ist jemand, der seine Feinde beim Verleumden, Verfälschen, Bespucken und Entschuldigen des eigenen Ideals übertrifft? Wie rational sind die, die versuchen, Leute in die Freiheit zu schmuggeln, sie zu Gerechtigkeit zu betrügen, sie in den Fortschritt zu schummeln, sie in die Wahrung ihrer Rechte zu täuschen und, während man sie mit Dirigismus indoktriniert, sie reinzulegen und sie eines Morgens in einer perfekten kapitalistischen Gesellschaft aufwachen zu lassen?

Das sind die „Konservativen" - oder die meisten ihrer intellektuellen Wortführer.

Man muss sich nicht wundern, *warum* sie Wahlen verlieren oder warum unser Land ängstlich und widerwillig dem Dirigismus entgegenstolpert. Man muss sich nicht wundern, warum jede Sache, die so dargestellt oder verteidigt wird, verloren ist. Man muss sich nicht wundern, warum jede Gruppe mit so einer Politik ihren eigenen Bankrott erklärt und jeden Anspruch auf moralische, intellektuelle oder politische Führung verliert.

Die Bedeutung des „liberalen" Programms ist heute ziemlich klar. Aber *was sind die „Konservativen"*? Was wollen sie *„konservieren"*?

Im Allgemeinen sagt man, dass die Anhänger der „Konservativen" von ihnen erwarten, das System zu bewahren, das durch den undefinierten Begriff „American Way of Life" verkleidet worden ist. Der moralische Verrat der „konservativen" Anführer liegt in der Tatsache, dass sie sich hinter dieser Verkleidung verstecken: Sie haben nicht den Mut zuzugeben, dass der „American Way of Life" *Kapitalismus* war, dass *dies* das politisch-ökonomische System der Vereinigten Staaten war, das System, welches in einem kurzen Jahrhundert eine Stufe an Freiheit, an Fortschritt, an Wohlstand und an menschlichem Glück erreichte, die von keinem anderen System aller vorherigen Jahrhunderte zusammen erreicht wurde - und dass *dies* das System ist, dessen Untergang sie nun durch stille Unterlassung zulassen.

Wenn die „Konservativen" nicht für Kapitalismus stehen, sind sie und stehen sie für nichts; sie haben kein Ziel, keine Richtung, keine politischen Prinzipien, keine gesellschaftlichen Ideale, keine intellektuellen Werte und keine Führung anzubieten.

Und doch trauen sich die „Konservativen" nicht, Kapitalismus zu vertreten oder zu verteidigen. Sie sind gelähmt durch den tiefen Konflikt zwischen dem Kapitalismus und dem Moralkodex, der unsere Kultur dominiert: der Moral des Altruismus. Altruismus sagt, dass der Mensch kein Recht habe, für sich selbst zu leben, dass Dienst an anderen die einzige Rechtfertigung seines Daseins sei und dass *Selbstopferung* seine höchste moralische Pflicht, die höchste Tugend und sein höchster Wert sei. Kapitalismus und Altruismus sind unvereinbar; sie sind philosophische Gegensätze; sie können nicht im gleichen Menschen und der gleichen Gesellschaft existieren. Der Konflikt zwischen Kapitalismus und Altruismus hat Amerika von Anfang an untergraben und hat heute seinen Höhepunkt erreicht.

Das politische System Amerikas basierte auf einem anderen moralischen Prinzip: auf dem Prinzip des unverletzlichen Menschenrechtes auf das eigene Leben - d.h. auf dem Prinzip, dass der Mensch das Recht hat, für sich selbst zu leben, weder sich selbst für andere noch andere für sich zu opfern, und dass Menschen miteinander als *Händler* umgehen müssen, durch freiwillige Entscheidung zu gegenseitigem Vorteil.

Aber dieses moralische Prinzip war im amerikanischen politischen System bloß implizit: Es wurde nicht explizit formuliert, nicht identifiziert und nicht in einem vollen, philosophischen, ethischen Kodex formuliert. *Das* war die unvollendete Aufgabe, die als tödlicher Fehler in unserer Kultur verblieb und Amerika heute zerstört. Kapitalismus verendet am *Mangel einer moralischen Basis* und einer philosophischen Verteidigung.

Das Gesellschaftssystem, das auf dem altruistischen Moralkodex - dem Kodex der Selbstopferung - beruht und ihn verkörpert heißt Sozialismus, in jeder Variante: Faschismus, Nazismus, Kommunismus. Sie alle behandeln den Menschen als Opfertier, das zum Wohle der Gruppe, des Stammes, der Gesellschaft oder des Staates geopfert werden kann. Sowjetrussland ist das letztendliche Resultat, das Endprodukt, die volle, konsequente Verkörperung der altruistischen Moral in der Praxis; es repräsentiert die einzige Weise, in der diese Moral je praktiziert werden kann.

Da sie nicht wagen, die Moral des Altruismus anzufechten, kämpfen die „Konservativen" darum, der Frage von Moral auszuweichen oder sie zu übergehen. Dies hat sie ihr Selbstvertrauen, ihren Mut und ihre Sache gekostet. Beachten Sie die schuldige Ausflucht, die kriecherische Schüchternheit, die seltsame nicht-intellektuelle, nicht-philosophische Einstellung, die die meisten „Konservativen" in ihren

Reden und Schriften zur Schau stellen. Kein Mensch und keine Bewegung kann ohne moralische Gewissheit Erfolg haben - ohne eine volle rationale Überzeugung von der moralischen Richtigkeit ihrer Sache.

Genau wie die „Konservativen" sich beim Kampf gegen die „Liberalen" schuldig, unsicher und moralisch entwaffnet fühlen, so fühlen die „Liberalen" sich schuldig, unsicher, und moralisch entwaffnet beim Kampf gegen die Kommunisten. Wenn Menschen dieselbe Grundprämisse teilen, gewinnt der Konsequenteste. Solange wie Menschen die altruistische Moral akzeptieren, werden sie nicht in der Lage sein, die Verbreitung des Kommunismus zu stoppen. Die altruistische Moral ist Sowjetrusslands beste und *einzige* Waffe.

Die Heuchelei des amerikanischen Standpunkts in internationalen Fragen, die Ausflüchte, die selbstauslöschende Schüchternheit, die Entschuldigungen für Amerikas Wohlstand, seine Kraft, seinen Erfolg, für all die größten Tugenden seines Systems, die Vermeidung jeder Erwähnung von *„Kapitalismus"*, als ob das eine Leiche im Keller wäre, haben mehr für das Prestige von Sowjetrussland und die Verbreitung des Kommunismus auf der Welt getan als die billige, bombastische Propaganda der Russen je erreichen könnte. *Moralische Schuldgefühle* stehen dem Anführer eines Kreuzzuges nicht und werden niemanden dazu bringen, sich ihm anzuschließen.

Und worum bitten wir die Menschen zu kämpfen? Sie würden sich einem Kampf von Freiheit gegen Sklaverei, d.h. von Kapitalismus gegen Kommunismus anschließen. Aber wer schert sich darum, in einem Kampf von Sozialismus gegen Kommunismus zu kämpfen? Wer will für ein System kämpfen und sterben, unter dem er freiwillig - oder besser gesagt: durch allgemeine Wahlen - das tun würde, was ein Diktator schneller und besser erreichen könnte: die Opferung aller für alle? Wer wird gegen Mord kämpfen wollen, damit man Selbstmord begehen kann?

In den letzten Jahren haben die „Konservativen" eine dunkle Vorahnung bekommen, wie schwach ihre Position und wie fehlerhaft ihre Philosophie ist. Aber die Mittel, mit denen sie versuchen, sie zu korrigieren, sind schlimmer als die ursprüngliche Schwäche:

Die Mittel diskreditieren und zerstören die letzten Überbleibsel ihres Anspruches auf *intellektuelle* Führung.

Es gibt drei wechselseitig verbundene Argumente, die die heutigen „Konservativen" benutzen, um den Kapitalismus zu rechtfertigen und die man am besten wie folgt benennen kann: das Argument des *Glaubens*, das Argument der *Tradition* und das Argument der *Schlechtigkeit.*

Da sie ihr Bedürfnis nach einer moralischen Basis spüren, entscheiden sich viele „Konservative", *Religion* als ihre moralische Rechtfertigung zu wählen; sie behaupten, Amerika und Kapitalismus basierten auf Glauben an Gott. Politisch widerspricht eine solche Behauptung den fundamentalen Prinzipien der Vereinigten Staaten: In Amerika ist Religion eine Privatangelegenheit, die nicht in politische Fragen gebracht werden kann und darf.

Seine Sache mit *Glauben* zu begründen, ist das intellektuelle Zugeständnis, dass die Vernunft auf Seiten seiner Gegner ist und dass man keine rationalen Argumente anzubieten hat. Die „konservative" Behauptung, dass ihre Sache auf Glauben beruht, bedeutet, dass es keine rationalen Gründe gibt, das amerikanische System zu unterstützen, keine rationale Rechtfertigung für Freiheit, Gerechtigkeit, Eigentum und individuelle Rechte; dass diese auf einer mystischen Offenbarung beruhen und nur durch *Glauben* hingenommen werden können - dass der Feind vernünftig und logisch recht hat, man aber Glaube als der Vernunft überlegen ansehen muss.

Sehen Sie sich die Implikationen dieser Theorie an. Während die Kommunisten behaupten, dass sie die Repräsentanten der Vernunft und der Wissenschaft seien, bestätigen die „Konservativen" dies und ziehen sich zurück in das Reich des Mystischen, des Glaubens und des Übernatürlichen, in eine andere Welt, und liefern *unsere* Welt dem Kommunismus aus. Es ist ein Sieg, den die irrationale kommunistische Ideologie nie aus eigener Kraft hätte erringen können.

Sehen Sie sich die Resultate an. Bei Chruschtschows erstem Besuch in Amerika erklärte er bei einem Fernsehbankett, dass er gedroht hatte, uns zu begraben, weil es „wissenschaftlich" bewiesen sei, dass Kommunismus das System der Zukunft sei, das die Welt regieren werde. Was hat unser Sprecher geantwortet? Mr. Henry Cabot Lodge antwortete, dass unser System auf Glaube an Gott basiere. Vor Chruschtschows Ankunft protestierten die „konservativen" Wortführer - inklusive Senatoren und Abgeordneten - empört gegen seinen Besuch, aber die einzige von ihnen geforderte Maßnahme, die einzig „praktische" Form des Protests, waren Gebete und Gottesdienste für Chruschtschows Opfer. Dass die Repräsentanten des mächtigsten Landes der Erde - dem Land, das angeblich dem Kampf um Freiheit verpflichtet ist - Gebete als einzige Waffe aufbieten, war genug, um Amerika und Kapitalismus in den Augen aller zu diskreditieren, sowohl im In- als auch im Ausland.

Nun sehen Sie sich das zweite Argument an: den Versuch, Kapitalismus mit *Tradition* zu rechtfertigen. Bestimmte Gruppen versuchen, das Wort „konservativ" in das genaue Gegenteil seines modernen amerikanischen Gebrauchs zu verkehren und dies der Öffentlichkeit zu verkaufen. Diese Gruppen erklären, dass „konservativ" bedeute, den Status Quo, das Vorhandene und das Etablierte aufrechtzuerhalten, ungeachtet dessen, ob es gut oder schlecht, richtig oder falsch, vertretbar oder unvertretbar ist. Sie erklären, dass wir das amerikanische politische System verteidigen müssten, nicht weil es *richtig* ist, sondern weil unsere Vorfahren es gewählt haben - nicht weil es *gut* ist, sondern weil es *alt* ist.

Amerika wurde von Männern geschaffen, die mit allen politischen Traditionen gebrochen hatten, die sich nur auf die „unassistierte" Macht ihres eigenen Intellekts verließen und ein geschichtlich beispielloses System hervorbrachten. Aber die „Neo-Konservativen" versuchen nun, uns zu erzählen, dass Amerika das Produkt von „Glauben an offenbarte Wahrheiten" und von unkritischem Respekt für die Tradition der Vergangenheit sei (!).

Es ist irrational, „neu" als Wertmaßstab zu benutzen - zu glauben, dass eine Idee oder eine Politik gut ist, bloß weil sie neu ist. Aber es ist viel lächerlicher irrational, *„alt"* als Wertmaßstab zu benutzen - zu behaupten, dass eine Idee oder eine Politik gut ist, bloß weil sie uralt ist. Die „Liberalen" behaupten ständig, dass sie die Zukunft repräsentierten, dass sie „neu", „fortschrittlich", „vorausschauend" usw. seien - und sie verleumden die „Konservativen" als altmodische Repräsentanten einer toten Vergangenheit. Die „Konservativen" räumen es ein und helfen somit den „Liberalen", eine der groteskesten Verdrehungen zu propagieren: Kollektivismus, die uralte, eingefrorene Statusgesellschaft, wird uns im Namen des *Fortschritts* angeboten - während Kapitalismus, die einzige freie, dynamische, kreative Gesellschaft, im Namen der *Stagnation* verteidigt wird.

Die Bitte, die „Tradition" an sich zu bewahren, kann nur für die anziehend sein, die aufgegeben haben oder für die, die im Leben nie irgendetwas erreichen wollten. Es ist eine Bitte, die an die schlimmsten Elemente im Menschen appelliert und seine besten ablehnt: Sie appelliert an Angst, Faulheit, Feigheit, Konformität und Selbstzweifel - und lehnt Kreativität, Originalität, Mut, Unabhängigkeit und Selbstvertrauen ab. Es ist für alle Menschen eine empörende Bitte, aber besonders empörend hier in Amerika, dem Land, das auf dem Prinzip basiert, dass der Mensch auf seinen eigenen Füßen stehen, durch sein eigenes Urteil leben und ständig als ein produktiver, kreativer Innovator vorwärts schreiten muss.

Das Argument, dass wir „die Tradition" an sich respektieren müssten, bloß weil sie eine „Tradition" ist, bedeutet, dass wir die Werte, die andere Menschen gewählt haben, akzeptieren müssten, *bloß* weil sie sie gewählt haben - mit der notwendigen Implikation: Wer sind *wir* denn schon, diese Werte zu ändern? Der Affront gegen die Selbstachtung des Menschen und die tiefe Verachtung für seine Natur in solch einem Argument sind offensichtlich.

Dies führt uns zum dritten (und schlimmsten) Argument, das von einigen „Konservativen" benutzt wird: dem Versuch, den Kapitalismus mit der menschlichen *Schlechtigkeit* zu begründen.

Dieses Argument lautet wie folgt: Da Menschen schwach, fehlbar, nicht allwissend und angeboren schlecht seien, dürfe man keinen Menschen mit diktatorischen Vollmachten ausstatten, die alles und jeden beherrschen; deswegen sei eine freie Gesellschaft die richtige Lebensweise für unvollkommene Kreaturen. Bitte begreifen Sie die vollen Implikationen dieses Argumentes: Da der Mensch schlecht ist,

ist er nicht gut genug für Diktatur; Freiheit ist alles, was er verdient; wenn er perfekt wäre, wäre er würdig für einen totalitären Staat.

Ob Sie es glauben oder nicht: Diese Theorie behauptet, Diktatur sei das Resultat von *Glaube an den Menschen* und an das Gute in ihm; wer glaubt, dass der Mensch von Natur aus schlecht ist, wird keinem Diktator Macht anvertrauen. Dies bedeutet, dass der Glaube an die Schlechtigkeit des Menschen die Freiheit schützt - dass es falsch wäre, die Schlechten zu versklaven, aber richtig, die Tugendhaften zu versklaven. Und mehr noch: Diese Theorie erklärt, Diktaturen und alle anderen Katastrophen der modernen Welt seien die Strafe für die Sünde, sich auf seinen Intellekt verlassen zu haben und für den Versuch, sein Leben auf der Erde durch den Versuch zu verbessern, ein perfektes Gesellschaftssystem zu konstruieren und eine *rationale* Gesellschaft zu etablieren. Dies bedeutet, dass Demut, Passivität, lethargische Resignation und der Glaube an die Erbsünde das Bollwerk des Kapitalismus sind. Man kann in historischer, politischer und psychologischer Ignoranz oder Subversion nicht noch weiter gehen. Dies ist wahrlich die Stimme des dunklen Zeitalters - inmitten unserer industriellen Zivilisation.

Die zynischen und menschenhassenden Vertreter dieser Theorie verhöhnen alle Ideale, spotten über alle menschlichen Bestrebungen und verlachen alle Versuche, die menschliche Existenz zu verbessern. „Du kannst die menschliche Natur nicht ändern" ist ihre Standardantwort an die Sozialisten. Somit räumen sie ein, dass Sozialismus *tatsächlich* das Ideal ist, die menschliche Natur aber unwürdig dafür sei; danach laden sie Menschen ein, für Kapitalismus zu kämpfen - eine Kampagne, die man damit beginnen müsste, sich selbst ins Gesicht zu spucken. Wer würde kämpfen und sterben, um seinen Status als elender Sünder zu verteidigen? Wundern Sie sich nicht, wenn Menschen als Resultat solcher Theorien den „Konservatismus" verachten, und schreiben Sie es nicht der Klugheit der Sozialisten zu.

So sehen die vermeintlichen Vertreter des Kapitalismus aus - und so sehen die Argumente aus, mit denen sie ihn retten wollen.

Es ist offensichtlich, dass die „Konservativen" von heute mit dieser theoretischen Ausstattung und mit einer ununterbrochenen

Geschichte aus Niederlagen, Zugeständnissen, Kompromissen und Verrat überflüssig, ohnmächtig und kulturell tot sind. Sie haben nichts anzubieten und können nichts erreichen. Sie können nur helfen, intellektuelle Maßstäbe zu zerstören, das Denken zu desintegrieren, den Kapitalismus zu diskreditieren und den unangefochtenen Zusammenbruch unseres Landes in Verzweiflung und Diktatur zu beschleunigen.

Aber allen, die diesen Zusammenbruch bekämpfen wollen – besonders jene unter Ihnen, die jung und nicht bereit sind, aufzugeben –, möchte ich eine Warnung mitgeben: Nichts ist so tot wie die Totgeburt. Nichts ist so nutzlos wie eine Bewegung ohne Ziele, eine Kampagne ohne Ideale oder ein Kampf ohne Munition. Ein schlechtes Argument ist schlimmer als ineffektiv: Es verleiht den Argumenten Ihrer Gegner Glaubwürdigkeit. Ein halber Kampf ist schlimmer als gar keiner: Er endet nicht bloß in einer Niederlage – er unterstützt und beschleunigt den Sieg Ihrer Feinde.

Schließen Sie sich in einer Zeit, zu der die Welt von einem tiefen *ideologischen* Konflikt zerrissen wird, nicht denen an, die Ihnen keine Ideologie, keine Ideen und keine Philosophie anzubieten haben. Gehen Sie nicht in den Kampf, wenn Sie nur mit abgestandenen Parolen, frommen Plattitüden und sinnlosen Allgemeinplätzen bewaffnet sind. Schließen Sie sich keiner „konservativen" Gruppe, Organisation oder Person an, die eine Variante des Arguments des „Glaubens", der „Tradition" oder der „Schlechtigkeit" benutzt. Jeder hinterwäldlerische Sophist kann diese Argumente in jeder Wirtshausdiskussion abschmettern und Sie innerhalb von fünf Minuten in Ausflüchte treiben. Was würde Ihnen auf dem philosophischen Schlachtfeld der Welt mit so einer Munition zustoßen? Aber Sie würden dieses Schlachtfeld nie erreichen: Man würde Sie dort nicht hören, da Sie nichts zu sagen hätten.

Man rettet die Zivilisation nicht durch Ausflüchte. Man rettet eine Welt, die aus Mangel an intellektueller Führung zugrunde geht, nicht durch leere Sprüche. Man heilt eine tödliche Krankheit nicht durch das Ignorieren ihrer Ursachen.

Solange wie die „Konservativen" die Frage ignorieren, was den Kapitalismus zerstört hat und sie die Menschen nur darum bitten, „zurück zu gehen", können sie der Frage „Zurück - wohin?" nicht entkommen. Und keine ihrer Ausflüchte kann die Tatsache verbergen, dass die implizite Antwort lautet: zurück zu einer früheren Stufe des Krebses, der uns heute verschlingt und der fast sein Endstadium erreicht hat. Dieser Krebs ist die Moral des Altruismus.

Solange die „Konservativen" dem Thema Altruismus ausweichen, laufen all ihre Bitten und Argumente im Kern auf Folgendes hinaus: Warum können wir nicht zurück zum 19. Jahrhundert, als Kapitalismus und Altruismus anscheinend irgendwie miteinander auskamen? Warum müssen wir zu Extremen greifen und an chirurgische Eingriffe denken, wenn das frühe Stadium des Krebses schmerzlos war?

Die Antwort lautet, dass man den Tatsachen der Wirklichkeit - welche Geschichte und Philosophie einschließen - nicht ausweichen kann. Der Kapitalismus wurde von der Moral des Altruismus zerstört. Der Kapitalismus basiert auf individuellen Rechten - nicht auf der Opferung des Individuums für das „Allgemeinwohl" des Kollektivs. Kapitalismus und Altruismus sind unvereinbar. Es ist das eine oder das andere. Es ist zu spät für Kompromisse, für Plattitüden und Aspirintabletten. Es gibt keine Möglichkeit, Kapitalismus - oder die Freiheit, die Zivilisation oder Amerika - zu retten, außer durch *intellektuelle* chirurgische Eingriffe, d.h. durch die Zerstörung der Quelle, durch die Ablehnung der Moral des Altruismus.

Wenn Sie für Kapitalismus kämpfen wollen, dann gibt es nur ein Argument, das Sie annehmen sollten - das einzige, das je in einer moralischen Frage gewinnen kann: *das Argument der Selbstachtung*, d.h. das Argument, dass der Mensch ein Recht zu existieren hat - dass er das unverletzliche Recht auf sein eigenes Leben hat.

Ich zitiere aus meinem Buch *„Für den neuen Intellektuellen"*:

> „Die heutige Krise der Welt ist eine *moralische* Krise - und nur eine moralische Revolution kann die Welt retten: Eine moralische Revolution zur Billigung und Komplettierung der politischen Leistung der amerikanischen Revolution... Die Neuen Intellektuellen müssen für Kapitalismus kämpfen, nicht als ‚praktische' Frage, nicht als ökonomische

> Frage, sondern mit gerechtfertigtem Stolz als *moralische* Frage. Das verdient der Kapitalismus und nur das wird ihn retten."

Kapitalismus ist nicht das System der Vergangenheit; er ist das System der Zukunft - wenn die Menschheit eine Zukunft haben soll. Wer dafür kämpfen will, muss den Titel „Konservativer" ablegen. „Konservatismus" ist immer ein irreführender Name gewesen, der unangemessen für Amerika war. Heute gibt es nichts mehr zu „konservieren": Die etablierte politische Philosophie, die intellektuelle Orthodoxie und der Status Quo ist *Kollektivismus*. Wer alle Grundprämissen des Kollektivismus ablehnt, ist ein *Radikaler* im legitimen Sinn des Wortes: „radikal" bedeutet „fundamental". Heute müssen die Kämpfer für Kapitalismus nicht bankrotte „Konservative", sondern neue Radikale sein, neue Intellektuelle und vor allem neue, bekennende Moralisten.

20. *Der neue Faschismus: Herrschaft durch Konsens*

von Ayn Rand

Nach auf einem Vortrag vor dem *Ford Hall Forum* am 16. April 1965, veröffentlicht im *Objectivist Newsletter* Mai und Juni 1965.

Ich möchte mit einer sehr unpopulären Sache beginnen, die nicht in die intellektuelle Mode von heute passt und deswegen „Anti-Konsens“ ist: Ich werde damit beginnen, meine Begriffe zu definieren, sodass Sie wissen, wovon ich rede.

Ich möchte Ihnen die Wörterbuchdefinitionen dreier politischer Begriffe geben: Sozialismus, Faschismus und Dirigismus:

> „*Sozialismus* - Theorie oder System gesellschaftlicher Organisation, welche das Eigentum und die Kontrolle der Produktionsmittel, des Kapitals, des Landes usw. in der Gesellschaft als Ganzes vertritt.
>
> *Faschismus* - ein Regierungssystem mit stark zentralisierter Macht, das keine Opposition oder Kritik zulässt und alle Bereiche der Nation kontrolliert (industriell, kommerziell usw.)...
>
> *Dirigismus* - Prinzip oder Politik, extensive ökonomische, politische und verwandte Kontrollen auf Kosten individueller Freiheit im Staat zu konzentrieren.“[52]

Es ist offensichtlich, dass „Dirigismus“ der Oberbegriff ist, von dem die anderen beiden spezifische Varianten sind. Es ist auch offensichtlich, dass Dirigismus der dominante politische Trend unserer Tage ist. Aber auf welche dieser Varianten steuert dieser Trend zu?

Beachten Sie, dass sowohl „Sozialismus“ als auch „Faschismus“ die Frage von Eigentumsrechten enthalten. Das Recht auf Eigentum ist das Recht auf Benutzung und Verfügung. Beachten Sie den Unterschied in diesen zwei Theorien: Der Sozialismus negiert Eigentumsrechte vollständig und vertritt *„Eigentum und Kontrolle“* in der Gesellschaft als Ganzes, d.h. im Staat; der Faschismus lässt *Eigentum*

[52] *American College Dictionary*, New York 1957.

in den Händen privater Individuen, überträgt jedoch die *Kontrolle* des Eigentums an den Staat.

Eigentum ohne Kontrolle ist ein Widerspruch in sich: Es bedeutet „Eigentum" ohne das Recht, es zu benutzen oder darüber zu verfügen. Es bedeutet, dass die Bürger die Verantwortung des Eigentums ohne dessen Vorteile behalten, während der Staat alle Vorteile ohne jegliche Verantwortung erlangt.

In dieser Hinsicht ist Sozialismus die ehrlichere der zwei Theorien. Ich sage „ehrlicher", *nicht* „besser" - weil es *in der Praxis* keinen Unterschied zwischen ihnen gibt: Beide kommen aus demselben kollektivistisch-dirigistischen Prinzip, beide negieren individuelle Rechte und ordnen das Individuum dem Kollektiv unter, beide liefern das Leben und das Einkommen der Bürger einem allmächtigen Staat aus - und die Unterschiede zwischen ihnen sind nur eine Frage der Zeit, des Ausmaßes und der oberflächlichen Details, wie z.B. der Wahl der Parolen, mit denen die Herrscher ihre versklavten Untertanen hinters Licht führen.

Auf welche dieser beiden Varianten des Dirigismus bewegen wir uns zu: Sozialismus oder Faschismus?

Um diese Frage zu beantworten, muss man zuerst fragen: Welches ist der vorherrschende ideologische Trend der heutigen Kultur?

Die schändliche und erschreckende Antwort lautet: *Es gibt heute keinen ideologischen Trend.* Es gibt keine Ideologie. Es gibt keine politischen Prinzipien, Theorien, Ideale oder Philosophien. Es gibt keine Richtung, kein Ziel, keinen Kompass, keine Zukunftsvision und keine intellektuelle Führung. Gibt es in der heutigen Kultur irgendwelche vorherrschenden *emotionalen* Elemente? Ja, eines: *Angst.*

Ein Land ohne politische Philosophie ist wie ein Schiff, das in der Mitte des Ozeans treibt und der Gnade jeden Windes, jeder Welle oder Strömung ausgeliefert ist; ein Schiff, dessen Passagiere in ihren Kabinen kauern und schreien: „Nicht schaukeln!" - aus Angst zu entdecken, dass die Brücke des Kapitäns leer ist.

Es ist offensichtlich, dass ein Schiff, das Schaukeln nicht aushalten kann, schon verloren ist und es besser heftig geschaukelt werden sollte, wenn es wieder auf Kurs kommen soll - aber diese Schlussfolgerung setzt Weitsicht und ein Verständnis von Fakten, von der Realität und von Prinzipien voraus, was genau die Dinge sind, denen die „Nicht-Schaukler" panisch ausweichen wollen.

Genau wie ein Neurotiker glaubt, dass die Tatsachen der Realität verschwinden werden, wenn er sich weigert, sie anzusehen, so führt die Neurose einer ganzen Kultur heute dazu, dass Menschen glauben, ihr verzweifeltes Bedürfnis nach politischen Prinzipien und Begriffen werde verschwinden, wenn sie erfolgreich alle Prinzipien und Begriffe auslöschen. Aber da weder ein Individuum noch eine Nation tatsächlich ohne eine Form von Ideologie existieren kann, ist diese Sorte von *Anti-Ideologie* jetzt die formelle, explizite und dominante Ideologie unserer bankrotten Kultur.

Diese *Anti-Ideologie* hat einen sehr hässlichen Namen: Sie heißt *„Regierung durch Konsens"*.

Was würde passieren, wenn irgendein Demagoge uns die folgenden Lehrsätze anböte?

1. Wahrheit sollte durch Statistiken ersetzt werden, Prinzipien durch Abstimmungen, Rechte durch Zahlen und Moral durch Umfragen.

2. Die pragmatische momentane Zweckdienlichkeit sollte das Kriterium für die Interessen eines Landes und die Anzahl ihrer Anhänger das Kriterium für die Wahrheit einer Idee sein.

3. Jeder Wunsch sollte als gültiger Anspruch akzeptiert werden, vorausgesetzt, dass genug Menschen ihn hegen.

4. Eine Mehrheit darf einer Minderheit antun, was sie will - kurz gesagt, Bandenherrschaft und Pöbelherrschaft.

Wenn uns ein Demagoge das anbieten würde, würde er nicht sehr weit kommen. Und doch ist all dies in der Idee „Regierung durch Konsens" enthalten und versteckt.

Diese Idee wird jetzt beworben, nicht als Ideologie, sondern als *Anti-Ideologie*; nicht als Prinzip, sondern als Mittel zur Auslöschung von Prinzipien; nicht als Begründung, sondern als Rationalisierung, als verbales Ritual oder als magische Formel zur Linderung der nationalen Angstneurose - eine Art Aufputschpille für die „Nicht-Schaukler" und für die anderen eine Chance, die Sau rauszulassen.

Nur die heutige lethargische Verachtung für die Äußerungen unserer politischen und intellektuellen Wortführer macht die Leute blind für die Bedeutungen, Implikationen und Konsequenzen der Idee von „Regierung durch Konsens". Sie haben sie alle gehört und, so vermute ich, abgetan als Politikerrhetorik, ohne der eigentlichen Bedeutung einen Gedanken zu schenken. Doch genau darum möchte ich Sie bitten.

Einen signifikanten Hinweis auf diese Bedeutung gab es in einem Artikel von Tom Wicker in der *New York Times* (11. Oktober 1964). In Bezug auf das, „was Nelson Rockefeller ‚den Mainstream des amerikanischen Denkens zu nennen pflegte'", schreibt Mr. Wicker:

> „Dieser Mainstream ist das, was politische Theoretiker seit vielen Jahren als ‚nationalen Konsens' hochgerechnet haben - was Walter Lippmann zutreffend ‚das vitale Zentrum' genannt hat... Politische Mäßigung liegt quasi per Definition im Herzen des Konsenses, d.h. der Konsens erstreckt sich über alle politisch akzeptablen Ansichten - alle Ideen, die für ein Hauptsegment der Bevölkerung nicht total abstoßend sind und es nicht direkt bedrohen. Deswegen müssen akzeptable Ideen die Ansichten anderer berücksichtigen, und genau das bedeutet Mäßigung."

Nun lassen Sie uns identifizieren, was das heißt. „Der Konsens erstreckt sich über alle politisch *akzeptablen* Ansichten". Akzeptabel - für wen? Für den Konsens. Und da die Regierung von dem Konsens geleitet werden soll, bedeutet dies, dass politische Ansichten unterteilt werden in solche, die für die Regierung „akzeptabel" und „inakzeptabel" sind. Was wäre das Kriterium von „Akzeptanz"? Mr. Wicker liefert es. Beachten Sie, dass das Kriterium *nicht* intellektuell ist, keine Frage, ob bestimmte Ansichten wahr oder falsch sind; das Kriterium ist auch nicht moralisch, keine Frage, ob diese Ansichten richtig oder falsch sind; das Kriterium ist *emotional*: ob die Ansichten „abstoßend" sind oder nicht. Für wen? „Für ein Hauptsegment der Bevölkerung". Es gibt auch noch die zusätzliche Klausel, dass diese Ansichten dieses Hauptsegment nicht „*direkt* bedrohen" dürfen.

Was ist mit den *Minderheits*segmenten der Bevölkerung? Sind die Ansichten, die *sie* bedrohen, akzeptabel? Was ist mit dem kleinsten Segment: dem Individuum? Offensichtlich sollen das Individuum und die Minderheiten nicht berücksichtigt werden; egal wie abstoßend eine Idee für einen Menschen sein mag und egal wie sehr sie sein Leben, seine Arbeit und seine Zukunft bedrohen mag, er soll ignoriert oder geopfert werden für den allmächtigen Konsens und seine Regierung - wenn er nicht eine Gang hat, eine *große* Gang, die ihn unterstützt.

Was genau ist eine „direkte Bedrohung" für irgendeinen Teil der Bevölkerung? In einer Mischökonomie ist jede staatliche Handlung eine direkte Bedrohung für einige Menschen und eine indirekte für alle. Jeder staatliche Eingriff in die Wirtschaft besteht daraus, eine unverdiente, durch Zwang enteignete Gefälligkeit an andere zu verteilen. Nach welchem Kriterium soll eine Konsensregierung beurteilen, was Gerechtigkeit darstellt? Danach, wie groß die Gang des Opfers ist.

Nun beachten Sie Mr. Wickers letzten Satz: „Deswegen müssen akzeptable Ideen die Ansichten anderer berücksichtigen, und genau das bedeutet Mäßigung." Und *was* genau heißt hier „die Ansichten anderer"? *Welcher* anderen? Da es nicht die Ansichten von Individuen oder von Minderheiten sind, ist die einzig erkennbare Bedeutung, dass jedes „Hauptsegment" die Ansichten aller anderen „Hauptsegmente" in Betracht ziehen muss. Aber nehmen wir an, dass eine Gruppe von Sozialisten alle Fabriken verstaatlichen will und eine Gruppe von Industriellen ihren Besitz behalten will. Was würde „in Betracht ziehen" hier bedeuten? Und woraus würde „Mäßigung" in einem solchen Fall bestehen? Woraus bestünde „Mäßigung" in einem Konflikt zwischen einer Gruppe, die auf Kosten der Öffentlichkeit unterstützt werden will und einer Gruppe Steuerzahler, die für ihr Geld andere Verwendung hätte? Woraus bestünde „Mäßigung" in einem Konflikt zwischen dem Mitglied einer kleineren Gruppe, wie z.B. einem Schwarzen in den Südstaaten, der glaubt, dass er ein unveräußerliches Recht auf einen fairen Prozess hat, und der größeren Gruppe der Südstaatenrassisten, die glauben, dass das „Allgemeinwohl" ihrer Gruppe es ihnen erlaube, ihn zu lynchen? Woraus bestünde „Mäßigung" in einem Konflikt zwischen *mir* und einem Kommunisten (oder unseren jeweiligen Anhängern), wenn *meine* Ansichten sagen, dass ich ein unveräußerliches Recht auf mein Leben, meine Freiheit und mein Glück habe, und seine Ansichten sagen, dass das „Allgemeinwohl" des Staates ihm erlaube, mich zu berauben, zu versklaven oder zu ermorden?

Es kann keinen Treffpunkt, keine Mitte und keinen Kompromiss zwischen *entgegengesetzten Prinzipien* geben. So etwas wie „Mäßigung" kann es im Reich der Vernunft und der Moral nicht geben. Aber Vernunft und Moral sind genau die zwei Begriffe, die von der Idee „Regierung durch Konsens" ausgelöscht werden.

Die Verfechter dieser Idee würden jetzt erklären, dass jede Idee, die keinen Kompromiss zulässt, „Extremismus" darstelle, dass jede Form des „Extremismus", jeder kompromisslose Standpunkt, böse sei, dass der Konsens sich nur über die Ideen „erstreckt", die zugänglich für „Mäßigung" seien und dass „Mäßigung" die höchste Tugend sei, die Vernunft und Moral verdrängt.

Dies ist der Schlüssel zum Kern, zum Motiv und zur wirklichen Bedeutung der Doktrin „Regierung durch Konsens": der Kult des *Kompromisses*. Kompromiss ist die Vorbedingung, die Notwendigkeit und der Imperativ einer Mischökonomie. Die „Konsens"doktrin ist ein Versuch, die brutalen Tatsachen einer Mischökonomie in ein ideologisches - oder anti-ideologisches - System zu übersetzen und sie mit einem Anschein von Rechtfertigung zu versehen.

Eine Mischökonomie ist eine Mischung aus Freiheit und Kontrollen - ohne Prinzipien, Regeln oder Theorien, um beides zu definieren. Da die Einführung von Kontrollen weitere Kontrollen hervorbringt und notwendig macht, ist sie eine instabile, explosive Mixtur, die letztendlich die Kontrollen aufheben oder in einer Diktatur enden muss. Eine Mischökonomie hat keine Prinzipien, um ihre Politik, ihre Ziele und ihre Gesetze zu definieren - keine Prinzipien, um die Macht ihrer Regierung zu beschränken. Das *einzige* Prinzip einer Mischökonomie (welches zwangsläufig unausgesprochen und unerkannt bleiben muss) lautet, dass niemandes Interessen sicher sind, jedermanns Interessen auf dem allgemeinen Auktionstisch liegen und jeder alles darf, wenn er damit durchkommen kann. Solch ein System - oder genauer gesagt: Anti-System - spaltet ein Land in eine immer größer werdende Anzahl von Feindeslagern, in ökonomische Gruppen, die einander in einer unbestimmten Mixtur von Angriff und Verteidigung bekämpfen, wie die Natur eines solchen Dschungels es verlangt. Während eine Mischökonomie sich politisch den Anschein einer organisierten Gesellschaft mit einem Anschein von Recht und Gesetz bewahrt, ist sie *ökonomisch* das Äquivalent des Chaos, das China für Jahrhunderte regiert hatte: ein Chaos aus Verbrecherbanden, die die produktiven Elemente des Landes ausrauben und austrocknen.

Eine Mischökonomie besteht aus Herrschaft durch Interessengruppen. Sie ist ein amoralischer, institutionalisierter Bürgerkrieg aus speziellen Interessen und Lobbys, die alle darum kämpfen, die momentane Kontrolle der Gesetzesmaschinerie zu ergreifen und irgendein spezielles Privileg auf Kosten anderer durch einen Akt des Staates (d.h. durch Zwang) zu erpressen. In Abwesenheit individueller Rechte, in Abwesenheit moralischer oder gesetzlicher Prinzipien besteht die einzige Hoffnung einer Mischökonomie, ihren prekären Anschein von Ordnung aufrechtzuerhalten - die wilden, habgierigen Gruppen, die sie selbst geschaffen hat, zu zähmen und die legalisierte Plünderung daran zu hindern, zu nackter, *unlegalisierter* Plünderung zu werden - auf dem *Kompromiss*: Kompromisse mit allem auf jedem Gebiet - materiell, geistig und intellektuell -, sodass keine Gruppe über die Stränge schlägt, indem sie zu viel verlangt und die ganze verrottete Struktur umwirft. Wenn das Spiel weitergehen soll, darf nichts fest, solide, absolut und unantastbar sein; alles und jedermann muss dehnbar, flexibel, unbestimmt und ungefähr sein. Von welchem Maßstab sollen jedermanns Handlungen geleitet werden? Von der Zweckdienlichkeit des unmittelbaren Momentes.

Die einzige Gefahr für eine Mischökonomie ist jeder kompromisslose Wert, jede kompromisslose Tugend oder jede kompromisslose Idee. Die einzige Bedrohung ist jede kompromisslose Person, Gruppe oder Bewegung. Der einzige Feind ist Integrität.

Man muss nicht aufzeigen, wer in einem solchen Spiel die ständigen Gewinner und wer die ständigen Verlierer sein werden.

Es ist auch klar, welche Art von Einigkeit (von *Konsens*) dieses Spiel braucht: die Einigkeit einer stillschweigenden Übereinkunft, dass alles geht, alles zu verkaufen (oder zu „verhandeln") ist - und dann bleiben nur noch Erpressung, Lobbyisten, Manipulation, Gefälligkeitsdienste, PR-Arbeit, Geben-und-Nehmen, Doppelspiel, Betteln, Bestechen und Betrügen - und Glück, das blinde Glück eines Krieges, in dem der Hauptpreis das Privileg ist, legalen bewaffneten Zwang gegen gesetzlich entwaffnete Opfer anzuwenden.

Beachten Sie, dass dieser Preis ein Grundinteresse etabliert, das von allen Spielern geteilt wird: den Wunsch nach einem starken Staat - einem Staat mit unbeschränkter Macht, der stark genug ist, die Gewinner und die Möchtegerngewinner mit dem davonkommen zu lassen, was sie wollen; ein Staat ohne Prinzipien, unbeschränkt von irgendeiner Ideologie; ein Staat, der immer größere Macht hortet, Macht um der Macht willen - was bedeutet: zum Zwecke und für die Benutzung jeder „wichtigen" Bande, die sie für den Moment ergreift, um dem Land ihre speziellen Vorschriften in den Rachen zu stopfen. Beachten Sie deswegen, dass die Doktrin des „Kompromisses" und der „Mäßigung" für alles gilt, außer für eines: jeden Vorschlag, die Macht des Staates zu begrenzen.

Beachten Sie die Ströme von Verunglimpfungen, Beschimpfungen und hysterischem Hass, der von den „Gemäßigten" gegen jeden Vertreter von Freiheit (d.h. von Kapitalismus) losgelassen werden. Beachten Sie, dass man ernsthaft und selbstgerecht Begriffe wie „extreme Mitte" oder „militante Mitte" benutzt. Beachten Sie die maßlose Intensität der bösartigen Verleumdungskampagne gegen Senator Goldwater, die Untertöne von Panik hatte: die Panik der „Gemäßigten" (der „vitalen Zentristen") angesichts der Möglichkeit, dass eine echte, pro-kapitalistische Bewegung ihrem Spiel ein Ende bereiten könnte. Eine Bewegung, die übrigens noch gar nicht existiert, da Senator Goldwater kein Befürworter des Kapitalismus war - und da sein sinnloser, unphilosophischer, unintellektueller Wahlkampf zur Verschanzung der Konsensvertreter beigetragen hat. Signifikant ist hier aber das Wesen ihrer Panik: Wir bekamen eine Ahnung davon, wie „gemäßigt" sie sind, wie ihr „demokratischer"

Respekt für die Entscheidungen anderer Menschen und ihre Toleranz für Gegner oder abweichende Meinungen aussieht.

In einem Brief an die *New York Times* (23. Juni 1964) erklärte ein Dozent der Politikwissenschaft, der eine Nominierung Senator Goldwaters befürchtete:

> „Die wirkliche Gefahr liegt in dem Spaltungswahlkampf, den seine Nominierung provozieren würde... Das Resultat seiner Kandidatur wäre eine gespaltene und verbitterte Wählerschaft... Um effektiv zu sein, braucht die amerikanische Regierung ein hohes Maß an überparteilichem Konsens in Grundfragen..."

Wann und *von wem* ist Dirigismus als das Grundprinzip Amerikas akzeptiert worden – als Prinzip, das nun von der Debatte ausgenommen werden soll, sodass Grundfragen nicht länger aufgeworfen werden? Ist das nicht die Formel einer Ein-Parteien-Regierung? Der Dozent hat das nicht weiter spezifiziert.

Ein weiterer *New York Times*-Leser, der als „liberaler Demokrat" bezeichnet wurde, ging noch ein bisschen weiter (24. Juni 1964):

> „Soll das amerikanische Volk im November entscheiden. Wenn es sich überwältigend für Lyndon Johnson und die Demokraten entscheidet, dann kann die Bundesregierung ein für alle Mal ohne Entschuldigung mit der Aufgabe beginnen, die Millionen Schwarze, Arbeitslose, Alte, Kranke und anders benachteiligte Personen von ihr erwarten – von unseren ausländischen Verpflichtungen ganz zu schweigen.
>
> Wenn das Volk Goldwater wählt, dann ist das Land anscheinend nicht zu retten.
>
> Woodrow Wilson sagte einmal, dass man zu stolz zum Kämpfen sein kann – und dann musste er in den Krieg ziehen. Lassen Sie es uns ein für alle Mal austragen, solange der Kampf noch mit Stimmzetteln statt mit Pistolen geführt werden kann."

Meint dieser Gentleman, dass er, wenn wir nicht nach seinem Gusto wählen, zur Pistole greifen wird? Das wissen Sie so gut wie ich.

Die *New York Times*, stets eine augenfällige Verfechterin der „Regierung durch Konsens", äußerte in ihren Kommentaren einige seltsame Dinge über Präsident Johnsons Sieg. Im Leitartikel vom 8. November 1964 hieß es:

> „Egal, wie massiv der Wahlsieg war - und er war massiv -, die Regierung kann nicht einfach auf der Welle des Erfolges in einem Meer aus plattitüdenhaften Generalisierungen und euphorischen Versprechungen reiten... Da sie nun ein breites Mandat hat, hat sie die moralische und politische Verpflichtung, nicht zu versuchen, alles für alle zu sein, sondern ein hartes, konkretes, zielgerichtetes Vorgehen einzuschlagen."

Welche Art von zielgerichtetem Vorgehen? Wenn den Wählern nur „plattitüdenhafte Generalisierungen und euphorische Versprechungen" geboten wurden, wie kann man ihre Entscheidung dann für ein „breites Mandat" halten? Ein Mandat für ein *unbenanntes* Ziel? Einen politischen Blankoscheck? Und wenn Mr. Johnson einen massiven Sieg erlangte, indem er versuchte, „alles für alle" zu sein - was soll er dann jetzt sein, welche Wähler soll er enttäuschen oder betrügen und was wird aus dem breiten allgemeinen Konsens?

Moralisch und philosophisch ist dieser Leitartikel in höchstem Maße dubios und widersprüchlich. Aber er wird klar und konsequent im Kontext der Anti-Ideologie einer Mischökonomie. Von einem Präsidenten einer Mischökonomie wird nicht erwartet, ein spezifisches Programm oder eine spezifische Politik zu haben. Ein *Blankoscheck auf Macht* ist alles, was er von den Wählern will. Danach geht es nur noch um das Spiel der Interessengruppen, das jeder verstehen und spielen, aber nie erwähnen soll. Was er für wen sein wird, hängt von den Chancen des Spiels ab - und von den „Hauptsegmenten der Bevölkerung". Sein Job besteht nur daraus, die Macht zu haben - und die Gefälligkeiten zu verteilen.

In den 1930er Jahren hatten die „Liberalen" ein umfassendes gesellschaftliches Reformprogramm und Kampfgeist. Sie vertraten eine geplante Gesellschaft, sprachen von abstrakten Prinzipien, vertraten hauptsächlich sozialistische Theorien - und die meisten von ihnen waren empört über die Anschuldigung, dass sie die Macht des Staates vergrößern wollten; die meisten versicherten ihren Gegnern, dass Staatsmacht nur ein kurzfristiges Mittel zum Zweck sei - einem „edlen Zweck": der Befreiung des Individuums von der Fesselung an materielle Bedürfnisse.

Heute spricht im „liberalen“ Lager niemand von einer geplanten Gesellschaft. Langfristige Programme, Theorien, Prinzipien, Abstraktionen und „edle Zwecke“ sind nicht länger in Mode. Moderne „Liberale“ verspotten alles, was mit umfassenden politischen Fragen wie einer gesamten Gesellschaft oder einer gesamten Volkswirtschaft zu tun hat; sie befassen sich mit einzelnen, gegenständlichen, kurzsichtigen Projekten und Forderungen, ohne Betrachtung der Kosten, des Kontextes oder der Konsequenzen. „Pragmatisch“, *nicht* „ideologisch“, ist ihr Lieblingsadjektiv, wenn sie aufgefordert werden ihren „Standpunkt“ zu rechtfertigen. Sie sind militant gegen jede politische Philosophie; sie verleumden politische Begriffe als „Etiketten“, „Schubladen“, „Mythen“ und „Illusionen“ - und widerstehen jedem Versuch, ihre eigenen Ansichten zu „etikettieren“, d.h. zu identifizieren. Sie sind militant anti-theoretisch und anti-intellektuell - aber tragen immer noch ein verblichenes intellektuelles Deckmäntelchen. Das einzige Überbleibsel ihres früheren „Idealismus“ ist ein müdes, zynisches, ritualhaftes Zitieren von abgestandenen „humanitären“ Parolen zur gegebenen Zeit.

Zynismus, Unsicherheit und Angst sind die Insignien der Kultur, die sie heute durch Unterlassung dominieren. Und das Einzige, was in ihrem ideologischen Rüstzeug nicht verrostet ist, sondern über die Jahre klarer und erschreckend offen zu Tage tritt, ist ihr Hunger nach Macht - nach einer autokratischen, dirigistischen, absoluten Macht. Es ist nicht der Geist eines Kreuzzuges, es ist nicht die Lust eines Fanatikers mit einer Mission - eher das hohläugige Starren eines Schlafwandlers, dessen stumpfe Verzweiflung seit langem die Erinnerung an sein Ziel verschluckt hat, der aber noch im hartnäckigen Glauben an der mystischen Waffe festhält, dass „es da ein Gesetz geben sollte“, dass alles gut wird, wenn jemand ein Gesetz verabschiedet, dass jedes Problem durch die magische Kraft nackter Gewalt gelöst werden kann...

So sieht der gegenwärtige intellektuelle Zustand und der ideologische Trend unserer Kultur aus.

Nun möchte ich Sie bitten, sich die Frage, die ich am Anfang dieser Abhandlung gestellt habe, anzusehen: Auf welche dieser beiden Varianten des Dirigismus bewegen wir uns zu: Sozialismus oder Faschismus?

Lassen Sie mich als Beweisstück ein Zitat aus einem Leitartikel des *Washington Star* (Oktober 1964) einreichen. Er ist eine vielsagende Mischung aus Wahrheit und Desinformation und ein typisches Beispiel für den Zustand des politischen Wissens von heute:

> „Sozialismus heißt nur Staatsbesitz der Produktionsmittel. Kein Kandidat der großen Parteien hat dies je gefordert und auch Lyndon Johnson fordert das nicht *[wahr]*.
>
> Es gibt jedoch eine ganze Serie amerikanischer Gesetze, die entweder die staatliche Kontrolle der privaten Wirtschaft oder die staatliche Verantwortung für individuelle Wohlfahrt vergrößern *[Wahr]*. Auf solche Gesetze beziehen sich die Rufe ‚Sozialismus!'
>
> Obwohl die Verfassung der Regierung verbietet, in den Handel einzugreifen, beginnt dieser ‚Eingriff' in den Markt mit den Antitrust-Gesetzen *[sehr wahr]*. Ihnen verdanken wir die andauernde Existenz des Wettbewerbskapitalismus und das Ausbleiben eines Kartellkapitalismus *[falsch]*. Insoweit Sozialismus auf die eine oder andere Weise das Produkt des Kartellkapitalismus ist *[falsch]*, kann man vernünftigerweise sagen, dass diese staatlichen Eingriffe in die Wirtschaft den Sozialismus verhindert haben *[schlimmer als falsch]*.
>
> Was die Sozialgesetze angeht, so sind sie immer noch Lichtjahre entfernt von der Sicherheit ‚von der Wiege bis zur Bahre', die von den Sozialisten betrieben wird *[nicht ganz wahr]*. Sie drücken eher normale menschliche Sorge um menschliches Leid und kein ideologisches Programm aus [Der letzte Teil dieses Satzes ist wahr: Es ist kein ideologisches Programm. Was den ersten Teil angeht, so manifestiert sich normale menschliche Sorge um menschliches Leid normalerweise nicht in der Form einer Pistole, die auf die Brieftasche und das Einkommen der Nachbarn gerichtet ist]."

Dieser Leitartikel erwähnte natürlich nicht, dass ein System, in dem der Staat *nicht* die Produktionsmittel verstaatlicht, aber die totale Kontrolle über die Wirtschaft an sich reißt, Faschismus ist.

Es ist wahr, dass die Sozialstaats-Dirigisten keine Sozialisten sind, dass sie nie die Verstaatlichung von Privateigentum befürwortet oder beabsichtigt haben und dass sie Privateigentum „bewahren" wollen –

mit staatlicher Kontrolle über dessen Benutzung und Verfügung. Aber das ist das fundamentale Merkmal des *Faschismus*.

Hier ist noch ein Beweisstück. Es ist weniger primitiv und naiv als das erste und viel bösartiger falsch. Es ist ein Leserbrief aus der *New York Times* (1. November 1964), geschrieben von einem Dozenten der Wirtschaftswissenschaften:

> „Nach fast jedem Maßstab sind die Vereinigten Staaten mehr dem privaten Unternehmertum verpflichtet als jedes andere industrialisierte Land und nähern sich nicht im Entferntesten einem sozialistischen System an. So wie Studenten der vergleichenden Wirtschaftswissenschaften den Begriff verstehen (und andere, die ihn nicht leichtfertig benutzen), wird Sozialismus identifiziert durch ausgiebige Verstaatlichung, einen dominierenden öffentlichen Sektor, egalitäre Einkommensverteilung, einen totalen Sozialstaat und zentrale Planung.
>
> In den Vereinigten Staaten gab es nicht bloß keine Verstaatlichung, sondern es sind staatliche Aufgaben privatisiert worden...
>
> Die Einkommensverteilung ist in diesem Land eine der ungleichsten unter den Industrieländern, und Steuerkürzungen und Steuerschlupflöcher haben die moderate Progressivität unserer Steuerstruktur geschwächt. 30 Jahre nach dem New Deal gibt es in den Vereinigten Staaten verglichen mit der umfassenden sozialen Sicherheit und den Sozialwohnungen in vielen europäischen Ländern einen sehr begrenzten Sozialstaat.
>
> Egal wie weit man seine Phantasie auch dehnt, ist die wahre Frage in diesem Wahlkampf keine Entscheidung zwischen Kapitalismus und Sozialismus oder zwischen einer freien und einer Planwirtschaft. Die Frage dreht sich um zwei unterschiedliche Auffassungen über die Rolle des Staates innerhalb eines Privatwirtschaftssystems."

Die Rolle des Staates in einem privaten Wirtschaftssystem ist die eines Polizisten, der die individuellen Rechte (und auch die Eigentumsrechte) vor körperlicher Gewalt schützt; in einer freien Wirtschaft kontrolliert, reguliert und erzwingt der Staat wirtschaftliche Aktivitäten nicht.

Ich kenne die politischen Ansichten dieses Briefschreibers nicht; er mag ein „Liberaler" oder ein vermeintlicher Verteidiger des Kapitalismus sein. Aber wenn er letzteres ist, dann muss ich aufzeigen, dass solche Ansichten - die von vielen „Konservativen" geteilt werden - zerstörerischer und abwertender für den Kapitalismus sind als die Ideen seiner bekennenden Feinde.

Diese „Konservativen" halten Kapitalismus für ein System, das mit staatlichen Kontrollen vereinbar ist und helfen somit, die gefährlichsten falschen Vorstellungen zu verbreiten. Während voller Laissez-Faire-Kapitalismus noch nirgendwo existiert hat und einige (unnötige) staatliche Kontrollen das ursprüngliche amerikanische System (mehr aus Versehen als aus theoretischer Intention) verwässerten und untergruben, so waren solche Kontrollen doch nur kleinere Hindernisse. Die Mischökonomien des 19. Jahrhunderts waren vorwiegend frei, und diese beispiellose Freiheit brachte der Menschheit beispiellosen Fortschritt. Die Prinzipien, die Theorien und die Praxis des Kapitalismus basieren auf einem freien, unregulierten Markt, wie die Geschichte der letzten zwei Jahrhunderte ausreichend bewiesen hat. Kein Verteidiger des Kapitalismus kann sich erlauben, die genaue Bedeutung des Begriffes „Laissez-Faire" zu ignorieren - und die des Begriffes „Mischökonomie", die deutlich die zwei entgegengesetzten Elemente der Mischung aufzeigt: das Element ökonomischer Freiheit (Kapitalismus) und das Element der staatlichen Kontrolle (Dirigismus).

Seit Jahren läuft eine beharrliche Kampagne, die uns dazu bringen soll, die marxistische Theorie zu akzeptieren, dass alle Regierungen Werkzeuge ökonomischer Klasseninteressen seien und dass Kapitalismus keine freie Wirtschaft sei, sondern ein System aus staatlichen Kontrollen, die einigen privilegierten Klassen dienen. Ziel dieser Kampagne ist es, die Wirtschaftswissenschaft zu verzerren, die Geschichte umzuschreiben und die Existenz und die Möglichkeit eines freien Landes und einer unkontrollierten Wirtschaft auszulöschen. Da ein System mit nominalem Privateigentum, das durch staatliche Kontrollen beherrscht wird, *nicht* Kapitalismus, sondern *Faschismus* ist, läge die einzige Wahl, die diese Auslöschung uns lassen würde, zwischen Faschismus und Sozialismus (oder Kommunismus) - worum alle Dirigisten der Welt, unter allen Spielarten und Bezeichnungen, panisch kämpfen. (Die Zerstörung der Freiheit ist ihr gemeinsames

Ziel, nach dessen Erreichung sie hoffen, gegeneinander um die Macht zu kämpfen.)

Somit verleihen die Ansichten dieses Dozenten und die vieler „Konservativer" der bösartigen linken Propaganda, die Kapitalismus und Faschismus gleichsetzt, Glaubwürdigkeit und Unterstützung.

Aber es steckt eine bittere Gerechtigkeit in der Logik der Ereignisse. Diese Propaganda hat einen Effekt, der vorteilhaft für die Kommunisten sein kann, der aber das Gegenteil von dem erreicht, was die „Liberalen", die Sozialstaatsdirigisten und die Sozialisten wollen, die an ihrer Verbreitung die gleiche Schuld tragen: Anstatt den Kapitalismus zu verleumden, ist diese Propaganda erfolgreich im Reinwaschen und Verkleiden des Faschismus.

In unserem Land gibt es nur wenige Menschen, die Kapitalismus vertreten, verteidigen oder auch nur verstehen wollen; aber noch weniger Menschen wollen seine Vorteile aufgeben. Also sagt man ihnen, dass Kapitalismus mit Kontrollen vereinbar sei - nämlich mit genau den Kontrollen, die ihre speziellen Interessen fördern, seien es staatliche Geschenke, Mindestlöhne, Preissubventionen, Antitrust-Gesetze oder die Zensur schmutziger Filmchen. Sie werden solche Programme mittragen - im beruhigenden Glauben, dass das Resultat nur ein „angepasster" Kapitalismus sei. Und somit bewegt sich ein Land, das Faschismus verabscheut, mit unmerklichen Schritten - durch Unwissenheit, Verwirrung, Ausweichung, moralische Feigheit und intellektuelle Unterlassung - nicht auf Sozialismus oder irgendein kitschiges altruistisches Ideal zu, sondern auf einen nackten, brutalen, räuberischen, machthungrigen *de facto* Faschismus.

Nein, wir haben diese Stufe noch nicht erreicht. Aber wir sind mit Sicherheit *nicht* länger ein „Privatwirtschaftssystem". Zurzeit sind wir eine kollabierende, wackelige, gefährlich instabile Mischökonomie - eine Promenadenmischung aus sozialistischen Plänen, kommunistischen Einflüssen, faschistischen Kontrollen und schwindenden Überbleibseln des Kapitalismus, die immer noch für alles bezahlen - und die Gesamtsumme ist auf dem Weg in einen faschistischen Staat.

Sehen Sie sich unsere gegenwärtige Regierung an. Ich denke nicht, dass man mir Unfairness vorwerfen kann, wenn ich sage, dass Präsident Johnson kein philosophischer Denker ist. Nein, er ist kein Faschist, er ist kein Sozialist, er ist kein Pro-Kapitalist. Ideologisch ist er nichts Bestimmtes. Wenn man ihn anhand seiner Vergangenheit und anhand des Konsenses seiner eigenen Unterstützer beurteilt, ist der Begriff einer *Ideologie* in seinem Fall nicht anwendbar. Er ist ein *Politiker* - ein sehr gefährliches, aber sehr angemessenes Phänomen in unserem gegenwärtigen Zustand. Er ist eine fast romanhafte, archetypische Verkörperung des perfekten Anführers einer Mischökonomie: ein Mann, der Macht um der Macht willen genießt, der ein Experte im Spiel der Manipulation von Interessengruppen ist und darin, sie gegeneinander auszuspielen; der es liebt, Lächeln, Stirnrunzeln und Gefälligkeiten zu verteilen - besonders *plötzliche* Gefälligkeiten - und dessen Vision nicht über die nächste Wahl hinausgeht.

Weder Präsident Johnson noch irgendeine prominente Gruppe würde heute die Verstaatlichung der Industrie fordern. Wie seine modernen Vorgänger im Amt weiß Mr. Johnson, dass Unternehmer die Milchkühe einer Mischökonomie sind, die er nicht zerstören will. Er will, dass es ihnen gut geht und sie seine Wohlfahrtsprojekte füttern (die für die nächste Wahl nötig sind), während sie, die Unternehmer, ihm aus der Hand fressen, worauf sie anscheinend erpicht sind. Die Lobby der Unternehmer bekommt sicher ihren Anteil an Einfluss und Anerkennung - genau wie die Gewerkschaftslobby oder die Bauernlobby oder die Lobby jedes „Hauptsegments" - und zwar zu seinen Bedingungen. Besonderes Augenmerk wird er darauf richten, jene Unternehmer zu schaffen und zu fördern, die ich „die Aristokratie der Beziehungen" nenne. Dies ist kein sozialistisches Muster; es ist das typische Muster des Faschismus.

Die politische, intellektuelle und *moralische* Bedeutung von Mr. Johnsons Politik in Bezug auf Unternehmer wurde in einem Artikel in der *New York Times* vom 4. Januar 1965 vielsagend zusammengefasst:

> „Mr. Johnson ist in seinem emsigen Werben um die Unternehmer durch und durch ein Keynesianer. Anders als Präsident Roosevelt, der die Attacken auf die Unternehmer genoss, bis der Zweite Weltkrieg ihn zu einem widerwilligen Waffenstillstand zwang, und anders als Präsident Kennedy, der die Feindseligkeit der Unternehmer auf sich zog, hat

Präsident Johnson lange und schwer daran gearbeitet, dass die Unternehmer der Mannschaft des nationalen Konsens für seine Programme beitreten.

Diese Kampagne mag die Keynesianer verstören, aber sie ist reiner Keynes. Tatsächlich machte Lord Keynes, den amerikanische Unternehmer einst für eine gefährliche und machiavellistische Figur hielten, spezifische Vorschläge zur Verbesserung der Beziehung zwischen dem Präsidenten und den Unternehmern.

Er formulierte seine Ansichten 1938 in einem Brief an Präsident Roosevelt, der sich infolge der Rezession im Jahr zuvor wieder kritisch über die Unternehmer ausließ. Lord Keynes, der immer danach strebte, den Kapitalismus zu reformieren, um ihn zu retten, erkannte, wie wichtig das Vertrauen der Unternehmer ist und versuchte Mr. Roosevelt zu überzeugen, den angerichteten Schaden wieder gut zu machen.

Er sagte dem Präsidenten, dass Unternehmer keine Politiker seien und sie nicht auf die gleiche Behandlung ansprächen. Sie seien ‚sanfter als Politiker, zur gleichen Zeit wollen und scheuen sie das Licht der Öffentlichkeit. Man kann sie leicht überzeugen, „patriotisch" zu sein. Sie sind perplex, verwirrt, wirklich erschrocken und doch zu erpicht darauf, eine freudige Sicht der Dinge anzunehmen, eitel vielleicht, aber sehr unsicher was sie selbst angeht, allzu empfänglich für ein freundliches Wort'. Er war sicher, dass Mr. Roosevelt sie zähmen könne, um zu tun, was er wolle, vorausgesetzt, er folge einigen simplen keynesianischen Regeln.

‚Sie können mit ihnen tun, was sie wollen', fuhr der Brief fort, ‚wenn Sie sie (auch die großen) nicht wie Wölfe und Tiger behandeln, sondern wie Haustiere - auch wenn sie schlecht erzogen und nicht so trainiert wurden, wie Sie es wünschen.'

Präsident Roosevelt ignorierte seinen Rat anscheinend ebenso wie Präsident Kennedy. Aber Präsident Johnson scheint seine Botschaft verstanden zu haben... Mit freundlichen Worten und häufigen Tätscheleien fraßen ihm die Unternehmer aus der Hand.

Mr. Johnson scheint mit Lord Keynes einer Meinung zu sein, dass es aus einer Fehde mit den Unternehmern wenig zu gewinnen gibt. Wie er es formulierte: ‚Wenn Sie sie in die bärbeißige, halsstarrige und verängstigte Stimmung bringen, zu der falsch behandelte Haustiere fähig sind, dann wird die Last der Nation nicht auf den Markt getragen werden, und schließlich wird die öffentliche Meinung umschwenken.'"

Unternehmer als *„Haustiere"* anzusehen, die „die Last der Nation" tragen und die vom Präsidenten „trainiert" werden müssen, damit sie tun, was er will, ist sicher nicht auf Sozialismus anwendbar, da es in einem sozialistischen Staat keine Unternehmer gibt. Es ist eine Ansicht, die den ökonomischen Kernpunkt des Faschismus ausdrückt – die Beziehung von Unternehmern und der Regierung in einem faschistischen Staat.

Egal wie die verbale Verkleidung auch aussehen mag: Das ist die eigentliche Bedeutung jeder Variante von *„reformiertem"* (oder „modifiziertem" oder „modernisiertem" oder „humanisiertem") Kapitalismus. In all diesen Lehren besteht die „Humanisierung" darin, einige Mitglieder der Gesellschaft (die produktivsten) in Lasttiere zu verwandeln.

Die Formel, mit der die Opfertiere an der Nase herumgeführt und gezähmt werden sollen, wird heute mit wachsendem Nachdruck und zunehmender Häufigkeit wiederholt: Unternehmer sollten den Staat nicht als Feind, sondern als „Partner" ansehen. Die „Partnerschaft" von einer privaten Gruppe und dem Staat, von Produktion und Gewalt, ist ein linguistisches Zerfallsprodukt (ein „Anti-Begriff"), das typisch für eine faschistische Ideologie ist – eine Ideologie, die Gewalt als Grundelement und letzten Schiedsrichter in allen menschlichen Beziehungen ansieht.

> „‚Partnerschaft' ist ein schäbiger Euphemismus für ‚staatliche Kontrolle'. Es kann keine Partnerschaft zwischen bewaffneten Bürokraten und schutzlosen privaten Bürgern geben, die zu gehorchen haben. Welche Chance hätten Sie gegen einen ‚Partner', dessen *willkürliches* Wort Gesetz ist, der Ihnen eine Anhörung geben mag (wenn Ihre Interessengruppe groß genug ist), der aber Günstlingswirtschaft betreiben und Ihre Interessen wegverhandeln wird, der immer das letzte Wort haben wird und das legale ‚Recht' hat, es mit vorgehaltener Waffe durchzusetzen, und die Macht über Ihren Besitz, Ihre Arbeit, Ihre Zukunft und Ihr Leben hat? Ist *das* die Bedeutung von ‚Partnerschaft'?"[53]

Aber es gibt Menschen, die eine solche Aussicht attraktiv finden; diese existieren unter den Unternehmern wie in allen Gruppen oder

[53] Ayn Rand: *The Fascist New Frontier*, aus: *The Ayn Rand Column*, S. 95.

Berufszweigen: Die Menschen, die den Wettbewerb eines freien Marktes fürchten und einen bewaffneten „Partner" willkommen heißen würden, um spezielle Vorteile von ihren fähigeren Konkurrenten zu erpressen; Menschen, die nicht durch Leistung, sondern durch Einfluss aufsteigen wollen; Menschen, die willens und begierig darauf sind, nicht durch Recht, sondern durch Gefälligkeiten zu leben. Bei den Unternehmern war diese Gesinnung verantwortlich für die Verabschiedung der Antitrust-Gesetze und unterstützt sie noch heute.

Eine substantielle Anzahl republikanischer Unternehmer wechselte in der letzten Wahl auf Mr. Johnsons Seite. Hier sind einige interessante Beobachtungen über dieses Thema aus einer Umfrage der *New York Times* vom 16. April 1964:

> „Interviews in fünf Städten im industriellen Nordosten und mittleren Westen offenbaren erstaunliche Meinungsunterschiede zwischen Managern großer Konzerne und kleineren Geschäftsleuten... Die Unternehmer, die zum ersten Mal die Demokraten wählen werden, kommen fast alle aus großen Konzernen... Es gibt mehr Unterstützung für Präsident Johnson bei Unternehmern, die zwischen 40 und 50 Jahre alt sind, als bei älteren und jüngeren Unternehmern... Viele Unternehmer zwischen 40 und 50 Jahren sagen, dass sie relativ wenig Unterstützung für Mr. Johnson bei jüngeren Unternehmern finden. Interviews mit 30-Jährigen bestätigen dies... Die jüngeren sind stolz darauf, dass ihre Generation den Linkstrend bei jungen Menschen umkehrte... Beim Thema Staatsdefizit tritt der Unterschied zwischen kleinen und großen Unternehmern am dramatischsten zu Tage. Manager großer Konzerne akzeptieren eher die Idee, dass Haushaltsdefizite manchmal notwendig und sogar wünschenswert sind. Der typische Kleinunternehmer aber verachtet Defizite..."

Dies gibt uns einen Hinweis darauf, wer die Seilschaften in einer Mischökonomie sind – und was eine solche Ökonomie den Jungen oder den Anfängern antut.

Ein wichtiger Aspekt der sozialistischen Gesinnung ist der Wunsch, den Unterschied zwischen dem Verdienten und dem Unverdienten auszulöschen und somit keine Differenzierung zwischen solchen Unternehmern wie Hank Rearden und Orren Boyle zuzulassen. Für eine gegenständlich denkende, kurzsichtige, primitive sozialistische Gesinnung - eine Gesinnung, die nach „Umverteilung von Wohlstand" schreit, ohne den Ursprung von Wohlstand zu berücksichtigen - sind alle Reichen der Feind, ungeachtet der Quelle ihres Reichtums. Solche Leute - diese alternden, ergrauenden „Liberalen", die die „Idealisten" der 30er Jahre waren - klammern sich verzweifelt an die Illusion, dass wir uns auf einen sozialistischen Staat hinbewegen, der schlecht für die Reichen und gut für die Armen ist - während sie panisch ausblenden, *welche Reichen* zerstört werden und welche unter dem System florieren, das sie, die „Liberalen", etabliert haben. Die Dummen sind sie selbst: Ihre angeblichen „Ideale" haben nicht dem Sozialismus, sondern dem Faschismus den Weg geebnet. Der Abstauber ihrer Anstrengungen ist nicht der hilflose, hirnlose, tugendhafte „kleine Mann" ihrer plattfüßigen Phantasie und ihrer altbackenen Literatur, sondern der schlimmste räuberischste Reiche, der durch Gewalt und politische Privilegien reich geworden ist - der Typ, der im Kapitalismus keine Chance hätte, der aber immer da ist, um bei jedem „edlen" kollektivistischen „Experiment" abzusahnen.

Es sind die Erschaffer des Wohlstands, die Hank Reardens, die unter jeder Form des Dirigismus - sozialistisch, kommunistisch oder faschistisch - zerstört werden. Die Schmarotzer, die Orren Boyles, sind die privilegierte „Elite" und die Profiteure des Dirigismus, besonders des Faschismus. (Die speziellen Profiteure des Sozialismus sind die James Taggarts; die des Kommunismus sind die Floyd Ferrises.) Dasselbe gilt für ihre psychologischen Gegenstücke unter den Armen und unter allen Menschen aller ökonomischen Stufen dazwischen.

Die spezifische Form wirtschaftlicher Organisation, die in unserem Land als Auswuchs der Macht von Interessengruppen immer offensichtlicher wird, ist eine der schlimmsten Varianten des Dirigismus: *Gildensozialismus*. Gildensozialismus raubt den talentierten jungen Menschen ihre Zukunft - durch die Fesselung an bestimmte Berufskasten unter strengen Regeln. Er repräsentiert die offene Verkörperung des Grundmotivs der meisten Dirigisten, obwohl sie es meistens nicht offen zugeben: die Verschanzung und der Schutz der Mittelmäßigkeit vor fähigeren Wettbewerbern, die Ankettung von

Menschen mit größerer Kompetenz an den Durchschnitt ihrer Berufe. Diese Theorie ist unter Sozialisten nicht allzu populär (obwohl sie ihre Vertreter hat) - aber das berühmteste Beispiel für ihre Umsetzung war das faschistische Italien.

In den 1930er-Jahren sagten einige aufmerksame Menschen, dass Roosevelts New Deal eine Form des Gildensozialismus sei und dass er Mussolinis System näherstehe als jedem anderen. Sie wurden ignoriert. Heute ist der Beweis unübersehbar.

Es wurde auch Folgendes gesagt: Wenn der Faschismus je in die Vereinigten Staaten kommen sollte, käme er in der Verkleidung des Sozialismus. In diesem Zusammenhang empfehle ich, dass Sie *„Das ist bei uns nicht möglich“* von Sinclair Lewis lesen oder noch einmal lesen - unter besonderer Beachtung des Charakters, des Stils und der Ideologie von Berzelius Windrip, dem faschistischen Führer.

Lassen Sie mich nun einige Standardeinwürfe erwähnen und beantworten, mit denen die „Liberalen“ versuchen, das System, das sie unterstützen, zu verkleiden oder es vom Faschismus zu unterscheiden.

„Faschismus erfordert Ein-Parteien-Herrschaft.“ Worauf wird „Regierung durch Konsens“ in der Praxis hinauslaufen?

„Das Ziel des Faschismus ist die Eroberung der Welt.“ Was ist das Ziel jener global denkenden, überparteilichen Vorkämpfer der Vereinten Nationen? Und welche Positionen erwarten sie in der Machtstruktur der „Einen Welt“ zu erlangen, wenn sie es erreichen?

„Der Faschismus predigt Rassismus.“ Nicht zwangsläufig. Hitlerdeutschland tat es, Mussolinis Italien nicht.

„Der Faschismus ist gegen den Sozialstaat.“ Überprüfen Sie Ihre Prämissen und Ihre Geschichtsbücher. Der Vater und Erfinder des Sozialstaates, der Mann, der die Idee in die Tat umsetzte, dass man die Loyalität einiger Gruppen mit dem Geld kauft, das man anderen weggenommen hat, war Bismarck - der politische Vorgänger Hitlers. Denken Sie daran, dass die „Nazi“-Partei die „Nationalsozialistische Deutsche Arbeiterpartei“ war.

Lassen Sie mich Ihnen auch einige Auszüge aus dem politischen Programm dieser Partei ins Gedächtnis rufen:

> „Wir fordern, dass sich der Staat verpflichtet, in erster Linie für die Erwerbs- und Lebensmöglichkeit der Staatsbürger zu sorgen.
>
> Die Tätigkeit des einzelnen darf nicht gegen die Interessen der Allgemeinheit verstoßen, sondern muss im Rahmen des Gesamten und zum Nutzen aller erfolgen. Daher fordern wir: ... Brechung der Zinsknechtschaft.
>
> Wir fordern Gewinnbeteiligung an Großbetrieben.
>
> Wir fordern einen großzügigen Ausbau der Altersversorgung.
>
> Wir fordern... schärfste Berücksichtigung aller kleinen Gewerbetreibenden bei Lieferung an den Staat, die Länder oder Gemeinden.
>
> Um jedem fähigen und fleißigen [Bürger] das Erreichen höherer Bildung und damit das Einrücken in führende Stellung zu ermöglichen, hat der Staat für einen gründlichen Ausbau unseres gesamten Volksbildungswesens Sorge zu tragen...
>
> Wir fordern die Ausbildung besonders veranlagter Kinder armer Eltern ohne Rücksicht auf deren Stand oder Beruf auf Staatskosten...
>
> Der Staat hat für die Hebung der Volksgesundheit zu sorgen durch den Schutz der Mutter und des Kindes, durch Verbot der Jugendarbeit..., durch größte Unterstützung aller sich mit körperlicher Jugendausbildung beschäftigenden Vereine.
>
> [Wir bekämpfen] den... materialistischen Geist in und außer uns und [sind] überzeugt, dass eine dauernde Genesung unseres Volkes nur erfolgen kann von innen heraus auf der Grundlage *‚Gemeinnutz vor Eigennutz'*."[54]

Es gibt jedoch einen Unterschied zwischen der Art von Faschismus, auf die wir hintreiben und dem Typ, der die europäischen Länder verwüstete: Unserer ist kein militanter Faschismus, keine organisierte Bewegung schriller Demagogen, blutiger Verbrecher, hysterischer drittklassiger Intellektueller und jugendlicher Straftäter - unserer ist ein müder, abgetragener, zynischer Faschismus, ein Faschismus durch Unterlassung, nicht wie ein flammendes Inferno, sondern mehr wie der stille Kollaps eines lethargischen Körpers, der langsam von innerer Auflösung zerfressen wird.

Musste das passieren? Nein. Kann es noch abgewendet werden? Ja.

---

[54] Walther Hofer (Hg.): *Der Nationalsozialismus, Dokumente 1933-1945*, Frankfurt am Main 1957, S. 29 ff.

Wenn Sie bezweifeln, dass die Philosophie die Macht hat, den Kurs und die Form des Schicksals menschlicher Gesellschaften bestimmen zu können, beachten Sie, dass unsere Mischökonomie das buchstäbliche, treulich ausgeführte Produkt des *Pragmatismus* ist - und der Generation, die unter seinem Einfluss aufwuchs. Pragmatismus ist die Philosophie, die behauptet, dass es keine objektive Realität oder ständigen Wahrheiten gebe, dass es keine abstrakten Prinzipien, keine gültigen Abstraktionen und keine festen Begriffe gebe, dass man alles über den Daumen versuchen könne, dass Objektivität aus kollektivem Subjektivismus bestehe - dass das, von dem sich die Leute wünschen, es wäre wahr, wahr *ist*, von dem sie sich wünschen, es möge existieren, *existiert* - vorausgesetzt, ein *Konsens* sagt es so.

Wenn Sie die finale Katastrophe abwenden wollen, müssen Sie diese Ideen - jede einzelne dieser Ideen - begreifen und ablehnen. Dann werden Sie die Verbindung zwischen Philosophie, Politik und den täglichen Ereignissen Ihres Lebens begreifen. Dann werden Sie gelernt haben, dass keine Gesellschaft besser ist als ihr philosophisches Fundament. Und dann - um es mit John Galt zu sagen - werden Sie bereit sein, nicht zum Kapitalismus *zurückzukehren*, sondern ihn zu *entdecken*.

21. Die Trümmer des Konsenses

von Ayn Rand

Vortrag vor dem *Ford Hall Forum* in Boston am 16. April 1967, veröffentlicht in *The Objectivist*, April und Mai 1967

Vor zwei Jahren, am 18. April 1965, sprach ich vor diesem Forum über das Thema „Der neue Faschismus - Regierung durch Konsens". Ich sagte: „Der Schlüssel zum Kern, zum Motiv und zur wirklichen Bedeutung der Doktrin ‚Regierung durch Konsens' [ist]: der Kult des *Kompromisses*. Kompromiss ist die Vorbedingung, die Notwendigkeit und der Imperativ einer Mischökonomie. Die ‚Konsens'-Doktrin ist ein Versuch, die brutalen Tatsachen einer Mischökonomie in ein ideologisches - oder anti-ideologisches - System zu übersetzen und sie mit einem Anschein von Rechtfertigung zu versehen." Die nackten Tatsachen einer Mischökonomie sind: *Bandenherrschaft*, d.h. verschiedene Interessengruppen ohne moralische oder politische Prinzipien, ohne Programme, Richtung, Zweck oder Langzeitziel kämpfen um die Macht. Der einzige gemeinsame Nenner ist der stillschweigende Glaube an Herrschaft durch Gewalt - und das Resultat ist, falls der Trend nicht geändert wird, ein faschistischer Staat.

Im September 1965 schrieb ich im *Objectivist Newsletter*: „Entgegen des fanatischen Glaubens seiner Vertreter befriedigt ein Kompromiss nicht alle, sondern *enttäuscht* alle; wer alles für alle sein will, ist am Ende nichts für niemanden."

Es ist erschreckend mitanzusehen, wie schnell dieses Prinzip sich durchsetzte - in einer Zeit, die Prinzipien nicht anerkennt.

Wo ist Präsident Johnsons Konsens heute? Und wo ist Präsident Johnson heute politisch? In nur zwei Jahren ist er, in einer Ära anscheinenden Wohlstands, ohne den Druck irgendeiner offensichtlichen nationalen Katastrophe, vom triumphalen Wahlsieger zu einer Belastung für seine eigene Partei bei der Wahl von 1966 geworden. Das ist ein Kunststück, das jeden, der sich mit moderner Politik befasst, nachdenklich stimmen sollte.

Wenn es irgendeine Möglichkeit gäbe, Kompromiss funktionieren zu lassen, dann wäre Präsident Johnson der Mann, der es geschafft hätte. Er war ein Experte im Spiel der Manipulation von Interessengruppen - ein Spiel, das daraus besteht, Versprechungen und Freunde zu machen und letztere zu halten, aber nicht erstere. Sein Geschick als Manipulator war genau die Eigenschaft, die uns seine „Imagemacher" auf dem Höhepunkt seiner Popularität verkauften. Wenn *er* es nicht schaffen konnte, dann schafft es ein Amateur erst recht nicht.

Präsident Johnsons Geschichte sollte einen dazu bringen, die Prämisse von der praktischen Wirksamkeit von Kompromissen zu überprüfen. Und, so glaube ich, eine Menge Leute überprüfen sie. Leute, aber nicht Republikaner - oder zumindest nicht alle von ihnen. Nicht die, die nun ein ungeformtes, weichschaliges Ding wie Romney dahin treiben, wo ein Profi versagt hat.

Was ist heute noch übrig, nun, da der Konsens zusammengebrochen ist? Nichts als das öffentliche Spektakel des intellektuellen und moralischen Bankrotts einer Mischökonomie, der Zusammenbruch seines Mechanismus. Das Kreischen seines Getriebes ist das einzige Geräusch in unserer allgemeinen Stille - das Geräusch primitiver, kurzsichtiger Forderungen von Interessengruppen, die nicht mal mehr versuchen, so zu tun, als hätten sie politische Ideale oder eine moralische Rechtfertigung.

Die Konsens-Doktrin war eine Tarnung, eine schäbige, schlecht gemachte Tarnung, aber trotzdem eine Tarnung, um der Praxis des Bandenkriegs den Anschein einer Theorie zu verleihen. Heute ist sogar diese Tarnung verschwunden und die Anti-Ideologie kann nun offenkundiger und frecher als je zuvor operieren.

Eine politische Ideologie besteht aus einer Reihe von Prinzipien, die auf die Errichtung oder Aufrechterhaltung eines bestimmten Gesellschaftssystems abzielen; sie besteht aus einem langfristigen Programm, dessen Prinzipien dazu dienen, einzelne Schritte zu einem beständigen Kurs zu vereinen und zu integrieren. Nur mittels Prinzipien können Menschen die Zukunft planen und ihre Handlungen entsprechend auswählen.

Anti-Ideologie besteht aus dem Versuch, den Verstand auf die Spanne des unmittelbaren Moments einzuschnüren, ohne Beachtung der Vergangenheit oder der Zukunft, ohne Kontext oder Erinnerung – vor allem ohne Erinnerung, sodass Widersprüche nicht entdeckt werden und Fehler oder Katastrophen den Opfern angelastet werden können.

In der anti-ideologischen Praxis werden Prinzipien implizit dazu benutzt, die Opposition zu entwaffnen. Sie werden aber nie anerkannt und je nach Laune in ihr Gegenteil verkehrt, wenn es dem Zweck des Augenblicks dient. Wessen Zweck? Dem der Bande. Somit lautet das moralische Kriterium nicht „das halte ich für gut (oder richtig oder wahr)", sondern „meine Bande hat immer recht".

Und darum sind die heutigen öffentlichen Fragen und Diskussionen so ekelhaft falsch und nutzlos. Die meisten Fragen basieren auf so vielen falschen Prämissen und tragen so viele Widersprüche in sich, dass man anstelle der Frage: „Wer hat recht?" ständig und stillschweigend mit der Frage konfrontiert wird: „Welche Bande wollen Sie unterstützen?"

Nehmen Sie z.B. die Frage des Vietnamkrieges.

An diesem abstoßenden Durcheinander ist alles falsch (aber nicht aus den Gründen, die am lautesten gebrüllt werden), angefangen bei seiner Bezeichnung. Ein „kalter Krieg" ist ein schamloser Widerspruch in sich. Er ist nicht sehr „kalt" für die amerikanischen Soldaten, die auf dem Schlachtfeld getötet werden und auch nicht für ihre Familien oder für irgendjemanden von uns.

Ein „kalter Krieg" ist ein typisch hegelianischer Begriff. Er basiert auf der Prämisse, dass ein A ein Nicht-A ist, dass Dinge nicht sind, was sie sind, solange man sie nicht benennt; oder, praktisch gesprochen, dass sie sind, was unsere Anführer uns sagen – und wenn sie es nicht tun, haben wir keine Möglichkeit, es herauszufinden. Diese Art von Erkenntnistheorie funktioniert nicht allzu gut – nicht einmal bei den unwissenden Horden russischer Bauern. Dass man das bei amerikanischen Bürgern versucht, ist vielleicht das schändlichste Symptom unserer kulturellen Auflösung.

Wenn Menschen von einer fremden Armee in einer Militäraktion getötet werden, ist es ein *Krieg*, ein ganzer Krieg und nichts als ein Krieg - egal, welche Temperatur ihm jemand zuschreiben möchte.

Aber beachten Sie, welche Vorteile die hegelsche Terminologie den Führern einer Mischökonomie bietet. Wenn ein Land sich im Krieg befindet, muss es seine ganze Kampfkraft einsetzen und so schnell wie möglich gewinnen. Es kann nicht kämpfen und auch zur gleichen Zeit *nicht* kämpfen. Es kann seine Soldaten nicht entsenden, um als Kanonenfutter zu sterben und ihnen gleichzeitig verbieten, zu gewinnen. Wenn ein Land im Krieg ist, können seine Anführer nicht über „Kulturaustausch" und „Brücken bauen" plappern, wie unsere es tun - Handelsbrücken, um die Wirtschaft unserer Feinde zu unterstützen und sie somit in die Lage zu versetzen, die Flugzeuge und Gewehre zu produzieren, die unsere eigenen Soldaten töten.

Ein Land im Krieg greift häufig auf die Verleumdung seiner Feinde durch die Verbreitung von Schauermärchen zurück - eine Vorgehensweise, die ein freies, zivilisiertes Land nicht nötig hat und nicht unternehmen sollte. Ein zivilisiertes Land mit einer freien Presse kann die Fakten für sich sprechen lassen. Aber wie sieht der moralisch-intellektuelle Zustand eines Landes aus, das Verleumdungen und Schauermärchen *über sich selbst* verbreitet und die Fakten über die Gräueltaten seiner Feinde ignoriert und unterdrückt? Wie sieht der moralisch-intellektuelle Zustand eines Landes aus, das seinen Bürgern erlaubt, Paraden mit den Flaggen des Feindes - des Vietcong - abzuhalten oder auf dem Universitätscampus Spenden für den Feind zu sammeln? Wodurch wird das ermöglicht? Durch die Behauptung, dass wir angeblich nicht im Krieg sind - nur im „kalten Krieg".

Die Moral eines Landes ist zu Kriegszeiten entscheidend. Im Zweiten Weltkrieg wurde „Lord Haw-Haw"[55] zu Recht als Verräter angesehen - wegen des Verbrechens, die Moral der britischen Soldaten durch die Verbreitung von Schauermärchen über die Unbesiegbarkeit von Nazi-Deutschland untergraben zu haben. In einem „kalten Krieg", wie wir ihn heute haben, wird Lord Haw-Haws Job von

[55] Spitzname von William Joyce, Führer der Faschistischen Partei Englands, der am 3. Januar 1946 wegen Hochverrats hingerichtet wurde, Anm. d. Ü.

unseren eigenen Anführern erledigt. Die ekelhaften Schauermärchen über „Eskalation", über unsere Angst vor einem Krieg mit China, wären schon moralisch schändlich, wenn sich die Anführer von Monaco oder Luxemburg darin ergössen. Wenn sie von den Anführern des mächtigsten Landes der Welt kommen, ist „schändlich" ein kaum angemessenes Wort für ihre moralische Bedeutung.

Wenn ein Land weiß, dass es ein anderes Land nicht bekämpfen kann, *geht es keinen Kampf ein.* Wenn ein Land wirklich schwach ist, zieht es nicht in den Kampf mit dem Ruf: „Bitte nehmt mich nicht ernst - ich werde nicht sehr weit gehen!" Es erklärt nicht seine Angst als Beweis seines Friedenswillens.

Nur in einem Sinn kann man dieses grässliche Phänomen als Nicht-Krieg klassifizieren: Die Vereinigten Staaten haben nichts von ihm zu gewinnen. Kriege sind das zweitschlimmste Übel, das menschliche Gesellschaften begehen können. (Das schlimmste ist Diktatur, die Versklavung der eigenen Bürger, was die Ursache von Kriegen ist.) Wenn ein Land auf Krieg zurückgreift, hat es irgendein Ziel, ob nun richtig oder falsch, etwas, wofür es kämpft - und der einzig gerechtfertigte Zweck ist Selbstverteidigung. Wenn Sie das ultimative, selbstmörderische Extrem des Altruismus in internationalem Ausmaß sehen wollen, sehen Sie sich den Krieg in Vietnam an - einen Krieg, in dem amerikanische Soldaten sterben, ohne irgendein Ziel zu haben.

Das ist das hässlichste Übel des Vietnamkrieges: dass *er keinem nationalen Ziel der Vereinigten Staaten dient* - dass er ein blindes, sinnloses, altruistisches, selbstopferndes Abschlachten ist. *Das* ist das Böse - nicht das ekelhafte Zeug, über das die Vietniks jaulen.

Keiner von uns weiß, *warum* wir in diesem Krieg sind, *wie* wir hineinkamen oder *was* uns herausbringen wird. Immer, wenn unsere Anführer versuchen, es uns zu erklären, machen sie das Mysterium größer. Sie erzählen uns gleichzeitig, dass wir für die Interessen der Vereinigten Staaten kämpfen - und dass die Vereinigten Staaten kein „egoistisches" Interesse an diesem Krieg hätten. Sie erzählen uns, dass der Kommunismus der Feind sei - und sie attackieren, verleumden und verurteilen jeden Antikommunisten in unserem Land.

Sie erzählen uns, dass die Verbreitung des Kommunismus in Asien eingedämmt werden müsse - aber nicht in Afrika. Sie erzählen uns, dass der kommunistischen Aggression in Asien widerstanden werden müsse - aber nicht in Europa. Sie erzählen uns, dass wir die Freiheit von Südvietnam verteidigen müssten - aber nicht die Freiheit von Ostdeutschland, von Polen, Ungarn, Lettland, der Tschechoslowakei, Jugoslawien, Katanga usw. Sie erzählen uns, dass Nordvietnam eine Bedrohung unserer nationalen Sicherheit sei - aber Kuba nicht. Sie erzählen uns, dass wir das Recht der Südvietnamesen auf „demokratische" Wahlen verteidigen müssten und sie sich, wenn sie wollen, selbst in den Kommunismus wählen dürfen, vorausgesetzt, dass es durch Wahlen geschieht - d.h. dass wir nicht für irgendein politisches Ideal oder ein Prinzip von Gerechtigkeit kämpfen, sondern nur für die unbegrenzte Mehrheitsherrschaft, und dass das Ziel, für das amerikanische Soldaten sterben, von der Wahl anderer bestimmt wird. Sie erzählen uns auch, dass wir Südvietnam zwingen müssten, die Kommunisten in einer Koalitionsregierung zuzulassen - ein Prozess, mit dem wir China dem Kommunismus ausgeliefert haben, was wir aber nicht erwähnen dürfen. Sie erzählen uns, dass wir das Recht Südvietnams auf „nationale Selbstbestimmung" verteidigen müssten und dass jeder, der die nationale Souveränität der Vereinigten Staaten vertritt, ein Isolationist sei, dass Nationalismus böse sei, dass der Globus unser Vaterland sei und wir bereit sein müssten, für jeden Teil davon zu sterben - außer für den Kontinent Nordamerika.

Ist es verwunderlich, dass niemand mehr den Ankündigungen unserer Wortführer glaubt - weder das amerikanische Volk noch ausländische Nationen? Unsere Anti-Ideologen fangen an, sich Sorgen über dieses Problem zu machen. Aber sie sagen in ihrem typischen Stil nicht, dass jemand lügt - sie sagen, dass es eine „Glaubwürdigkeitslücke" gibt.

Beachten Sie die Begriffe, mit denen der Krieg in Vietnam diskutiert wird. Es gibt keine erklärten Ziele und keine intellektuellen Fragen. Aber es gibt anscheinend zwei sich gegenüberstehende Seiten, die nicht durch spezifische ideologische Begriffe, sondern durch *Bilder* bezeichnet werden, was für die primitive Erkenntnistheorie von

Wilden angemessen ist: die „Falken“ und die „Tauben“. Aber die „Falken“ gurren entschuldigend und die „Tauben“ knurren bis zum Umfallen.

Dieselben Gruppen, die im Zweiten Weltkrieg den Begriff „Isolationist“ geprägt haben, um jeden zu bezeichnen, der die inneren Angelegenheiten anderer Länder nicht für die Verantwortung der Vereinigten Staaten hielt, schreien nun, dass die Vereinigten Staaten kein Recht hätten, sich in die inneren Angelegenheiten Vietnams einzumischen.

Niemand hat ein Ziel benannt, welches nach Erreichen den Krieg beenden würde - außer Präsident Johnson, der eine Milliarde Dollar als Preis des Friedens anbot; nicht eine Milliarde Dollar *für* uns, sondern eine Milliarde Dollar *von* uns für die wirtschaftliche Entwicklung Vietnams - d.h. dass wir für das Privileg kämpfen, jeden amerikanischen Steuerzahler in einen Knecht zu verwandeln, der teilweise zugunsten seiner vietnamesischen Herren schuftet. Aber um zu demonstrieren, dass Irrationalität kein Monopol der Vereinigten Staaten ist, hat Nordvietnam dieses Angebot abgelehnt.

Nein, es gibt keine vernünftige Lösung für den Krieg in Vietnam: Es ist ein Krieg, in den wir nie hätten eintreten sollen. Ihn fortzusetzen ist sinnlos - und uns zurückzuziehen wäre ein weiterer Akt in unserer langen, schändlichen Reihe von Beschwichtigungen. Das Endergebnis von Beschwichtigung ist ein Weltkrieg, wie der Zweite Weltkrieg demonstriert hat; im heutigen Kontext kann sie einen nuklearen Weltkrieg bedeuten.

Dass wir uns selbst in eine solche Situation haben bringen lassen, ist die Konsequenz einer 50 Jahre andauernden selbstmörderischen Außenpolitik. Man kann keine Konsequenzen korrigieren, ohne ihre Ursache zu korrigieren; wenn solche Katastrophen „pragmatisch“ gelöst werden könnten, d.h. außerhalb von Kontext, aus der Laune des Augenblicks, dann bräuchte ein Land keine Außenpolitik. Und *dies* ist ein Beispiel dafür, warum wir eine Politik basierend auf langfristigen Prinzipien, d.h. eine *Ideologie*, brauchen. Aber eine Überprüfung unserer Außenpolitik, von ihrer Grundprämisse an aufwärts, ist das, was die heutigen Anti-Ideologen nicht in Betracht zu ziehen wagen. Je schlimmer ihre Resultate sind, umso lauter proklamieren unsere Anführer, dass unsere Außenpolitik *überparteilich* ist.

Eine ordentliche Lösung bestünde darin, Staatsmänner mit einer radikal anderen Außenpolitik zu wählen - einer Politik, die ausdrücklich und stolz der Vertretung unserer Rechte und dem nationalen Eigeninteresse Amerikas verpflichtet ist und Entwicklungshilfe und alle Formen internationaler Selbstopferung ablehnt. Mit einer solchen Politik könnten wir uns sofort aus Vietnam zurückziehen - und dies würde von niemandem missverstanden werden und die Welt hätte eine Chance auf Frieden. Aber solche Staatsmänner existieren zurzeit nicht. Unter den heutigen Bedingungen besteht die einzige Alternative darin, diesen Krieg zu kämpfen und ihn so schnell wie möglich zu gewinnen - um somit Zeit zu gewinnen, neue Staatsmänner mit einer neuen Außenpolitik hervorzubringen, bevor die alte uns in einen weiteren „kalten Krieg" stößt, so wie der „kalte Krieg" in Korea uns in den Vietnamkrieg stieß.

Die Institution, die es unseren Anführern ermöglicht, solch unverantwortliche Abenteuer einzugehen, ist die Wehrpflicht.

Die Frage der Wehrpflicht ist vielleicht die wichtigste heute diskutierte Einzelfrage. Aber die Begriffe, mit denen sie diskutiert wird, sind eine jämmerliche Manifestation unseres anti-intellektuellen „Mainstreams".

Von allen dirigistischen Verletzungen individueller Rechte in einer Mischökonomie ist die Wehrpflicht die schlimmste. Sie negiert das fundamentale Recht des Menschen - das Recht auf Leben - und etabliert das fundamentale Prinzip des Dirigismus: dass das Leben des Menschen dem Staat gehört und der Staat es beanspruchen kann, indem er ihn zwingt, es in einer Schlacht zu opfern. Wenn dieses Prinzip erst akzeptiert wurde, ist der Rest nur eine Frage der Zeit.

Wenn der Staat einen Menschen zwingen kann, den Tod oder schreckliche Verstümmelungen und Verkrüppelungen zu riskieren, in einem Krieg der nach Belieben des Staates erklärt wurde, aus einem Grund, den er weder gutheißt noch versteht, wenn seine Zustimmung nicht erforderlich ist, um ihn in ein unaussprechliches Martyrium zu schicken - dann sind prinzipiell *alle* Rechte in diesem

Staat negiert und seine Regierung ist nicht länger der Beschützer des Volkes. Was gäbe es denn noch zu schützen?

Der unmoralischste Widerspruch im Chaos der heutigen anti-intellektuellen Gruppen ist der der sogenannten „Konservativen", die als Verteidiger von individuellen Rechten, besonders von *Eigentumsrechten* posieren, aber die Wehrpflicht vertreten und verteidigen. Durch welche höllische Verdrängung können sie die Idee rechtfertigen, dass Kreaturen, die kein Recht auf Leben haben, das Recht auf ein Bankkonto haben? Eine etwas höhere (aber nicht viel höhere) Stufe der Hölle sollte für diese „Liberalen" reserviert werden, die behaupten, dass der Mensch das „Recht" auf wirtschaftliche Sicherheit, Sozialwohnungen, medizinische Versorgung, Ausbildung und Erholung habe, aber kein Recht auf Leben, oder: dass der Mensch das Recht auf einen *Lebensunterhalt* habe, aber nicht auf sein *Leben*.

Eines der Argumente, das von allen Seiten zur Rechtfertigung der Wehrpflicht angeführt wird, lautet, dass „Rechte Pflichten mit sich bringen". Pflichten - wem gegenüber? Ideologisch ist diese Idee schlimmer als das Übel, das sie zu rechtfertigen sucht: Sie impliziert, dass Rechte ein Geschenk des Staates seien und dass der Mensch sie durch eine Gegenleistung (sein Leben) erkaufen müsse. Logisch gesehen enthält dieses Argument einen Widerspruch: Da die einzig legitime Funktion eines Staates darin besteht, die Rechte der Menschen zu schützen, kann er keine Ansprüche auf deren Leben als Gegenleistung für diesen Schutz beanspruchen.

Die einzige „Pflicht", die in individuellen Rechten enthalten ist, ist eine Pflicht, die nicht vom Staat, sondern von der Realität (d.h. vom Gesetz der Identität) eingesetzt wird: *Konsistenz*, was in diesem Fall die Pflicht bedeutet, die Rechte anderer zu respektieren, wenn man will, dass die eigenen Rechte anerkannt und geschützt werden.

Politisch gesehen ist die Wehrpflicht eindeutig verfassungswidrig. Keine Menge an Rationalisierungen, weder durch den Supreme Court noch durch private Individuen, kann die Tatsache ändern, dass sie eine „unfreiwillige Knechtschaft" darstellt.

Eine Freiwilligenarmee ist der einzig legitime, moralische und praktische Weg, ein freies Land zu verteidigen. Sollte ein Mensch sich freiwillig melden, wenn sein Land angegriffen wird? Ja - wenn er seine eigenen Rechte und seine Freiheit schätzt. Einem freien (oder auch nur halbfreien) Land hat es angesichts ausländischer Aggression nie an Freiwilligen gemangelt. Viele Militärfachleute haben bestätigt, dass eine Freiwilligenarmee - eine Armee aus Menschen, die wissen, wofür sie kämpfen und warum - die beste und effektivste Armee ist und dass eine Wehrpflichtigenarmee die am wenigsten effiziente ist.

Es wird oft gefragt: „Aber was, wenn ein Land nicht genug Freiwillige finden kann?" Selbst dann würde das dem Rest der Bevölkerung kein Recht auf das Leben dieser jungen Menschen geben. Aber tatsächlich mangelt es aus einem der folgenden Gründe an Freiwilligen: (1) Wenn ein Land durch eine korrupte, autoritäre Regierung demoralisiert ist, werden die Bürger sich nicht freiwillig zu deren Verteidigung melden. Aber selbst wenn sie gezwungen würden, würden sie nicht lange kämpfen. Sehen Sie sich als Beispiel die buchstäbliche Auflösung der zaristischen russischen Armee im Ersten Weltkrieg an. (2) Wenn die Regierung eines Landes einen Krieg nicht zur Selbstverteidigung führt, sondern für einen Zweck, den die Bürger weder teilen noch verstehen, wird sie nicht viele Freiwillige finden. Somit ist eine Freiwilligenarmee einer der besten Verteidiger des Friedens, nicht nur gegen ausländische Aggression, sondern auch gegen kriegerische Ideologien oder Projekte von Seiten der eigenen Regierung.

Für Kriege wie in Korea oder Vietnam würden sich nicht viele freiwillig melden. Ohne die Macht zur Zwangsrekrutierung wären die Macher unserer Außenpolitik nicht in der Lage, solche Abenteuer einzugehen. Dies ist einer der besten praktischen Gründe für die Abschaffung der Wehrpflicht.

Ein weiterer praktischer Grund: Das Zeitalter großer Massenarmeen ist vorbei. Ein moderner Krieg ist ein *technologischer* Krieg; er erfordert hochtrainiertes, wissenschaftliches Personal, nicht Horden passiver, stupider, verwirrter Menschen; er erfordert Gehirnschmalz, nicht Muskelschmalz - Intelligenz, nicht blinden Gehorsam. Man kann Menschen zum Sterben zwingen - aber man kann sie nicht zum Denken zwingen. Beachten Sie, dass die technologischeren Zweige unserer Armee – die Navy und die Air Force – keine Wehrpflichtigen annehmen und aus Freiwilligen bestehen. Die Wehrpflicht gilt deshalb nur für den unter heutigen Bedingungen ineffizientesten und unwichtigsten Teil unserer Armee: die Infanterie. Wenn dem so ist, ist die Landesverteidigung dann die Hauptsorge derer, die für die Wehrpflicht eintreten?

Die praktische Frage der militärischen Landesverteidigung ist nicht die Frage, die zur Diskussion steht; sie ist nicht die Hauptsorge der Unterstützer der Wehrpflicht. Einige von ihnen mögen von Routine, traditionellen Ideen und Ängsten motiviert werden; aber auf nationaler Ebene steckt ein tieferes Motiv dahinter.

Wenn ein bösartiges Prinzip implizit akzeptiert wird, dauert es nicht lange, bis es explizit wird: Interessengruppen ziehen schnell praktische Vorteile aus seinen logischen Implikationen. Die Wehrpflicht wurde z. B. im Zweiten Weltkrieg als Rechtfertigung benutzt, der Regierung die Macht zu verleihen, für die gesamte Bevölkerung Arbeitszuweisungen, d.h. *Zwangsarbeit* einzuführen. „Wenn man Menschen einberufen kann, um für ihr Land zu *sterben*", so wurde argumentiert, „warum kann man sie dann nicht einberufen, um für ihr Land zu *arbeiten*?" Zwei solche Gesetzentwürfe wurden in den Kongress eingebracht, aber glücklicherweise abgelehnt. Der zweite dieser Entwürfe hatte einen interessanten Kniff: Zwangsarbeiter sollten nach Gewerkschaftstarif bezahlt werden, um diesen nicht zu untergraben, aber aus „Gerechtigkeit" gegenüber den Wehrpflichtigen sollte den Zwangsarbeitern nur das Äquivalent des Soldes bezahlt werden – der Rest sollte an den Staat gehen (!).

Was glauben Sie: Welche politische Gruppe kam auf eine solche Idee? Beide Gesetze wurden von den Republikanern eingebracht – und wurden abgeschlagen durch die Gewerkschaften, die die einzigen großen politischen Gruppen zwischen uns und einem totalitären Staat waren.

Nun beachten Sie, wie die Wehrpflicht heute diskutiert wird. Der Hauptgrund für die Beibehaltung der Wehrpflicht ist nicht militärischer, sondern finanzieller Art (!). Es wird allgemein eingestanden, dass die Wehrpflicht unnötig ist, aber eine Freiwilligenarmee zu viel kosten würde.

Die Armee ist zurzeit eine der am schlechtesten bezahlten Gruppen in unserem Land; die Bezahlung eines Wehrpflichtigen beträgt in bar oder Sachleistungen (d.h. Kost und Logis) ungefähr *einen Dollar* pro Stunde. Um Freiwillige anzulocken, müsste man höhere Bezahlung und bessere Bedingungen anbieten und könnte eine Armeelaufbahn somit vergleichbar mit den Standards des zivilen Arbeitsmarktes machen.

Exakte Schätzungen über die Kosten einer Freiwilligenarmee gibt es nicht, aber die ungefähren Schätzungen beziffern sie auf ca. vier Milliarden Dollar pro Jahr.

Merken Sie sich diese Zahl, wenn Sie in den Zeitungen etwas über unseren Verteidigungsetat lesen - und stellen Sie sich dabei klar und spezifisch vor, was man mit dieser Summe kaufen könnte.

Die Jahre zwischen 15 und 25 sind die wichtigsten und prägenden Jahre eines Menschen. Dies ist die Zeit, in der er seine Eindrücke über die Welt, über andere Menschen und über die Gesellschaft, in der er leben soll, festigt - in der er bewusste Überzeugungen erlangt, seinen Ehrgeiz entweder entwickelt oder aufgibt. Dies sind die Jahre, die ihn fürs Leben zeichnen. Und eine angeblich humanitäre Gesellschaft zwingt ihn, *diese* Jahre in Angst zu verbringen - die Angst, zu wissen, dass er nichts planen und auf nichts zählen kann, dass ihm jeder eingeschlagene Weg jeden Moment von einer unvorhersagbaren Macht verbaut werden kann; dass dort der graue Umriss der Kaserne lauert - und vielleicht auch der grundlose Tod in einem fremden Dschungel.

Ein solcher Druck ist für den Geist eines jungen Menschen zerstörerisch, wenn er diese Frage bewusst begreift - und noch zerstörerischer, wenn er es nicht tut.

Das Erste, was er wahrscheinlich aufgibt, ist sein Intellekt: Ein Intellekt funktioniert nicht unter der Prämisse seiner eigenen Ohnmacht. Wenn er zu der Überzeugung kommt, dass das Dasein hoffnungslos ist, dass sein Leben in der Hand einer gewaltigen, unbegreiflich bösen Macht liegt, wenn er eine hilflose, sengende Verachtung für die Heuchelei der Älteren und einen tiefen Hass auf die gesamte Menschheit entwickelt - wenn er diesem inhumanen psychologischen Druck durch Hinwendung zum Beatnik-Kult des unmittelbaren Moments zu entkommen sucht und schreit: „Jetzt, jetzt, jetzt!" (außer „jetzt" hat er nichts) oder er seine Angst betäubt und seinen Rest an Verstand mit LSD tötet - geben Sie nicht ihm die Schuld. Das haben Sie sich selbst zuzuschreiben!

Das könnte man für vier Milliarden Dollar kaufen - und das bliebe ihm und jedem anderen jungen Mann im Land erspart - und jeder Person, die ihn liebt. Denken Sie daran, in welche Abflüsse unser Geld gespült wird: Dem Bundeshaushalt von 1968 zufolge werden wir 4,5 Milliarden für Entwicklungshilfe und verwandte Projekte, 5,3 Milliarden für Raumfahrtprogramme und 11,3 Milliarden für nur eine unserer vielen, vielen Sozialbehörden ausgeben - und dennoch behaupten wir, dass wir uns vier Milliarden Dollar nicht leisten könnten, um unsere Jugend vor der Agonie einer zerfleischenden, brutalen psychologischen Folter zu retten.

Aber natürlich ist das wahre Motiv hinter diesem gesellschaftlichen Verbrechen nicht finanzieller Art; die Frage der Kosten ist bloß eine Rationalisierung. Das wahre Motiv findet man in der folgenden Äußerung von Lieutenant General Lewis B. Hershey, Direktor des Selective Service System, vom 24. Juni 1966:

> „Ich befasse mich nicht mit der Ungewissheit, die daraus entsteht, unsere Bürger in dem Glauben zu lassen, sie schuldeten ihrem Land etwas. Es gibt viel zu viele Menschen, die denken, dass Individualismus konsequent anerkannt werden muss, sogar, wenn die Gruppenrechte zum Teufel gehen."

Dasselbe Motiv wurde vollends klar in einer Forderung von Verteidigungsminister Robert S. McNamara, die jetzt mit wachsendem Nachdruck von der Presse beworben wird.

Am 18. Mai 1966 sagte McNamara folgendes:

> „Wie es aussieht, zieht unser Selective System nur eine Minderheit der in Frage kommenden jungen Männer ein. Das ist ungerecht. Mir scheint, dass wir uns auf die Abschaffung dieser Ungleichheit hinbe-

> wegen könnten, wenn wir jeden jungen Menschen in den Vereinigten Staaten um zwei Jahre Dienst für sein Land bitten - entweder im Militär, im Peace Corps oder durch freiwillige Entwicklungsarbeit zu Hause oder im Ausland."

„Entwicklungsarbeit" - für *wessen* Entwicklung?

Anscheinend stellt Reis pflanzen oder Gräben buddeln in Afrika, Asien oder Südamerika Dienst an den Vereinigten Staaten dar - aber sich auf eine produktive Laufbahn vorzubereiten, nicht. Unsere eigenen Analphabeten auf dem platten Land oder in den Slums zu unterrichten, stellt Dienst an den Vereinigten Staaten dar - aufs College zu gehen, nicht. Zurückgebliebenen Kindern beizubringen, Körbe zu flechten, stellt Dienst an den Vereinigten Staaten dar - aber einen Doktorgrad zu erlangen, nicht.

Ist das unbenannte Prinzip nicht klar? Sich selbst zu einer produktiven, ehrgeizigen, unabhängigen Person zu entwickeln, ist kein Wert für die Vereinigten Staaten; sich selbst in ein primitives Opfertier zu verwandeln, ist einer.

Dies, so gebe ich zu Protokoll, ist eine moralische Obszönität.

Zu welchem Land auch immer solch ein Prinzip passen mag, es sind nicht die Vereinigten Staaten. Es ist nicht einmal Sowjetrussland - wo man den Verstand der jungen Menschen zwar zerstört, aber nicht in einer so kitschigen und vorsätzlich sinnlosen Weise.

Dieser Vorschlag repräsentiert den nackten Kern des *Altruismus* in seiner reinen und konsequenten Form. Er will Menschen nicht zum angeblichen Vorteil des Staates opfern - er will sie opfern *um der Opferung willen*. Er will den Geist des Menschen brechen - seinen Verstand, seinen Ehrgeiz, sein Selbstbewusstsein, sein Selbstvertrauen, sein *Selbst* - genau in den Jahren, in denen er all dies erwerben soll.

McNamaras Versuchsballon kam zuerst nicht allzu gut an. Es gab empörte Proteste, welche die Regierung zwangen, ein hektisches Dementi herauszugeben. „Die Johnson-Administration", schrieb die *New York Times* am 20. Mai 1966, „stellte heute schnell klar, dass sie keine Pläne hege, junge Amerikaner zum Zivildienst einzuberufen oder eine solche Pflicht als Alternative für den Militärdienst einzuführen." Der gleiche Artikel besagte, dass „befragte Funktionsträger seine [McNamaras] Worte so interpretierten, er würde junge Menschen ‚bitten' und nicht ‚zwingen' wollen." Nun, *ich* möchte betonen, dass eine Regierung, die eher „bitten" als „zwingen" will, nicht den Verteidigungsminister wählt, um zu „bitten", und er im Kontext einer Textpassage, in der es um die Wehrpflicht geht, nicht „bittet".

Die Forderung eines „freiwilligen Dienstes" unter Androhung des Todes ist *Erpressung* - Erpressung der gesamten amerikanischen Jugend - Erpressung, die ihre Auslieferung in offene Leibeigenschaft verlangt.

Nach dieser ersten Forderung - offensichtlich als Zwischenschritt, um die Opfertiere zu „konditionieren" - begannen die dirigistisch-altruistischen Banden, die Idee des „freiwilligen" Sozialdienstes zu bewerben. Am 14. September 1966 zitierte James Reston von der *New York Times* Präsident Johnson mit den Worten:

> „Ich hoffe den Tag zu erleben, an dem eine Form des freiwilligen Dienstes an der Gemeinschaft und der Welt in Amerika so üblich ist wie zur Schule zu gehen; eine Zeit, in der kein Mensch wirklich gelebt hat, der nur sich selbst gedient hat."

Die Motivation dahinter ist offensichtlich. Die Wehrpflicht wird nicht aus militärischen Zwecken und nicht zum Schutz unseres Landes gebraucht, aber die Dirigisten kämpfen darum, nicht die Macht aufzugeben, die sie ihnen gab und das unbenannte Prinzip (und den Präzedenzfall), das sie etabliert hat - vor allem, nicht das Prinzip aufzugeben, dass das Leben des Menschen dem Staat gehört.

Das ist die eigentliche und einzige Frage - und es gibt keine Möglichkeit, gegen dieses Prinzip oder für die Abschaffung der Wehrpflicht zu kämpfen, außer durch die Verteidigung des Prinzips vom Recht auf Leben. Es ist unmöglich, dieses Recht ohne eine volle, konsequente, moralisch-politische Ideologie zu verteidigen. Aber das ist nicht die Weise, in der diese Frage nun von den Anti-Ideologen aller Seiten diskutiert wird.

Die „Konservativen", die vermeintlichen Verteidiger der Freiheit und des Kapitalismus, sollten gegen die Wehrpflicht eintreten. Früh im Präsidentschaftswahlkampf 1964 machte Barry Goldwater einen vagen Anlauf zur Abschaffung der Wehrpflicht, der in der Öffentlichkeit hoffnungsvolle Aufmerksamkeit erregte; er ließ ihn schnell fallen und widmete seinen Wahlkampf der Anzweiflung der Moral von Bobby Baker. Wer brachte die Frage der Wehrpflicht zurück ins Licht der Debatte und verlangte ihre Abschaffung? Die extreme *Linke* – die Vietniks und Peaceniks.

Auf einer Linie mit den anti-ideologischen Methoden aller anderen Gruppen protestieren die Vietniks (die mit Russland, China und Nordvietnam sympathisieren) gegen die Zwangsrekrutierung im Namen ihrer „individuellen Rechte" – ihrer *individuellen Rechte*, ob Sie es glauben oder nicht. Sie proklamieren ihr Recht, zu entscheiden, in welchem Krieg sie kämpfen wollen – während sie mit Ländern sympathisieren, in denen das Individuum nicht einmal das Recht hat, einen eigenen Gedanken zu haben und zu äußern. Noch schlimmer ist die Tatsache, dass sie die einzige Gruppe sind, die individuelle Rechte auch nur *erwähnt* (jedenfalls wenn man den Zeitungsberichten trauen kann).

Aber aus diesem ganzen anti-ideologischen Durcheinander würde ich eine kleine Begebenheit als die moralisch schlimmste auswählen. Ich zitiere aus der *New York Times* vom 6. Februar 1967:

> „Führer von 15 Studentenorganisationen, die sowohl beide politischen Extreme als auch die Mitte repräsentieren, forderten heute die Abschaffung der Wehrpflicht und die Förderung freiwilliger Dienste für humanitäre Zwecke. Am Ende einer zweitägigen Konferenz im Shoreham Hotel [Washington, D.C.] erklärten die Studentenführer in einer Resolution über die Wehrpflicht und den nationalen Dienst: ‚Das gegenwärtige System der Wehrpflicht und seine Ungerechtigkeiten sind unvereinbar mit den traditionellen amerikanischen Prinzipien von individueller Freiheit in einer demokratischen Gesellschaft. Aus diesem Grund sollte die Wehrpflicht abgeschafft werden. In unserer Gesellschaft existiert für junge Leute ein dringendes Bedürfnis, sich in der Ausrottung gesellschaftlicher Krankheiten wie Unwissenheit, Armut, Rassendiskriminierung und Krieg zu engagieren.' Unter den Unterzeichnern der Resolution waren führende Mitglieder der linken Students for a Democratic Society, der rechten Young Americans for Freedom und der gemäßigten Youth and College Division of the National Association for the Ad-

> vancement of Colored People... Obwohl man sich nicht auf konkrete Empfehlungen einigte, sagte Mr. Chickering [der Sponsor der Konferenz], er glaube, dass die meisten Studentenführer seinen Vorschlag für die Schaffung eines Systems des freiwilligen nationalen Dienstes befürworteten. Sein Entwurf... bittet Studenten im ganzen Land, Anträge auszufüllen, die ihren Willen nach humanitärem Dienst ausdrücken."

(Beachten Sie die Formulierung „traditionelle amerikanische Prinzipien von individueller Freiheit in einer demokratischen Gesellschaft" anstelle von „individuellem *Recht* auf Leben". Was ist „individuelle Freiheit in einer demokratischen Gesellschaft"? Was ist eine „demokratische Gesellschaft"? „Individuelle Freiheit" ist kein primäres politisches Prinzip und kann ohne das primäre Prinzip individueller Rechte nicht definiert, verteidigt oder praktiziert werden. Und eine „demokratische Gesellschaft" bedeutet *traditionell*: unbeschränkte Mehrheitsherrschaft. Das ist ein Beispiel dafür, wie die heutigen Anti-Ideologen das Konzept von Rechten auslöschen. Beachten Sie auch, dass die Anführer der „konservativen" Young Americans for Freedom ein solches Dokument unterzeichneten.)

Das sind keine Menschen, die ausgepeitscht werden: Das sind Menschen, die gehorsam die Peitsche nehmen und sich selbst verdreschen.

Politisch gesehen ist dieser Vorschlag schlimmer als die Wehrpflicht. Die Wehrpflicht bietet zumindest die Entschuldigung an, dass man in Zeiten der Gefahr seinem Land dient - und ihre politischen Implikationen werden verwässert durch eine lange historische Tradition, die mit Patriotismus assoziiert wird. Aber wenn junge Menschen den Glauben annehmen, dass es ihre Pflicht sei, ihre unersetzlichen prägenden Jahre mit dem Anpflanzen von Reis und dem Tragen von Bettpfannen zuzubringen, sind sie - und unser Land - psychologisch erledigt.

Derselbe Artikel lieferte einige schockierende Statistiken zur Einstellung von Studenten im Allgemeinen. Er zitierte eine Umfrage der National Students Association aus 23 Universitäten im ganzen Land. Wenn man dieser Umfrage trauen kann,

„sagten ca. 75 Prozent, sie seien dafür, als Alternative zum Militärdienst Arbeit im Peace Corps, dem Teacher Corps oder bei den Volunteers in Service to America zuzulassen. Ungefähr 90 Prozent glauben jedoch, dass der Staat das Recht habe, seine Bürger einzuziehen, und 68 Prozent denken, dass eine solche Einberufung nicht nur in Zeiten eines erklärten nationalen Notstands nötig sei."

Dies ist ein furchtbares Beispiel für das, was ich „die Billigung durch das Opfer" nenne. Es ist auch ein Beispiel für die Tatsache, dass Menschen nicht politisch versklavt werden können, bis sie nicht *ideologisch* entwaffnet sind. Wenn sie aber erst entwaffnet sind, übernehmen die Opfer die Führung bei ihrer eigenen Zerstörung.

So sieht der Sumpf der Widersprüche aus, der die augenscheinlichsten Fragen von heute - Vietnam und die Wehrpflicht - verschluckt. Dasselbe gilt für all die anderen Fragen und Pseudofragen, die jetzt alle Kanäle der öffentlichen Diskussion verstopfen. Und um es noch schlimmer zu machen, beschweren sich genau die Anti-Ideologen, die dafür verantwortlich sind, über die Lethargie der Öffentlichkeit.

Lethargie ist nur ein prekärer psychologischer Schutz gegen Verwirrung, Ekel und Verzweiflung.

Die Allgemeinheit ist bitter enttäuscht vom Status Quo, desillusioniert von den abgestandenen Parolen des Sozialstaatsdirigismus und sucht verzweifelt nach einer Alternative, d.h. nach einem verständlichen Programm und einem verständlichen Kurs. Die Intensität dieses Bedürfnisses kann an der Tatsache bemessen werden, dass eine einzige gute Rede einen Mann, der nie ein öffentliches Amt bekleidet hatte, zum Gouverneur von Kalifornien machte. Die Dirigisten beider Parteien, die jetzt damit beschäftigt sind, Gouverneur Reagan zu verleumden, brennen darauf, die wahre Lektion und Bedeutung seiner Wahl nicht zu sehen und sie andere nicht sehen zu lassen: dass das Land nach einer konsequenten, klaren und selbstbewussten Stimme hungert - welches die herausragenden Eigenschaften seiner berühmten Rede waren, die nicht von den konsenssuchenden Anti-Ideologen erreicht oder erdacht werden können.

Zum jetzigen Zeitpunkt scheint Gouverneur Reagan eine vielversprechende Figur zu sein. Ich kenne ihn nicht und kann nicht für die Zukunft sprechen. Es ist schwierig, einen bestimmten Grad an Skepsis zu vermeiden: Wir sind zu oft enttäuscht worden. Aber ob er das Versprechen erfüllen kann oder nicht: Das Bedürfnis, die Suche und die Reaktion der Leute bleiben eine Tatsache - und sie werden eine tragische Tatsache werden, falls die intellektuellen Wortführer unseres Landes dieses Bedürfnis weiter ignorieren.

Seit der Wahl von 1966 sprechen einige Kommentatoren über den „Ruck nach rechts". Es gab keinen „Ruck nach rechts" (außer vielleicht in Kalifornien) - es gab nur einen Ruck weg von der Linken (wenn man mit „rechts" Kapitalismus und mit „links" Dirigismus meint). Ohne festes, konsequentes *ideologisches* Programm und eine ebensolche Führung wird der verzweifelte Protest des Volkes sich in den Sackgassen des gleichen Dirigismus zerstreuen, den sie ablehnen. Es ist nutzlos, *gegen* etwas zu kämpfen, wenn man nicht weiß, *wofür* man kämpfen soll. Ein bloßer negativer Trend oder eine negative Bewegung kann nicht gewinnen und hat historisch nie gewonnen: Sie führt nirgendwohin.

Die Konsens-Doktrin hat das exakte Gegenteil ihres vermeintlichen Ziels erreicht: Anstatt Einheit oder Einigung zu schaffen, hat sie das Land in einem solchem Ausmaß zersplittert und atomisiert, dass keine Kommunikation, geschweige denn Einigung, möglich ist. Ein Land braucht nicht Einheit, sondern intellektuelle Gradlinigkeit. Diese Gradlinigkeit kann nur durch fundamentale Prinzipien erreicht werden, nicht durch Kompromisse unter Gruppen - durch das Primat der Ideen, nicht das der Banden.

Die Aufgabe, Ideen und Ziele zu definieren, ist nicht die Aufgabe von Politikern und wird nicht zu Wahlkampfzeiten erreicht: Wahlen sind bloß Konsequenzen. Diese Aufgabe gehört den Intellektuellen. Das Bedürfnis danach ist dringender als je zuvor.

Postskript: Ab und zu bekomme ich Briefe von jungen Menschen, die mich um persönlichen Rat bei Problemen mit der Wehrpflicht fragen. Moralisch gesehen gibt es keinen Rat in Fragen, die nicht der freiwilligen Entscheidung unterliegen: „Moral hört auf, wo eine Waffe beginnt." Die beste praktische Alternative besteht darin, einen guten Anwalt aufzusuchen.

Es gibt jedoch einen moralischen Aspekt dieser Frage, der Klärung benötigt. Einige junge Menschen scheinen der irrigen Auffassung zu sein, dass, da die Wehrpflicht eine Verletzung ihrer Rechte ist, die Befolgung des Wehrpflichtgesetzes eine moralische Billigung dieser Verletzung darstellt. Das ist ein schlimmer Irrtum. Ein erzwungener Gehorsam ist keine Billigung. Wir alle werden gezwungen, vielen Gesetzen zu gehorchen, die unsere Rechte verletzen. Aber solange wir die Abschaffung dieser Gesetze vertreten, stellt unser Gehorsam keine Billigung dar. Ungerechte Gesetze müssen ideologisch bekämpft werden; sie können durch bloßen Ungehorsam und sinnloses Martyrium nicht bekämpft oder korrigiert werden. Um einen Artikel über dieses Thema aus *„Persuasion"* vom April 1967 zu zitieren: „Man stoppt den Irrsinn nicht, indem man sich ihm zum Fraß vorwirft..."

22. *Zur Kasse bitte: Die Studenten-„Rebellion"*

von Ayn Rand

Erstmals erschienen in: *The Objectivist Newsletter*, Juli bis September 1965

Die sogenannte Studenten-„Rebellion", die an der Universität von Kalifornien in Berkeley gestartet und von dort mit ihren Hauptargumenten versorgt wurde, hat eine hohe Bedeutsamkeit, aber nicht die, die die meisten Kommentatoren ihr zuschreiben. Und das Wesen dieser falschen Darstellung ist Teil dieser Bedeutsamkeit.

Die Ereignisse in Berkeley begannen im Herbst 1964, scheinbar als Studentenprotest gegen die Anordnung der Universitätsverwaltung, politische Aktivitäten - genauer gesagt Spendensammlungen, das Anwerben und das Organisieren von Studenten für politische Aktionen außerhalb des Campus - auf einem bestimmten Grundstück, das an den Campus grenzt und der Universität gehört, zu verbieten. Mit der Behauptung, ihre Rechte seien verletzt worden, scharte eine kleine Gruppe von „Rebellen" Tausende Studenten aller politischen Lager, inklusive vieler „Konservativer" um sich und verlieh sich den Titel „Bewegung für Redefreiheit". Die Bewegung hielt „Sit-ins" im Verwaltungsgebäude ab und beging andere Zwangshandlungen, wie z.B. Angriffe auf die Polizei und die Ergreifung eines Polizeiautos als Rednerbühne.

Der Geist, der Stil und die Taktik der Rebellion werden am besten an einem bestimmten Ereignis deutlich. Die Universitätsleitung berief eine Versammlung ein, an der 18.000 Studenten und Fakultätsmitglieder teilnahmen, um eine Ansprache des Universitätspräsidenten Clark Kerr über die Situation zu hören; es wurde ausdrücklich angekündigt, dass keine Sprecher der Studenten zugelassen werden würden. Kerr versuchte, die Rebellion durch Kapitulation zu beenden: Er versprach, den meisten Forderungen nachzugeben. Es sah aus, als hätte er das Publikum auf seine Seite gezogen - woraufhin Mario Savio, der Rebellenführer, das Mikrophon unter Missachtung der Regeln und der Tatsache, dass die Versammlung vertagt worden war, an sich riss und versuchte, die Veranstaltung zu übernehmen. Als er zu Recht von der Bühne gezerrt wurde, gaben die BfR-Führer offen und jubilierend zu, dass sie ihren Kampf fast verloren hätten, ihn aber durch die Provokation der Leitung zu einem Akt der „Gewalt" gerettet hätten (und gaben somit zu, dass das Erreichen ihrer öffentlich erklärten Ziele nicht das Ziel ihres Kampfes gewesen war).

Es folgte eine seltsame landesweite Publicity. Es war ein plötzlicher und scheinbar spontaner Strom von Artikeln, Studien und Umfragen mit einer seltsamen Einmütigkeit in der Herangehensweise an verschiedene Grundfragen: Sie schrieben der BfR die Wichtigkeit einer landesweiten Bewegung zu, obwohl die Fakten das nicht hergaben - sie verwischten die Fakten mittels sinnloser Generalisierungen, verliehen den Rebellen den Titel „Sprachrohr der amerikanischen Jugend", bejubelten ihren „Idealismus" und ihre „Entschlossenheit" zu politischen Aktionen und priesen sie als ein Symptom für das „Erwachen" der Studenten aus „politischer Apathie". Wenn je etwas von der Presse aufgebauscht wurde, dann dies.

Unterdessen folgte in Berkeley ein heftiger Dreieckskampf zwischen der Universitätsleitung, den Regenten und der Fakultät, ein Kampf, über den die Presse so dürftig berichtete, dass sein genauer Hergang im Dunkeln bleibt. Man kann nur folgern, dass die Regenten anscheinend eine „harte" Vorgehensweise gegen die Rebellen forderten, dass die Mehrheit der Fakultät auf Seiten der Rebellen und dass die Verwaltung in der „gemäßigten" Mitte eingekeilt war.

Der Kampf führte zum Rücktritt des Kanzlers (eine Forderung der Rebellen), dem vorläufigen Rücktritt und der späteren Wiedereinsetzung von Präsident Kerr und letztendlich zu einer fast vollständigen Kapitulation vor der BfR, indem die Verwaltung die meisten Forderungen der Rebellen erfüllte. (Diese enthielten das Recht, zu Straftaten aufzurufen und das Recht zu unbegrenzter Redefreiheit *auf dem Campus*.)

Zum Erstaunen der Naiven beendete dies die Rebellion nicht: Je mehr Forderungen erfüllt wurden, desto mehr wurden gestellt. Als die Verwaltung ihre Anstrengungen intensivierte, die BfR zu beschwichtigen, intensivierte die BfR ihre Provokationen. Die unbegrenzte Redefreiheit nahm die Form einer „Bewegung für schmutzige Sprache" an, welche aus Studenten bestand, die Plakate mit aus vier Buchstaben bestehenden Wörtern trugen und Obszönitäten durch die Lautsprecheranlage der Universität riefen. (Diese Bewegung wurde von der Presse leicht gerügt und als „jugendlicher Leichtsinn" abgetan.)

Dies war anscheinend sogar zu viel für die Sympathisanten der Rebellion. Die BfR begann Anhänger zu verlieren und wurde dann aufgelöst. Mario Savio verließ die Universität mit der Erklärung, dass er „die *undemokratischen* Prozeduren der Verwaltung nicht ertragen könne" [Hervorhebung von mir] und verschwand - angeblich um eine landesweite revolutionäre Studentenbewegung zu organisieren.

Dies ist eine grobe Zusammenfassung der Presseberichte über die Ereignisse. Aber erhellende Informationen kamen von Freiwilligen außerhalb der regulären Nachrichtenkanäle, z.B. aus Leserbriefen.

Alexander Grendon, Biophysiker im Donner Laboratory an der University of California, gab in einem Brief an die *New York Times* (31. März 1965) einen vielsagenden Bericht ab:

> „Die BfR hat immer Zwang angewendet, um ihren Sieg sicherzustellen. Eine Ein-Parteien-‚Demokratie' wie in den kommunistischen Ländern oder den schneeweißen Teilen des Südens maßregelt Abweichler von der Parteilinie durch Bestrafung. Die Bestrafung der widerspenstigen Universitätsleitung (und der mehr als 20.000 Studenten, die an dem Konflikt nicht teilhatten) bestand darin, die Universitätsleitung durch körperliche Gewalt zu einer ‚Vollbremsung' zu bringen.
>
> Vor einer solchen Perversion der Demokratie zu kapitulieren, heißt, den Studenten beizubringen, dass diese Methoden richtig sind. Präsident Kerr kapitulierte wiederholt...
>
> Kerr stimmte zu, dass die Universität den ‚Aufruf zu Straftaten' nicht regeln würde, was eine Abstraktion blieb, bis sie durch Beispiele illustriert wurde: In einem Hörsaal unterwies ein selbsternannter Anarchist die Studenten darin, wie man durch Betrug die Ausmusterung aus dem Militärdienst erreicht; ein landesweit bekannter Kommunist benutzte die Universitätseinrichtungen dazu, unsere Regierung für ihre Maßnahmen in Vietnam übel zu beschimpfen, während illegal Spen-

den zur Unterstützung des Vietcong gesammelt wurden; Propaganda zum Gebrauch von Marihuana und Adressen, wo es zu kaufen sei, wurden offen auf dem Campus verteilt.

Sogar die Abstraktion ‚Obszönität' kann man besser verstehen, wenn man einen Redner hört, der über den Universitätslautsprecher in vulgären Worten seine Erfahrungen mit Gruppensex und Homosexualität beschreibt und diese Praktiken empfiehlt, während ein anderer vorschlägt, dass Studenten auf dem Campus dieselben sexuellen Freiheiten haben sollten wie Hunde...

Dass Clark Kerr über jede Provokation eines ordentlichen Universitätsbetriebs ‚verhandelte' (ein Euphemismus für Kapitulation), trägt nicht zu einer liberalen, sondern zu einer gesetzlosen Universität bei."

David S. Landes, Professor für Geschichte an der Harvard University, machte in seinem Brief an die *New York Times* (29. Dezember 1964) eine interessante Beobachtung. Mit der Aussage, dass die Berkeley-Revolte einen der potentiell schwersten Angriffe auf die akademische Freiheit in Amerika darstelle, schrieb er:

„Zum Schluss möchte ich die schädlichen Implikationen dieses Disputs für die University of California aufzeigen. Ich kenne fünf oder sechs Fakultätsmitglieder persönlich, die die Universität verlassen – aber nicht aus Mangel an Sympathie für ‚Redefreiheit' oder ‚politische Aktion'. Einer drückte es wie folgt aus: ‚Wer will schon an der Universität von Saigon lehren?'"

Die deutlichste Darstellung und aufmerksamste Einschätzung kommt aus einem Artikel im *Columbia University Forum* (Frühjahr 1965) mit dem Titel „Was in Berkeley übrig ist" von William Peterson, Professor für Soziologie an der University of California in Berkeley. Er schreibt:

„Zunächst einmal hat die Bewegung für Redefreiheit wenig oder nichts mit Redefreiheit zu tun... Was, wenn nicht Redefreiheit, ist dann ihr Thema? Das wirkliche Thema, erbärmlich wie dies auch sein mag, ist die Ergreifung von Macht...

Dass eine kleine Anzahl (ein paar 100 von über 27.000 Studenten) in der Lage war, den Campus zu stören, ist die Konsequenz von mehr als nur Eifer und Agitationsgeschick. Diese winzige Gruppe hätte nicht erfolgreich so viele Studenten in Bewegung setzen können, ohne drei

> andere gelegentlich unheilvolle Unterstützungsquellen: die Universitätsleitung, die Fakultät und Hilfe von außerhalb.
>
> Jeder, der die effiziente und fast militärische Organisation der Agitatoren gesehen hat, kann vernünftigerweise annehmen, dass geschultes Personal und Geld in die Berkeley-Schlacht gesteckt wurde... Um Berkeley herum schossen ein Dutzend ‚Ad-Hoc-Komitees' für dieses oder jenes Element der Studentenrevolte wie aus dem Nichts aus dem Boden.
>
> Wenn es die Aufgabe der Verwaltung wäre, eine rebellische Studentenschaft hervorzubringen, hätte ihr eingeschlagener Kurs es kaum besser erreichen können. Zweifelhafte Beschränkungen einzuführen und sie dann beim ersten Angriff durch unvernünftige Argumente zu verteidigen, ist schlimm genug; schlimmer noch verhängte die Universität keine Sanktionen, die nicht letztendlich verpufften...
>
> Gehorsam gegenüber Normen entsteht, wenn er angemessen belohnt und wenn Ungehorsam angemessen bestraft wird. Dass man professionelle Pädagogen an dieses Axiom erinnern muss, zeigt an, wie tief die Wurzeln der Berkeley-Krise gehen.
>
> Aber der wichtigste Grund für den Sieg der Extremisten unter den Studenten war die Einstellung der Fakultät. Die vielleicht schlimmste Kapitulation an die BfR war eine Resolution, die am 8. 12. vom Senat verabschiedet wurde, in der die Fakultät nicht nur feststellte, dass sie alle Forderungen der Radikalen unterstützt, sondern auch, dass sie quasi willens sei, wenn nötig gegen die Regenten zu kämpfen. Als diese Resolution mit einer überwältigenden Mehrheit von 824 zu 115 verabschiedet wurde, brachte es die Anti-BfR-Organisationen effektiv zum Schweigen...
>
> Die BfR erinnert an die kommunistische Front der 1930er-Jahre, aber es gibt entscheidende Unterschiede. Das Schlüsselmerkmal, dass ein radikaler Kern legitime Fragen doppeldeutig benutzt, um eine große Masse zu manipulieren, ist identisch. Der Kern besteht in diesem Fall jedoch nicht aus der disziplinierten Kommunistischen Partei, sondern aus einer heterogenen Gruppe radikaler Sekten."

Professor Petersen listet dann die verschiedenen sozialistischen, trotzkistischen, kommunistischen und sonstigen beteiligten Gruppen auf. Sein Fazit lautet:

> „Die radikalen Anführer in Berkeley sind, wie jene an lateinamerikanischen oder asiatischen Universitäten, nicht weniger radikal, obwohl sie in vielen Fällen außerhalb der Disziplin einer formellen politischen

Partei stehen. Sie werden nicht dadurch definiert, dass sie Beiträge an eine Partei bezahlen, sondern durch ihre Handlungen, ihr Vokabular und ihre Gesinnung. Der beste Begriff, sie zu beschreiben, ist meiner Meinung nach ‚Castroit'. [Dieser Begriff, so erklärt er, gelte primär für ihre Wahl der Taktik, die Tatsache, dass] sie in wesentlichen Gesichtspunkten alle die Castro-Bewegung imitieren...

In Berkeley stellten sich provozierende Taktiken als enorm effektiv heraus - nicht gegen eine Diktatur, sondern gegen die liberale, gespaltene und schwankende Universitätsverwaltung. Jede Provokation und jeder darauffolgende Sieg führte zur nächsten..."

Professor Petersen beendet seinen Artikel mit einer Warnung:

> „Nach meiner Diagnose... ist der Patient [die Universität] nicht nur nicht genesen, sondern kranker als je zuvor. Das Fieber ist vorübergehend gesunken, aber die Infektion breitet sich aus und wird virulenter."

Nun lassen Sie uns anhand der Presseberichte die Ideologie der Rebellen anschauen. Den generellen Ton der Berichte traf eine Schlagzeile in der *New York Times* (15. März 1965) am besten: „Die neue studentische Linke: Ernstzunehmende Aktivisten für Wandel".

Was für Wandel? In dem fast seitenlangen Artikel gibt es keine spezifische Antwort. Bloß „Wandel".

Einige dieser Aktivisten „die ihre Bewegung mit einer ‚Revolution' vergleichen, wollen Radikale genannt werden. Die meisten von ihnen ziehen es jedoch vor, ‚Organisatoren' genannt zu werden."

Organisatoren - wovon? Von „zu kurz gekommenen Leuten". Wofür? Keine Antwort. Bloß „Organisatoren".

> „Die meisten drücken ihre Verachtung für spezifische Etiketten aus, und es macht ihnen nichts aus, Zyniker genannt zu werden... Die große Mehrheit der Befragten sagte, sie seien dem Kommunismus so skeptisch gegenüber wie jeder anderen Form politischer Kontrollen... ‚Man könnte sagen, dass wir a-kommunistisch sind', sagte einer, ‚genau wie man sagen könnte, dass wir a-moralisch und a-fast-alles sind.'"

Es gibt jedoch Ausnahmen. Eine der Anführerinnen der Berkeley-Revolte von der University of California wird mit den Worten zitiert:

> „Sogar mit all ihren Problemen nähert sich die sozialistische Welt zurzeit mehr als andere Länder der Art von Gesellschaft an, die meiner Meinung nach existieren sollte. In der Sowjetunion ist sie fast verwirklicht worden."

Ein weiterer Student vom City College in New York wird zustimmend zitiert: „Die Sowjetunion und der gesamte sozialistische Block sind auf dem richtigen Weg."

Angesichts der Tatsache, dass die meisten jungen Aktivisten in der Bürgerrechtsbewegung aktiv waren und dass die Berkeley-Rebellen damit angefangen hatten, sich hinter der Frage von Bürgerrechten zu verstecken (mit dem erfolglosen Versuch, jegliche Opposition als „rassistisch" zu verleumden), ist es interessant zu lesen, dass

> „es unter den Aktivisten wenig Diskussion über Rassenintegration [gibt]. Einige von ihnen halten das Thema für passé. Sie erklären, dass Integration fast so schlimm wie Trennung ist, wenn sie in eine zufriedene, multikulturelle Mittelklasse-Gesellschaft mündet."

Das zentrale Thema und die grundlegende Ideologie aller Aktivisten lautet: *Anti-Ideologie*. Sie sind militant gegen alle „Etiketten", Definitionen und Theorien; sie proklamieren die Überlegenheit des unmittelbaren Augenblicks und Entschlossenheit zu Aktionen – zu subjektiven, emotional motivierten Aktionen. Ihre anti-ideologische Einstellung zieht sich wie ein Leitmotiv durch alle Presseberichte.

Ein Artikel im *New York Times Magazine* (14. Februar 1965) erklärt:

> „Die Berkeley-Meuterer schienen nicht in dem Sinne politisch zu sein wie die Studentenrebellen in den turbulenten 30er-Jahren. Sie sind allen erwachsenen Institutionen zu misstrauisch gegenüber, um auch nur eine dieser Ideologien anzunehmen, die das System zerschlagen wollen. Eine anarchistische Strömung scheint so ausgeprägt wie jede marxistische Lehre. ‚Sie haben eine Art politischen Existenzialismus', sagt Paul Jacobs, Forschungsassistent am Center for the Study of Law and Society in Berkeley, und einer der Sympathisanten der BfR. ‚Die alten Etiketten sind out...'
>
> Die wild entschlossenen Eiferer der BfR verfolgen einen aktivistischen Glauben, dass nur Entschlossenheit das Leben von seiner Leere befreien kann – von seiner Sinnleere in einer ‚Denkfabrik' wie Berkeley."

Ein Artikel in der *Saturday Evening Post* (8. Mai 1965), der die verschiedenen linken Gruppen behandelt, zitiert einen Anführer der „Students for a Democratic Society“:

> „Am Anfang stand die Ablehnung der alten sektiererischen Linken und ihrer uralten Streitereien, und die Verachtung für die amerikanische Gesellschaft, die wir als dekadent ansahen. Wir interessierten uns für direkte Aktionen und spezielle Fragen. Wir verbringen nicht endlose Stunden mit Diskussionen über die Sowjetunion oder ob Jugoslawien als Arbeiterstaat degeneriert ist.‘... ‚Mit Sit-ins sahen wir zum ersten Mal die Chance auf direkte Teilnahme an einer sinnvollen gesellschaftlichen Revolution.‘
>
> Wenn sie nicht gerade als Streikposten Dienst tun, treiben sich die jungen P.L.-Mitglieder [Progressive Labour] in den experimentellen Theatern und Kaffeehäusern von Manhattans East Village herum. Ihr Lesegeschmack tendiert eher zu Sartre als zu Marx.“

Mit einer interessanten Einmütigkeit zitiert eine Studie in *Newsweek* (22. März 1965) einen jungen Mann auf der anderen Seite des Kontinents: „‚Diese Studenten lesen nicht Marx ‘, sagte der BfR-Anführer. ‚Sie lesen Camus.‘“

„Wenn das Rebellen sind“, so die Studie weiter, „sind sie Rebellen ohne Ideologie und ohne langfristige revolutionäre Programme. Sie schließen sich Themen an, nicht Philosophien, und scheinen nicht in der Lage, eine systematische politische Gesellschaftstheorie, sei sie links oder rechts, zu formulieren oder zu verteidigen.“

„Die heutigen Studenten wollen sich durch ihre Handlungen finden, nicht durch das, was sie denken“, erklärt die Studie ausdrücklich und zitiert einige Autoritäten, die dies wohlmeinend bestätigen. „‚Was wir jetzt wie in den 30er-Jahren haben‘, meinte *New York Post* Herausgeber James A. Wechsler, ‚sind Aktivistengruppen, die im wirklichen Leben funktionieren wollen‘. Aber nicht ideologisch. ‚Wir saßen herum und diskutierten Marxismus, aber die Studenten heute arbeiten für Bürgerrechte und Frieden.‘“ Richard Unsworth, Kaplan in Dartmouth, wird mit den Worten zitiert: „Heute sieht der Weg so aus: Erst handeln und dann die Handlung reflektieren, anstatt erst zu reflektieren, dann zu entscheiden und dann zu handeln, wie es vor einigen Jahren war." Paul Goodman, der als Schriftsteller, Pädagoge und „einer der aktuellen Helden der Studenten" beschrieben wird, lobt die Berkeley-Bewegung, weil „die Anführer des Aufstands nicht besonnen waren. Sie nahmen Risiken auf sich, *sie wollten verwirrt sein*, sie wussten nicht, ob es ein Erfolg oder eine Niederlage werden würde." [Hervorhebung von mir. Das könnte man auch über jeden betrunkenen Autofahrer sagen].

Das Thema „Macht übernehmen" wird wieder und wieder erwähnt. Das unmittelbare Ziel ist anscheinend die Übernahme der Universitäten. Der Artikel des *New York Times Magazine* zitiert einen der BfR-Anführer: „Wir denken, dass die Universität aus der Fakultät, den Studenten, Büchern und Ideen bestehen sollte. Die Verwaltung gibt es bloß dafür, dass die Bürgersteige sauber sind. Sie sollte der Diener der Fakultät und der Studenten sein."

Der Höhepunkt dieses Standpunkts war ein Bericht in der *New York Times* (29. März 1965) unter der Überschrift „Colleges verabschieden eine ‚Bill of Rights'":

> „Eine Gruppe von Studenten erklärte an diesem Wochenende [in Philadelphia], dass die Universitätsleitung nur der Hausmeister der Studentengemeinde sein sollte.
>
> ‚Das moderne College und die moderne Universität sollte von den Studenten und den Professoren betrieben werden; die Verwaltung wäre das Wartungs- und Sicherheitspersonal, dessen Aufgabe es ist, den Willen der Fakultät und der Studenten durchzusetzen.'"

Ein Manifest dazu wurde bei einem Treffen an der Universität von Pennsylvania angenommen. Daran teil nahmen 200 Jugendliche

> „aus 39 Universitäten aus Philadelphia, New York, Harvard, Yale, der Universität von Kalifornien in Berkeley und dem Mittleren Westen.
>
> Der rote Faden in diesem Treffen war die Aussage, dass Universitäten zum Diener des ‚finanziellen, industriellen und militärischen Establishments' geworden seien und dass die Studenten und die Fakultät von den Verwaltungen ‚verschachert' würden.
>
> Unter den Forderungen des Manifests waren Erklärungen über die Freiheit, jeder Organisation beizutreten, sie zu organisieren und ihre Treffen abzuhalten..., Abschaffung von Studiengebühren, Kontrolle der

> Gesetzesorgane durch Studenten und Fakultät, Beendigung des R.O.T.C.[56], Abschaffung von Gelöbnissen, Kontrolle des Curriculums..."

Die Methode, die bei der Verabschiedung dieses Manifests benutzt wurde, ist sehr aufschlussreich: „Circa 200 Studenten nahmen an dem Treffen teil, 45 blieben bis zum Ende als die ‚Bill of Rights' verabschiedet wurde." So viel zu den „demokratischen Verfahren" und dem Recht der Aktivisten auf den Titel „Sprachrohr der amerikanischen Jugend".

Welche Bedeutung wird der Studentenrebellion von all diesen Berichten und den Autoritäten, die sie zitieren, zugeschrieben? Moralischer Mut ist kein Merkmal der heutigen Kultur, aber in keiner anderen zeitgenössischen Frage ist moralische Feigheit in einem so nackten und hässlichen Ausmaß zu Tage getreten. Nicht nur, dass die meisten Kommentatoren es an unabhängiger Bewertung der Ereignisse fehlen lassen oder dass sie sich ihre Worte von den Rebellen eingeben lassen - sondern von allen Beschwerden der Rebellen ist es die oberflächlichste, irrelevanteste und deswegen *die sicherste*, die sie unterstützen und als Ursache für die Rebellion akzeptieren: die Beschwerde, dass die Universitäten „zu groß" geworden seien.

Als ob sie wie Pilze aus dem Boden geschossen wären, hält man die „Größe" der Universitäten plötzlich für ein nationales Problem und sucht dort die Schuld für die „Unruhe" der Studenten, deren Motive als jugendlicher „Idealismus" gepriesen wurden. In der heutigen Kultur ist man immer auf der sicheren Seite, wenn man „Größe" angreift. Und da die sinnlose Frage bloßer *Größe* auf allen Seiten aller politischen Lager seit langem als Mittel zur Vermeidung wirklicher Fragen gedient hat, gibt es nun ein weiteres Schlagwort auf dieser Liste: „Big Business", „Big Labor", „Big Government", „Big University".

Einem gebildeteren Publikum bietet das sozialistische Magazin *The New Leader* (21. Dezember 1964) eine marxistisch-freudsche Einschätzung an, indem sie die Rebellion primär der „Entfremdung" (Zitat Savio: „Irgendwie werden Leute von etwas abgeschnitten.") und der „Generationenrevolte" zuschreibt. („Spontan wurde der

---

[56] R.O.T.C. - Reserve Officers Training Corps, Anm. d. Ü.

sexuelle Protest gegen die restriktive Universitätsleitung, die *in loco parentis* herrschte, zum natürlichen Idiom des politischen Studentenaufruhrs.")

Aber der erste Preis für den Ausdruck des moralisch-intellektuellen Kerns der heutigen Kultur sollte an den kalifornischen Gouverneur Brown gehen. Denken Sie daran, dass die University of California eine staatliche Einrichtung ist, dass ihre Regenten vom Gouverneur ernannt werden und dass er deswegen das letztendliche Ziel der Revolte und all ihrer Manifestationen, von körperlicher Gewalt bis zu schmutziger Sprache war.

> „Haben wir unsere Gesellschaft sicher gemacht für Studenten mit Ideen? [sagte Gouverneur Brown]. Haben wir nicht. Die Studenten haben sich verändert, aber die Struktur der Universität und ihre Einstellung zu ihren Studenten haben mit der Veränderung nicht Schritt gehalten.
>
> Deswegen hatten einige Studenten das Gefühl, sie hätten das Recht, Gesetze zu übertreten und die Veränderungen zu erzwingen. Aber damit zeigten sie den Gipfel an *idealistischer Heuchelei* [Hervorhebung von mir]. Einerseits beriefen sie sich auf die Verfassung und verlangten deren politische Rechte. Gleichzeitig aber warfen sie das Prinzip der korrekten Verfahrensweise zugunsten eigenmächtiger Aktion über den Haufen.
>
> Somit hatten sie genauso unrecht wie die Universität. Dies ist also die große Herausforderung, der wir gegenüberstehen: die Herausforderung des Wandels."[57]

Beachten Sie, dass Gouverneur Brown allgemein als fähiger Macher und sogar von den kalifornischen Republikanern als herausragender Gegner angesehen wird. Beachten Sie die Tatsache, dass „einer allgemeinen Wahlumfrage zufolge 74 Prozent der Kalifornier dem Studentenprotest in Berkeley ablehnend gegenüberstehen".[58] Dann beachten Sie, dass Gouverneur Brown es nicht wagte, eine Gruppe anzugreifen, die von 45 Studenten geführt oder manipuliert wird – und dass er sich verpflichtet fühlte, den Begriff „Heuchelei" mit dem

---

[57] *New York Times*, 22. Mai 1965.
[58] *The New Leader*, 12. April 1965.

Adjektiv „idealistisch" zu qualifizieren und somit eine der wirrsten Kombinationen im heutigen Verdrängungsvokabular schuf.

Nun beachten Sie, dass in all den Kommentaren, Lobgesängen und Interpretationen (inklusive der nachdenklichen Umfrage in *Newsweek*, die Statistiken über jeden erdenklichen Aspekt des College-Lebens brachte), nicht ein Wort über den *Inhalt* moderner Bildung gesagt wurde, über *das Wesen der Ideen*, die in den heutigen Universitäten gepredigt werden. Jede denkbare Frage wurde aufgeworfen und betrachtet, außer: *Was wird den Studenten beigebracht?* Anscheinend traute sich niemand, das zu diskutieren.

Und genau das werden wir jetzt diskutieren.

Wenn ein Dramatiker die Macht hätte, philosophische Ideen in echte Menschen aus Fleisch und Blut zu verwandeln und versuchen würde, die wandelnden Verkörperungen der modernen Philosophie zu kreieren – dann wären die Berkeley-Rebellen das Resultat.

Diese „Aktivisten" sind so vollständig, buchstäblich, getreulich und verheerend die Produkte der modernen Philosophie, dass jemand all den Universitätsleitungen und Fakultäten zurufen sollte: „Ihr habt's ja nicht anders gewollt!"

Die Menschheit kann nicht erwarten, unbeschadet davonzukommen, nachdem sie jahrzehntelang der Strahlung von intellektuellen Spaltprodukten ausgesetzt war wie: „Die Vernunft kann Dinge, wie sie sind, nicht erkennen – Realität ist unerkennbar – Gewissheit ist unmöglich – Wissen ist nur Wahrscheinlichkeit – Wahrheit ist das, was funktioniert – Verstand ist Aberglaube – Logik ist eine gesellschaftliche Konvention – Ethik ist eine Sache subjektiver Verpflichtung zu willkürlichen Postulaten." Und die daraus entstehenden Mutationen sind diese verzerrten jungen Kreaturen, die in chronischer Angst schreien, dass sie nichts wissen und alles beherrschen wollen.

Wenn dieser Dramatiker einen Film drehte, könnte er ihn mit Fug und Recht nennen: „Mario Savio – Sohn des Immanuel Kant."

Mit seltenen und akademisch vernachlässigten Ausnahmen besteht der philosophische „Mainstream", der in jedes Klassenzimmer, jedes Fach und jedes Gehirn in den heutigen Universitäten sickert, aus erkenntnistheoretischem Agnostizismus, bekennendem Irrationalismus und ethischem Subjektivismus. Unser Zeitalter wird Zeuge des letztendlichen Höhepunktes, des Resultats eines langen Zerstörungsprozesses am Ende des von Kant bereiteten Weges.

Seit Kant die Vernunft von der Realität abspaltete, haben seine intellektuellen Nachkommen den Spalt fleißig vergrößert. Im Namen der Vernunft etablierte der Pragmatismus folgendes: den unmittelbaren Moment als aufgeklärte Lebensperspektive, Kontext-Ignorierung als Regel in der Erkenntnistheorie, Zweckdienlichkeit als Prinzip der Moral und kollektiven Subjektivismus als Ersatz für Metaphysik. Der Logische Positivismus führte ihn fort und erhob die uralte Psycho-Epistemologie von Winkeladvokaten im Namen der Vernunft zum Status eines wissenschaftlichen erkenntnistheoretischen Systems – indem er erklärte, dass Wahrheit aus linguistischen Manipulationen bestehe. Die linguistische Analyse nahm das ernst und erklärte, dass die Aufgabe der Philosophie nicht darin bestehe, universelle Prinzipien zu identifizieren, sondern den Menschen zu sagen, was sie meinen, wenn sie sprechen, was sie sonst nicht wissen könnten (was in philosophischen Kreisen mittlerweile auch stimmt). Dies war der letzte Schlag, mit dem die Philosophie ihre Leinen löste und abhob wie ein Heliumballon, der jeden Anschein eines Bezuges zur Realität und zu den Problemen des menschlichen Daseins verloren hatte.

Egal wie sorgsam die Vertreter solcher Theorien jegliche Bezugnahme auf das Verhältnis von Theorie und Praxis umgingen, egal wie schüchtern sie darum kämpften, Philosophie als Spiel für Salons oder Hörsäle zu behandeln, blieb die Tatsache, dass junge Menschen auf die Universität gingen, um *theoretisches* Wissen zur Anleitung *praktischen* Handelns zu erlangen. Die Philosophielehrer verdrängten Fragen nach der Anwendung ihrer Ideen auf die Realität, indem sie erklärten, dass „Realität ein bedeutungsloser Begriff ist" oder durch die Behauptung, dass Philosophie nur dazu da sei, willkürliche „Konstrukte" zu bilden, oder sie ihre Studenten dazu aufforderten, jede Theorie mit „gesundem Menschenverstand" abzumildern – dem gesunden Menschenverstand, mit dessen Widerlegung sie zahllose Stunden verbracht hatten.

Als Resultat kommt der Student nach vier bis acht Jahren aus einer modernen Universität heraus - und was von seinem Hirn noch übrig ist, sieht wie folgt aus: das Dasein ist ein unverzeichneter, unerkennbarer Dschungel, Angst und Unsicherheit sind der Dauerzustand des Menschen, Skeptizismus ist das Zeichen der Reife, Zynismus ist das Zeichen des Realismus - und vor allem: Das Aushängeschild eines Intellektuellen ist die Verleugnung des Intellekts.

Falls intellektuelle Kommentatoren einen Gedanken an die praktischen Resultate ihrer Theorien verschwendeten, waren sie sich vorwiegend einig in der Behauptung, dass Unsicherheit und Skeptizismus wertvolle gesellschaftliche Eigenschaften seien, die zu Toleranz, Flexibilität, gesellschaftlicher „Anpassung" und Kompromisswillen führen würden. Einige gingen so weit, ausdrücklich zu behaupten, dass intellektuelle Gewissheit das Zeichen eines diktatorischen Geistes sei und dass chronischer Zweifel - die Abwesenheit fester Überzeugungen, der Mangel an Absolutem - die Garantie für eine friedliche, „demokratische" Gesellschaft sei.

Sie haben sich verrechnet.

Man hat gesagt, dass Kants Dichotomie zu zwei Linien kantischer Philosophen führte, die beide seine Grundprämisse akzeptierten, aber entgegengesetzte Seiten wählten: jene, die die Vernunft wählten und die Realität aufgaben und jene, die die Realität wählten und die Vernunft aufgaben. Die erste Gruppe lieferte die Welt an die zweite aus.

Der Profiteur dieser kantischen Rationalisierung - der Empfänger des bankrotten Trümmerfelds aus Sophisterei, Kasuisterei, Sterilität und abgrundtiefer Trivialität, zu dem sie die Philosophie reduziert hatten - war der *Existenzialismus.*

Existenzialismus besteht in etwa daraus, auf die moderne Philosophie zu deuten und zu sagen: „Da *das* Vernunft ist, zum Teufel damit!"

Trotz der Tatsache, dass die Pragmatisten-Positivisten-Analysten die Vernunft ausgelöscht hatten, akzeptierten die Existenzialisten sie als Vertreter der Vernunft, verkauften sie der Welt als Beispiele für Rationalität und fuhren fort, die Vernunft komplett abzulehnen, ihre Ohnmacht zu proklamieren, gegen ihr „Versagen" zu rebellieren und nach einer Rückkehr zur Realität, zu den Problemen des menschlichen Daseins, zu Werten und zu Taten aufzurufen - zu subjektiven Werten und hirnlosen Taten. Im Namen der Realität proklamierten sie die moralische Überlegenheit der „Instinkte", Triebe, Gefühle und die kognitive Macht von Mägen, Muskeln, Nieren, Herzen und Blut. Es war eine Rebellion kopfloser Körper.

Der Kampf ist nicht vorbei. Die Philosophieinstitute der heutigen Universitäten sind das Schlachtfeld eines Kampfes, der aber nur ein Familienstreit zwischen den Analysten und den Existenzialisten ist. Ihre Nachkommen sind die Aktivisten der Studentenrebellion.

Wenn diese Aktivisten „erst handeln und dann ihre Tat reflektieren" - hat ihnen nicht der Pragmatismus beigebracht, dass Wahrheit an den Konsequenzen beurteilt werden müsse? Wenn sie „unfähig scheinen, eine systematische politische Gesellschaftstheorie zu formulieren oder zu verteidigen", und doch mit moralischer Rechtschaffenheit schreien, dass sie ihre gesellschaftlichen Ziele durch körperliche Gewalt erreichen wollen - hat ihnen nicht der logische Positivismus beigebracht, dass ethische Lehrsätze keine kognitive Bedeutung hätten, sondern bloß ein Befund über die eigenen Gefühle oder das Äquivalent emotionaler Auswürfe seien? Wenn sie allem außer dem unmittelbaren Moment gegenüber blind sind - hat ihnen nicht der Logische Positivismus beigebracht, dass man nicht mit Gewissheit behaupten könne, dass irgendwas anderes existiert? Und während die linguistischen Analytiker beweisen, dass „Die Katze ist auf der Decke" *nicht* bedeutet, dass „die Decke" ein Merkmal von „Katze" ist oder dass „auf der Decke" das Genus ist, zu dem „die Katze" gehört oder dass „die Katze" gleich „die Decke" ist - ist es ein Wunder, dass Studenten den Berkeley-Campus stürmen mit Plakaten, auf denen „Erst zuschlagen - dann analysieren" steht? (Diese Parole wird von Professor Petersen zitiert.)

Am 14. Juni strahlte CBS eine zusammengewürfelte, unzusammenhängende, sinnlose (und aus diesen Gründen authentische und bedeutsame) Dokumentation mit dem Titel „Die Berkeley-Story" aus. Es liegt Methode in jeder Art von Wahnsinn - und für jemanden, der mit moderner Philosophie vertraut ist, war dieser Bericht wie ein Spiegelkabinett, das die verzerrten Abbilder und die zufälligen

Echos des Gemetzels reflektiert, das in den akademischen Folterkammern des Geistes vor sich geht.

„Unsere Generation hat keine Ideologie", erklärte der erste Junge mit einem Hass, der einst reserviert war um „Nieder mit Wall Street!" zu schreien, und brachte somit zum Ausdruck, dass der Feind von heute nicht der sogenannte Ausbeuter ist, sondern der *Verstand*. Die ältere Generation, so erklärte er verächtlich, hatte „eine nette kleine Pille", die alles löst, aber die Pille funktioniere nicht länger. „Wir glauben nicht an Pillen", sagte er.

„Wir haben gelernt, dass es keine absoluten Regeln gibt", sagte ein junges Mädchen hastig und defensiv, als ob sie ein Axiom geäußert hätte, und fuhr fort, unartikuliert, mit nach innen zeigenden Gesten zu erklären, dass „wir Regeln für uns selbst aufstellen" und dass „was richtig für mich ist, für andere falsch sein kann."

Ein Mädchen beschrieb ihre Vorlesungen als „Worte, Worte, Worte, Papier, Papier, Papier" und sagte ruhig, im Ton echter Verzweiflung, dass sie sich manchmal frage: „Was mache ich hier? Ich lerne hier nichts."

Ein verbittertes junges Mädchen, das wortreich redete, nie einen Satz zu Ende brachte und keine Aussage machte, klagte die Gesellschaft als Ganzes an. Da Menschen Produkte der Gesellschaft seien, habe die Gesellschaft schlechte Arbeit geleistet. Mitten im Satz hielt sie inne und warf nebenbei ein: „Egal was aus mir wird, ich bin immer noch ein Produkt". Sie sagte es mit der Ernsthaftigkeit eines gewissenhaften Kindes, das eine selbstverständliche Tatsache der Natur feststellt. Es war nicht gestellt: Das arme kleine Geschöpf meinte es so.

Das hilflose Erstaunen auf dem Gesicht des Kommentators Harry Reasoner als er zusammenzufassen versuchte, was er berichtet hatte, war ein vielsagendes Anzeichen dafür, warum die Presse nicht in der Lage ist, mit der Studentenrebellion richtig umzugehen. „Jetzt, sofort, jede Situation muss *jetzt* gelöst werden", sagte er ungläubig über die Einstellung der Rebellen, weder zustimmend noch ablehnend, im leicht erstaunten, leicht hilflosen Ton eines Mannes, der nicht glauben kann, dass er Wilde auf dem Campus einer der großen Universitäten Amerikas frei herumlaufen sieht.

So sehen die Produkte der modernen Philosophie aus. Sie sind Studenten, die zu intelligent sind, um nicht die logischen Konsequenzen der Theorien zu sehen, die ihnen beigebracht wurden - die aber nicht intelligent oder unabhängig genug sind, die Theorien selbst zu durchschauen und sie abzulehnen.

Also schreien sie ihre Verachtung gegen „das System" heraus, ohne zu merken, dass sie seine konsequentesten und fügsamsten Schüler sind, dass ihre Rebellion eine Rebellion gegen den *Status Quo* durch seine Archetypen, gegen das intellektuelle „Establishment" durch seine Roboter ist, die jede altbackene Prämisse der „Liberalen" der 30er-Jahre geschluckt haben, inklusive der Schlagworte des Altruismus, des Einsatzes für „die zu kurz gekommenen Menschen" und für so eine sichere konventionelle Sache wie „den Krieg gegen Armut". Eine Rebellion, die mit Plattitüden beschriebene Fahnen schwenkt, ist weder ein sehr überzeugender noch sehr inspirierender Anblick.

Wie in jeder Bewegung gibt es offensichtlich ein Sammelsurium von Motiven: Da sind die kleinen Winkeladvokaten des Intellekts, die eine Goldmine in der modernen Philosophie gefunden haben, die sich am Argumentieren um des Argumentierens willen ergötzen und Gegner durch Instant-Paradoxien verblüffen wollen; da sind die kleinen Schauspieler, die sich selbst gern als Helden sähen und Provokation um der Provokation willen lieben; da sind die Nihilisten, die von abgrundtiefem Hass bewegt werden und nur Zerstörung um der Zerstörung willen suchen; da sind die hoffnungslos Abhängigen, die zu jeder Gruppe gehören wollen, die sie aufnehmen würde, und da sind die Hooligans, die immer am Rande jeder Aktion zu finden sind, die nach Krawall riecht. Wie auch immer die Motive aussehen mögen, *Neurose* steht in fetten Lettern über die gesamte Bewegung gestempelt, da es so etwas wie die Ablehnung der Vernunft durch einen unschuldigen Mangel an Wissen nicht gibt. Aber ob die Theorien der modernen Philosophen bloß als Deckmäntelchen dienen, als Verteidigungsmechanismus, als Rationalisierung der Neurose oder sie teilweise ihre Ursache sind - die Tatsache bleibt, dass die moderne Philosophie das Beste in diesen Studenten zerstört und das Schlechteste gefördert hat.

Junge Menschen suchen eine umfassende Weltanschauung, d.h. eine Philosophie. Sie suchen Sinn, Zweck und Ideale – und die meisten nehmen, was sie kriegen können. Die meisten suchen philosophische Antworten und bestimmen im Teenageralter oder ihren frühen 20ern ihre Prämissen für den Rest ihres Lebens, seien sie nun gut oder böse. Einige erreichen diese Stufe nie; manche geben die Suche auf, aber die Mehrheit ist für einige kurze Jahre offen für die Stimme der Philosophie. Und *sie* sind die permanenten, unschuldigen Opfer der modernen Philosophie.

Sie sind weder unabhängige Denker noch intellektuelle Neuerer; sie sind unfähig, die Flut der modernen Sophistereien zu beantworten oder ihr zu widerstehen. Also geben einige nach ein oder zwei sinnlosen Seminaren mit der Überzeugung auf, dass Denken Zeitverschwendung ist – und verwandeln sich im Alter von 25 Jahren in lethargische Zyniker oder jämmerliche Spießer. Andere akzeptieren, was sie hören; sie akzeptieren es blind und *wörtlich* – das sind die Aktivisten von heute. Und egal welche Mischung an Motiven sie nun bewegt: Jeder moderne Philosophielehrer sollte in ihrer Gegenwart zusammensinken, wenn er noch erkennen kann, dass er sie durch das Beste in ihnen – durch ihre verwirrte, verzweifelte Suche nach Ideen – in groteske kleine Monstrositäten verwandelt hat.

Was passiert nun in modernen Colleges mit den besseren Köpfen, mit den überdurchschnittlich intelligenten Studenten, die wirklich etwas lernen wollen? Was sie finden und ertragen müssen, ist ein langer, langsamer Prozess psycho-epistemologischer Folter.

Direkt oder indirekt bestimmt der Einfluss der Philosophie die erkenntnistheoretischen Standards und Lehrmethoden für alle Fächer der Natur- und Humanwissenschaften. Die Konsequenz ist heute ein Chaos subjektiver Launen, das die Kriterien der Logik, der Kommunikation, der Demonstration und der Beweisführung bestimmt und sich von Kurs zu Kurs und von Lehrer zu Lehrer unterscheidet. Ich spreche nicht von Unterschieden in Ansichten oder Inhalt, sondern von der Abwesenheit *grundlegender erkenntnistheoretischer Prinzipien* und der daraus folgenden Abweichung in der Funktionsmethode, die im Geist der Studenten stattfinden muss. Es ist, als ob jeder Kurs in einer anderen Sprache abgehalten würde und jeder Kurs das *Denken* in dieser Sprache erforderlich machen würde, ohne dass ein Wörterbuch mitgeliefert wird. Zu dem Ausmaß, zu dem man zu gehorchen versucht, ist das Resultat intellektuelle Desintegration.

Dazu kommt noch die Opposition gegen „Systeme", d.h. gegen die Integration von Wissen, mit dem Resultat, dass das Material aus dem einem Kurs dem Material aus einem anderen widerspricht, sodass jedes Thema in einem Vakuum hängt und ohne Kontext akzeptiert werden muss, während alle Fragen über die Integration von Wissen abgelehnt, diskreditiert und nicht zugelassen werden.

Dazu kommt das willkürliche, unverständliche, zufällige Konglomerat der meisten Lehrpläne, die Abwesenheit jeder hierarchischen Struktur von Wissen, jeder Ordnung, Kontinuität oder Begründung – das Mischmasch von Kursen über unzusammenhängende Einzelheiten und unfokussierte Studien – die allgegenwärtige Unverständlichkeit – die arrogante, bekennende Irrationalität – und demzufolge die Notwendigkeit, auswendig zu lernen statt zu wissen, zu rezitieren statt zu verstehen, sich eine Kakophonie aus undefiniertem Jargon lange genug zu merken, um die nächste Prüfung zu bestehen.

Dazu kommen Professoren, die sich weigern, Fragen zu beantworten – Professoren, die durch Ausflüchte und Gelächter antworten – Professoren, die ihre Kurse in Debatten verwandeln unter der Prämisse, dass „wir hier sind, um gemeinsam zu diskutieren" – Professoren, die wirklich Vorlesungen halten, aber in Namen des „Anti-Dogmatismus" keinen Standpunkt einnehmen, keine Meinung vertreten und die Studenten ohne Hinweis auf eine Lösung in einem Labyrinth aus Widersprüchen lassen, und Professoren, die einen Standpunkt vertreten, die Studenten zu Kommentaren auffordern und Abweichler dann durch schlechte Zensuren bestrafen (besonders in Politikseminaren).

Dazu kommt die moralische Feigheit der meisten Universitätsleitungen: die Politik ständiger moralischer Neutralität, die mit allem Kompromisse schließt und jedem Konflikt zu jedem Preis ausweicht – und das Wissen der Studenten, dass die schlimmste Ungerechtigkeit der Klassenzimmer unkorrigiert bleiben wird, dass kein Appell praktikabel und Gerechtigkeit nirgendwo anzutreffen ist.

Ja, natürlich gibt es Ausnahmen - es *gibt* kompetente Pädagogen, brillante Köpfe und rationale Menschen in den Universitäten - aber sie werden verschluckt vom randalierenden „Mainstream" der Irrationalität, und sie werden viel zu oft durch den hoffnungslosen Pessimismus bitterer, lang unterdrückter Frustration besiegt.

Mehr noch: Die meisten Professoren und Leiter sind als Individuen viel kompetenter und rationaler als sie es in ihrer kollektiven Leistung sind. Die meisten wissen um die Übel des Bildungssystems und beklagen sie im Privaten. Aber jeder einzelne fühlt sich ohnmächtig vor dem enormen Ausmaß des Problems. Also geben sie einer namenlosen, körperlosen, fast mystischen Macht die Schuld, die sie „das System" nennen - und zu viele halten es für ein politisches System, besonders für *Kapitalismus*. Sie verstehen nicht, dass es nur eine menschliche Disziplin gibt, die die Macht hat, mit überlebensgroßen Problemen umzugehen - und dass diese Disziplin die *Philosophie* ist, die sie stattdessen zum Werkzeug der Desintegration und Zerstörung ihrer Arbeit gemacht haben.

Was richtet all das bei den besten Köpfen unter den Studenten an? Die meisten ertragen ihre Collegejahre mit der verbissenen Entschlossenheit, mit der man eine Gefängnisstrafe absitzt. Die psychologischen Narben, die sie in deren Verlauf erwerben, sind unberechenbar. Aber sie beißen sich durch, so gut sie können, um ihr Vernunftvermögen zu bewahren, mit dem dumpfen Gefühl, dass der Kern dieser Folter ein Angriff auf ihren Verstand ist. Und was sie für ihre Schulen empfinden, reicht von Misstrauen über Verachtung bis hin zu Hass - vermischt mit einem Gefühl der Erschöpfung und unerträglicher Langeweile.

In verschiedenen Ausmaßen werden diese Gefühle von der gesamten Pyramide der Studentenschaft geteilt, von der intellektuellen Spitze bis zum Boden. *Das* ist der Grund, warum eine Handvoll von Berkeley-Rebellen in der Lage war, tausende Studenten anzuziehen, die zuerst nicht erkannten, wem sie hinterherliefen und die sich distanzierten, als es offensichtlich wurde. Diese Studenten wurden von einer verzweifelten, unzusammenhängenden Frustration, von einem Bedürfnis nach Protest bewegt, ohne zu wissen, wogegen, von einem Bedürfnis, blind auf die Universität einzuschlagen.

Ich fragte eine kleine Gruppe von intellektuellen Studenten von einer der besten New Yorker Universitäten, die gegen die Ideologie der Rebellen waren, ob sie für die Uni-Leitung kämpfen würden, wenn die Rebellion in ihre Universität käme. Mit einem schwachen und bitteren Lächeln auf den Lippen schüttelten sie alle den Kopf.

Die philosophische Ohnmacht der älteren Generation ist der Grund, warum die erwachsenen Autoritäten - angefangen bei der Berkeley-Verwaltung, den Gesellschaftskritikern, der Presse bis hin zu Gouverneur Brown - unfähig waren, einen festen Standpunkt einzunehmen und eine rationale Antwort auf die Berkeley-Rebellen zu geben. Dank der Prämissen der modernen Philosophie war die Logik auf Seiten der Rebellen. Ihnen zu antworten würde eine *komplette* philosophische Neubewertung bis hin zu den Grundsätzen erfordern - was keiner dieser Erwachsenen wagen würde.

Daher das Schauspiel aus nackter Gewalt, Rowdy-Taktiken und militanter, expliziter Irrationalität auf einem Universitätscampus - und deren Bekämpfung mit vagen, ungewissen, entschuldigenden Zugeständnissen, den abgestandenen Allgemeinplätzen und den ausweichenden Plattitüden der angeblichen Verteidiger von akademischem Recht und Gesetz.

Wenn ein Student in einer zivilisierten Gesellschaft erklären würde, er lehne die Vernunft ab und wolle ohne die Beschränkungen der Rationalität handeln, wäre dies Grund genug für einen sofortigen Verweis - von Forderungen, sich an Massenkrawallen und körperlicher Gewalt auf einem Universitätscampus zu beteiligen einmal ganz zu schweigen. Aber moderne Universitäten haben vor langer Zeit das moralische Recht verloren, ersteres abzulehnen und sind deswegen ohnmächtig gegen letzteres.

Die Studentenrebellion ist eine deutliche Demonstration für die Tatsache, dass man, wenn man die Vernunft aufgibt, als einzige Alternative und unausweichliche Konsequenz der Gewalt Tür und Tor öffnet.

Die Rebellion ist auch eine der klarsten Widerlegungen jener Intellektuellen, die behaupten, dass Skeptizismus und chronischer Zweifel zu gesellschaftlicher Harmonie führen würden.

> „Betrachtet der Mensch seine Tugenden als bloße Annäherungen, gewinnt das Böse absolute Macht; legen die Tugendhaften ihre unbeugsame Treue zu einem Ziel ab, übernehmen die Gauner das Feld - und wir sehen das anstößige Schauspiel eines kriecherischen, feilschenden, verräterischen Guten und eines selbstgerechten, kompromisslosen Bösen." *(„Der Streik")*

Wer wird von dieser Rebellion profitieren? Die Antwort liegt in der Natur und den Zielen ihrer Anführer.

Wenn das Fußvolk der College-Rebellen zumindest teilweise Opfer sind, so kann man das nicht von ihren Anführern sagen. Wer sind ihre Anführer? Alle dirigistisch-kollektivistischen Gruppen, die wie Geier über den Überbleibseln des Kapitalismus kreisen und hoffen, auf den Kadaver niederzustürzen, um das Ende wenn möglich zu beschleunigen. Ihr Minimalziel besteht bloß darin, „Ärger zu machen" - zu untergraben, zu verwirren, zu demoralisieren und zu zerstören. Ihr letztendliches Ziel liegt darin, die Macht zu übernehmen.

Für ihre Anführer sollen die College-Rebellen nur Kanonenfutter sein, die ihre kopflosen Hälse vorstrecken, in den Universitäten kämpfen, ins Gefängnis gehen, ihre Laufbahnen und ihre Zukunft verlieren sollen - und die (sollten die Anführer Erfolg haben) in den Straßen ihr „nicht-absolutes" Leben verlieren sollen, um den Weg zu bereiten für die absolute Diktatur desjenigen, der der blutigste Verbrecher im Rennen um die Macht ist. Junge Narren, die sich weigern, über das „jetzt" hinauszusehen, können nicht wissen, wessen langfristigen Zielen sie dienen.

Die Kommunisten sind auch beteiligt, aber auch sie sind bloß die Manipulatoren und nicht die Ursache der Studentenrebellion. Dies ist ein Beispiel für die Tatsache, dass sie, wenn sie gewinnen, durch Unterlassung gewinnen - wie Bazillen auf den Wunden eines verwesenden Körpers. Sie haben die Bedingungen, die die amerikanischen Universitäten zerstören und die Horden von verbitterten, ziellosen, neurotischen Teenagern nicht geschaffen - aber sie wissen, wie man durch die Wunden angreift, die ihre Gegner sich wahrzunehmen weigern. Sie sind professionelle Ideologen und es fällt ihnen nicht schwer, in ein intellektuelles Vakuum zu treten und die ängstlichen Vertreter der „Anti-Ideologie" durch ihre eigenen Widersprüche zu schlagen.

Für ihre zusammengewürfelte linke Führung ist die Studentenrebellion ein Versuchsballon, eine Art kulturelles Fieberthermometer - ein Test, mit wie viel sie durchkommen und welche Art von Opposition sie antreffen werden.

Für den Rest von uns ist dieser akademische Mikrokosmos eine Miniaturvorschau dessen, was dem Land bevorsteht, wenn der gegenwärtige kulturelle Trend nicht bekämpft wird.

Das Land als Ganzes ist ein Spiegel seiner Universitäten. Das praktische Resultat der modernen Philosophie ist die Mischökonomie von heute mit ihrem moralischen Nihilismus, ihrem kurzsichtigen Pragmatismus, ihrer anti-ideologischen Ideologie und ihrer wahrhaft schändlichen Idee „Regierung durch Konsens".

Herrschaft durch Interessengruppen ist bloß das Vorspiel, die soziale Konditionierung für die Herrschaft des Pöbels. Wenn ein Land erst die Auslöschung von moralischen Prinzipien, von individuellen Rechten, von Objektivität, von Gerechtigkeit und Vernunft akzeptiert hat und sich der Herrschaft legalisierter nackter Gewalt unterworfen hat, dauert es nicht lange, bis der Begriff „legalisiert" nachfolgt. Wer soll dagegen Widerstand leisten - und im Namen wovon?

Wenn Moral durch Zahlen ersetzt wird und ein Individuum kein Recht für sich beanspruchen, aber jede Gang jeden nur erdenklichen Wunsch äußern kann, wenn *Kompromiss* die einzige Politik und die Wahrung der momentanen „Stabilität", von Frieden um jedem Preis ihr einziges Ziel ist, ist der Gewinner zwangsläufig der, der die ungerechtesten und irrationalsten Forderungen stellt; das System dient geradezu als Einladung dafür. Wenn es keine Kommunisten oder andere Verbrecher auf der Welt gäbe - solch ein System würde sie hervorbringen.

Je mehr ein Amtsträger der Politik des Kompromisses verpflichtet ist, umso weniger ist er in der Lage, Widerstand gegen irgendetwas zu leisten: Nachgeben ist seine grundlegende Verfahrensweise und seine „instinktive" Antwort auf jeden Notfall, was ihn zu einem leichten Ziel macht.

In diesem Zusammenhang wurde das Extrem an naiver Oberflächlichkeit von jenen Kommentatoren erreicht, die ihrem Erstaunen Ausdruck verliehen, dass die Studentenrebellion Berkeley als erstes Schlachtfeld und Präsident Kerr als erstes Ziel gewählt hatte, *obwohl* er ein „Liberaler" und ein renommierter Vermittler und Schlichter war. „Ironischerweise versuchten einige der unreifsten Studentenvertreter... Mr. Kerr als illiberal hinzustellen" schrieb ein Leitartikel in der *New York Times* (11. März 1965). „Dies war angesichts seines langen und mutigen Kampfes, die akademische Freiheit und die Rechte der Studenten gegen den starken Druck von rechts in Kalifornien zu verteidigen, natürlich absurd." Andere Kommentatoren stellten Mr. Kerr als unschuldiges Opfer dar, das zwischen den Konfliktparteien der „Konservativen" im Regentenkollegium und den „Liberalen" in der Fakultät eingekesselt war. Aber logisch und tatsächlich kann der Mittelweg zu keinem anderen Ziel führen - und es ist klar, dass die Rebellen Clark Kerr nicht *trotz*, sondern *wegen* seines Rufes als „Liberaler" wählten.

Nun stellen Sie sich vor, was passieren würde, wenn die Technik der Berkeley-Rebellion landesweit wiederholt würde. Entgegen des fanatischen Glaubens seiner Vertreter befriedigt ein Kompromiss nicht alle, sondern *enttäuscht* alle; er führt nicht zu allgemeiner Zufriedenheit, sondern zu allgemeiner Enttäuschung; wer alles für alle sein will, ist am Ende nichts für niemanden. Und mehr noch: Der Teilsieg einer ungerechten Forderung ermutigt den Fordernden, es weiter zu versuchen; die Teilniederlage einer gerechten Forderung entmutigt und lähmt das Opfer. Wenn eine entschlossene, disziplinierte Bande von Dirigisten einen Angriff auf die abbröckelnden Überbleibsel einer Mischökonomie versuchen würde und offen und ausdrücklich die kollektivistischen Lehrsätze proklamieren würde, die das Land durch stillschweigende Unterlassung akzeptiert hatte – welchen Widerstand würde sie antreffen? Die entmutigte, demoralisierte, verbitterte Mehrheit würde lethargisch gleichgültig gegenüber jedem öffentlichen Ereignis bleiben. Und viele würden diese Bande zuerst unterstützen, bewegt von einer verzweifelten, unzusammenhängenden Frustration, von einem Bedürfnis nach Protest, ohne wirklich zu wissen, wogegen, von einem blinden Wunsch, irgendwie gegen die erstickende Hoffnungslosigkeit des Status Quo auszuteilen.

Wer würde sich moralisch inspiriert fühlen, für Johnsons „Konsens" zu kämpfen? Wer kämpfte für die ziellosen Plattitüden der Kerenski-Regierung in Russland, der Weimarer Republik in Deutschland oder der nationalistischen Regierung in China?

Aber egal wie demoralisiert und philosophisch entwaffnet ein Land auch sein mag, es muss einen bestimmten psychologischen Wendepunkt erreichen, bevor es vom Zustand der Halbfreiheit in die totalitäre Diktatur gestoßen werden kann. Und *das* war das ideologische Hauptziel der Anführer der Studentenrebellion, wer auch immer sie sein mögen: *das Land zu konditionieren, Gewalt als Mittel zur Schlichtung politischer Kontroversen zu akzeptieren.*

Beachten Sie die ideologischen Vorläufer, die die Berkeley-Rebellen zu etablieren versuchten: Sie enthielten sämtlich die Abschaffung von Rechten und die Befürwortung von Gewalt. Diese Ideen sind veröffentlicht worden und doch ist deren Bedeutung größtenteils ignoriert worden und unbeantwortet geblieben.

1.) Die Hauptfrage war der Versuch, das Land dazu zu bringen, *zivilen Massenungehorsam* als legitimes und geeignetes politisches Werkzeug zu akzeptieren. Dieser Versuch wurde in Verbindung mit der Bürgerrechtsbewegung wiederholt unternommen. Aber dort wurde die Frage verwirrt durch die Tatsache, dass die Schwarzen die *Opfer* legalisierter Ungerechtigkeit waren und die Frage von Gesetzesbruch deswegen nicht eindeutig klar wurde. Das Land nahm es als Kampf gegen Ungerechtigkeit hin, nicht als einen Angriff auf das Gesetz.

Ziviler Ungehorsam mag in einigen Fällen zu rechtfertigen sein, wenn ein Individuum ein Gesetz missachtet, um eine Frage als Testfall vor Gericht zu bringen. Solch eine Verfahrensweise beinhaltet die Achtung vor dem Gesetz und einen Protest, der nur auf ein bestimmtes Gesetz gerichtet ist, dessen Ungerechtigkeit ein Individuum beweisen will. Dasselbe gilt für eine Gruppe von Individuen, wenn die enthaltenen Risiken ihre eigenen sind.

Aber es gibt in einer zivilisierten Gesellschaft keine Rechtfertigung für zivilen Massenungehorsam, der die Rechte anderer verletzt – ungeachtet dessen, ob das Ziel der Demonstranten gut oder böse ist. Der Zweck heiligt *nicht* die Mittel. Niemandes Rechte können durch die Verletzung der Rechte anderer sichergestellt werden. Massenungehorsam ist ein Angriff auf das Konzept von Rechten insgesamt: Er ist die Verachtung eines Mobs für Legalität an sich.

Die gewaltsame Besetzung des Eigentums anderer oder die Sperrung einer Straße ist so eine eklatante Verletzung von Rechten, dass jeder Rechtfertigungsversuch eine Abschaffung von Moral ist. Ein Individuum hat kein Recht, ein „Sit-in" im Haus oder Büro einer Person abzuhalten, mit der er Streit hat – und er erwirbt so ein Recht nicht dadurch, dass er einer Gang beitritt. Rechte sind keine Mengenfrage – und es kann so etwas wie Handlungen, die einem Individuum verboten sind, aber einer Gang erlaubt sind, weder im Gesetz noch in der Moral geben.

Die einzige Macht einer Gang ist größere Muskelkraft, d.h. nackte, brutale körperliche Gewalt. Eine zivilisierte Gesellschaft soll verhindern, dass gesellschaftliche Probleme durch körperliche Gewalt gelöst werden. Die Befürworter zivilen Massenungehorsams geben zu, dass ihr Ziel Einschüchterung ist. Eine Gesellschaft, die Einschüchterung – die *körperliche* Einschüchterung von Menschen oder Gruppen – als Mittel zur Schlichtung von Streitigkeiten toleriert, verliert ihr moralisches Recht, als Gesellschaftssystem zu existieren, und ihr Zusammenbruch folgt bald danach.

Politisch ist ziviler Massenungehorsam nur als Vorspiel zu einem Bürgerkrieg legitim – als Deklaration eines totalen Bruchs mit den politischen Institutionen eines Landes. Und das Ausmaß des heutigen intellektuellen Chaos und der Kontextignorierung wurde am besten von einem „konservativen" kalifornischen Politiker illustriert, der eilig erklärte, dass er die Berkeley-Rebellion ablehne, aber zivilen Massenungehorsam als gerechtfertigte amerikanische Tradition respektiere. „Vergessen Sie nicht die Bostoner Tea-Party", sagte er und vergaß sie damit.

Wenn die Bedeutung von zivilem Massenungehorsam durch die Bürgerrechtsbewegung etwas verundeutlicht wird und die Einstellung des Landes deswegen unschlüssig ist, wird diese Bedeutung eklatant offensichtlich, wenn ein Sit-in auf einem Universitäts-Campus abgehalten wird. Wenn die Universitäten - die vermeintlichen Zitadellen der Vernunft, des Wissens, der Bildung und der Zivilisation - dazu gebracht werden können, vor der Herrschaft der nackten Gewalt zu kapitulieren, ist der Rest des Landes erledigt.

2.) Damit Gewalt leichter akzeptiert wird, versuchten die Berkeley-Rebellen eine spezielle Unterscheidung zwischen „Zwang" und „Gewalt" aufzustellen: Zwang, so sagten sie ausdrücklich, sei eine legitime gesellschaftliche Umgangsform, aber Gewalt nicht. Ihre Definition dieser Begriffe lautet wie folgt: Nötigung durch buchstäblichen körperlichen Kontakt sei „Gewalt" und verwerflich; jede andere Weise, Rechte zu verletzen, sei bloß „Zwang" und eine legitime, friedliche Methode, mit Gegnern umzugehen.

Wenn z.B. die Rebellen das Verwaltungsgebäude besetzen, sei das „Zwang"; wenn Polizisten sie herauszerren, sei das „Gewalt". Wenn Savio ein Mikrofon ergreift, das zu benutzen er kein Recht hat, sei das „Zwang"; wenn ein Polizist ihn davon wegzerrt, sei das „Gewalt".

Beachten Sie die Implikationen dieser Unterscheidung als Regel für gesellschaftlichen Umgang: Wenn Sie eines Abends nach Hause kommen und einen Fremden vorfinden, der Ihr Haus besetzt hält und Sie ihn hinauswerfen, so hat er bloß einen friedlichen Akt des „Zwangs" begangen, aber *Sie* sind schuldig der „Gewalt" und *Sie* werden bestraft.

Der theoretische Zweck dieser grotesken Absurdität besteht darin, eine moralische Inversion einzuführen: die *Initiierung* von Gewalt moralisch und *Widerstand* gegen Gewalt unmoralisch zu machen – und somit das *Recht auf Selbstverteidigung* auszulöschen. Der unmittelbare Zweck besteht darin, die Aktivitäten der niedrigsten politischen Charge zu fördern: der Provokateure, die Gewalt ausüben und den Opfern die Schuld geben.

3.) Um diese betrügerische Unterscheidung zu rechtfertigen, versuchten die Berkeley-Rebellen eine legitime Unterscheidung auszulöschen: die Unterscheidung zwischen *Ideen* und *Handlungen*. Sie behaupteten, dass Redefreiheit Handlungsfreiheit bedeute und dass keine klare Demarkationslinie zwischen beiden gezogen werden könne.

Wenn sie z.B. das Recht haben, jeden politischen Standpunkt zu vertreten, so behaupteten sie, hätten sie das Recht, auf dem Campus jede Aktion zu organisieren, die außerhalb des Campus stattfindet, sogar gesetzlich verbotene. Wie Professor Petersen es formulierte, beanspruchten sie das Recht, „die Universität als Zuflucht zu benutzen, von der aus man illegale Überfälle auf die Allgemeinheit unternehmen kann."

Der Unterschied zwischen einem Austausch von Ideen und dem Austausch von Schlägen ist offensichtlich. Die Demarkationslinie zwischen Redefreiheit und Handlungsfreiheit wird gezogen durch das Verbot der Initiierung von körperlicher Gewalt. Erst wenn dies nicht mehr ausgeschlossen wird, kann solch ein Problem aufkommen - aber wenn dies nicht mehr ausgeschlossen wird, kann politische Freiheit nicht mehr existieren.

Auf den ersten Blick scheint dieses „Paketangebot" der Rebellen eine Art anarchistischer Erweiterung von Freiheit zu sein, aber tatsächlich und logisch impliziert sie das genaue Gegenteil - was ein bitterer Witz auf Kosten jener gedankenlosen Jugendlichen ist, die sich der Rebellion im Namen der „Redefreiheit" anschlossen. Wenn die Freiheit, Ideen auszudrücken mit der Freiheit, Verbrechen zu begehen, gleichgesetzt würde, könnte man sehr bald demonstrieren, dass eine organisierte Gesellschaft unter solchen Vorzeichen nicht existieren kann und dass deswegen das Ausdrücken von Ideen eingeschränkt werden muss und einige Ideen verboten werden müssen, genau wie kriminelle Handlungen verboten sind. Somit brächte man die Gutgläubigen zu dem Zugeständnis, dass das Recht auf freie Rede undefinierbar und „unpraktikabel" sei.

4.) Ein Anzeichen für ein solches Motiv konnte man in der Forderung der Rebellen nach unbeschränkter Redefreiheit auf dem Campus sehen - mit der daraus folgenden „Bewegung für schmutzige Sprache".

Es kann so etwas wie das Recht auf eine unbeschränkte Redefreiheit (oder Handlungsfreiheit) *auf dem Besitz eines anderen* nicht geben. Die Tatsache, dass die Universität von Berkeley dem Staat gehört, kompliziert zwar die Frage, ändert sie aber nicht. Die Besitzer einer staatlichen Universität sind die Wähler und Steuerzahler dieses Staates. Die durch einen gewählten Vertreter (direkt oder indirekt) benannte Universitätsverwaltung ist theoretisch der Vertreter der Eigentümer und muss als solcher handeln, solange staatliche Universitäten existieren. (Ob sie existieren *sollten*, ist eine andere Frage.)

In jeder Unternehmung oder Einrichtung mit mehr als einer Person stellen der oder die Eigentümer die Regeln und Bedingungen für zulässiges Benehmen auf; der Rest der Teilnehmer ist frei, woanders hinzugehen und andere Bedingungen zu suchen, wenn sie nicht zustimmen. So etwas wie das Recht, nach Laune auf Kosten anderer zu handeln, kann es nicht geben.

Studenten, die eine Universität besuchen, haben das Recht, zu erwarten, dass sie sich nicht die Art von Obszönitäten anhören müssen, für die der Besitzer einer auch nur halb anständigen Kneipe Rowdies auf die Straße setzen würde. Das Recht, zu bestimmen, welche Art von Sprache zulässig ist, steht der Verwaltung einer Universität zu - genau wie dem Besitzer einer Kneipe.

Die Technik der Rebellen (und aller Dirigisten) bestand darin, sich der Prinzipien einer freien Gesellschaft zu bedienen, um sie durch eine angebliche Demonstration ihrer „Impraktikabilität" zu untergraben - in diesem Fall der „Impraktikabilität" des Rechts auf Redefreiheit. Aber in Wirklichkeit haben sie einen Punkt demonstriert, der am weitesten von ihren Zielen entfernt ist: *dass ohne Eigentumsrechte keine anderen Rechte ausgeübt werden können.*

Nur auf der Basis von Eigentumsrechten kann der Bereich und die Anwendung individueller Rechte in jeder gesellschaftlichen Situation definiert werden. Ohne Eigentumsrechte gibt es keine Möglichkeit, ein hoffnungsloses Chaos gegensätzlicher Ansichten, Interessen, Ansprüche, Wünsche und Launen zu lösen oder zu vermeiden.

Es gab für die Berkeley-Verwaltung keine andere Möglichkeit, als den Rebellen durch das Anrufen von Eigentumsrechten zu antworten. Es ist offensichtlich, warum weder moderne „Liberale" noch „Konservative" das tun wollten. Es sind nicht die Widersprüche einer freien Gesellschaft, die die Rebellen offenlegten und aufgrund derer sie absahnen, sondern die Widersprüche einer Mischökonomie.

Welche ideologische Politik die Verwaltung einer staatlichen Universität betreiben sollte, ist eine Frage, auf die es keine Antwort gibt. Es gibt keine Lösung für die vielen im Begriff „Allgemeinbesitz" enthaltenen Widersprüche, besonders wenn der Besitz direkt mit der Verbreitung von Ideen zu tun hat. Dies ist einer der Gründe, warum die Rebellen eine staatliche Universität als ihr erstes Schlachtfeld wählten.

Gute Gründe gäbe es für die Behauptung, dass eine staatliche Universität kein Recht hat, die Befürwortung und Verbreitung irgendeiner erdenklichen politischen Idee wie z.B. des Kommunismus zu *verbieten*, da einige der steuerzahlenden Eigentümer Kommunisten sein mögen. Ebenso gute Gründe gäbe es für die Behauptung, dass eine staatliche Universität kein Recht hat, die Verbreitung und Befürwortung irgendeiner erdenklichen politischen Idee zu *erlauben*, die eine direkte Bedrohung für den Besitz, die Freiheit und das Leben der Mehrheit der steuerzahlenden Eigentümer ist (wie z.B. des Kommunismus). Mehrheitsentscheidungen sind im Reich der Ideen nicht anwendbar; die Überzeugungen eines Individuums unterliegen nicht der Mehrheitsentscheidung; aber weder ein Individuum noch eine Minderheit oder eine Mehrheit sollte gezwungen werden, ihre eigenen Zerstörer zu unterstützen.

Einerseits hat eine staatliche Einrichtung kein Recht, den Ausdruck von Ideen zu verbieten. Andererseits hat eine staatliche Einrichtung auch kein Recht, Staatsfeinde zu beherbergen, zu unterstützen und zu finanzieren (wie z.B. Spendensammler für den Vietcong.)

Der Ursprung dieser Widersprüche liegt nicht im Prinzip individueller Rechte, sondern in ihrer Verletzung durch die kollektivistische Einrichtung von „Allgemeinbesitz".

Diese Frage muss jedoch verfassungsrechtlich und nicht auf dem Campus gelöst werden. Als Studenten haben die Rebellen in einer staatlichen Universität nicht mehr Rechte als in einer privaten. Als Steuerzahler haben sie nicht mehr Rechte als die Millionen anderer kalifornischer Steuerzahler. Wenn sie der Politik des Regentenkollegiums nicht zustimmen, müssen sie auf die nächste Wahl warten - wenn sie eine ausreichende Anzahl von Wählern überzeugen können. Die Chancen dafür sind gering - und das ist ein gutes Argument *gegen* jede Art von „Allgemeinbesitz". Aber diese Frage kann nicht durch körperliche Gewalt gelöst werden.

Bedeutsam ist hier die Tatsache, dass die Rebellen, die, um es vorsichtig zu sagen, nicht Vorkämpfer für Privateigentum sind, es ablehnten, *die Art von Mehrheitsentscheidung einzuhalten,* die Allgemeinbesitz mit sich bringt. Dies lehnten sie ab, als sie sich beschwerten, dass Universitäten Diener des „finanziellen, industriellen und militärischen Establishments" geworden seien. Die Rechte dieser Steuerzahler (das Recht auf eine Stimme im Management der staatlichen Universitäten) wollten sie aufheben.

Wenn irgendjemand einen Beweis für die Tatsache braucht, dass die Vertreter des Allgemeinbesitzes nicht die „demokratische" Kontrolle von Besitz durch Mehrheitsentscheidung wollen, sondern Kontrolle durch Diktatur, so ist dies ein deutlicher Beweis.

5.) Als Teil der ideologischen Konditionierung auf dieses ultimative Ziel versuchten die Rebellen eine neue Variante eines alten Themas einzuführen, das seit vielen Jahren das Objekt einer intensiven Kampagne aller Kollektivisten-Dirigisten ist: die Auslöschung des Unterschieds zwischen privater und staatlicher Handlung.

Dies wurde immer mittels eines „Paketangebots" versucht, das privaten Bürgern die spezifischen Verletzungen zuschreibt, die dem Staat verfassungsmäßig verboten sind, und somit individuelle Rechte zu zerstören, während sie den Staat von allen Beschränkungen befreit.

Das häufigste Beispiel dieser Technik besteht darin, privaten Bürgern „Zensur“ vorzuwerfen (ein Begriff, der nur auf den Staat anwendbar ist) und somit ihr Recht auf eine andere Meinung zu negieren.

Die neue Variante war der Protest der Rebellen gegen angebliche „doppelte Bestrafung“. Sie lautet wie folgt: Wenn die Studenten Straftaten begehen, müssten sie von den Gerichten bestraft werden und dürften daher nicht für das gleiche Vergehen von der Universität bestraft werden.

„Doppelte Bestrafung“ ist ein Begriff, der nur auf den Staat anwendbar ist, und zwar nur auf einen Zweig des Staates: die Judikative – und nur für eine spezifische juristische Handlung: Es bedeutet, dass ein Mensch nicht zweimal für das gleiche Vergehen angeklagt werden darf.

Privates Urteil und private Handlung (oder in diesem Kontext die eines Staatsbeamten) mit einem Gerichtsverfahren gleichzusetzen, ist schlimmer als absurd. Es ist ein empörender Versuch, das Recht auf moralisches Urteil und moralische Handlung auszulöschen. Es ist die Forderung, dass ein Gesetzesbrecher keine *zivilen* Konsequenzen für sein Verbrechen tragen soll.

Wenn eine solche Idee akzeptiert würde, hätten Individuen kein Recht, das Verhalten anderer zu bewerten oder anhand ihres eigenen Urteils zu handeln. Sie hätten zu warten, bis ein Gericht entschieden hätte, ob ein bestimmter Mensch schuldig oder unschuldig wäre – und selbst wenn er schuldig gesprochen worden wäre, hätten sie kein Recht, ihr Verhalten ihm gegenüber zu ändern und würden die Aufgabe der Bestrafung ausschließlich dem Staat überlassen.

Wenn z.B. ein Bankangestellter der Unterschlagung für schuldig befunden würde und er seine Strafe abgesessen hätte, hätte die Bank kein Recht, ihm seine frühere Stelle vorzuenthalten – da eine solche Weigerung „doppelte Bestrafung“ darstellen würde.

Oder: Ein Staatsbeamter hätte kein Recht, die Legalität der Handlungen seiner Angestellten zu beobachten oder Regeln für die strikte Beachtung des Gesetzes festzulegen, sondern müsste warten, bis ein Gericht sie für schuldig befunden hätte – und müsste sie in ihre Stellen übernehmen nachdem sie ihre Strafen für Einflussnahme, Bestechlichkeit oder Verrat verbüßt hätten.

Die Idee von *Moral als Monopol des Staates* (und zwar einer einzelnen Gruppe innerhalb des Staates) ist so offenkundig Teil der Ideologie einer Diktatur, dass der Versuch der Rebellen, damit durchzukommen, wahrhaft schockierend ist.

Die Idee der Rebellen, dass Universitäten von den Studenten und Fakultäten betrieben werden sollten, war ein offener, ausdrücklicher Angriff auf das Recht, das von allen anderen Ideen implizit angegriffen wurde: das Recht auf Privateigentum. Und von allen dirigistisch-kollektivistischen Systemen ist ihr Ziel jenes, das politisch-ökonomisch am wenigsten praktisch, intellektuell am wenigsten zu rechtfertigen und moralisch am schändlichsten ist: *Gildensozialismus.*

Gildensozialismus ist ein System, das individuelle Fähigkeiten abschafft, indem es Menschen in Berufsgruppen ankettet und die Arbeit dieser Menschen der absoluten Macht der Gruppe unterwirft – wobei die Gruppe die Regeln, Maßstäbe und Praktiken diktiert, wie die Arbeit zu leisten ist und wer sie tun darf oder nicht.

Gildensozialismus ist die zur Gesellschaftstheorie erhobene gegenständlich denkende, routineartige Gesinnung eines Wilden. Genau wie Wilde sich einen Flecken Dschungel greifen und ihn anhand der Tatsache, dass es ihn gibt, zum Monopol erklären, so gewährt Gildensozialismus ein Monopol nicht auf einen Dschungel oder ein Wasserloch, sondern auf eine Fabrik oder eine Universität - nicht aufgrund der Leistung eines Menschen oder auch nur seines „Dienstes an der Allgemeinheit", sondern aufgrund der Tatsache, dass es ihn gibt.

Genau wie Wilde keine Auffassung von Ursachen oder Konsequenzen, von Vergangenheit oder Zukunft haben und nur die Muskelkraft ihres Stammes kennen, so hält der Gildensozialismus, da er sich inmitten einer industriellen Zivilisation wiederfindet, ihre Institutionen für ein Naturphänomen und sieht keinen Grund, warum seine Gang sie nicht ergreifen sollte.

Wenn man auch nur einen einzigen Beweis für die Unfähigkeit eines Menschen sucht, dann ist es die stagnierende Gesinnung eines Arbeiters (oder Professors), der einen kleinen Routinejob in einem riesigen Unternehmen tut und nicht über den Hebel einer Maschine (oder den Katheder des Hörsaals) hinausschaut, der nicht wissen will, wo die Maschine (oder der Hörsaal) herkommt oder was seinen Arbeitsplatz möglich macht, und der behauptet, dass die Manager des Unternehmens parasitär und unnötig seien. Management - die Organisation und Integration menschlicher Anstrengungen in zielgerichtete, großangelegte Langzeithandlungen - ist im Bereich der Tat das, was das Begriffsvermögen des Menschen im Bereich der Erkenntnis ist. Dies liegt jenseits des Begriffsvermögens einer selbstangehaltenen, sinnlich-wahrnehmenden Denkart und ist deswegen ihr erstes Angriffsziel.

Wenn es auch nur eine Möglichkeit gibt, seine eigene Mittelmäßigkeit zu gestehen, so ist es der Wille, seine Arbeit der absoluten Macht einer Gruppe auszuliefern, besonders einer Gruppe der eigenen *Berufskollegen*. Von allen Formen der Tyrannei ist dies die schlimmste; sie richtet sich gegen ein einziges menschliches Merkmal: den Verstand - und gegen einen einzigen Feind: den Innovator. Der Innovator ist per Definition jemand, der die etablierten Praktiken seines Berufes infrage stellt. Irgendeiner Gruppe ein Berufsmonopol zu gewähren, bedeutet, menschliche Fähigkeiten zu opfern und Fortschritt auszulöschen. Ein solches Monopol zu vertreten, bedeutet, dass man nichts zu opfern hat.

Gildensozialismus ist die Herrschaft von und für Mittelmäßigkeit. Seine Ursache ist der intellektuelle Zusammenbruch einer Gesellschaft; seine Konsequenz ist ein Sumpf aus Stagnation; seine historischen Beispiele sind das Gildensystem des Mittelalters oder das faschistische System in Italien unter Mussolini.

Die Idee der Rebellen, dass Studenten (zusammen mit den Fakultäten) die Universitäten leiten und ihre Lehrpläne bestimmen sollten, ist eine primitive Absurdität. Wenn ein unwissender Jugendlicher in eine Lernanstalt kommt, um sich in einer bestimmten Wissenschaft Wissen anzueignen - wodurch soll er bestimmen, was relevant ist und wie er unterrichtet werden soll? (Im Prozess des Lernens kann er nur beurteilen, ob die Präsentation seines Lehrers klar oder unklar, logisch oder widersprüchlich ist; er kann weder den richtigen Lehrverlauf noch die richtige Lehrmethoden bestimmen, bevor er etwas über dieses Fach weiß.) Es ist offensichtlich, dass ein Student, der das Recht beansprucht, eine Universität zu leiten (oder zu entscheiden, wer sie leiten sollte), keine Ahnung vom Begriff „Wissen" hat, dass seine Forderung sich selbst widerspricht und er sich automatisch disqualifiziert. Dasselbe gilt - wenn auch mit größerer moralischer Schuld - für den Professor, der ihm beigebracht hat, solche Forderungen aufzustellen und sie unterstützt.

Würden Sie gerne in einem Krankenhaus behandelt werden, in dem die Therapiemethoden durch eine Abstimmung unter Ärzten und Patienten bestimmt würden?

Zwar ist die Absurdität dieser Beispiele offensichtlicher, aber nicht irrationaler oder bösartiger als die Standardbehauptung der Kollektivisten, dass Arbeiter die Fabriken übernehmen sollten, die von Menschen geschaffen wurden, deren Leistungen sie weder begreifen noch nachmachen können. Die zugrundeliegenden erkenntnistheoretisch-moralischen Prämissen und Muster sind identisch: Die Auslöschung der Vernunft löscht den Begriff der Realität aus, welcher den Begriff der Leistung auslöscht, was die Unterscheidung zwischen *dem Verdienten und dem Unverdienten* auslöscht. Dann können die Unfähigen Fabriken, die Ignoranten Universitäten und die Wilden wissenschaftliche Forschungslabors ergreifen - und von der menschlichen Gesellschaft bleibt nur die Macht der Laune und der Faust übrig.

Was Gildensozialismus primitiver (aber nicht anders) als die meisten anderen dirigistisch-kollektivistischen Theorien macht, ist die Tatsache, dass er die andere, üblicherweise nicht erwähnte Seite des Altruismus darstellt: Er ist nicht die Stimme der Gebenden, sondern der Empfänger. Während die meisten altruistischen Theorien „das Allgemeinwohl" als Rechtfertigung für selbstopfernden Dienst an der „Gemeinschaft" proklamieren und über die genaue Natur oder die Identität der Empfänger schweigen, erklären sich Gildensozialisten frech selbst zu den Empfängern, präsentieren der Gemeinschaft ihre Forderung und beanspruchen deren Dienste. Wenn sie ein Monopol auf einen bestimmten Beruf wollen, so muss der Rest der Gemeinschaft das Recht aufgeben, ihn zu praktizieren. Und wenn sie eine Universität wollen, muss die Gemeinschaft ihnen eine geben.

Und wenn „Egoismus" den Altruisten zufolge bedeutet, andere für sich zu opfern, fordere ich Sie auf, ein hässlicheres Beispiel dafür zu nennen als die Erklärung des kleinen Berkeley-Kollektivisten, der erklärte: „Wir denken, dass die Universität aus der Fakultät, den Studenten, Büchern und Ideen bestehen sollte. Die Verwaltung gibt es bloß dafür, dass die Bürgersteige sauber sind. Sie sollte der Diener der Fakultät und der Studenten sein."

Was hat dieser kleine körperlose Mystiker in seiner Idee von einer Universität ausgelassen? Wer bezahlt die Gehälter der Fakultät? Wer sorgt für den Lebensunterhalt der Studenten? Wer veröffentlicht die Bücher? Wer baut die Klassenzimmer, die Bibliotheken, die Schlafräume - und die Bürgersteige? Überlassen Sie es ruhig einem modernen „Muskelmystiker", eine solche Verachtung für „vulgäre, materielle Belange" zu zeigen, die ein altmodischer Mystiker sich nicht erlauben würde.

Wer außer der Universitätsverwaltung soll der stimmlose, rechtlose „Diener" und Straßenkehrer der Fakultät und der Studenten sein? Nein, nicht nur die Menschen mit produktivem Schöpfergeist, die den Wohlstand schaffen, der Universitäten möglich macht, nicht nur die „Bosse der Großkonzerne", nicht nur das „finanzielle, industrielle und militärische Establishment" - sondern jeder kalifornische Steuerzahler, jeder, der für seinen Lebensunterhalt arbeitet, jeder Mensch, der mit seinen Finanzen kämpft, der für das bezahlt, was er haben will und sich nicht erlaubt, die Realität „vulgärer, materieller Belange" zu verdrängen.

So sieht die von der Ideologie der Berkeley-Rebellen offenbarte Seele aus. Das ist die Bedeutung ihrer Forderungen und der ideologischen Präzedenzfälle, die sie etablieren wollten.

Beachten Sie die Komplexität, die Zweideutigkeiten, die Tricks, die Verdrehungen und die intellektuelle Akrobatik dieser bekennenden Vertreter ungezügelter Gefühle - und die intellektuelle Konsequenz dieser Aktivisten, die behaupten, sie hätten keine Ideologie.

Die erste Runde der Studentenrebellion ist nicht allzu gut abgelaufen. Trotz des kostenlosen Aufbauschens durch die Presse ist die Einstellung der Öffentlichkeit eine Mischung aus Erstaunen, Gleichgültigkeit und Ablehnung. Gleichgültigkeit - weil die vagen Ausflüchte der Pressemeldungen sich selbst besiegten: Die Leute verstehen nicht, worum es geht und sehen keinen Grund, warum sie sich bemühen sollten; Ablehnung - weil die amerikanische Öffentlichkeit immer noch einen tiefen Respekt für Universitäten hat (wie sie sein könnten und sollten, aber nicht länger sind) und weil die halb lobpreisenden, halb humorigen Plattitüden über den „jugendlichen Idealismus" keinen Erfolg beim Weißwaschen der Tatsache hatten, dass nackte körperliche Gewalt in die Universitäten gebracht wurde. Diese Tatsache hat ein vages Gefühl des Unbehagens heraufbeschworen: Man verurteilt sie, ohne sagen zu könnten, warum.

Der Versuch der Rebellion, in andere Universitäten einzudringen, ging nicht sehr weit. Es gab in diesem Frühling einige schändliche Beschwichtigungsproklamationen von einigen Universitätsleitungen, aber keine erkennbare öffentliche Sympathie.

Es gab einige wenige Beispiele für die richtige Einstellung von Seiten der Universitätsleitungen - eine Einstellung aus Standfestigkeit, Würde und kompromissloser Strenge - besonders an der Columbia University. Eine Ansprache von Dr. Meng, Präsident des Hunter College, ist auch bemerkenswert. Er erklärte, dass die Verletzung der Rechte anderer in einer akademischen Gemeinschaft „unerträglich ist" und dass jeder Student oder Lehrer, der sich dessen schuldig macht, „einen sofortigen Verweis verdient". „Der Elfenbeinturm von gestern ist der Schützengraben von heute. Ihre Freizeit verbringen die Studenten zunehmend mit der Organisation von Streikposten, teach-ins, think-ins und Überwachungsmaßnahmen der einen oder anderen Art."[59]

Aber obwohl die Studentenrebellion nicht viel öffentliche Sympathie erregte, besteht der unheilvollste Aspekt der Situation aus der Tatsache, dass sie keine *ideologische Opposition* angetroffen hat, dass

---

[59] *The New York Times*, 18. Juni 1965.

die Implikationen der Rebellen weder beantwortet noch abgelehnt wurden und dass die Kritik, die sie bekamen, mit wenigen Ausnahmen ausweichend und oberflächlich war.

Als Versuchsballon hat die Rebellion den Zweck ihrer Anführer erreicht: Sie hat demonstriert, dass sie vielleicht ein bisschen zu weit gegangen ist, sie ihre Zähne und Klauen ein bisschen zu früh entblößt und viele potentielle Sympathisanten vergrätzt hat, sogar unter den „Liberalen" – aber der Weg ist frei, ohne intellektuelle Barrieren in Sicht.

Der Kampf wird weitergehen. Die langfristigen Absichten der Studentenrebellion sind wiederholt von denselben Aktivisten proklamiert worden, die ihr ausschließliches Engagement für den unmittelbaren Moment proklamieren. Die Überbleibsel der „Bewegung für Redefreiheit" in Berkeley sind in eine „Free Student Union" reorganisiert worden, die in Vorbereitung eines weiteren Angriffs militant Lärm schlägt. Egal wie absurd ihre Ideen sind: Die Angriffe der Rebellen richten sich gegen die wichtigsten philosophisch-politischen Fragen unserer Zeit. Diese Fragen kann man nicht ignorieren, verdrängen oder durch Kompromiss bestechen. Wenn nackte Gewalt auf dem Vormarsch ist, ist Kompromiss der rote Teppich. Wenn die Vernunft angegriffen wird, ist gesunder Menschenverstand nicht genug.

Weder ein Mensch noch eine Nation kann ohne eine Form von Philosophie existieren. Ein Mensch hat den freien Willen, zu denken oder es nicht zu tun; wenn er es nicht tut, nimmt er, was er kriegen kann. Der freie Wille einer Nation sind seine Intellektuellen; der Rest des Landes nimmt, was sie anbieten; sie stellen die Bedingungen, die Werte, den Weg und das Ziel auf.

In Abwesenheit intellektueller Opposition werden die Ideen der Rebellen schrittweise in die Kultur übernommen werden. Die nicht bekämpften Absurditäten von heute sind die akzeptierten Parolen von morgen. Sie werden schrittweise akzeptiert, durch Präzedenz, durch Implikation, durch Erosion, durch Unterlassung, durch Ausübung ständigen Drucks von der einen Seite und ständigen Rückzug von der anderen – bis zu dem Tag, da sie zur offiziellen Ideologie des Landes erklärt werden. Auf diese Weise hat unser Land den Sozialstaatsdirigismus akzeptiert.

Wir erleben heute eine Beschleunigung der Versuche, mit den ideologischen Implikationen des Sozialstaatsdirigismus abzusahnen und darüber hinaus zu gehen. Die Rebellen sind nur die Stoßtrupps, beauftragt mit der Errichtung ideologischer Brückenköpfe für ein breit angelegtes Vorrücken aller kollektivistisch-dirigistischen Kräfte gegen die Überbleibsel des Kapitalismus in Amerika. Und Teil ihrer Aufgabe ist die Übernahme der ideologischen Kontrolle über die amerikanischen Universitäten.

Wenn die Kollektivisten Erfolg haben, wird die schreckliche historische Ironie in der Tatsache liegen, dass das, was wie ein lautes, rücksichtsloses, kämpferisches Selbstbewusstsein aussieht, bloß ein hysterischer Bluff ist. Die Beschleunigung des kollektivistischen Vorstoßes ist nicht der Marsch der Gewinner, sondern die blinde Massenpanik der Verlierer. Der Kollektivismus hat den Kampf um den menschlichen Geist verloren. Seine Vertreter wissen es; ihre letzte Chance besteht aus der Tatsache, dass es sonst niemand weiß. Wenn sie mit dem jahrzehntelangen philosophischen Verfall, mit dem Knabbern, Kratzen und Buddeln ihres Labyrinths aus einstürzenden philosophischen Rattenlöchern Kasse machen wollen - dann jetzt oder nie.

Als kulturell-intellektuelle Kraft und moralisches Ideal starb der Kollektivismus im Zweiten Weltkrieg. Wenn wir immer noch in seine Richtung rollen, dann nur durch die Trägheit einer Leere und den Schwung der Desintegration. Eine gesellschaftliche Bewegung, die mit den umständlichen, durchgeknallten dialektischen Konstrukten eines Hegel und Marx begann und mit einer Horde moralisch ungewaschener Kinder endet, die mit den Füßen stampfen und schreien „Ich will es *jetzt*!“, ist am Ende.

Auf der ganzen Welt hat der Kollektivismus, während er eine hilflose Nation nach der anderen niedermäht, ständig die zwei Elemente verloren, die der Schlüssel zur Zukunft sind: den Verstand und die Jugend. Sehen Sie sich in Bezug auf ersteres Englands „Brain Drain“ an. Und sehen Sie sich in Bezug auf zweiteres die Tatsache (die in den Pressekommentaren nicht erwähnt wurde) an, dass in der Mehrheit der amerikanischen Universitäten die politischen Ansichten der Fakultät wahrnehmbar „liberaler" sind, als die der Studentenschaft. (Das gleiche trifft auf die Jugend des ganzen Landes zu – aber nicht auf die ältere Generation, die Altersgruppe von 35 bis 50 Jahren, die unter dem New Deal aufwuchs und die zurzeit die Führung des Landes bildet.) Dies ist eine Tatsache, die die Studentenrebellion verbergen sollte.

Das soll nicht bedeuten, dass die Anti-Kollektivisten eine *numerische* Mehrheit unter den Studenten repräsentieren. Die passiven Unterstützer des Status Quo sind immer in der Mehrheit – in jeder Gruppe, Kultur, Gesellschaft oder Zeit. Aber die Trends einer Nation werden nicht von passiven Mehrheiten bestimmt. Wer bestimmt sie? Jeder, der es will, wenn er die intellektuelle Munition hat, um auf dem Schlachtfeld der Ideen zu gewinnen – welches denen gehört, die es wollen. Wer es nicht tut, ist bloß gesellschaftlicher Ballast, durch eigene Entscheidung und Neigung.

Die Tatsache, dass die „Nicht-Liberalen" unter den Studenten (und unter der Jugend der Welt) zur Zeit nur als „Anti-Kollektivisten" identifiziert werden können, ist das gefährliche Element und das Fragezeichen über der heutigen Situation. Sie sind junge Menschen, die nicht bereit sind, aufzugeben, die den Sumpf des Bösen bekämpfen wollen, aber nicht wissen, was das Gute ist. Sie haben die kranken, abgestandenen Plattitüden des Kollektivismus zurückgewiesen (zusammen mit all seinen kulturellen Manifestationen, inklusive des Kults der Verzweiflung und der Verkommenheit – der einstudierten Hirnlosigkeit von krampfartigen Tänzen, Gesängen und Theaterstücken – der Anbetung von Anti-Helden – der Betäubung durch die Reduzierung auf Sinnesreize und das Lebensgefühl eines Films wie *Tom Jones*). Aber sie haben bis jetzt keine Richtung, keine konsequente Philosophie, keine rationalen Werte und keine langfristigen Ziele. Bis sie das nicht haben, wird ihr zusammenhangloses Streben nach einer besseren Zukunft unter dem finalen Schlag der Kollektivisten zusammenbrechen.

Historisch gesehen befinden wir uns heute in einem intellektuellen Niemandsland - und die Zukunft wird bestimmt werden von denen, die sich aus den Gräben des Status Quo herauswagen. Unsere Richtung wird davon abhängen, ob sie Ritter für eine neue Renaissance sind oder Aasgeier, die über die Kadaver der Schlachten von gestern herfallen. Die Ritter sind noch nicht bereit - die Aasgeier sind es.

In einem tieferen Sinn, als die kleinen Zombies der Universitäten je begreifen werden, ist „Jetzt, jetzt, jetzt!" daher der letzte Slogan und Schlachtruf der zerlumpten, bärtigen Gammler, die einst eine vom Versprechen einer wissenschaftlich (!) geplanten Gesellschaft zusammengetrommelte Armee waren.

Die zwei präzisesten Charakterisierungen der Studentenrebellion in der Presse waren „politischer Existenzialismus" und „Castroit". Beides sind Begriffe für intellektuellen Bankrott; der erste steht für die Abdankung der Vernunft, der zweite für den Zustand hysterischer Panik, die als einzigen Ausweg eine Faust schwingt.

In Vorbereitung für seine am 22. März 1965 erschienene Studie führte *Newsweek* eine Reihe von Umfragen unter Studenten durch. Eine stellte die Frage, wer die Vorbilder der Studenten seien. Die Herausgeber von *Newsweek* informierten mich, dass mein Name auf der daraus folgenden Liste stünde, und sie schickten einen Reporter, um meine Ansichten über den Zustand der modernen Universitäten herauszufinden. Aus Gründen, die sie selbst am besten kennen, wollten sie dieses Interview nicht veröffentlichen. Ich sagte (in kürzerer Form) das, was ich in diesem Artikel sage - mit Ausnahme der folgenden Schlussbemerkung, die ich besonders an jene richten möchte, die mich zu einem ihrer Vorbilder wählten.

Junge Menschen fragen ständig, was sie tun können, um die heutigen katastrophalen Trends zu bekämpfen; sie wollen irgendetwas tun, und zerstören ihre Hoffnungen in Sackgassen, besonders alle vier Jahre bei den Wahlen. Wer nicht merkt, dass der Kampf ideologisch ist, sollte besser aufgeben, weil er keine Chance hat. Wer es merkt, sollte begreifen, dass die Studentenrebellion ihnen eine Chance gibt, für den Kampf zu trainieren, den sie in der Welt austragen müssen, wenn sie die Universität verlassen; eine Chance nicht nur zu trainieren, sondern die ersten Runden zu gewinnen.

Wenn sie eine wichtige Sache suchen, haben sie die Gelegenheit, die Rebellen zu bekämpfen, *ideologisch* zu bekämpfen, aus *moralisch-intellektuellen* Gründen - durch Offenlegung und Identifikation der Forderungen der Rebellen, durch Benennung und Beantwortung der Grundprinzipien, die die Rebellen nicht zugeben wollen. Der Kampf besteht vor allem darin, das Land (oder alle in Hörweite) mit *ideologischen* Antworten zu versorgen - ein Gebiet, aus dem die ältere Generation unter Beschuss desertiert ist.

Ideen können nicht bekämpft werden - außer mit besseren Ideen. Der Kampf besteht nicht aus Opposition, sondern aus Offenlegung; nicht aus Verleumdung, sondern aus Beweisen; nicht aus Verdrängung, sondern aus der stolzen Verkündung einer kompletten, konsequenten und radikalen Alternative.

Dies bedeutet nicht, dass rationale Studenten mit den Rebellen debattieren sollten oder versuchen sollten, sie zu bekehren: Mit bekennenden Irrationalisten kann man nicht diskutieren. Das Ziel eines ideologischen Kampfes besteht darin, die breite, hilflose, erstaunte Mehrheit in den Universitäten und im Land an sich aufzuklären - oder genauer, den Verstand derer, die darum kämpfen, Antworten zu finden oder derer, die seit Jahren nichts als kollektivistische Sophistereien gehört und sich aus Ekel zurückgezogen und aufgegeben haben.

Das erste Ziel eines solchen Kampfes besteht darin, einer Handvoll Beatniks den Titel „Sprecher der amerikanischen Jugend" abzunehmen, den die Presse ihnen so eilfertig verliehen hat. Der erste Schritt besteht darin, sich selbst Gehör zu verschaffen, sowohl auf dem Campus als auch außerhalb. Es gibt viele zivilisierte Möglichkeiten, das zu tun: Protestveranstaltungen, Eingaben, Reden, Aufsätze, Leserbriefe. Es ist ein wichtigeres Thema als vor dem Gebäude der Vereinten Nationen oder für das Un-American Activities Committee zu demonstrieren. Und während solch überflüssige Gruppen wie die Young Americans for Freedom mit solchen Aktionen beschäftigt sind, lassen sie die kollektivistische Speerspitze in ihrem Namen sprechen - im Namen der amerikanischen Studenten - und zwar ohne hörbaren Protest.

Aber um gehört zu werden, muss man etwas zu sagen haben. Und darum muss man seinen Fall kennen. Man muss ihn komplett, logisch, konsequent und bis hin zu seinen philosophischen Wurzeln kennen. Man kann Nuklearexperten nicht mit republikanischen Erbsenpistolen bekämpfen. Und die Anführer hinter der Studentenrebellion *sind* in ihrem speziellen Spiel Experten.

Aber sie sind nur für die gefährlich, die Fragen ohne ihren Zusammenhang anstarren und darauf hoffen, Ideen mit Glauben, Gefühlen und Spendensammlungen zu bekämpfen. Sie wären erstaunt, wie schnell die Ideologen des Kollektivismus zum Rückzug blasen, wenn sie einen selbstbewussten, *intellektuellen* Gegner antreffen. Ihre Sache basiert auf Appellen an Verwirrung, Unwissenheit, Unehrlichkeit, Feigheit und Verzweiflung. Sprechen Sie die Seite an, an die sie sich nicht herantrauen: Wenden Sie sich an Intelligenz.

Der Kollektivismus hat die zwei entscheidenden Waffen verloren, die ihn zu einer Weltmacht erhoben und all seine Siege möglich gemacht haben: Intellektualität und Idealismus, oder Vernunft und Moral. Er musste sie genau auf der Höhe seines Triumphes verlieren, da sein Anspruch auf beides Betrug war: Die volle Realität der sozialistisch-kommunistisch-faschistischen Staaten hat die brutale Irrationalität kollektivistischer Systeme und die Unmenschlichkeit des Altruismus als Moralkodex demonstriert.

Und doch sind Vernunft und Moral die einzigen Waffen, die den Lauf der Geschichte bestimmen. Die Kollektivisten haben sie fallengelassen, weil sie kein Recht hatten, sie zu tragen. Heben Sie sie auf - Sie haben es.

23. *Entfremdung*

von Nathaniel Branden

Erstmals erschienen in: *The Objectivist Newsletter*, Juli bis September 1965

And how am I to face the odds
Of man's bedevilment and Gods?
I, a stranger and afraid
In a world I never made.

In den Schriften zeitgenössischer Psychologen und Soziologen trifft man immer öfter diese Zeilen aus A.E. Housmans Gedicht an - als wortgewandte Zusammenfassung des Lebensgefühls und der misslichen psychologischen Lage des Menschen im 20. Jahrhundert.

Bändeweise findet man Gesellschaftskommentare mit derselben Botschaft: Der moderne Mensch sei überwältigt von Angst, der moderne Mensch leide an einer „Identitätskrise", der moderne Mensch sei *entfremdet.* „,Wer bin ich?', ,Wo gehe ich hin?', ,Gehöre ich dazu?', dies sind die entscheidenden Fragen, die sich der Mensch in einer modernen Massengesellschaft stellt", erklärt der Soziologe und Psychoanalytiker Hendrik M. Ruitenbeek in *„The Individual and the Crowd - A Study of Identity in America"*.[60]

Der Begriff der *Entfremdung* bezeichnet in seinem originären psychiatrischen Gebrauch die mental Kranken, die ernsthaft mental Kranken - oft auch die im gesetzlichen Sinn Geisteskranken. Er vermittelt die Idee des Zusammenbruchs der Rationalität und der Selbstbestimmung - die Idee einer Person, die von Kräften getrieben wird, die sie nicht begreifen oder kontrollieren kann, die von ihr als zwanghaft und fremdartig erfahren werden, sodass sie sich von sich selbst entfremdet fühlt.

Jahrhunderte früher hatten mittelalterliche Theologen besorgt über die Entfremdung des Menschen von Gott gesprochen - über eine übermäßige Beschäftigung mit der Sinneswelt, was dazu führe, dass

---

[60] *The New American Library*, New York 1965, S. 15.

er sich selbst verliere und sich von seinem ordnungsgemäßen spirituellen Zustand entfremde.

Der Philosoph Hegel führte den Begriff der Entfremdung (außerhalb seines psychiatrischen Kontexts) in die moderne Welt ein. Die Geschichte des Menschen, so behauptete Hegel, sei die Geschichte seiner Selbstentfremdung: Der Mensch sei blind für seinen wahren Kern, er sei verloren in der „toten Welt" der gesellschaftlichen Institutionen und des Besitzes, die er selbst geschaffen habe; er sei entfremdet vom universellen Sein, von dem er ein Teil sei - und menschlicher Fortschritt bestehe aus seiner Bewegung auf das Ganze zu, während man über die Beschränkungen der individuellen Wahrnehmung hinausgehe.

Der Begriff der „Entfremdung" wurde von Karl Marx übernommen, der ihm eine engere, weniger kosmische Bedeutung gab. Er wandte den Begriff primär auf den Arbeiter an. Die Entfremdung des Arbeiters sei mit der Entwicklung der Arbeitsteilung, der Spezialisierung, des Handels und des Privateigentums unvermeidlich, behauptete er. Der Arbeiter müsse seine Dienste verkaufen; somit sehe er sich selbst als „Ware" an, er werde vom Produkt seiner eigenen Arbeit entfremdet und seine Arbeit sei nicht länger der Ausdruck seiner Kraft - seines inneren Selbst. Der lebendige Arbeiter werde beherrscht von dem, was „tot" ist (d.h. von Kapital und Maschinen). Die Konsequenz, so Marx, sei geistige Verarmung und Verstümmelung: Der Arbeiter sei entfremdet - von sich selbst, von der Natur und seinen Mitmenschen; er existiere nur als animiertes Objekt, nicht als menschliches Wesen.

Seit Marx ist die Idee der Entfremdung von Psychologen, Soziologen und Philosophen benutzt worden und nahm viele Gebrauchs- und Bedeutungsvarianten an. Aber seit Hegel und Marx scheint es von Seiten derer, die den Begriff benutzen, eine fast universelle Weigerung zu geben, ihn genau zu definieren - als ob man seine Bedeutung *fühlen* sollte, anstatt sie begrifflich zu verstehen. In einer zweibändigen Sammlung von Essays mit dem Titel *„Entfremdung"* schmäht der Herausgeber Gerald Sykes speziell die, die zu erpicht auf eine Definition des Begriffes sind; eine übereilte Definition, so erklärt er, zeige, dass man „an einem fortgeschrittenen Fall von *Entfremdung* leidet."[61]

Bestimmte Autoren - besonders die Anhänger von Freud und Jung - erklären, dass die Komplexität der modernen Industriegesellschaft den Menschen „überzivilisiert" gemacht habe, dass er den Kontakt mit den tiefen Wurzeln seines Wesens verloren habe und dass er entfremdet von seiner „instinktiven Natur" sei. Andere - besonders die Existenzialisten und Zen-Buddhisten - beklagen, dass unsere fortgeschrittene technologische Gesellschaft den Menschen zwinge, zu intellektuell zu leben, von Abstraktionen beherrscht zu werden und sie ihn somit von der reellen Welt entfremde, die in ihrer „Gänze" nur über seine Emotionen erfahren werden könne. Andere - besonders jene launischen Mittelmäßigkeiten - beklagen speziell die Entfremdung des Künstlers; sie behaupten, dass der Künstler seit dem Verschwinden des Zeitalters der Gönner aus eigener Kraft auf dem Markt kämpfen müsse, der von „Banausen" beherrscht werde, und er gezwungen sei, einen Kampf um die Bewahrung seiner geistigen Integrität zu führen, den er nur verlieren könne: Er werde zu sehr bedrängt von materiellen Versuchungen.

Die meisten dieser Autoren erklären, dass das Problem der Entfremdung (und die Suche des Menschen nach Identität) nicht neu sei, sondern den Menschen in jeder Zeit und Kultur gequält habe. Aber sie bestehen darauf, dass das Problem heute in der westlichen Zivilisation - und vor allem in Amerika - ein beispielloses Ausmaß angenommen habe. Es sei zu einer Krise geworden.

Was ist für diese Krise verantwortlich? Was hat den Menschen entfremdet und ihn seiner Identität beraubt? Die Antwort der meisten Autoren ist nicht immer explizit, aber in ihren zahllosen abwertenden Referenzen in Bezug auf „die entmenschlichenden Effekte des Industrialismus", den „entseelten Kommerzialismus", „den abgestandenen Rationalismus einer technologischen Kultur", „den vulgären Materialismus des Westens" usw. ist der Bösewicht, der Zerstörer,

[61] George Braziller, a.a.O., New York 1964, Vol. 1, S. XIII.

dem sie die Hauptverantwortung geben, nicht schwer zu identifizieren. Es ist der Kapitalismus.

Das ist kaum überraschend. Seit seiner Geburt wurde der Kapitalismus zum Sündenbock für alle echten oder vermeintlichen Übel gestempelt. Wie der berühmte Ökonom Ludwig von Mises feststellt:

> „Nichts ist heute unpopulärer als die freie Marktwirtschaft, d.h. der Kapitalismus. Alle unbefriedigenden Lebensumstände werden heute dem Kapitalismus angerechnet. Die Atheisten machen den Kapitalismus verantwortlich für das Überleben des Christentums. Die päpstlichen Enzykliken aber geben dem Kapitalismus die Schuld für die Verbreitung von Irrlehren und die Sünden unserer Zeitgenossen. Die protestantischen Kirchen und Sekten sind nicht weniger energisch in ihrer Anklage der kapitalistischen Gier. Friedensfreunde betrachten unsere Kriege als Ausgeburt des kapitalistischen Imperialismus. Aber die unerbittlichen Kriegstreiber aus Deutschland und Italien klagten den Kapitalismus für seinen „bourgeoisen" Pazifismus an, als gegen die menschliche Natur und die unausweichlichen historischen Gesetze. Prediger beschuldigen den Kapitalismus der Zerrüttung von Familien und der Förderung von Zügellosigkeit. Aber die ‚Progressiven' geben dem Kapitalismus die Schuld für die Bewahrung angeblich altmodischer sexueller Beschränkungen. Fast alle Menschen sind sich einig, dass Armut ein Ergebnis des Kapitalismus ist. Andererseits beklagen viele die Tatsache, dass Kapitalismus einen krassen Materialismus fördere, indem er verschwenderisch Wünsche nach mehr Annehmlichkeiten und besseren Lebensbedingungen bringe. Diese widersprüchlichen Anklagen löschen sich gegenseitig aus. Aber die Tatsache bleibt, dass nur wenige Menschen den Kapitalismus nicht völlig verurteilen."[62]

Es stimmt, dass viele Menschen an einem chronischen Gefühl innerer Leere, an geistiger Verarmung und dem Gefühl fehlender persönlicher Identität leiden. Es stimmt, dass sich viele Menschen von *etwas* entfremdet fühlen, auch wenn sie nicht sagen können, wovon - von sich selbst oder anderen Menschen oder dem Universum. Und es ist signifikant, dass man dem Kapitalismus die Schuld dafür gibt. Nicht, weil es irgendeine Rechtfertigung für diese Anklage gibt, sondern weil man mit der Analyse ihrer Gründe eine Menge über das Wesen

[62] Ludwig von Mises: *Socialism*, New Haven, Connecticut 1951, S. 527.

und die Bedeutung des Gefühls der Entfremdung und der Nicht-Identität lernen kann, und gleichzeitig über die psychologischen Motive, die zum Hass auf den Kapitalismus führen.

Die Autoren über Entfremdung sind, wie ich aufgezeigt habe, keine intellektuell homogene Gruppe. Sie unterscheiden sich auf vielen Gebieten: In ihrer Sicht, woraus das Problem der Entfremdung besteht, in den Aspekten der modernen Industriegesellschaft und der freien Marktwirtschaft, die sie höchst anklagenswert finden, in der Eindeutigkeit, mit der sie Kapitalismus als den Übeltäter identifizieren und in den Details ihrer eigenen politischen Neigungen. Einige von ihnen sind Sozialisten, andere Faschisten, einige sind Mittelalterliche, andere sind Vertreter des Sozialstaats und andere verachten Politik gänzlich. Einige glauben, dass das Problem der Entfremdung größtenteils oder völlig durch ein neues Gesellschaftssystem lösbar sei; andere glauben, dass das Problem im Grunde metaphysisch sei und dass es keine völlig befriedigende Lösung gebe.

Glücklicherweise gibt es jedoch einen zeitgenössischen Autoren, der es fertig bringt, in seinen Büchern buchstäblich alle Irrtümer in diesem Bereich zu begehen: den Psychologen und Soziologen Erich Fromm. Sehen wir uns deswegen Fromms Menschenbild und seine Theorie der Entfremdung detailliert an.

Der Mensch, so Fromm, sei „die Abnormität des Universums".

Dies ist das entscheidende und zentrale Thema in seinen Schriften: Der Mensch sei radikal anders als alle anderen lebenden Spezies, er sei „entfremdet", er sei überwältigt von einem Gefühl der „Isolation" und der „Trennung" - er habe im Prozess der Evolution die ungestörte Ruhe anderer Organismen verloren, er habe die „vormenschliche Harmonie" mit der Natur verloren, die ein Tier, ein Vogel oder ein Wurm genieße. Die Quelle dieses Fluchs sei die Tatsache, dass er einen Geist besitzt.

„Bewußtsein seiner selbst, Vernunftbegabung und Vorstellungsvermögen", schreibt Fromm in *„Den Menschen verstehen"*, „haben jene ‚Harmonie' zerrissen, die für das tierische Dasein charakteristisch ist. Ihr Auftreten hat den Menschen zu einer Abnormität gemacht, zu einer Laune des Universums." Der Mensch kann nicht wie ein Tier leben: Er ist nicht dazu ausgestattet, sich automatisch und gedankenlos an seine Umwelt anzupassen. Ein Tier „wiederholt die Muster der Art“, sein Verhalten ist biologisch vorgeschrieben und stereotyp, es „paßt sich an oder stirbt aus“ - aber es muss nicht das Problem des Überlebens *lösen*, es ist sich *der Frage von Leben oder Tod nicht bewusst*. Der Mensch ist es, und dies sei seine Tragödie. „Die Vernunftbegabung, des Menschen Segen, ist auch sein Fluch...“[63]

In „*Die Kunst des Liebens*“ schreibt er:

> „Wesentlich an der Existenz des Menschen ist die Tatsache, dass er sich über das Tierreich, dass er sich über die instinktive Anpassung erhoben hat und dass er die Natur transzendiert - obgleich er sie niemals ganz verlassen kann. Er bleibt ein Teil von ihr; und dennoch von ihr losgerissen, kann er nicht mehr mit ihr eins werden. Vertrieben aus dem Paradies, aus dem Stadium der ursprünglichen Einheit mit der Natur, versperren ihm die Cherubim mit dem Flammenschwert den Weg, falls er jemals versuchen sollte, dorthin zurückzukehren.“[64]

Dass sein Denkvermögen dem Menschen das „Paradies“ raube und ihn von der Natur entfremde, werde in den „existentiellen Dichotomien“ offensichtlich, die sein Geist ihn anzusehen zwinge - „Widersprüche“ im Leben selbst. Welches sind diese tragischen „Dichotomien“? Er nennt drei als zentral und grundlegend. Sein Verstand erlaube dem Menschen, „sein Ende vorauszusehen: den Tod“ - und doch „veranlaßt ihn [sein Körper], leben zu wollen.“[65] Die menschliche Natur enthalte unberechenbares Potential - und doch „erlaubt seine kurze Lebensspanne auch unter den günstigsten Umständen nicht ihre völlige Verwirklichung“.[66] Der Mensch „muß allein sein, wenn er ausschließlich kraft seiner Vernunft Urteile fällen oder Entscheidungen treffen soll“ - und doch „kann er es nicht ertragen, allein zu sein und ohne Beziehung zu seinen Nächsten.“[67]

Diese „Widersprüche“, so Fromm, stellten das Dilemma der „menschlichen Lage“ dar - Widersprüche, mit denen der Mensch

---

[63] Erich Fromm: *Den Menschen verstehen*, München 2009, S. 40.
[64] Ders.: *Die Kunst des Liebens*, München 1956, S. 21.
[65] *Wie Fn. 63*, S. 41f.
[66] *Ebd.*, S. 42.
[67] *Ebd.*, S. 42f.

kämpfen müsse, die er aber nie lösen oder auslöschen könne *und die ihn von sich selbst, von seinen Mitmenschen und der Natur entfremdeten.*

Wenn die Logik des Vorangegangenen noch nicht erkennbar ist, liegt der Grund nicht in der Kürze der Zusammenfassung. Er liegt in der völligen Willkür von Fromms Präsentationsweise seiner Ideen; er schreibt nicht wie ein Wissenschaftler, sondern wie ein Orakel, das nicht verpflichtet ist, Gründe oder Beweise anzuführen.

Es stimmt, dass sich der Mensch fundamental von allen anderen lebenden Spezies unterscheidet, da er über ein rationales Begriffsvermögen verfügt. Es ist wahr, dass das Überleben für den Menschen ein Problem ist, das gelöst werden muss - durch die Ausübung seiner Intelligenz. Es ist wahr, dass kein Mensch lang genug lebt, um sein Potential auszuschöpfen. Es ist wahr, dass jeder Mensch alleine, für sich und einzigartig ist. Es ist wahr, dass Denken Unabhängigkeit erfordert. Dies sind die Fakten, die der menschlichen Existenz Herrlichkeit verleihen. Warum sollte man diese Tatsachen für ein grauenhaftes kosmisches Paradoxon halten und in ihnen den Beweis für monumental tragische Probleme sehen?

Es *gibt* Menschen, die die Tatsache übelnehmen, dass ihr Leben ihre eigene Verantwortung ist und dass ihre Vernunft die Aufgabe hat, zu entdecken, wie man es erhält. Viele solcher Menschen - Menschen, die den Zustand von Tieren bevorzugen - kann man auf Parkbänken schlafen sehen; man nennt sie Stadtstreicher. Es *gibt* Menschen, die Denken abnormal und unnatürlich finden. Viele solcher Menschen kann man in psychiatrischen Anstalten finden; man nennt sie Irre. Es *gibt* Menschen, die an einer chronischen Beschäftigung mit dem Tod leiden, die die Tatsache verachten, dass sie nicht gleichzeitig Konzertpianist, Tycoon, Ingenieur, Baseballspieler und Tiefseetaucher sein können - die ihr Leben als separate, unabhängige Entitäten als untragbare Last empfinden. Viele solcher Menschen kann man in den Behandlungszimmern von Psychotherapeuten antreffen; man nennt sie Neurotiker. Aber warum wählt Fromm Stadtstreicher, Irre und Neurotiker als seine Symbole für Menschlichkeit - und warum behauptet er, dass alle Menschen zu *deren* Zustand verurteilt seien und sie darum kämpfen müssten, aus ihm zu entkommen?

Das sagt uns Fromm nicht. Nirgendwo stellt er irgendeinen logischen Zusammenhang her zwischen den Fakten, die er sieht und den Schlüssen, die er zieht.

Wenn wir seine Schlüsse *nicht* für willkürlich oder für mystische Offenbarungen halten sollen, dann müssen wir annehmen, dass er sich nicht darum schert, Gründe für seinen Standpunkt anzuführen, weil er seine Schlüsse für selbstverständlich, für unwiderstehlich von den zitierten Fakten vermittelt und durch Introspektion leicht für jedermann zugänglich hält. Aber wenn er das Gefühl hat, dass es durch Introspektion offensichtlich ist und dass die Fakten, die er anführt, ein quälendes Problem für den Menschen darstellen, wäre die angemessene Antwort: „Man soll nicht von sich auf andere schließen!"

Die Vernunft und das Selbstbewusstsein, das aus ihr folgt, verwandeln Fromm zufolge die „besondere und abgetrennte Existenz" des Menschen in ein „unerträgliches Gefängnis" - und der Mensch „würde wahnsinnig werden, könnte er sich nicht selbst aus seinem Gefängnis befreien und es sprengen, könnte er sich nicht in dieser oder jener Form mit Menschen, mit der Umwelt vereinen."[68]

Der folgende Abschnitt ist typisch für das, was Fromm für eine Erklärung hält:

> „Das Erlebnis dieser Getrenntheit und Abgesondertheit löst Angst aus; tatsächlich ist sie die Quelle jeder Angst. Getrenntheit bedeutet, abgeschnitten zu sein, ohne jede Fähigkeit zu sein, die menschlichen Kräfte zu gebrauchen; es bedeutet, hilflos zu sein, die Welt - Dinge wie Menschen - nicht fassen zu können. Es bedeutet, daß die Welt mich überschwemmen kann, ohne daß ich in der Lage bin, darauf zu reagieren. So wird die Getrenntheit die Quelle heftiger Angst; aber darüber hinaus löst sie Scham und das Gefühl von Schuld aus. Dieses Erlebnis von Schuld und Scham in der Getrenntheit wird in der biblischen Geschichte von Adam und Eva ausgedrückt. Nachdem Adam und Eva vom ‚Baum der Erkenntnis von Gut und Böse' gegessen hatten, nachdem sie ungehorsam gewesen waren... nachdem sie dadurch Menschen geworden waren, daß sie sich von der ursprünglichen tierischen Harmonie mit der Natur lösten, das heißt also nach ihrer Geburt als menschliche

[68] *Wie Fn. 64*, S. 22.

> Geschöpfe - da erst sahen sie, ‚daß sie nackt waren, und sie schämten sich'. Sollen wir annehmen, daß ein so alter und elementarer Mythus wie dieser die gleiche zimperliche Moral hat wie das 19. Jahrhundert und daß der wichtige Punkt, von dem uns diese Geschichte überzeugen will, nur die Verlegenheit darüber ist, daß ihre Geschlechtsteile sichtbar waren? Das kann kaum wohl so sein, und wenn wir die Geschichte in diesem Sinne verstehen, übersehen wir dabei den Hauptpunkt, der aus folgendem zu bestehen scheint: Nachdem Mann und Frau sich selbst und des anderen bewußt geworden waren, wurden sie sich auch ihrer Getrenntheit und ihres Unterschiedes bewußt, insofern sie verschiedenen Geschlechtern angehörten. Da sie jedoch ihre Abgesondertheit erkannten, blieben sie einander fremd, weil sie noch nicht gelernt hatten, sich gegenseitig zu lieben - was sehr deutlich aus der Tatsache hervorgeht, daß Adam sich verteidigt, indem er Eva die Schuld zuschiebt, und nicht versucht, sie zu verteidigen. Das Bewußtsein der menschlichen Getrenntheit ohne Wiedervereinigung durch Liebe - das ist die Quelle der Scham. Gleichzeitig ist es die Quelle von Schuld und Angst."[69]

Alle gesellschaftlichen Institutionen, alle Kulturen, Religionen, Philosophien und aller Fortschritt, so behauptet Fromm, seien motiviert vom menschlichen Bedürfnis, dem furchtbaren Gefühl der Hilflosigkeit und der Einsamkeit zu entfliehen, zu dem die Vernunft ihn verurteile.

> „Die Notwendigkeit, immer neue Lösungen für die Widersprüche seiner Existenz zu finden, immer höhere Formen der Einheit mit der Natur, seinen Mitmenschen und sich selbst zu finden, ist die Quelle aller psychischen Kräfte, welche den Menschen motivieren..."[70]

In *„Der Mensch für sich"* behauptet Fromm, dass der Mensch das Problem seiner „Getrenntheit" nur durch „Vernunft, Produktivität und Liebe" lösen und eine „neue Einheit" mit seiner Umwelt erreichen könne. Sein Anspruch, ein Vertreter der *Vernunft* zu sein, ist gelinde gesagt nicht sehr geistreich. Er spricht von Vernunft und Liebe als „nur zwei verschiedene[n] Formen…, die Welt zu begreifen".[71] Als ob dies nicht ein eindeutiger Beweis für seinen Mystizismus wäre, fährt er in *„Die Kunst des Liebens"* fort, von den östlichen Religionen

[69] *Ebd.*, S. 22 ff.
[70] Erich Fromm: *Wege aus einer kranken Gesellschaft*, München 1999, S. 24.
[71] *Wie Fn. 63*, S. 82.

und deren „paradoxer Logik" zu sprechen, die, wie er uns zustimmend sagt, nicht vom aristotelischen Gesetz des Widerspruchs belastet seien und die uns lehrten, dass „der Mensch die Wirklichkeit nur in ihren Widersprüchen wahrnehmen kann".[72] (Hegel und Marx, so behauptet er zu Recht, gehörten zu seiner „paradoxen" erkenntnistheoretischen Linie.) Seine Behandlung dessen, was er mit „Produktivität" meint, ist nur geringfügig ergiebiger.

In *„Die Kunst des Liebens"*, geschrieben einige Jahre nach *„Der Mensch für sich"*, erklärt er, dass Vernunft und produktive Arbeit zwar wichtig, aber nur eine teilweise und für sich genommen sehr unbefriedigende Lösung seien: Die „Vereinigung", die sie erreichten, sei „nicht zwischenmenschlich" und das „Verlangen nach zwischenmenschlicher Verschmelzung ist das stärkste Streben im Menschen."[73] An diesem Punkt betätigt Fromm einen unerwarteten Schalter. Was als ein Problem zwischen den Menschen und der Natur begann, soll nun (in einer nicht näher spezifizierten Weise) durch menschliches „Zusammensein" gelöst werden. Man ist nicht überrascht: Wenn man Fromm liest, erwartet man eine solche Ankündigung - diese Unausweichlichkeit liegt in der Luft. Liebe und Liebe allein, so sagt er uns mit wunderbarer Originalität, könne die Angst des Menschen lindern - „Liebe [ist] die einzig befriedigende Antwort auf das Problem der menschlichen Existenz."[74]

Nur indem man sich selbst positiv zu anderen „in Beziehung setzt", nur indem man „Sorge und Verantwortung" für sie fühlt (während man seine persönliche Integrität bewahrt, so fügt er etwas mysteriös hinzu), könne man neue Bindungen herstellen, eine neue Einheit, die einen aus der entfremdeten Einsamkeit befreie.

Die Katze kann jetzt aus dem Sack gelassen werden. Das o.g. ist Fromms Anschauung von Entfremdung als *metaphysischem* Problem; ihre volle Bedeutung und ihre Implikationen werden klar, wenn man sich der gesellschaftlich-politischen Analyse der Entfremdung zuwendet. In Bezug auf letzteres kann man deutlich sehen, welche

---

[72] *Wie Fn. 64*, S. 102.
[73] *Ebd.*, S. 34.
[74] *Ebd.*, S. 168.

Art von „Beziehung", welche Art von „Einheit" und welche Art von „Liebe" Fromm im Sinn hat.

Jede Gesellschaft als System menschlicher Beziehungen könne danach bewertet werden, wie gut sie die grundlegenden psychischen Bedürfnisse des Menschen befriedige, sagt Fromm, d.h. an den Möglichkeiten für Liebe, Beziehungen und das Erleben persönlicher Identität, die sie dem Menschen anbietet.

Der Kapitalismus, so erklärt Fromm, sei in dieser Beziehung katastrophal: Weit entfernt davon, die Probleme der Entfremdung zu lösen, verstärke er sie in vielerlei Hinsicht noch. Durch die Befreiung des Menschen von mittelalterlichen Beschränkungen und Autoritäten, durch das Zerbrechen der Ketten religiöser, ökonomischer und gesellschaftlicher Tyrannei, durch die Zerstörung der „Stabilität" der Feudalordnung, stießen Kapitalismus und Individualismus den Menschen in eine beispiellose Freiheit, die „ein tiefes Gefühl der Unsicherheit und Ohnmacht, des Zweifels, der Verlassenheit und Angst wecken" mussten.[75]

Kratzen Sie einen Kollektivisten an und Sie finden einen Mittelalterlichen. Fromm ist keine Ausnahme. Wie viele Sozialisten verherrlicht er das Mittelalter. Er erkennt pflichtgemäß die Fehler dieser historischen Epoche an - aber wenn er sie dem Kapitalismus gegenüberstellt, ist er verzaubert von dem, was er als Tugenden ansieht.

> „Was die mittelalterliche Gesellschaft von der modernen unterscheidet, ist ihr Mangel an individueller Freiheit... Aber wenn auch der einzelne in unserem modernen Sinne nicht frei war, so war er doch weder allein noch isoliert. Da der Mensch vom Augenblick seiner Geburt an seinen bestimmten, unverrückbaren Platz besaß, den ihm keiner streitig machte, war er in einem strukturierten Ganzen verwurzelt. Das Leben besaß für ihn einen Sinn, der keine Zweifel aufkommen ließ. Jeder war mit seiner Rolle in der Gesellschaft identisch. Er war ein Bauer, ein Handwerker oder ein Ritter - und nicht ein Individuum, welches zufällig gerade dieser Beschäftigung nachging. Die Gesellschaftsordnung betrachtete man als naturgegeben, und daß man ein bestimmter Teil davon war, verlieh einem ein Gefühl der Sicherheit und Zugehörigkeit. Wettbewerb gab es

[75] Erich Fromm: *Furcht vor der Freiheit*, München 1990, S. 51.

> relativ wenig. Man wurde in eine bestimmte wirtschaftliche Position hineingeboren, die jedem seinen durch die Tradition festgelegten Lebensunterhalt garantierte, genauso wie sie wirtschaftliche Verpflichtungen denen gegenüber mit sich brachte, die in der sozialen Hierarchie höher standen. Aber innerhalb der Grenzen seiner gesellschaftlichen Sphäre besaß der einzelne tatsächlich ein beträchtliches Maß an Freiheit, sein Selbst in seiner Arbeit und in seinem Gefühlsleben zum Ausdruck zu bringen. Wenn es auch insofern keinen Individualismus im heutigen Sinn gab, daß man die uneingeschränkte Wahl zwischen vielen möglichen Lebensweisen gehabt hätte (eine Freiheit der Wahl, die im übrigen auch heute weitgehend abstrakt ist), gab es doch *im realen Leben* ein beträchtliches Maß *an konkretem Individualismus.*"[76]

Es ist nicht ungewöhnlich, unter den Autoren der Entfremdung eine solche Perspektive auf das Mittelalter anzutreffen. Aber was den o.g. Abschnitt besonders schockierend und widerlich macht, ist im Falle Fromms, dass er wiederholt so tut, als wäre er ein Freund der Freiheit und jemand, der menschliches Leben wertschätzt.

Das völlige Fehlen von Kontrolle über jeden erdenklichen Aspekt des eigenen Daseins, die rücksichtslose Unterdrückung intellektueller Freiheit, die lähmenden Restriktionen von Initiative und Unabhängigkeit - dies sind die Hauptmerkmale des Mittelalters. Aber all dies wird von Fromm beiseite gewischt - mitsamt den Hungersnöten, den Seuchen, der Knochenarbeit von Sonnenaufgang bis -untergang, der erstickenden Routine, der abergläubischen Angst, der alptraumhaften Brutalität, der legalisierten Folter als normale Lebensweise und den Attacken von Massenhysterie auf ganze Städte - all dies wird außer Acht gelassen, so verzaubert ist Fromm von der Vision einer Welt, in der Menschen nicht erfinden und konkurrieren mussten, sondern sich nur zu unterwerfen und zu gehorchen hatten.

Nirgendwo sagt er uns, worin genau der *„konkrete Individualismus"* des Mittelalters besteht. Man wäre sehr neugierig auf seine Antwort.

Mit dem Zusammenbruch des Mittelalters und dem Aufkommen einer Freihandelsgesellschaft, so erklärt Fromm, war der Mensch gezwungen, die völlige Verantwortung für sein eigenes Überleben zu

---

[76] *Ebd.*, S. 36f.

übernehmen; er musste produzieren und Handel treiben, er musste denken und urteilen, er hatte keine Autorität, die ihn führte, und nur seine eigenen Fähigkeiten konnten ihn am Leben halten. Er konnte sein Gefühl persönlicher Identität nicht länger dank der Klasse, in die er geboren wurde, *erben*: Von nun an musste er es *verdienen*. Dies stellte ein furchtbares psychologisches Problem für den Menschen dar, das sein Gefühl der Isolation und Getrenntheit intensivierte.

„Tatsächlich", sagt Fromm, „ist die kapitalistische Produktionsweise der politischen Freiheit förderlich, während eine zentral geplante Gesellschaftsordnung Gefahr läuft, zu einer politischen Reglementierung und schließlich zur Diktatur zu führen."[77] Der Kapitalismus, so gesteht er ein, habe bewiesen, dass er unvergleichlich überlegen bei der Produktion von Waren und der Hebung des materielles Lebensstandards auf ungeahnte Höhen ist. Aber eine „gesunde Gesellschaft" müsse dem Menschen mehr anzubieten haben als politische Freiheit und materielles Wohlergehen. Der Kapitalismus, so Fromm, sei zerstörerisch für den *Geist* des Menschen. Fromm führt für diese Behauptung verschiedene sehr aufschlussreiche Gründe an.

1.) Genau wie Marx beklagt auch Fromm die entwürdigende Notlage des Arbeiters, der seine Dienste *verkaufen* muss. Der Kapitalismus verurteile den Arbeiter, sich nicht als Mensch, sondern als Tauschware zu erleben. Weiterhin, da er nur ein winziges Teil in einem riesigen Produktionsprozess sei, da er z.B. kein ganzes Auto baue (und dann darin nach Hause fährt), sondern nur einen Teil davon (und das Ganze dann an eine unbekannte, entfernte Partei verkauft wird), fühle sich der Arbeiter vom Produkt seiner Arbeit und deswegen von seiner Arbeit als solcher entfremdet - anders als der Kunsthandwerker des Mittelalters, dessen Arbeit den „Reichtum" seiner Person ausdrücken konnte.

Es ist eine elementare Tatsache der Wirtschaftswissenschaft, dass Spezialisierung und Austausch in einer arbeitsteiligen Wirtschaft eine Stufe an Produktivität ermöglichen, die sonst nicht im Entferntesten erreichbar wäre. In vorkapitalistischen Jahrhunderten, als das

[77] *Wie Fn. 70*, S. 138.

ökonomische Wohlergehen eines Menschen begrenzt wurde durch die Waren, die er selbst mit seinen eigenen primitiven Werkzeugen herstellen konnte, war eine unglaubliche Menge an Arbeit nötig, um die einfachsten Bedürfnisse zu erfüllen, und der allgemeine Lebensstandard war erschreckend niedrig: Das menschliche Dasein war ein ständiger Kampf gegen das sofortige Verhungern. Etwa die Hälfte der Kinder starb vor dem 10. Lebensjahr. Aber mit der Entwicklung des Lohnsystems im Kapitalismus, der Einführung von Maschinen und der Möglichkeit, ihre Arbeit zu verkaufen, konnten Millionen Menschen überleben, die in vorkapitalistischen Ökonomien keine Chance gehabt hätten (vom immer weiter steigenden Lebensstandard einmal ganz abgesehen). Für Fromm und jene, die seine Ansicht teilen, sind diese Gesichtspunkte jedoch zweifellos zu „materialistisch". Dem Menschen eine Chance zu geben, einen beispiellosen Wohlstand zu genießen, ist augenscheinlich eine Verurteilung zu Entfremdung - sie auf einer stagnierenden Stufe eines mittelalterlichen Knechts oder Gildenmitglieds zu halten, heißt ihnen geistige Erfüllung anzubieten.

2.) Fromm beklagt die „Anonymität der gesellschaftlichen Kräfte", die in „der Struktur der kapitalistischen Produktionsform" liegen.[78] Die Gesetze des Marktes, von Angebot und Nachfrage, von ökonomischer Ursache und Wirkung, seien unheilvoll unpersönlich: Nicht der *Wunsch* eines einzelnen kontrolliere sie. Ist es der Arbeiter, der bestimmt, wie viel er bezahlt bekommt? Nein. Es ist noch nicht einmal der Arbeitgeber. Es ist dieses gesichtslose Monster: der Markt. *Er* bestimmt das Lohnniveau in einer Weise, die das Begriffsvermögen des Arbeiters weit übersteigt. Was den Kapitalisten angeht, so ist seine Lage kaum besser: Auch er ist hilflos. „Der einzelne Kapitalist vergrößert sein Unternehmen nicht in erster Linie weil er es *will*, sondern weil er *muss*, weil... Aufschub weiterer Expansion Rückschritt bedeuten würde."[79] Wenn er zu stagnieren versucht, wird er

[78] *Ebd.*
[79] *Ebd.*, S. 86.

aus dem Geschäft geworfen. Wie könne der Mensch sich Fromm zufolge unter solch einem System *nicht* entfremdet fühlen?

Beachten Sie, was Fromm hier beklagt. Im Kapitalismus werden die gezahlten Löhne objektiv bestimmt - vom Gesetz von Angebot und Nachfrage. Der Markt - der die freiwilligen Urteile all jener reflektiert, die daran teilnehmen, alle, die kaufen und verkaufen, produzieren und konsumieren, Beschäftigung suchen oder anbieten - setzt das allgemeine Preisniveau von Waren und Dienstleistungen fest. Dies ist der Kontext, den man bei der Festsetzung der Preise beachten muss, die man für seine Arbeit verlangt oder für die Arbeit anderer anbietet; wenn jemand mehr als den Marktwert seiner Arbeit verlangt, wird er arbeitslos bleiben; wenn ein bestimmter Arbeitgeber ihm weniger als den Marktwert seiner Arbeit anbietet, wird dieser Mensch woanders Arbeit suchen - und finden. Das gleiche Prinzip gilt für den Kapitalisten, der seine Waren zum Verkauf anbietet. Wenn die Preise und die Qualität seiner Waren vergleichbar oder besser als die anderer im gleichen Produktionsfeld sind, wird er in der Lage sein, dem Wettbewerb standzuhalten; wenn andere es besser können als er, wenn sie bessere Waren und/oder niedrigere Preise anbieten können, wird er gezwungen sein, sich zu verbessern, zu wachsen und ihre Leistung nachzuvollziehen - oder er wird seine Kunden verlieren. Der bestimmende Maßstab für den Erfolg oder Misserfolg eines Produzenten ist der objektive Wert seines Produkts - wie er innerhalb des Kontexts des Markts (und des Wissens) von denen beurteilt wird, denen er sein Produkt anbietet. Dies ist das einzig rationale und gerechte Prinzip des Austausches. Aber das hält Fromm für böse.

Wogegen er rebelliert, ist *Objektivität*. Wie könne der Mensch sich nicht entfremdet fühlen in einem System, in dem seine Wünsche nicht allmächtig sind, wo es das Unverdiente nicht gibt, in dem Wachstum belohnt und Stagnation bestraft wird?

Es ist klar, dass Fromm im Grunde mit der *Realität* Streit hat - da die Natur den Menschen mit denselben Bedingungen konfrontiert, die ein freier Markt reflektiert: Die Natur hält den Menschen auch im

Gesetz von Ursache und Wirkung; auch die Natur macht ständiges Wachstum zur Bedingung für erfolgreiches Leben.

Es gibt Autoren, die dies anerkennen und sich nicht einmal die Mühe machen, ihre Angriffe auf den Kapitalismus zu richten: Sie verfluchen die Natur von vornherein. Sie erklären, das Leben sei intrinsisch und unausweichlich *tragisch* - da die Realität „tyrannisch" sei, da widersprüchliche Wünsche nicht befriedigt werden könnten, da Objektivität ein „Gefängnis" sei, da Zeit ein „Netz" sei, dem keiner entkommen könne usw. Besonders Existenzialisten spezialisieren sich auf solche Aussagen.

3.) Als Verbraucher in einer kapitalistischen Ökonomie sei der Mensch weiteren entfremdenden Prozessen unterworfen, so Fromm. Er werde überwältigt von unzähligen Produkten, zwischen denen er auswählen müsse. Er sei verwirrt und werde einer Gehirnwäsche unterzogen von den Schmeicheleien der Werbung, die ihn ständig dazu anhielten, dieses oder jenes Produkt zu kaufen. Diese erstaunliche Vielzahl von möglichen Entscheidungen sei bedrohlich für seine geistige Gesundheit. Weiterhin sei er „konditioniert", um des Konsumieren willens zu konsumieren, nach einem immer höheren Lebensstandard zu streben, bloß um „das System" am Laufen zu halten. Mit automatischen Waschmaschinen, Kameras und Dosenöffnern gehe die Beziehung des Menschen zur Natur immer weiter auseinander. Er sei zunehmend verdammt zum Alptraum einer *künstlichen* Welt.

Dem feudalen Knecht stellte sich kein solches Problem.

So viel ist wahr: Da er auf der nackten Erde schlief, war der feudale Knecht (vom Höhlenmenschen ganz zu schweigen) viel *näher* an der Natur, im unangenehmen und unhygienischen Sinne des Wortes.

Obige Kritik am Kapitalismus ist unter Gesellschaftskritikern sehr verbreitet. Bemerkenswert ist, dass diese Kritik wie im Falle Fromms fast unverändert von den gleichen Autoren stammt, die auch am lautesten schreien, dass der Mensch mehr *Freizeit* brauche. Und doch ist es gerade der Zweck dieser „Spielzeuge", die sie anprangern, dem Menschen mehr Freizeit zu geben, während sie die materiellen Mittel verfluchen, die diese Freizeit möglich machen.

Was die ebenso populäre Anklage angeht, dass die Vielzahl der Entscheidungen in einer kapitalistischen Gesellschaft bedrohlich für das geistige Gleichgewicht sei, sollte man sich daran erinnern, dass *Angst* vor Entscheidungen ein grundlegendes Symptom von Geisteskrankheiten ist. An wessen Denkweise soll sich die Gesellschaft also anpassen?

4.) Die Entwicklung einer komplexen, hochindustriellen Gesellschaft erfordere ein extremes Ausmaß an Quantifikation und Abstraktion in der Denkweise des Menschen, stellt Fromm fest - und dies entfremde ihn auf eine weitere Weise von der Welt: Er verliere die Fähigkeit, mit Dingen „in ihrer Konkretheit und Einzigartigkeit"[80] eine Verbindung herzustellen.

Man kann Fromm teilweise zustimmen: Eine industrielle technologische Gesellschaft verlangt die vollste Entwicklung und Ausübung des menschlichen Begriffsvermögens, d.h. seiner entschieden *menschlichen* Form der Wahrnehmung. Die *sinnlich-wahrnehmende* Stufe des Bewusstseins - die Stufe der tierischen Wahrnehmung - reicht dazu nicht aus.

Wer behauptet, dass die begriffliche Stufe des Bewusstseins den Menschen von der realen Welt entfremde, gesteht bloß, dass seine Begriffe keine Beziehung zur Realität haben oder dass er die Beziehung von Begriffen zur Realität nicht versteht. Aber man sollte sich daran erinnern, dass Abstrahieren und Begriffsbildung dem Menschen - zu dem Ausmaß, zu dem er rational ist - ein Mittel anbietet, sich zur Welt „in Verbindung zu setzen", die dem anderer Spezies unermesslich überlegen ist. Sie „entfremdet" den Menschen nicht von der Natur, sie macht ihn zum Herren der Natur: Ein Tier gehorcht der Natur *blind*; der Mensch gehorcht ihr *intelligent* - und erwirbt somit die Macht, ihr zu befehlen.

Schließlich seien die menschlichen Beziehungen im Kapitalismus die entfremdendsten von allen, sagt Fromm.

---

[80] *Ebd.*, S. 114.

> „In welcher Beziehung steht der heutige Mensch zu seinen Mitmenschen? Es ist eine Beziehung zwischen zwei Abstraktionen, zwischen zwei lebenden Menschen, die sich gegenseitig benutzen. Der Arbeitgeber benutzt seine Arbeitnehmer; der Kaufmann benutzt seine Kunden... Man findet heutzutage nicht viel Liebe oder Hass in den zwischenmenschlichen Beziehungen. Es herrscht da vielmehr eine oberflächliche Verbindlichkeit und eine mehr als oberflächliche Fairness, aber unter dieser Oberfläche stoßen wir auf Distanz und Gleichgültigkeit... Die Entfremdung von Mensch zu Mensch hat den Verlust jener allgemeinen und gesellschaftlichen Bindungen zufolge, die sowohl die mittelalterliche wie auch die meisten anderen vorkapitalistischen Gesellschaften kennzeichnen."[81]

Fromm behauptet, dass es in vorkapitalistischen Gesellschaften einen gegenseitigen guten Willen unter den Menschen gab, eine Einstellung von Respekt und gutmütiger Solidarität, Achtung für den Wert der Person, die mit dem Aufstieg einer Freihandelsgesellschaft verschwand. Dies ist schlimmer als falsch. Die Behauptung ist historisch absurd und moralisch schändlich.

Das Mittelalter ist berüchtigt für die gegenseitigen Verdächtigungen, die Feindschaft und die Grausamkeiten, die menschliche Beziehungen kennzeichneten: Jeder sah seinen Nachbarn als eine potentielle Bedrohung an, und nichts war billiger als ein Menschenleben. Dies ist unabänderlich in *jeder* Gesellschaft der Fall, in der Menschen durch nackte Gewalt beherrscht werden. Indem er Sklaverei und Leibeigenschaft beendete, führte der Kapitalismus ein gesellschaftliches Wohlwollen ein, das in früheren Systemen unmöglich gewesen wäre. Der Kapitalismus brachte einem Menschenleben eine Wertschätzung entgegen, die es so nie gegeben hatte. Kapitalismus ist der politisch-ökonomische Ausdruck des Prinzips, dass Leben, Freiheit und das Streben nach Glück ein moralisches Recht sind.

Es gibt einen Abschnitt in *„Der Ursprung"*, der diese Frage behandelt. „Zivilisation ist der Fortschritt hin zu einer Gesellschaft des Privatlebens. Das ganze Dasein des Wilden ist öffentlich, beherrscht

---

[81] *Ebd.*

von den Gesetzen seines Stammes. Zivilisation ist der Prozess, den Menschen vom Menschen zu befreien."

Im Kapitalismus können Menschen ihre „gesellschaftlichen Bindungen" frei *wählen*, d.h. sie können wählen, mit wem sie Bindungen eingehen. Menschen sind nicht gefangen im Gefängnis ihrer Familie, ihres Stammes, ihrer Kaste, ihrer Klasse oder ihrer Nachbarschaft. Sie wählen aus, wen sie wertschätzen, mit wem sie Freundschaft schließen, mit wem sie Geschäfte machen und welche Art von Beziehungen sie eingehen. Dies impliziert und zieht die Verantwortung nach sich, unabhängige Werturteile zu formen und ebenso, dass sich man die Beziehung, die man wünscht, *verdienen* muss. Aber dies ist für Fromm offensichtlich ein Fluch.

Fromm sagt, dass, „Liebe die einzig befriedigende Antwort auf das Problem der menschlichen Existenz ist" - aber, so behauptet er, Liebe und Kapitalismus seien *unvereinbar*. „Das *Prinzip*, das der kapitalistischen Gesellschaft zugrunde liegt, und das Prinzip der Liebe sind in der Tat unvereinbar."[82] Das Prinzip des Kapitalismus, sagt Fromm, sei die „Fairnessethik", der *Handel*, der Austausch von Werten ohne Rückgriff auf Gewalt und Betrug; Individuen handeln miteinander nur unter der Prämisse des gegenseitigen Eigeninteresses; sie gehen nur Transaktionen ein, von denen sie sich Profit, Belohnung oder Vorteile versprechen. „Man könnte sogar sagen, daß die Entwicklung einer Moral der Fairneß der besondere ethische Beitrag der kapitalistischen Gesellschaft ist."[83]

Aber an Liebe unter Betrachtung seiner Eigeninteressen heranzugehen, verkehre den Kern der Liebe in sein Gegenteil. Einen Menschen zu lieben, heiße Sorge und Verantwortung für ihn zu fühlen; es heiße nicht, seinen Charakter oder seine Persönlichkeit als „Ware" zu bewerten, von der man Vergnügen erwarte. „Ideal" zu lieben heiße, „bedingungslos" zu lieben - jemanden nicht für das zu lieben, *was* er ist, sondern *weil* er ist - lieben, ohne Bezug auf Werte oder Maßstäbe oder Urteil. „In ihrem Wesen sind sich alle Menschen

[82] *Wie Fn. 64*, S. 168, 166.
[83] *Ebd.*, S. 164.

gleich. Wir alle sind Teile des Einen; wir sind das Eine. Da es so ist, sollte es eigentlich völlig gleich sein, wen wir lieben."[84]

Mit anderen Worten sollte es keinen Unterschied machen, ob die geliebte Person Charakter hat oder eine völlige Null, ein Genie oder ein Idiot, ein Vorbild oder ein Schurke ist. Ist es notwendig aufzuzeigen, wer bei dieser Auffassung von Liebe gewinnen und wer verlieren wird?

Das Verlangen, „bedingungslos" geliebt zu werden, das Verlangen, ohne Bezug auf seinen objektiven persönlichen Wert geliebt zu werden, sei eine der „tiefsten Sehnsüchte" des Menschen, so Fromm. Wenn man auf der Basis von *Verdiensten* geliebt wird – „weil man es verdient" – erwecke dies Zweifel und Unsicherheit, da Verdienst erkämpft werden muss. Und da eine solche Liebe entzogen werden kann, sollte der Verdienst aufhören zu existieren. „Ferner hinterlässt ‚verdiente' Liebe leicht das bittere Gefühl, dass man nicht um seiner selbst willen geliebt wird, sondern dass man *nur* geliebt wird, weil man dem anderen Freude gemacht hat..."[85]

Es ist typisch für Fromm, dass er etwas, was tatsächlich (wenn auch nicht in seiner Einschätzung) eine tödliche Beleidigung der menschlichen Natur ist, ohne jegliche Rechtfertigung von sich gibt. Er nimmt an, dass es allen Menschen so sehr an Selbstachtung mangelt, dass sie sich nach Liebe sehnen, die keine Beziehung zu ihren Handlungen, Leistungen oder ihrem Charakter hat, eine Liebe, die nicht verdient, sondern als Geschenk empfangen werden soll.

Was bedeutet „um seiner selbst willen" geliebt zu werden? In der Vernunft kann es nur bedeuten: Geliebt zu werden für die Werte, die man in der eigenen Person und dem eigenen Charakter erworben hat. Das höchste Kompliment, das man von einem anderen Menschen empfangen kann, lautet: „Wegen dem, was du bist, bist du wichtig für mein Glück." Aber diese Liebe hinterlässt Fromm zufolge ein „bitteres Gefühl".

Die kapitalistische Kultur, so erklärt er, predige solche Begriffe wie das „Verdiente" und das „Unverdiente" und vergifte somit das

---

[84] *Ebd.*, S. 80.
[85] *Ebd.*, S. 63.

Wachsen wahrer Liebe. Wahre Liebe, sagt Fromm, solle nur aus der Geistesfülle des Gebenden geschenkt werden, als Demonstration seiner „Potenz". Fromm erklärt natürlich nirgendwo das genaue Wesen seiner „Potenz". „Liebe ist ein Akt des Glaubens..."[86] Wahre Liebe solle keine Fragen über die Tugend oder den Charakter ihres Objektes aufwerfen; sie solle keine Freude aus Tugenden ziehen, die das Objekt besitzen mag - wenn sie es tue, sei es keine wahre Liebe, sondern nur kapitalistischer Egoismus.

Aber „wie kann man dann innerhalb des Rahmens unserer bestehenden Gesellschaftsordnung überhaupt leben und gleichzeitig Liebe üben?"[87] Er erklärt nicht, dass Liebe im Kapitalismus *unmöglich* sei - bloß dass sie ungewöhnlich schwierig sei.

In *„Who is Ayn Rand?"* schrieb ich über Fromms Theorie der Liebe:

> „Lieben... heißt schätzen; Liebe ist die Konsequenz und der Ausdruck von Bewunderung - ‚der emotionale Preis, den einer für seine Freude an den Tugenden eines anderen bezahlt.' (*Der Streik*). Liebe ist kein Almosen, sondern eine moralische Anerkennung.
>
> Wenn Liebe nicht Bewunderung impliziert, wenn sie nicht eine Anerkennung der moralischen Eigenschaften impliziert, die der Empfänger der Liebe besitzt - welche Bedeutung oder Wichtigkeit würde Liebe dann haben und warum würde Fromm oder sonst jemand sie für begehrenswert halten? Es gibt nur eine mögliche Antwort, und sie ist nicht sehr attraktiv: Wenn Liebe von Werten getrennt ist, dann ist ‚Liebe' keine Anerkennung, sondern ein moralischer Blankoscheck: Ein Versprechen, dass einem alles vergeben wird, dass man nicht verlassen wird und dass man versorgt wird."[88]

Diese Auffassung von Liebe teilt natürlich nicht nur Fromm; sie ist eine zentrale Komponente der mystisch-altruistischen Tradition - und ist unter Psychologen, Soziologen und Philosophen so verbreitet wie unter Religiösen. Die vielleicht einfachste und beste Antwort auf diese Einstellung zu Liebe ist ein Satz von John Galt aus *„Der Streik"*: „Dieselbe Moral, die behauptet, geistige Werte seien höher zu achten

---

[86] *Ebd.*, S. 162.
[87] *Ebd.*, S. 165.
[88] Nathaniel Branden: *Who is Ayn Rand?*, New York 1962, S. 38.

als materielle, eine Moral, die eine Prostituierte für verachtungswürdig erklärt, weil sie ihren Körper unterschiedslos allen Männern hingibt – ebendiese Moral fordert euch auf, eure Seele in promiskuitiver Liebe jedem Dahergelaufenen hinzugeben."

Liebe von Werten (und Werturteilen) zu trennen heißt, seine Sehnsucht nach den Unverdienten zu gestehen. Diese Sehnsucht zu einem legitimen moralischen Ziel zu erklären, ist ein konstantes Thema in Fromms Schriften.

Das hier zugrunde liegende Motiv ist der Wunsch, versorgt zu werden – der Wunsch, die Verantwortung der Unabhängigkeit erspart zu bekommen und wird ausdrücklich in Fromms soziopolitischer „Lösung" für das Problem der Entfremdung aufgedeckt.

Fromm erklärt, dass ein neues Gesellschaftssystem eingeführt werden müsse, damit man sein Gefühl der Einsamkeit und Entfremdung besiegen, Liebe praktizieren und ein Gefühl persönlicher Identität erlangen könne.

Das Privateigentum an Produktionsmitteln müsse abgeschafft werden. Das Profitmotiv müsse verboten, die Industrie dezentralisiert werden. Die Gesellschaft solle in selbstverwaltete Industriegilden eingeteilt werden; Fabriken sollten denen gehören und von denen betrieben werden, die in ihnen arbeiten.

Warum sollte Fromms Gesellschaftsphilosophie zufolge ein Hausmeister in einer Fabrik nicht dasselbe Recht haben, das Management zu bestimmen, wie der Mann, der diese Fabrik zufällig auch geschaffen hat? Erfordert die Persönlichkeit des Hausmeisters nicht genauso viel Selbstverwirklichung wie jede andere auch?

Im Kapitalismus, so Fromm, seien Menschen nur die Marionetten einer komplexen industriellen Maschinerie, deren allmächtige Kräfte und Gesetze jenseits ihrer Kontrolle und ihres Verständnisses lägen und sie überwältigten. Im dezentralisierten, „demokratischen" System, das er vorschlägt – eine Mischung von Gildensozialismus und Syndikalismus –, werden industrielle Einrichtungen aufgespalten in Einheiten, deren Funktion jeder leicht begreifen kann, ohne „entfremdende" Anforderungen, die das abstrakte Denken bemühen würden.

In diesem System, so erklärt er, würde jeder mit dem Existenzminimum ausgestattet werden, ob er arbeiten wolle oder nicht. Dies sei notwendig, wenn der Mensch sich gesund und glücklich entwickeln wolle. Um jedoch Schmarotzertum vorzubeugen, schlägt Fromm vor, dass diese Unterstützung nicht länger als zwei Jahre gezahlt werden solle. Wer diese Unterstützung zur Verfügung stellen soll, ob sie bereit sind, dies zu tun und was passiert, wenn sie es nicht sind, sind Fragen, die Fromm nicht behandelt.

Solange wie Menschen mit dem Problem des Überlebens beschäftigt seien, würden ihre spirituellen Belange - die Belange, die *wirklich* wichtig seien - fast unausweichlich vernachlässigt. Wie könne die Persönlichkeit des Arbeiters nicht verarmen, wenn er der täglichen Notwendigkeit gegenübersteht, seinen Lebensunterhalt zu verdienen? Wie könne der Unternehmer sein kreatives Potential entwickeln, wenn er von Produktion besessen ist? Wie könne der Künstler die Integrität seiner Seele bewahren, wenn er von den Versuchungen Hollywoods und des Kommerzes geplagt wird? Wie könne der Verbraucher individuellen Geschmack entwickeln, wenn er von den standardisierten Waren der Massenproduktion umgeben ist?

Wenn man die Relevanz der Erkenntnistheorie für die Politik begreifen will, sollte man beachten, was Fromm durch diese „paradoxe Logik" gewinnt, die er so anpreist. Wenn „der Mensch die Realität nur in Widersprüchen wahrnimmt", dann muss sich Fromm um den Konflikt zwischen seiner Behauptung, ein Vertreter der Vernunft zu sein, und seinem Enthusiasmus für östliche Mystik keine Sorgen machen, ebenso wenig wie um den Konflikt zwischen seiner Behauptung, ein Verteidiger des Individualismus zu sein und seiner Vertretung von politischem Kollektivismus. Seine Verachtung für das Gesetz des Widerspruchs erlaubt ihm zu behaupten, dass wahrer Individualismus nur in der kollektivierten Gemeinschaft möglich sei - dass wahre Freiheit nur möglich sei, wenn man privaten Individuen die Produktion aus der Hand nimmt und sie unter die absolute Kontrolle der Gruppe stellt - dass Menschen nur aufhören würden, „Objekte" anderer zu werden, wenn sie bereit wären, auf persönlichen

Profit zu verzichten und *gesellschaftliche Nützlichkeit* zum Ziel ihres Lebens zu machen.[89]

Fromm nennt sein System „humanistischen Gemeindesozialismus". Dort werde der Mensch „eine neue Harmonie mit der Natur" erreichen, um die zu ersetzen, die er verloren hat - der Mensch werde die Ruhe und die Selbsterfüllung der Tiere finden, deren Zustand Fromm so beneidenswert findet.

Wenn Fromm auch oft mehr als nur ungeschickt in der Präsentation seiner Ansichten ist, ist er nichtsdestotrotz extrem *explizit*. Und genau das ist ungewöhnlich. Die meisten Autoren seiner Zunft verbiegen sich seitenweise, um ihre Ideen und Widersprüche zu verundeutlichen, die er offen verkündet. Mit seltenen Ausnahmen wird man vergleichbare Offenheit nur unter Existenzialisten und Zen-Buddhisten finden, von deren Prämissen Fromm viele teilt.

Trotz seiner Deutlichkeit ist er kulturell repräsentativ und sollte dementsprechend behandelt werden. Die wiederkehrenden Themen in der Literatur über Entfremdung - und in Gesellschaftskritiken im Allgemeinen - sind die Themen, die Fromm offen ans Tageslicht bringt: dass Vernunft „unnatürlich" sei, dass eine widerspruchsfreie, objektive Realität die Individualität „einschränke", dass die Notwendigkeit von *Entscheidungen* eine Last sei, dass es „tragisch" sei, seinen Kuchen nicht essen und auch behalten zu können, dass Selbstverantwortung furchtbar sei, dass die Erlangung persönlicher Identität ein *gesellschaftliches* Problem sei - dass „Liebe" die allmächtige Lösung und die politische Umsetzung dieser Lösung Sozialismus sei.

Die offenkundige Absurdität oder die Unverständlichkeit der meisten Diskussionen über Entfremdung könnten zum Schluss verleiten, dass die Frage gänzlich illusorisch sei. Aber das wäre ein Irrtum. Obwohl die angebotenen Erklärungen fadenscheinig sind, ist das Problem der Entfremdung real. Viele Menschen erkennen den schmerzhaften Gefühlszustand, den die Autoren beschreiben. Vielen Menschen fehlt es tatsächlich an persönlicher Identität. Viele Menschen

---

[89] Für eine detaillierte Präsentation dieser Lehre vgl. Erich Fromms *Wege aus einer kranken Gesellschaft*.

fühlen sich wie Fremde, in einer Welt, die sie nicht geschaffen haben („a stranger and afraid in a world I never made").

Aber warum? Worin liegt das Problem der Entfremdung? Was *ist* persönliche Identität? Warum ist deren Erreichen für viele Menschen eine furchtbare Last? Und was bedeuten die Angriffe auf den Kapitalismus in Verbindung mit diesem Thema?

Dies sind die Fragen, die wir nun beantworten müssen.

Die Probleme der Entfremdung und der persönlichen Identität sind untrennbar. Wem es an persönlicher Identität fehlt, der fühlt sich entfremdet; wer sich entfremdet fühlt, dem fehlt es an persönlicher Identität.

Schmerz ist das Alarmsignal eines Organismus; die besondere Art von Schmerz, die das Gefühl der Entfremdung darstellt, sagt einem Menschen, dass er in einem für ihn unhaltbaren psychologischen Zustand existiert - *dass seine Beziehung zur Realität falsch ist.*

Kein Tier sieht sich Fragen gegenüber wie: Was soll ich aus mir machen? Welche Lebensweise entspricht meiner Natur? Solche Fragen sind nur für ein *rationales Wesen* möglich, d.h. für ein Wesen, dessen charakteristische kognitive Funktionsmethode (das Erkennen der Realität) begrifflich ist, das nicht nur bewusst, sondern auch sich selbst bewusst ist und dessen Macht zur Abstraktion es in die Lage versetzt, alternative Handlungen zu erwägen. Weiterhin sind solche Fragen nur für ein Wesen möglich, dessen kognitive Fähigkeiten *willentlich* ausgeübt werden (Denken ist nicht automatisch) - ein Wesen, das selbstgerichtet und selbstregulierend denkt und handelt, und dessen Existenz deswegen einen konstanten *Entscheidungsprozess* nach sich zieht.

Als lebende Entität wird der Mensch mit spezifischen Bedürfnissen und Fähigkeiten geboren; diese stellen sozusagen die Identität der *Spezies* dar, d.h. sie stellen seine menschliche Natur dar. Wie er seine Fähigkeiten ausübt, um seine Bedürfnisse zu befriedigen - d.h. wie er in Denken und Tat mit den Fakten der Realität umgeht, wie er zu funktionieren wählt -, stellt seine *persönliche* oder *individuelle* Identität dar. Sein Gefühl von sich selbst, sein implizites Konzept oder Bild der Person, die er ist (inklusive seines Selbstbewusstseins oder

Mangel daran), ist das kumulative Produkt seiner getroffenen Entscheidungen. Dies meint Ayn Rand mit den Worten, dass „der Mensch seine Seele aus eigener Kraft erschaffen muss."

Das „Ich" eines Menschen, sein Ego, sein tiefstes Selbst, ist sein Bewusstsein - sein Denkvermögen. Die Entscheidung, zu denken, die Tatsachen der Realität zu identifizieren - die Verantwortung anzunehmen, zu beurteilen, was wahr oder falsch ist -, ist die grundlegende Selbstbehauptung des Menschen. Es ist seine Akzeptanz der eigenen Natur als rationales Wesen, seine Akzeptanz der Verantwortung intellektueller Unabhängigkeit, seine Verpflichtung an die Kompetenz des eigenen Verstandes.

Der Kern der *Selbstlosigkeit* ist die Aussetzung des eigenen Bewusstseins. Zu dem Ausmaß, zu dem ein Mensch sich entscheidet, der Anstrengung und der Verantwortung des Denkens, des Urteilens und der Suche nach Wissen auszuweichen, ist seine Handlung eine *Selbstabdankung*. Wer sein Denken aufgibt, gibt sein Ego auf - und erklärt sich selbst für unfähig, zu existieren, für inkompetent, mit den Tatsachen der Realität umzugehen.

In dem Ausmaß, zu dem ein Mensch sich zu denken entscheidet, werden seine Prämissen und Werte aus erster Hand erworben und sind für ihn kein Mysterium; er erlebt sich selbst als *aktive* Ursache seines Charakters, seines Verhaltens und seiner Ziele. Zu dem Ausmaß, zu dem ein Mensch versucht, ohne Denken zu überleben, erlebt er sich als *passiv*. Seine Person und seine Handlungen sind die zufälligen Produkte von Kräften, die er nicht versteht - seiner momentanen Gefühle und zufälligen Umwelteinflüsse. Wenn ein Mensch die Verantwortung des Denkens unterlässt, bleibt er der Gnade seiner unfreiwilligen, unterbewussten Reaktionen ausgeliefert - und *diese* werden der Gnade von Kräften, die von außen auf ihn einwirken und der Gnade der Menschen aus seiner Umgebung ausgeliefert sein. Durch seine Unterlassung verwandelt so jemand sich selbst in das Menschenbild der Sozialdeterministen: in eine leere Hülle, die darauf wartet, gefüllt zu werden - in einen willenlosen Roboter, der darauf wartet, von irgendeiner Umwelt und irgendwelchen Konditionierern übernommen zu werden.

Ein starkes Gefühl persönlicher Identität ist das Produkt zweier Dinge: unabhängigem Denken und (als Konsequenz) dem Besitz eines integrierten Wertekanons. Da die Gefühle eines Menschen und seine Ziele von seinen Werten bestimmt werden und diese seinem Leben auch Richtung und Bedeutung geben, erlebt ein Mensch seine Werte als eine Erweiterung von sich selbst, als einen integralen Teil seiner Identität, als entscheidend für das, was seine Person ausmacht.

„Werte" bezieht sich in diesem Kontext auf fundamentale und abstrakte Werte, nicht auf konkrete Werturteile. Zum Beispiel kann jemand, für den Rationalität ein Wert ist, einen Freund wählen, der diesen Wert zu verkörpern scheint; wenn er herausfindet, dass er in seinem Urteil falsch gelegen hat, dass sein Freund nicht rational ist und dass ihre Beziehung beendet werden sollte, ändert dies nicht seine persönliche Identität. Wenn er aber stattdessen entscheidet, dass er Rationalität nicht länger wertschätzt, dann *wird* seine persönliche Identität verändert.

Wenn jemand widersprüchliche Werte vertritt, dann tun diese seinem Gefühl persönlicher Identität zwangsläufig Gewalt an. Sie resultieren in einem zersplitterten Selbstwertgefühl, einem in unintegrierbare Einzelteile zerbrochenen Selbst. Um die schmerzhafte Erfahrung einer zersplitterten Identität zu vermeiden, wird ein Mensch mit widersprüchlichen Werten üblicherweise versuchen, dem Wissen um seine Widersprüche mittels Verdrängung, Unterdrückung, Rationalisierungen usw. zu entkommen. Um einem Problem zu entkommen, das durch einen Denkfehler verursacht wurde, setzt er das Denken aus. Um einer Bedrohung seiner persönlichen Identität zu entkommen, *setzt er sein Ego aus* – er setzt sein Selbst als denkende, urteilende Entität aus.

Somit stuft er sein Selbstwertgefühl sozusagen herab, von seiner Vernunft, die das aktive und initiierende Element des Menschen ist, zu seinen Emotionen, die das passive und reaktive Element sind. Bewegt von Gefühlen, deren Ursprung er nicht versteht, und von Widersprüchen, deren Existenz er nicht anerkennt, leidet er an fortschreitender Selbstentfremdung. Die Emotionen des Menschen sind das Produkt seiner Prämissen und Werte, des Denkens, das er unternommen hat oder auch nicht. Aber wer von seinen Emotionen betrieben wird und versucht, sie zu einem Ersatz für rationales Urteilen zu machen, erlebt sie als fremde Kräfte. Das Paradoxe seiner Situation ist folgendes: Seine Emotionen werden zu seiner einzigen Quelle von persönlicher Identität, aber so wie *er* seine Identität erlebt, *wird er von Dämonen beherrscht.*

Es ist wichtig festzustellen, dass die Erfahrung von Selbstentfremdung und des Gefühls, von der Realität und von seiner Umwelt entfremdet zu sein, aus derselben Ursache stammen: der Unterlassung der Verantwortung, zu denken. Die Aussetzung des angemessenen kognitiven Kontakts mit der Realität und die Aussetzung des eigenen Egos sind derselbe Akt. Eine Flucht vor der Realität ist eine Flucht vor dem Selbst.

Eine der Konsequenzen ist ein Gefühl der Entfremdung von anderen Menschen, das Gefühl, dass man nicht Teil der menschlichen Rasse und quasi ein Ausgestoßener ist. Indem man seinen Status als menschliches Wesen betrügt, macht man sich zum metaphysisch Ausgestoßenen. Dies ändert sich nicht durch das Wissen, dass viele andere Menschen den gleichen Verrat begangen haben. Man fühlt sich alleine und ausgestoßen - ausgestoßen durch die Unwirklichkeit der eigenen Existenz, durch das trostlose innere Gefühl geistiger Verarmung.

Das gleiche Versagen bei Rationalität und Unabhängigkeit, mit dem Menschen sich ihrer persönlichen Identität berauben, führt sie meistens zu der selbstzerstörerischen Handlung, einen *Ersatz* für Identität zu suchen - oder genauer, eine Identität *aus zweiter Hand* zu suchen - durch gedankenlose Konformität zu den Werten anderer. Dies ist das psychologische Phänomen, das ich als „Gesellschaftsmetaphysik" bezeichnet habe. In meinem Artikel „Die Verbrecherkartei"[90] habe ich über den relevantesten Typus aller Gesellschaftsmetaphysiker geschrieben - den „konventionellen" Gesellschaftsmetaphysiker:

> „Für diesen Typ stehen die Welt und ihre vorherrschenden Werte fest; warum das so ist, fragt er sich nie. Was ist wahr? Was andere sagen.

---

[90] *The Objectivist Newsletter*, Februar 1965.

> Was ist richtig? Was andere für richtig halten. Wie soll man leben? Wie andere leben.... [So jemandes] Gefühl für Identität und persönlichen Wert [ist] *ausdrücklich* eine Funktion seiner Fähigkeit..., die Werte, Bedingungen und Erwartungen jener allmächtigen und allgegenwärtigen ‚Anderen' zu befriedigen.... In einer Kultur wie der heutigen mit ihren zersetzenden Werten, ihrem intellektuellen Chaos und ihrem moralischen Bankrott, in der die vertrauten Leitlinien und Regeln verschwinden, in der die maßgeblichen Spiegel, die die ‚Realität' widerspiegeln, in Tausende unverständliche Subkulturen zersplittern und ‚Anpassung' schwieriger und schwieriger wird, ist der konventionelle Gesellschaftsmetaphysiker der erste, der zum Psychiater rennt und jammert, dass er seine Identität verloren hat, weil er nicht länger unzweideutig weiß, was er tun und wer er sein soll."

Einem Menschen mit Selbstachtung und unabhängigem Urteil würde es nie einfallen, dass seine „Identität" etwas ist, das durch andere Menschen erlangt oder von ihnen bestimmt wird. Für eine Person ohne Selbstzweifel sind die Klagen über die Qual des modernen Menschen, der sich mit der Frage „Wer bin ich?" konfrontiert sieht, unverständlich. Aber im Lichte des oben Genannten werden diese Klagen verständlicher. Es ist der Schrei der Gesellschaftsmetaphysiker, die nicht länger wissen, welchen Autoritäten sie gehorchen sollen und die jammern, dass *irgendjemand* die Pflicht habe, sie zu einem Selbstwertgefühl zu bringen und dass „das System" sie mit Selbstachtung versorgen müsse.

Dies ist die psychologische Wurzel für die Mystifizierung des Mittelalters durch die modernen Intellektuellen und für die benommene Sehnsucht nach dieser Lebensweise – und für die massive Ausflucht vor den wirklichen Lebensbedingungen dieser Zeit. Das Mittelalter repräsentiert den uneingestandenen Traum des Gesellschaftsmetaphysikers: ein System, in dem seine Angst vor der Unabhängigkeit und der Selbstverantwortung als Tugend proklamiert und zu einem gesellschaftlichen Imperativ gemacht wird.

Wer der Verantwortung intellektueller Unabhängigkeit ausweichen und sein Gefühl der Identität aus „Zugehörigkeit" ableiten will, bezahlt einen tödlichen Preis für die Sabotage seiner nachfolgenden mentalen Prozesse. Das Ausmaß, zu dem ein Mensch sein eigenes

Urteil durch das anderer ersetzt und es versäumt, die Realität direkt anzusehen, ist das Ausmaß, zu dem seine mentalen Prozesse von der Realität entfremdet werden. Er funktioniert nicht mittels Begriffen sondern mittels auswendig gelernter Schlüsselworte, d.h. erlernter *Geräusche,* die mit bestimmten Zusammenhängen und Situationen assoziiert werden, denen es aber an authentischem kognitiven Inhalt mangelt. Dies ist das unidentifizierte, verdrängte Phänomen, das gedankenlose Menschen heute nachplappern lässt, dass der moderne Mensch „zu abstrakt" und „zu intellektuell" lebe und dass er „zurück zur Natur" müsse. Sie spüren, dass sie keinen Kontakt zur Realität haben, dass irgendetwas mit ihrem Verständnis der Welt um sie herum nicht stimmt. Aber sie akzeptieren eine völlig trügerische Interpretation ihres Problems. Die Wahrheit lautet nicht, dass sie in „Abstraktionen" verloren sind, sondern dass sie versagt haben, das Wesen und den richtigen Gebrauch von Abstraktionen zu entdecken; sie sind nicht in Begriffen verloren, sie sind unter *Stichworten* verloren. Sie sind von der Realität abgeschnitten, nicht weil sie versuchen, sie intellektuell zu begreifen, sondern weil sie versuchen, sie zu begreifen, wie *andere sie sehen;* sie versuchen, sie *aus zweiter Hand* zu begreifen. Und sie bewegen sich durch eine irreale Welt verbaler Rituale, plappern die Parolen und Phrasen nach, die sie von anderen hören und stellen sich fälschlicherweise vor, dass diese leeren Worte Begriffe seien, und sie erfassen nie den richtigen Gebrauch ihres Begriffsvermögens und lernen nie, woraus begriffliches Wissen aus erster Hand besteht. Dann sind sie bereit für den Zen-Buddhisten, der ihnen sagt, dass die Lösung für ihre Entfremdung von der Realität daraus bestehe, ihren Verstand von allen Gedanken zu leeren und eine Stunde lang im Schneidersitz ein Blatt anzuglotzen.

Es ist eine bekannte psychologische Tatsache, dass Menschen mit neurotischer Angst - einer Angst, die sie sich nicht erklären können - oft den Versuch unternehmen, ihre Lage angenehmer zu machen, indem sie ihre Angst auf ein externes Objekt richten: Sie versuchen sich selbst zu überzeugen, dass ihre Angst eine rationale Antwort auf die Bedrohung durch Keime ist oder auf das mögliche Erscheinen von Einbrechern oder auf die Gefahr durch Blitzschlag oder auf die gedankenkontrollierenden Strahlen der Marsmenschen. Der Prozess, durch den entschieden wird, dass die Ursache ihrer Entfremdung der Kapitalismus ist, ist nicht unähnlich.

Es gibt jedoch Gründe, warum der Kapitalismus das Ziel für ihre Projektionen und Rationalisierungen ist.

Der entfremdete Mensch flieht vor der Verantwortung eines willentlichen (d.h. selbsterzeugten) Bewusstseins. Die Freiheit, zu denken oder nicht, einen Prozess der Vernunft zu initiieren oder ihm auszuweichen, ist eine Last, der er entkommen will. Aber da diese Freiheit in der Natur des Menschen wohnt, gibt es kein Entkommen davor; daher seine Schuld und Angst, wenn er Vernunft und Sehen zugunsten von Gefühlen und Blindheit aufgibt. Aber es gibt eine weitere Stufe, auf der der Mensch mit der Frage von Freiheit konfrontiert wird: die existentielle oder gesellschaftliche Stufe - und hier *ist* Entkommen möglich. Politische Freiheit ist nicht metaphysisch gegeben: Sie muss *erreicht* werden - und daher kann sie abgelehnt werden. Die psychologische Wurzel der Revolte gegen existentielle Freiheit ist die Revolte gegen Freiheit im Bewusstsein. *Die Wurzel der Revolte gegen selbstverantwortliches Handeln ist die Revolte gegen selbsterzeugtes Denken.* Wer nicht denken will, will nicht die Verantwortung für die Konsequenzen seiner Handlungen oder für sein eigenes Leben tragen.

Es ist in diesem Zusammenhang angebracht, einen Abschnitt aus *„Who is Ayn Rand?"* zu zitieren, in dem ich die Ähnlichkeit der von den Mittelalterlichen und den Sozialisten angezettelten Angriffe gegen den Kapitalismus diskutiere:

> „In den Schriften von Mittelalterlichen und Sozialisten kann man die unmissverständliche Sehnsucht nach einer Gesellschaft sehen, die dem Menschen das Überleben automatisch garantiert, d.h. in der der Mensch nicht die Verantwortung für sein eigenes Überleben tragen muss. Für beide Lager wird ihre ideale Gesellschaft charakterisiert durch das, was sie ‚Harmonie' nennen: die Abwesenheit von schnellen Veränderungen oder den strengen Bedingungen des Wettbewerbs; eine Gesellschaft, in der jeder seinen ihm vorgeschriebenen Teil zum Wohlergehen des Ganzen leisten muss, aber in der niemand Entscheidungen treffen muss, die sein Leben und seine Zukunft betreffen, in der die

> Frage nach dem Verdienten und dem Unverdienten nicht aufkommen wird; in der Verdienst nicht an Leistung gebunden ist und in der irgendjemandes Wohlwollen garantieren wird, dass man nie die Konsequenzen für die eigenen Irrtümer tragen muss. Die Unfähigkeit des Kapitalismus, sich dem anzupassen, was man eine *behütete* Weltanschauung nennen könnte, ist in diesen Anklagen gegen eine freie Gesellschaft maßgeblich. Einen Garten Eden bietet der Kapitalismus dem Menschen jedenfalls nicht."[91]

Heute ist der Kapitalismus natürlich größtenteils zugunsten einer Mischökonomie aufgegeben worden, d.h. einer Mischung aus Freiheit und Dirigismus, die sich stetig weiter in Richtung Dirigismus bewegt. Heute stehen wir weit näher an der „idealen Gesellschaft" der Sozialisten, als zu der Zeit, als Marx zuerst über die „Entfremdung" des Arbeiters schrieb. Und doch wird der Schrei über die Entfremdung des Menschen mit jedem Fortschreiten des Kollektivismus lauter. Das Problem verschlimmere sich, so heißt es. In kommunistischen Ländern beginnen sich einige Kommentatoren (wenn es ihnen erlaubt wird) zu beschweren, dass die marxistische Lösung für die Entfremdung des Arbeiters versagt habe, dass der Mensch im Kommunismus immer noch entfremdet sei, dass die „neue Harmonie" mit der Natur und seinen Mitmenschen nicht gekommen sei.

Auch der mittelalterliche Knecht hat sie nicht bekommen - trotz der Propaganda von Erich Fromm und anderen.

Der Mensch kann seiner Natur nicht entkommen. Und wenn er ein Gesellschaftssystem einführt, welches den Erfordernissen seiner Natur gegenüber abträglich ist - ein System, das ihm verbietet, als rationales, unabhängiges Wesen zu existieren -, dann ist das Resultat eine psychologische und physische Katastrophe.

Eine freie Gesellschaft kann natürlich nicht automatisch das mentale Wohlergehen all ihrer Mitglieder garantieren. Freiheit ist keine ausreichende Bedingung, um die Erfüllung des Menschen sicherzustellen, aber sie ist eine *notwendige* Bedingung. Und Kapitalismus -

---

[91] *Who is Ayn Rand?* S. 15f.

Laissez-Faire-Kapitalismus - ist das einzige System, das diese Bedingung gewährleistet.

Das Problem der Entfremdung ist nicht metaphysisch; es ist nicht das natürliche Schicksal des Menschen, dem er nicht entkommen kann, wie eine Art von Erbsünde; es ist eine *Krankheit*. Sie ist nicht die Konsequenz des Kapitalismus oder des Industrialismus oder von „Größe" - und es kann nicht per Gesetz oder durch die Abschaffung von Eigentumsrechten gelöst werden. Das Problem der Entfremdung ist *psycho-epistemologisch*: Wie entscheidet sich der Mensch, sein Bewusstsein zu benutzen? Es ist das Problem der Revolte gegen das Denken, d.h. gegen die Realität.

Wenn ein Mensch die Verantwortung unterlässt, Wissen zu suchen, Werte zu wählen und Ziele zu setzen, wenn er diese Sphäre dem Urteil anderer überlässt - *wie soll er dann dem Gefühl entkommen, dass ihm das Universum verschlossen bleibt?* Es *ist* ihm verschlossen - durch seine eigene Entscheidung.

Die richtige Antwort auf die Frage

And how am I to face the odds
Of man's bedevilment and Gods?
I, a stranger and afraid
In a world I never made.

lautet: *Warum* nicht?

24. Requiem für den Menschen

von Ayn Rand

Erstmals erschienen in: *The Objectivist Newsletter*, Juli bis September 1967

Ich habe seit vielen Jahren gesagt und unterstrichen, dass Kapitalismus unvereinbar mit Altruismus und Mystizismus ist. Wer lieber bezweifelt, dass die Frage „entweder - oder" lautet, hat es jetzt von der höchsten Autorität der anderen Seite vernommen: Papst Paul VI.

Die Enzyklika *„Populorum Progressio"* („Über die Entwicklung der Völker") ist ein ungewöhnliches Dokument: Es liest sich, als ob eine lange unterdrückte Emotion durch eine Barriere aus sorgfältig abgewogenen, vorsichtig kalkulierten Sätzen mit dem zischenden Druck aus Jahrhunderten des Schweigens an die Oberfläche bräche. Wenn die Sätze auch voller Widersprüche sind, so ist die Emotion doch konsequent.

Die Enzyklika ist das Manifest eines leidenschaftlichen Hasses auf den Kapitalismus; aber ihre Bösartigkeit liegt viel tiefer und ihr Ziel ist nicht bloße Politik. Sie ist in einem mystisch-altruistischen „Lebensgefühl" verfasst. Ein Lebensgefühl ist das unterbewusste Äquivalent zur Metaphysik: eine vor-begriffliche, emotional integrierte Einschätzung der Natur des Menschen und seiner Beziehung zum Dasein. Für ein mystisch-altruistisches Lebensgefühl sind Worte bloße Annäherungen; daher der ausweichende Ton der Enzyklika. Aufschlussreich ist aber das Wesen dessen, dem ausgewichen wird.

Beim Thema Kapitalismus ist die Position der Enzyklika ausdrücklich und unzweideutig. In Bezug auf die Industrielle Revolution erklärt die Enzyklika:

> „Im Gefolge dieses Wandels der Daseinsbedingungen haben sich unversehens Vorstellungen in die menschliche Gesellschaft eingeschlichen, wonach der Profit der eigentliche Motor des wirtschaftlichen Fortschritts, der Wettbewerb das oberste Gesetz der Wirtschaft, das Eigentum an den Produktionsmitteln ein absolutes Recht, ohne Schranken, ohne entsprechende Verpflichtungen der Gesellschaft gegenüber darstellt... Aber wenn es auch wahr ist, daß viele Übel,

> Ungerechtigkeiten und brudermörderische Kämpfe, deren Folgen heute noch zu spüren sind, sich von einer bestimmten Abart dessen, was man ‚Kapitalismus' nennt, herleiten, so würde man doch zu Unrecht der Industrialisierung als solcher die Übel anlasten, die in Wahrheit den verderblichen Auffassungen von der Wirtschaft zur Last zu legen sind, die neben dem wirtschaftlichen Aufschwung herliefen." (Kapitel 26)

Der Vatikan ist nicht das Büro einer drittklassigen marxistischen Boulevardzeitung. Er ist eine auf eine Perspektive von Jahrhunderten, auf Gelehrsamkeit und zeitlose philosophische Bedachtsamkeit eingestellte Institution. Unwissenheit kann daher nicht die Erklärung für oben Gesagtes sein. Sogar die Linken wissen, dass der Aufstieg des Kapitalismus und die Industrialisierung kein unglückliches Zusammentreffen war und dass der erste die zweite möglich machte.

Welche „Übel, Ungerechtigkeiten und brudermörderische Kämpfe" wurden vom Kapitalismus verursacht? Die Enzyklika gibt keine Antwort. Welches Gesellschaftssystem hat ein besseres Zeugnis in Bezug auf *irgendein* gesellschaftliches Übel, das man dem Kapitalismus zuschreiben könnte? Der Feudalismus des Mittelalters? Die absolute Monarchie? Sozialismus oder Faschismus? Keine Antwort. Wenn man sich „Übel, Ungerechtigkeiten und brudermörderische Kämpfe" ansehen soll - welche Aspekte des Kapitalismus könnte man mit dem Terror und der Abschlachtung in Nazi-Deutschland und Sowjetrussland in dieselbe Kategorie tun? Keine Antwort. Wenn es keine kausale Verbindung zwischen Kapitalismus und dem Fortschritt, dem Wohlergehen und dem Lebensstandard gibt, warum sind diese am höchsten in den Ländern, deren System das größte Element an kapitalistischer wirtschaftlicher Freiheit aufweist? Keine Antwort.

Da die Enzyklika sich mit Geschichte und mit fundamentalen politischen Prinzipien beschäftigt und doch kein anderes Gesellschaftssystem als den Kapitalismus diskutiert oder anprangert, muss man daraus schließen, dass alle anderen Systeme mit der politischen Philosophie der Enzyklika kompatibel sind. Dies wird unterstützt durch die Tatsache, dass der Kapitalismus nicht für zweitrangige Merkmale, sondern *für seinen Kern* angeprangert wird, der die Basis keines anderen Systems ist: das Profitmotiv, Wettbewerb und Privateigentum an Produktionsmitteln.

Nach welchen Maßstäben beurteilt die Enzyklika ein Gesellschaftssystem? Ihre spezifischste Anklage gegen den Kapitalismus liest sich wie folgt:

> „Da das Verlangen des Menschen, sich die notwendigen Güter zu beschaffen, berechtigt ist, folgt, daß die Arbeit, durch die wir jene Güter erlangen, zur Pflicht wird: ‚Wer nicht arbeiten will, soll auch nicht essen.' Aber der Erwerb zeitlicher Güter kann zu maßloser Gier führen, zum Verlangen nach immer mehr Besitz und zum Streben nach immer größerer Macht. Die Habsucht der einzelnen, der Familien, der Völker kann die Armen und die Reichen packen und bei den einen wie den andern einen erstickenden Materialismus hervorrufen." (18)

Seit grauer und prä-industrieller Vorzeit ist „Gier" die Anschuldigung, die den Reichen vorgeworfen wird – und zwar von den gegenständlich denkenden Analphabeten, die unfähig waren, den Ursprung des Wohlstands oder die Motivation derer, die ihn produzieren, zu erkennen. Aber das Obenstehende wurde nicht von einem Analphabeten geschrieben.

Begriffe wie „Gier" und „Habgier" bezeichnen die Karikaturen zweier Individuen: eines fett, das andere dünn; eines ergeht sich in sinnloser Völlerei, das andere verhungert auf Kisten mit angehäuftem Gold – beides sind Symbole für Wohlstand um des Wohlstands willen. Ist das die Antriebskraft des Kapitalismus?

Wenn der gesamte Wohlstand, den die Reichen in den Vereinigten Staaten für privaten Konsum ausgeben, enteignet und unter der Bevölkerung verteilt würde, käme man auf weniger als einen Dollar pro Person. (Versuchen Sie die Summe auszurechnen, wenn man ihn auf die gesamte Weltbevölkerung aufteilte!) Der Rest des amerikanischen Wohlstands ist in Produktion investiert – und es sind diese ständig steigenden Investitionen, die den amerikanischen Lebensstandard durch Steigerung der Arbeitsproduktivität heben. Das ist grundlegendes Wirtschaftswissen, das Papst Paul VI. einfach haben *muss*.

Um die Technik der erkenntnistheoretischen Manipulation zu beobachten, lesen Sie den zitierten Abschnitt noch einmal – und sehen Sie hinter die durch „Gier" und „Habgier" heraufbeschworenen Bilder. Sie werden sehen, dass das angeprangerte Übel „das unstillbare Verlangen nach mehr" ist. Mehr was? Mehr „Macht". Was für Macht? Der Abschnitt gibt keine direkte Antwort, aber die gesamte Enzyklika gibt die Antwort mittels einer signifikanten Auslassung: Zwischen *wirtschaftlicher* und *politischer* Macht (zwischen Produktion und Zwang) wird kein Unterschied gezogen, sie sind in einigen Abschnitten austauschbar und in anderen ausdrücklich gleichgesetzt. Wenn Sie sich die Tatsachen der Realität ansehen, werden Sie sehen, dass die „größere Macht", die reiche Menschen im Kapitalismus suchen, die Macht *unabhängiger* Produktion ist, die Macht eines „unstillbaren" Ehrgeizes, ihre produktiven Fähigkeiten zu erweitern – und genau *das* verdammt die Enzyklika. Das Böse ist nicht Arbeit, sondern *ehrgeizige* Arbeit.

Diese Implikationen werden im nachfolgenden Abschnitt unterstützt und unterstrichen, der die Sicht der Enzyklika von „weniger menschlichen" gesellschaftlichen Existenzbedingungen auflistet: „die materiellen Nöte derer, denen das Existenzminimum fehlt; das ist die sittliche Not derer, die vom Egoismus zerfressen sind... Weniger menschlich: das sind die Züge der Gewalt, die im Mißbrauch des Besitzes oder der Macht ihren Grund haben..." Und als „menschlichere Bedingungen": „der Aufstieg aus dem Elend zum Besitz des Lebensnotwendigen." (21)

Welche „Lebensnotwendigkeiten" sind das „Existenzminimum"? Für welche Art von Leben? Bloßes physisches Überleben? Wenn ja, für wie lange? Keine Antwort. Aber das Prinzip der Enzyklika ist klar: Nur wer nicht mehr als das magerste Minimum des Dahinvegetierens hat, hat das *Recht* auf materiellen Besitz – und dieses Recht verdrängt die Rechte aller anderen Menschen, inklusive des Rechts auf Leben. Dies wird ausdrücklich angeführt:

> „Die Heilige Schrift lehrt uns auf ihrer ersten Seite, daß die gesamte Schöpfung für den Menschen da ist. Freilich, er muß seine Geisteskraft einsetzen, um ihre Werte zu entwickeln und sie durch seine Arbeit sich dienstbar zu machen und der Vollendung näher zu bringen. Wenn aber die Erde da ist, um jedem die Mittel für seine Existenz und seine

> Entwicklung zu geben, dann hat jeder Mensch das Recht, auf ihr das zu finden, was er nötig hat. Das Konzil hat dies in Erinnerung gerufen: ‚Gott hat die Erde mit allem, was sie enthält, zum Nutzen für alle Menschen und Völker bestimmt; darum müssen diese geschaffenen Güter in einem billigen Verhältnis allen zustatten kommen, dabei hat die Gerechtigkeit die Führung, Hand in Hand geht mit ihr die Liebe.‘ Alle anderen Rechte, ganz gleich welche, auch das des Eigentums und des freien Tausches, sind diesem Grundgesetz untergeordnet.“ (22)

Beachten Sie, welches Element in dieser Weltanschauung fehlt, welche menschliche Fähigkeit man für unwichtig oder nichtexistent hält. Ich werde diesen Aspekt später noch detailliert behandeln. Für den Moment werde ich Sie auf den Gebrauch der Worte „Mensch“ (*Welcher* Mensch?) und „geschaffene Güter“ im obigen Abschnitt aufmerksam machen. Geschaffen - von wem? Wird ausgeblendet.

Das fehlende Element wird im nächsten Abschnitt der Enzyklika offenkundig:

> „Es ist bekannt, mit welcher Entschiedenheit die Kirchenväter gelehrt haben, welche Haltung die Besitzenden gegenüber den Notleidenden einzunehmen haben: ‚Es ist nicht dein Gut‘, sagt Ambrosius, ‚mit dem du dich gegen den Armen großzügig weist. Du gibst ihm nur zurück, was ihm gehört. Denn du hast dir herausgenommen, was zu gemeinsamer Nutzung gegeben ist. Die Erde ist für alle da, nicht nur für die Reichen.‘ Das Privateigentum ist also für niemand ein unbedingtes und unumschränktes Recht. Niemand ist befugt, seinen Überfluß ausschließlich sich selbst vorzubehalten, wo andern das Notwendigste fehlt.“ (23)

St. Ambrosius lebte im 4. Jahrhundert, als solche Ansichten über Besitz möglicherweise erklärbar, wenn auch nicht zu rechtfertigen gewesen sein mögen. Seit dem 19. Jahrhundert geht weder noch.

Welche Lösung bietet die Enzyklika für die Welt von heute an?

> „Die Einzelinitiative und das freie Spiel des Wettbewerbs können den Erfolg des Entwicklungswerkes jedoch nicht sichern. Man darf es nicht darauf ankommen lassen, daß der Reichtum der Reichen und die Stärke der Starken noch größer werden, während man das Elend der Völker verewigt und die Knechtschaft der Unterdrückten noch härter werden läßt. Man braucht Programme, die die Aktionen der einzelnen und der

> Organisationen ‚fördern, anregen und regeln, Programme, die Lücken schließen und Vollständigkeit gewährleisten (35)'. Es ist Sache der Staaten, die Vorhaben, die Ziele und die Verfahrensweisen zu bestimmen und verbindlich aufzuerlegen; an ihnen ist es auch, die Kräfte aller zu mobilisieren, die an diesem Gemeinschaftswerk mitzuwirken haben." (33)

Eine Gesellschaft, in der der Staat die zu verfolgenden Ziele, die zu erreichenden Zwecke und die Mittel zur Erreichung derselben auswählt und festlegt, ist ein totalitärer Staat. Es ist daher moralisch schockierend den nächsten Satz zu lesen:

> „Ebenso sollen sie sich bemühen, auch die privaten Unternehmer und Verbände zur Mitwirkung heranzuziehen. So wird die Gefahr einer Kollektivierung oder einer mehr oder weniger willkürlichen Planung vermieden, die, freiheitsfeindlich, die Ausübung grundlegender Rechte der menschlichen Person unmöglich machen." (33)

Wie sehen die „grundlegenden Rechte der menschlichen Person" (die die Enzyklika nie definiert) in einem Staat aus, in dem „alle anderen Rechte, ganz gleich welche, auch das des Eigentums und des freien Tausches,... diesem Grundgesetz [dem „Recht" auf ein Existenzminimum] untergeordnet" werden müssen"? (22) Was ist „Freiheit" oder „Einzelinitiative" in einem Staat, in dem die Regierung die Ziele festlegt und über die Mittel verfügen darf? Was ist *unvollständige* Kollektivierung?

Es ist schwer zu glauben, dass moderne Kompromissler, an die dieser Abschnitt gerichtet ist, ihre Fähigkeit zur Verdrängung weit genug dehnen können, um das als Befürwortung einer Mischökonomie auszulegen. Eine Mischökonomie ist eine Mixtur aus Kapitalismus und Dirigismus; wenn die Prinzipien und Praktiken des Kapitalismus von der Wurzel an verurteilt und vernichtet wurden, was kann die dirigistische Kollektivierung daran hindern, *vollständig* zu werden?

(Der moralische Schock kommt daher, dass die Enzyklika die Fähigkeit einiger Menschen zur Verdrängung der Realität für unendlich elastisch hält. Wenn man von den Reaktionen ausgeht, die die Enzyklika bekam, hat sie sich nicht verrechnet.)

Ich habe immer gesagt, dass jede politische Theorie auf irgendeinem Moralkodex basiert. Wieder einmal bestätigt die Enzyklika hier meine Aussage, wenn auch vom Standpunkt eines Moralkodexes aus, der das Gegenteil von meinem ist.

> „Die Pflicht zur Solidarität unter den Menschen besteht auch für die Völker. ‚Es ist eine schwere Verpflichtung der hochentwickelten Länder, den aufstrebenden Völkern zu helfen.' Diese Lehre des Konzils muß in die Tat umgesetzt werden. Wenn es auch richtig ist, daß jedes Volk die Gaben, die ihm die Vorsehung als Frucht seiner Arbeit geschenkt hat, an erster Stelle genießen darf, so kann trotzdem kein Volk seinen Reichtum für sich allein beanspruchen." (48)

Dies scheint deutlich genug, aber die Enzyklika bemüht sich, nicht missverstanden zu werden:

> „Die Spielregel des freien Handels kann also für sich allein die internationalen Beziehungen nicht regieren... Man muß es einfach zugeben: in diesem Bereich wird ein Grundprinzip des sogenannten Liberalismus als Regel des Handels überaus fragwürdig." (58)

> „Es sei noch einmal wiederholt: Der Überfluß der reichen Länder muß den ärmeren zustatten kommen. Die Regel, die einmal zugunsten der nächsten Angehörigen galt, muß heute auf die Gesamtheit der Weltnöte angewandt werden." (49)

Wenn Bedürftigkeit - *globale* Bedürftigkeit - das moralische Kriterium ist, wenn das Existenzminimum (der Lebensstandard der am wenigsten entwickelten Wilden) das Kriterium für Eigentumsrechte ist, dann wird jedes neue Hemd, jedes neue Kleid, jede Kugel Eis, jedes Auto, jeder Kühlschrank oder jeder Fernseher „überflüssiger Reichtum".

Denken Sie daran, dass „reich" ein relativer Begriff ist und dass die ärmsten Farmpächter der Vereinigten Staaten im Vergleich mit den Arbeitern in Asien oder Afrika unglaublich reich sind. Und doch prangert die Enzyklika freien Handel zwischen ungleich entwickelten Ländern als „ungerecht" an, und zwar mit folgender Begründung:

> „Die hochindustrialisierten Nationen exportieren vor allem Fertigprodukte, während die unterentwickelten Wirtschaften nur Agrarprodukte und Rohstoffe exportieren können." (57)

Mit der Annahme, dass internationaler Handel die Armut in den unterentwickelten Ländern verstetigt, verlangt die Enzyklika, dass er nicht von den Gesetzen des freien Marktes, sondern von der *Bedürftigkeit* seiner bedürftigsten Teilnehmer geregelt werden sollte.

Wie das in der Praxis funktionieren würde, wird ausdrücklich klargestellt:

> „Das fordert von diesem ein hohes Maß an Hochherzigkeit, große Opfer und unermüdliche Anstrengungen. Jeder muß sein Gewissen erforschen, das ihn auf diese neuen Forderungen für unsere Zeit hinweist. Ist er bereit, auf seine Kosten die Werke und Aufgaben zugunsten der Ärmsten zu unterstützen? Mehr Steuern zu zahlen, damit die öffentlichen Stellen ihre Entwicklungshilfe intensivieren können? Höhere Preise für Einfuhrgüter zu zahlen, damit die Erzeuger einen angemessenen Verdienst erhalten?" (47)

Nicht nur die Reichen zahlen Steuern. Den Hauptteil der Steuerlast in den Vereinigten Staaten tragen die mittleren und unteren Einkommensklassen. Ausländische Güter oder Rohstoffe werden nicht für den ausschließlichen persönlichen Verbrauch der Reichen importiert. Der Preis von Nahrungsmitteln ist den Reichen egal; für die Armen ist er lebenswichtig. Und da *Nahrung* als eins der Hauptprodukte der unterentwickelten Länder aufgeführt wird, stellen Sie sich vor, was die Forderung der Enzyklika bedeuten würde: Sie würde bedeuten, dass eine amerikanische Hausfrau Essen kaufen müsste, das von Menschen produziert worden wäre, die die Erde mit bloßen Händen oder Handpflügen bearbeiten und sie Preise bezahlen müsste, für die sie hundert oder tausend Mal mehr bekommen hätte, wenn sie Amerikas mechanisierten Farmern gezahlt würden. Welche Teile ihres Haushaltsgeldes müsste sie opfern, damit diese unterentwickelten Produzenten „gerechter entlohnt werden könnten"? Würde sie Kleidungseinkäufe opfern? Aber ihr Kleidungsetat wäre in der gleichen Weise und Proportion geschrumpft - da sie für die „gerechte Entlohnung" der Produzenten von „Fasern und anderen Rohstoffen" aufkommen müsste. Und so weiter. Was würde also mit ihrem Lebensstandard passieren? Und was würde mit den amerikanischen Farmern und Rohstoffproduzenten passieren? Gezwungen, nicht mit produktiver Kompetenz, sondern mit *Bedürftigkeit* zu konkurrieren, müssten sie ihre „Weiterentwicklung" stoppen und auf Handpflüge zurückgreifen. Was würde also mit dem Lebensstandard der ganzen Welt passieren?

Nein, es ist nicht möglich, dass Papst Paul VI. so wenig über Ökonomie weiß und er seine Theorien nicht zu konkretisieren vermag, die er im Namen der „Menschlichkeit" anbietet, ohne die unmenschliche Grausamkeit zu bemerken, die sie nach sich ziehen.

Es scheint unerklärlich. Aber es gibt eine bestimmte Grundprämisse, die das erklären würde. Sie würde die unvereinbaren Elemente der Enzyklika - die Widersprüche, die Zweideutigkeiten, die Auslassungen und die unbeantworteten Fragen - in ein konsequentes Muster integrieren. Um sie zu entdecken muss man fragen: „Wie sieht das Menschenbild der Enzyklika aus?"

Wer dieses Bild vertritt, gibt es selten zu oder identifiziert es selten. Es ist weniger eine Sache bewusster Philosophie als eine Emotion, die von einem Lebensgefühl diktiert wird. Die bewusste Philosophie derer, die diese Anschauung vertreten, besteht hauptsächlich aus Versuchen, sie zu rationalisieren.

Um dieses Bild zu identifizieren, lassen Sie uns zu seinen Wurzeln gehen - zu dem Phänomen, aus dem es kommt.

Ich möchte Sie bitten, sich den Gesichtsausdruck eines Kindes vorzustellen, wenn es die Antwort auf ein Problem findet, das es zu verstehen versucht hat. Es ist ein strahlender Ausdruck der Freude, der Befreiung, fast des Triumphes, der nicht-selbstbewusst und doch selbstbehauptend ist. Sein Strahlen scheint sich in zwei Richtungen auszubreiten: nach außen, als Erhellung der Welt, und nach innen, als erster Funken dessen, was das Feuer verdienten Stolzes sein wird. Wenn Sie diesen Ausdruck gesehen oder empfunden haben, wissen Sie, dass es solch einen Begriff wie „heilig" gibt - das Beste, das Höchstmögliche des Menschen. Dieser Ausdruck ist das Heilige, das nicht verraten werden und für nichts und niemanden geopfert werden darf.

Dieser Ausdruck ist nicht auf Kinder beschränkt. Comiczeichner stellen ihn gewöhnlich mittels einer Glühbirne über dem Kopf einer

Figur dar, die plötzlich eine Idee hat. In dieser einfachen Form ist das ein angemessenes Symbol: Eine Idee ist ein Licht in der Seele des Menschen.

Es ist die ständige, selbstbewusste Widerspiegelung dieses Lichtes, die man in den Gesichtern von Erwachsenen sucht - besonders in den Gesichtern derer, denen man seine höchsten Werte anvertraut. Man sucht danach in den Augen eines Chirurgen, der eine Operation an einer geliebten Person durchführt; im Gesicht eines Piloten am Steuer des Flugzeuges, in dem man fliegt und (wenn man konsequent ist) in der Person des Mannes oder der Frau, die man heiratet.

Dieser Glühbirnen-Ausdruck ist das Aufflammen der menschlichen Intelligenz in Aktion; er ist die äußere Manifestation des menschlichen Denkvermögens; er ist das Signal und das Symbol des *menschlichen Geistes*. Und zum Ausmaß Ihrer Menschlichkeit ist er in allem enthalten, was Sie suchen, genießen, schätzen oder lieben.

Aber stellen Sie sich vor, dass Bewunderung *nicht* Ihre Reaktion auf diesen Gesichtsausdruck eines Kindes oder eines Erwachsenen wäre. Stellen Sie sich vor, dass Ihre Reaktion eine namenlose Angst wäre. Dann werden Sie Ihr Leben und Ihr philosophisches Vermögen mit dem Kampf verbringen, diese Angst nie beim Namen zu nennen. Sie werden Rationalisierungen finden, um sie zu verstecken, und Sie werden diesen Ausdruck „Egoismus", „Arroganz", „Unnachgiebigkeit" oder „Stolz" nennen - was alles wahr ist, aber nicht in der Weise, in der Sie verstanden werden wollen. Sie werden das Gefühl haben, dass dieser Ausdruck Ihr größter, gefährlichster Feind ist - und das Verlangen, diesen Ausdruck zu bezwingen, wird Ihr einziges Absolutum werden, das Vorrang vor der Vernunft, der Logik, dem Dasein und der Realität hat. Das Verlangen, diesen Ausdruck zu bezwingen, ist das Verlangen, den menschlichen Geist zu zerbrechen.

Somit werden Sie ein Lebensgefühl erwerben, das die Enzyklika *„Populorum Progressio"* produziert hat. Sie wurde nicht vom Lebensgefühl einer einzelnen Person, sondern vom Lebensgefühl einer Institution produziert.

Der dominante Akkord dieses Lebensgefühls ist der Hass auf den *menschlichen Geist* - d.h. Hass auf Menschen, Hass auf das Leben und diese Erde, Hass auf den Genuss des Lebens auf der Erde - und somit, als letzte und geringste Konsequenz, Hass auf das einzige Gesellschaftssystem, das all diese Werte in der Praxis möglich macht: Kapitalismus.

Ich könnte dies mit einem einzigen Beispiel beweisen. Sehen Sie sich die Forderung an, Amerikaner zu einem Leben aus unbezahlter Knochenarbeit zu verurteilen, sie zu zwingen, für das geringste Existenzminimum so schwer zu arbeiten wie bereits jetzt oder schwerer - während Wilde die Produkte ihrer Arbeit einsammeln. Wenn Sie eine solche Forderung hören - welches Bild kommt Ihnen in den Sinn? *Ich* sehe die jungen Leute, die ihr Leben mit eifrigem Selbstvertrauen beginnen, die während des Studiums arbeiten und die ihre Augen freudig und klaglos auf ihre Zukunft gerichtet haben - und welche Bedeutung eine neue Jacke, ein neuer Teppich, ein Gebrauchtwagen oder eine Kinokarte für ihr Leben hat, als Treibstoff für ihren Mut. Jeder, der dieses Bild verdrängt, während er plant, über „die Früchte der Arbeit der Menschen" zu verfügen und erklärt, dass menschliche Arbeit kein ausreichender Grund sei, sein eigenes Produkt zu behalten, kann jedes Motiv beanspruchen - aber nicht Liebe zur Menschheit.

Ich könnte meine Beweisführung damit beenden, werde sie aber nicht dabei belassen. Die Enzyklika bietet mehr an als ein Lebensgefühl: Sie enthält spezifische, bewusste, philosophische Untermauerungen.

Beachten Sie, dass sie nicht auf die *Zerstörung* des menschlichen Geistes abzielt, sondern auf ein langsameres, quälenderes Äquivalent: auf seine Versklavung.

Der Schlüssel zum Verständnis der Gesellschaftstheorien der Enzyklika findet sich in einer Aussage von John Galt:

> „Ich bin der Mensch, den ihr weder leben noch sterben lassen wolltet. Ihr wolltet nicht, dass ich lebe, weil ihr Angst vor der Einsicht hattet, dass ich die Verantwortung trug, die ihr abgelegt habt, und dass euer Leben von mir abhing; ihr wolltet nicht, dass ich sterbe, weil ihr es wusstet." (*„Der Streik"*)

Weder bestreitet die Enzyklika die Existenz menschlicher Intelligenz, noch erkennt sie sie an: Sie behandelt sie bloß als unwichtiges menschliches Merkmal, das keine weitere Betrachtung erfordert. Die einzige Bezugnahme auf die Rolle der Intelligenz im Dasein des Menschen liest sich wie folgt:

> „Für das wirtschaftliche Wachstum und den menschlichen Fortschritt unentbehrlich ist die Industrialisierung, die sowohl Kennzeichen als auch treibende Kraft der Entwicklung bedeutet. Durch die zähe Anwendung seiner Intelligenz und seiner Arbeit entreißt der Mensch Schritt um Schritt der Natur ihre verborgenen Gesetze und macht sich ihre Kräfte dienstbar. Indem er seine Lebensweise in Zucht nimmt, entwickelt er in sich den Drang am Forschen und Erfinden, das Ja zum berechneten Risiko, das Wagnis zu neuen und großzügigen Unternehmungen und den Sinn für Verantwortung." (25)

Beachten Sie, dass die kreative Kraft des Verstandes (des grundlegenden Mittels zum Überleben, des Vermögens, das den Menschen von den Tieren unterscheidet) als „Lebensweise" beschrieben wird – wie Essgewohnheiten oder Damenmode. Beachten Sie, dass sogar dieses dürftige Zugeständnis nicht für sich stehen darf: Damit „Forschen und Erfinden" nicht für einen Wert gehalten werden, werden sie eingebettet in solche Nebensächlichkeiten wie „Großzügigkeit".

Das gleiche Muster wiederholt sich in der Behandlung von *Arbeit*. Die Enzyklika warnt, dass „sie auch hier und da in verstiegener Weise mystifiziert" wird, gibt aber zu, dass Arbeit ein kreativer Prozess ist und fügt dann hinzu: „gemeinsame, in Hoffnung, Mühen, Streben und Freude geteilte Arbeit eint die Willen, bringt die Geister einander näher und verbindet die Herzen: im gemeinsamen Werk entdecken sich die Menschen als Brüder." (27) Und dann: „In zweifacher Richtung wirkt die Arbeit: einerseits verspricht sie Geld, Vergnügen, Macht, drängt die einen zur Selbstsucht, die anderen zur Revolte..." (28)

Dies bedeutet, dass Vergnügen (die Art von Vergnügen, die man durch produktive Arbeit verdient) böse ist, dass Macht (wirtschaftliche Macht, die durch produktive Arbeit verdient wird) böse ist und dass Geld (die Sache, um die die Enzyklika so leidenschaftlich bettelt) böse ist, wenn es in den Händen derer verbleibt, die es verdient haben.

Sehen Sie John Galt „gemeinsam" arbeiten, „Hoffnung, Mühen, Streben und Freude" teilen mit James Taggart, Wesley Mouch und

Dr. Floyd Ferris? Aber das sind nur Romanfiguren, sagen Sie? OK. Sehen Sie Pasteur? Sehen Sie Kolumbus? Sehen Sie Galileo - und was mit ihm geschah, als er versuchte, „Hoffnung, Mühen, Streben und Freude" mit der katholischen Kirche zu teilen?

Nein, die Enzyklika streitet die Existenz von genialen Menschen nicht ab; wenn sie es täte, würde sie nicht so sehr um globales *Teilen* bitten. Wenn alle Menschen austauschbar wären, wenn Abstufungen an Fähigkeiten ohne Konsequenz wären, würden alle Menschen die gleiche Menge produzieren und es gäbe für niemanden irgendwelche Vorteile aus dem Teilen zu ziehen. Die Enzyklika nimmt an, dass die unbenannten, nicht anerkannten, verleugneten Ursprünge des Wohlstands irgendwie weiter funktionieren werden - und stellt dann Existenzbedingungen auf, die ihr Funktionieren unmöglich machen würden.

Denken Sie daran, dass Intelligenz kein exklusives Monopol der Genies ist; sie ist ein Merkmal aller Menschen und unterscheidet sich bloß im jeweiligen Ausmaß. Wenn Existenzbedingungen für Genies zerstörerisch sind, dann sind sie für alle Menschen zerstörerisch, proportional zu ihrer Intelligenz. Wenn Genies bestraft werden, dann auch die Intelligenz jedes anderen Menschen. Es gibt nur diesen Unterschied: Der Durchschnittsmensch besitzt nicht die Kraft des Genies zu selbstbewusstem Widerstand und wird schneller zerbrechen; er wird seinen Verstand in hoffnungslosem Erstaunen unter dem ersten Anzeichen von Druck aufgeben.

Es gibt in der Welt, die die Enzyklika will, keinen Platz für den Verstand und keinen Platz für Menschen. Diese Bewohner sind gefühllose, angepasste Roboter, die vorgeschriebene Aufgaben in einer gigantischen Stammesmaschine ausführen; Roboter ohne Entscheidungen, ohne Urteilsvermögen, ohne Werte, ohne Überzeugungen und ohne Selbstachtung - vor allem ohne Selbstachtung.

„Es ist nicht dein Gut, mit dem du dich gegen den Armen großzügig weist. Du gibst ihm nur zurück, was ihm gehört." (23) Gehört der Wohlstand, den Thomas A. Edison geschaffen hat, dem Buschmann, der ihn nicht geschaffen hat? Gehört die Lohntüte, die Sie diese Woche verdient haben, den Hippies nebenan, die sie nicht verdient haben?

Ein Mensch würde diese Idee nicht akzeptieren, ein Roboter schon. Ein Mensch wäre stolz auf seine Leistung; und der Stolz auf Leistung muss den Robotern der Zukunft ausgebrannt werden.

> „Denn du hast dir herausgenommen, was zu gemeinsamer Nutzung gegeben ist." (23)

> „Gott hat die Erde mit allem, was sie enthält, zum Nutzen für alle Menschen und Völker bestimmt." (22)

Sie sind eines der Dinge, das diese Welt enthält; sind *Sie* deswegen „zum Nutzen für alle Menschen und Völker bestimmt"? Die Antwort der Enzyklika lautet anscheinend „Ja" - da die Welt, die sie will, in jedem wesentlichen Aspekt auf dieser Prämisse basiert.

Ein Mensch würde diese Prämisse nicht akzeptieren. Ein Mensch wie John Galt würde sagen:

> „Ihr habt das Industriezeitalter nie entdeckt - und ihr klammert euch an die Moral der unzivilisierten Epochen, in denen Sklavenarbeit mit reiner Muskelkraft ein elendes menschliches Dasein ermöglicht hat. Seit jeher hat jeder Mystiker nach Sklaven verlangt, die ihn vor der gefürchteten materiellen Wirklichkeit schützen sollen. Doch *ihr*, ihr grotesken kleinen Atavisten, schaut mit blinden Augen die Wolkenkratzer und Schornsteine um euch herum an und träumt davon, diejenigen zu versklaven, die sie geschaffen haben, die Wissenschaftler, Erfinder und Industriellen. Wenn ihr nach der Verstaatlichung der Produktionsmittel ruft, ruft ihr nach der Verstaatlichung des Verstandes." (*Der Streik*)

Aber ein Roboter würde das nicht sagen. Ein Roboter wäre darauf programmiert, nicht den Ursprung von Wohlstand zu hinterfragen - und würde nie entdecken, dass der Ursprung von Wohlstand der menschliche Verstand ist.

Wenn er Ideen hört wie „Gott hat die Erde mit allem, was sie enthält, zum Nutzen für alle Menschen und Völker bestimmt" (22) und „Die Erde ist für alle da" (23), würde ein Mensch begreifen, dass dies Doppeldeutigkeiten sind, die der Frage ausweichen, was erforderlich ist, damit diese natürlichen Ressourcen *genutzt* werden können. Er würde wissen, dass ihm nichts *geschenkt* wird, dass die Umwandlung von Rohstoffen in menschliche Güter einen Denkprozess und

Arbeit erfordert, die einige Menschen verrichten und andere nicht – und dass niemand *gerechterweise* ein Recht auf die Güter haben kann, die von den Gedanken und der Arbeit anderer geschaffen wurden. Ein Roboter würde nicht protestieren; er würde keinen Unterschied zwischen sich und diesen Rohstoffen sehen; er würde seine eigenen Bewegungen als *gegeben* hinnehmen.

Ein Mensch, der seine Arbeit liebt und weiß, welche enorme Tugend, welche Disziplin des Denkens, welche Energie und welche Hingabe sie erfordert, würde gegen die Aussicht rebellieren, sie in den Dienst jener zu stellen, die sie verachten. Und Verachtung für materielle Produktion ist über die gesamte Enzyklika verspritzt. „Die ärmeren Völker können sich nie genug vor der Versuchung hüten, die ihnen von den reicheren kommt." Diese Versuchung ist „das Beispiel eines hauptsächlich auf das materielle Wohl ausgerichteten Handelns." (41) Ein „Gespräch" zwischen verschiedenen Zivilisationen zum Zwecke der „Weltsolidarität" befürwortend, unterstreicht die Enzyklika, dass dieses „Gespräch seinen Anfang mit dem Menschen, nicht mit Agrar- und Industrieerzeugnissen..." (73) nehmen müsse, was bedeutet, dass technische Fähigkeiten ein zu vernachlässigendes Merkmal sind, dass keine Tugenden zu ihrer Erlangung nötig waren und dass die Fähigkeit, Sachwerte zu produzieren keine Anerkennung braucht und nicht Teil des Begriffes „Mensch" ist.

Während die ganze Enzyklika um die *Produkte* des materiellen Wohlstands bettelt, verachtet sie gleichzeitig ihren Ursprung; sie beansprucht ein Recht auf seine Wirkung, ignoriert aber seine Ursache; sie behauptet, von einer hohen moralischen Warte aus zu sprechen, lässt aber den *Prozess* materieller Produktion außerhalb des Reiches der Moral – als ob dieser Prozess eine Aktivität einer niederen Ordnung wäre, die moralische Prinzipien weder erfordere noch enthalte.

Ich zitiere aus *„Der Streik"*: „Ein Industrieller... *ausgeblendet* – einen solchen gibt es nicht. Eine Fabrik ist eine ‚natürliche Ressource' wie ein Baum, ein Felsen oder eine Schlammpfütze... Wer hat das Problem der Produktion gelöst? Die Menschheit, antworten sie. Wie lautete die Lösung? Die Güter sind vorhanden. Wie ist es dazu gekommen? Irgendwie. Was war die Ursache? Es gibt keine Ursachen."

(Der letzte Satz ist hier nicht anwendbar; die Antwort der Enzyklika wäre: die Vorsehung.)

Der Prozess der Produktion wird geleitet durch den menschlichen Geist. Der menschliche Geist ist nichts Unbestimmtes; er braucht bestimmte Bedingungen, um funktionieren zu können - und die wichtigste ist *Freiheit*. Die Enzyklika zieht diese Erfordernisse überhaupt nicht in Betracht, als ob sie erwartete, dass die Quelle menschlicher Gedanken überall, unter allen Bedingungen und unter jedem Druck weitersprudelt - oder *als ob sie beabsichtigte, diese Quelle auszulöschen.*

Wenn Sorge um Armut und menschliches Leid das primäre Motiv wäre, würde man nach deren Ursachen suchen. Man würde nicht zu fragen versäumen: „Warum haben sich einige Nationen entwickelt und andere nicht? Warum leben einige Nationen im Überfluss und warum sind andere auf untermenschlichem Elend stehengeblieben?" Die Geschichte und besonders die beispiellose Wohlstandsexplosion des 19. Jahrhunderts würden eine sofortige Antwort geben: Kapitalismus ist das einzige System, das es Menschen ermöglicht, Überfluss zu produzieren - und der Schlüssel zu Kapitalismus ist individuelle Freiheit.

Es ist offensichtlich, dass ein politisches System die Wirtschaft einer Gesellschaft durch den Schutz oder die Behinderung produktiver Aktivitäten beeinflusst. Aber genau *das* wird die Enzyklika weder zugeben noch erlauben. Die Beziehung von Politik und Ökonomie ist die Sache, die sie höchst emphatisch ignoriert, verdrängt und abstreitet. Sie erklärt, dass keine solche Beziehung existiere.

In ihrem Entwurf der Welt der Zukunft, in der die zivilisierten Länder die Last übernehmen sollen, den unzivilisierten zu helfen und sie zu entwickeln, sagt die Enzyklika:

> „Die Empfänger könnten verlangen, daß man sich nicht in ihre Politik einmische, daß man ihre soziale Ordnung nicht in Unordnung bringe. Sie sind souverän, und es ist ihre Sache, die eigenen Angelegenheiten selbst zu führen, ihre Politik selbst zu bestimmen, sich nach eigenem Ermessen frei eine Staatsform zu wählen." (54)

Was wäre, wenn diese Gesellschaft Produktion, Entwicklung und Fortschritt unmöglich macht? Was wäre, wenn sie Kommunismus praktiziert, wie Sowjetrussland - oder Minderheiten ausrottet, wie Nazi-Deutschland? Oder ein religiöses Kastensystem einführt - wie Indien? Oder an nomadischen anti-industriellen Daseinsformen festhält wie die arabischen Länder? Oder nur aus Stämmen besteht, die durch nackte Gewalt herrschen, wie einige der neuen afrikanischen Länder? Die stillschweigende Antwort der Enzyklika lautet, dass dies das Vorrecht souveräner Staaten sei, dass wir verschiedene „Kulturen" respektieren müssten - und dass die zivilisierten Nationen der Welt *irgendwie* für diese Defizite aufkommen müssten.

Einiges in dieser Antwort ist jedoch nicht stillschweigend.

> „Bei der wachsenden Not der unterentwickelten Länder ist es durchaus in der Ordnung, daß die reichen Länder einen Teil ihrer Produktion zur Befriedigung der Bedürfnisse der andern abzweigen; und ebenso, daß sie Lehrer, Ingenieure, Techniker, Wissenschaftler ausbilden, die ihr Wissen und Können in den Dienst der anderen stellen." (48)

Die Enzyklika gibt solchen Botschaftern ausdrückliche strenge Instruktionen.

> „Sie dürfen bei ihrem Einsatz (jedoch) nicht als Herren auftreten, sondern sollen Helfer und Mitarbeiter sein. Jedes Volk merkt sehr schnell, ob seine Helfer mit oder ohne Zuneigung zugreifen... Ihre Botschaft wird nur dann angenommen, wenn sie von brüderlicher Liebe getragen ist." (71)

Sie sollten ohne „nationalistischen Hochmut" sein; sie müssten wissen, dass „ihr Fachwissen durchaus keine Überlegenheit auf allen Gebieten besagt." Sie sollten erkennen, dass „die Kultur, in der sie aufgewachsen sind,... zweifellos Elemente eines universalen Humanismus [enthält], aber sie ist nicht die einzige." Dem Helfer sollte es „ein Anliegen sein, mit der Geschichte des Landes, in dem er gleichsam als Gast weilt, auch dessen kulturelle Kräfte und Reichtümer zu entdecken. So kommt es zu einer Begegnung beider Kulturen, durch die beide befruchtet werden." (72)

Dies sagt man zivilisierten Menschen, die in Länder gehen sollen, in denen heilige Kühe gefüttert werden, während Kinder verhungern –

wo weibliche Säuglinge getötet oder ausgesetzt werden - wo Menschen erblinden, weil ihre Religion medizinische Hilfe verbietet - in denen Frauen verstümmelt werden, um ihre Treue zu gewährleisten - in denen zeremonielle, unaussprechliche Folterungen an Gefangenen verübt werden und in denen Kannibalismus praktiziert wird. Sind das die „kulturellen Reichtümer", denen ein westlicher Mensch mit „brüderlicher Liebe" begegnen soll? Sind das die „wertvollen Elemente", die er bewundern und annehmen soll? Sind das „die Bereiche" in denen er sich nicht als überlegen ansehen soll? Und wenn er ganze Völker unter solchen Bedingungen lebendig verkommen sieht, soll er nicht mit einem brennenden Stich von Stolz - Stolz und Dankbarkeit - die Errungenschaften *seiner* Nation und *seiner* Kultur anerkennen, der Menschen, die diese erschaffen haben und ihm ein edleres Erbe hinterließen?

Die implizite Antwort der Enzyklika lautet: „Nein." Er soll nicht urteilen, nicht fragen und nicht anklagen - nur lieben; lieben ohne Ursache, ohne Maßstäbe und ohne eigene Überzeugungen.

(Die einzig wertvolle Hilfe, die westliche Menschen den unterentwickelten Ländern wirklich anbieten könnten, läge darin, sie über das Wesen des Kapitalismus aufzuklären und ihnen zu helfen, ihn einzuführen. Aber das wäre ein Konflikt mit den „kulturellen Traditionen" der Eingeborenen; Industrialisierung kann nicht auf abergläubische Irrationalität aufgepfropft werden, es geht nur entweder/oder. Nebenbei ist das ein Wissen, das der Westen selbst verloren hat, und es ist *das* spezifische Element, das die Enzyklika verdammt.)

Während die Enzyklika in Bezug auf kulturelle Werte einen wahllosen Relativismus verlangt und ausdrücklich Respekt für das Recht primitiver Kulturen anmahnt, welche Werte auch immer zu haben, erstreckt sich diese Toleranz nicht auf die westliche Zivilisation. Über westliche Unternehmer, die mit Ländern handeln, „die erst jüngst der Industrialisierung erschlossen wurden", sagt die Enzyklika: „Warum betreiben sie dann aber in den Entwicklungsländern ihre Geschäfte nach den unmenschlichen Grundsätzen des krassen Eigennutzes?" (70)

Beachten Sie, dass die Schrecken des Stammesdaseins in diesen unterentwickelten Ländern keine Verurteilung hervorrufen; nur Individualismus - das Prinzip, das die Menschheit aus den urzeitlichen Sümpfen erhob - wird als „unmenschlich" gebrandmarkt.

Sehen Sie sich im Lichte dieser Äußerung die Verachtung der Enzyklika für begriffliche Integrität an, wenn sie „Aufbau einer besseren Welt, in der die Rechte und die Aufgaben eines jeden geachtet werden" (65) befürwortet. Wie sehen die Rechte des Individuums in einer Welt aus, die Individualismus für „unmenschlich" hält? Keine Antwort.

Es gibt eine weitere Bemerkung in Bezug auf westliche Nationen, die beachtenswert ist. Die Enzyklika sagt: „Wir freuen Uns zu hören, daß in manchen Nationen der Wehrdienst durch einen Sozialdienst oder überhaupt durch irgendeinen sonstigen Dienst wenigstens teilweise ersetzt werden kann." (74)

Es ist interessant zu entdecken, woher wahrscheinlich die Idee stammt, Militärdienst durch Zivildienst zu ersetzen, die Idee, dass amerikanische Jugendliche ihrem Land schlicht und einfach einige Jahre Knechtschaft schulden - eine bösartige und einzigartig unamerikanische Idee, die noch schlimmer als die Wehrpflicht ist und die jedem fundamentalen Prinzip der Vereinigten Staaten widerspricht.

Die Philosophie, die die Vereinigten Staaten erschuf, ist das Angriffsziel der Enzyklika - der Feind, den sie auszulöschen sucht. Eine Randbemerkung, die an Lateinamerika gerichtet zu sein scheint, ist etwas Schönfärberei, eine Falle für Kompromissler, die sich auf sie gestürzt haben. Diese Bemerkung sagt: „Das Gemeinwohl verlangt deshalb manchmal eine Enteignung von Grundbesitz, wenn dieser wegen seiner Größe, seiner geringen oder überhaupt nicht erfolgten Nutzung, wegen des Elends, das die Bevölkerung durch ihn erfährt, wegen eines beträchtlichen Schadens, den die Interessen des Landes erleiden, dem Gemeinwohl hemmend im Wege steht." (24)

Aber was auch immer die Sünden Lateinamerikas sein mögen, Kapitalismus ist nicht darunter. Kapitalismus - ein System basierend auf der Anerkennung und dem Schutz individueller Rechte - hat in Lateinamerika nie existiert. Lateinamerika wurde und wird beherrscht von einer primitiven Form des Faschismus: einer unorganisierten, unstrukturierten Herrschaft durch *Staatsstreiche*, durch militärische Banden, d.h. durch körperliche Gewalt, die eine Vortäuschung von Privateigentum toleriert, bis es durch die augenblicklichen Machthaber enteignet wird (was die Ursache für die wirtschaftliche Stagnation Lateinamerikas ist.)

Die Enzyklika befasst sich mit der Hilfe für die unterentwickelten Nationen. Lateinamerika steht hoch oben auf der Liste der Unterentwickelten; es ist unfähig, seine eigene Bevölkerung zu ernähren. Kann sich irgendjemand Lateinamerika in der Rolle eines globalen Versorgers vorstellen, der die Bedürfnisse der gesamten Welt befriedigt? Nur die Vereinigten Staaten - das von den Prinzipien des Individualismus geschaffene Land, das freieste Beispiel des Kapitalismus in der Geschichte, der erste und letzte Exponent der Menschenrechte - könnten eine solche Rolle ausfüllen und somit in den Selbstmord getrieben werden.

Nun beachten Sie, dass die Enzyklika sich nicht mit *Menschen*, mit *Individuen* befasst; die „Einheit" ihres Denkens ist *der Stamm*: Nationen, Länder, Völker - und sie diskutiert diese, als ob sie die absolute Macht hätten, über ihre Bürger zu verfügen und als ob Individuen nicht länger von Bedeutung wären. Dies zeigt die Strategie der Enzyklika an: Die Vereinigten Staaten sind die höchste Errungenschaft des jahrtausendelangen Kampfes der westlichen Zivilisation um Individualismus und ihr letztes, gefährdetes Überbleibsel. Mit der Auslöschung der Vereinigten Staaten, d.h. des Kapitalismus, wird es auf der Erde nur noch kollektivierte Stämme geben. Um diesen Tag herbeizueilen, behandelt die Enzyklika dies als *fait accompli* und richtet sich an Beziehungen zwischen Stämmen.

Beachten Sie, dass dieselbe Moral - *Altruismus*, die Moral der Selbstopferung -, die seit Jahrhunderten gegen das Individuum gepredigt wurde, nun gegen *zivilisierte Nationen* gepredigt wird. Der Glauben der Selbstopferung - die urzeitliche Waffe zur Bestrafung des Erfolgs auf der Erde, zur Untergrabung des Selbstvertrauens, zur Verkrüppelung der Unabhängigkeit, zur Vergiftung des Vergnügens am Leben, zur Kastration des Stolzes, zur Verkümmerung der

Selbstachtung und der Lähmung des Verstandes - soll nun zivilisierte Nationen und die Zivilisation an sich zerstören.

Ich zitiere John Galt:

> „Ihr seid am Ende der Sackgasse des Verrats angekommen, den ihr begingt, als ihr akzeptiert habt, dass ihr kein Recht hättet, zu existieren. Zunächst dachtet ihr, es sei ‚nur ein Kompromiss': Ihr räumtet ein, dass es böse sei, für euch selbst, aber moralisch, um eurer Kinder willen zu leben. Dann räumtet ihr ein, es sei selbstsüchtig, für eure Kinder, aber moralisch, für eure Gemeinschaft zu leben. Dann räumtet ihr ein, es sei selbstsüchtig, für eure Gemeinschaft, aber moralisch, für euer Land zu leben. Und jetzt lasst ihr zu, dass dieses großartigste aller Länder von jeglichem Abschaum aus allen Teilen der Erde verzehrt wird, während ihr einräumt, es sei selbstsüchtig, für euer Land zu leben, aber eure moralische Pflicht, für die ganze Welt zu leben. Ein Mensch, der kein Recht auf Leben hat, hat kein Recht auf Werte und wird auch keine bewahren." (*„Der Streik"*)

Rechte sind Existenzbedingungen, die von der menschlichen Natur für sein Überleben qua Mensch (d.h. qua rationales Wesen) gefordert werden. Sie sind mit Altruismus unvereinbar.

Die Seele oder der Geist des Menschen ist sein Bewusstsein; der Motor seines Bewusstseins ist die Vernunft; raube ihm seine Freiheit, d.h. sein Recht, seinen Verstand zu benutzen - und übrig bleibt nur sein physischer Leib, an dessen Strippen jeder Stamm ziehen kann.

Fragen Sie sich, ob Sie je ein so körperorientiertes Dokument wie diese Enzyklika gelesen haben. In der Welt, die sie will, leben nur Roboter, die auf einen einzigen Reiz ansprechen: *Bedürftigkeit* - die niedrigste, widerlichste, physische, *physikalistische* Bedürftigkeit jedes anderen Roboters irgendwo auf der Welt: die gröbsten Notwendigkeiten, das Minimum, um alle Roboter arbeitsfähig zu halten, auf einer Stufe, wo sie essen, schlafen, sterben und sich fortpflanzen können, um mehr Roboter zu produzieren, die essen, schlafen, sterben und sich fortpflanzen. Die unmenschlichste Stufe der Armut ist die Stufe, auf der tierische Notwendigkeiten das einzige Anliegen und das einzige Ziel werden; dies ist die Stufe, die die Enzyklika institutionalisieren und auf der sie die gesamte Menschheit für immer festhalten will, mit den tierischen Notwendigkeiten aller als einzige Motivation aller anderen („alle anderen Rechte müssen diesem Prinzip untergeordnet werden").

Wenn die Enzyklika beklagt, dass Menschen in einer kapitalistischen Gesellschaft Opfer eines „lähmenden Materialismus" werden, wie sieht dann die Atmosphäre in *dieser* Welt aus?

Jemand, der einen solchen Plan überlebt hat, beschrieb es wie folgt:

> „Wir konnten nicht wissen, welche Fähigkeiten sie hatten, wir konnten ihre Bedürfnisse nicht kontrollieren, wir wussten nur, dass wir uns wie Lasttiere blind an einem Ort abrackerten, der halb Krankenanstalt, halb Schlachthof war, einem Ort, an dem nichts als Unfähigkeit, Unheil und Unwohlsein zählten - wir waren Lasttiere, die dazu da waren, irgendein Bedürfnis zu befriedigen, von dem irgendjemand behauptete, dass irgendwer es hatte... Zu arbeiten - ohne Chance auf eine Extraportion, bis alle Kambodschaner satt sind und alle Patagonier einen Collegeabschluss haben. Zu arbeiten - für einen Blankoscheck, den jedes Neugeborene in den Händen hält, den Menschen in den Händen halten, die Sie nie treffen werden, deren Bedürfnisse Sie nie kennen werden, deren Fähigkeiten oder Faulheit oder Schlampigkeit oder Schwindeleien Sie nie in Erfahrung bringen können und kein Recht haben, infrage zu stellen - nichts als zu arbeiten und arbeiten und arbeiten - und den Ivys und Geralds dieser Welt die Entscheidung zu überlassen, wessen Magen sich zulasten der Anstrengungen, der Träume und der Tage Ihres Lebens gütlich tun darf." („*Der Streik*")

Denken Sie, dass ich übertrieben habe und dass niemand solche Ideale predigt?

Aber, sagen Sie, das Ideal der Enzyklika wird nicht funktionieren? Es *soll* gar nicht funktionieren.

Es soll nicht Leid lindern oder Armut abschaffen; es soll Schuldgefühle hervorrufen. Es soll nicht akzeptiert und praktiziert werden; es soll akzeptiert und gebrochen werden - gebrochen vom „egoistischen" Verlangen zu leben, was somit zu einer schändlichen Schwäche gemacht wird. Menschen, die ein irrationales Ziel als Ideal annehmen, das sie nie erreichen können, heben danach nie wieder ihre Köpfe - und entdecken nie, dass ihre gesenkten Köpfe das einzige Ziel sind.

Die Linderung von Leid ist nicht das Motiv des Altruismus - das ist nur seine Rationalisierung. Selbstopferung ist nicht das Mittel zu einem glücklicheren Ziel, sie *ist* das Ziel - Selbstopferung als permanenter Zustand, als Lebensweise freudloser Schufterei im Dreck einer trostlosen Welt, wo kein „Warum?" in den verschleierten, ausgelöschten Augen der Kinder aufblitzen darf.

Die Enzyklika gibt dies beinahe zu und versucht gar nicht erst, eine irdische Rechtfertigung für altruistisches Martyrium anzubieten. Sie erklärt: „Der Mensch ist keineswegs letzte Norm seiner selbst und wird nur durch Hinausschreiten über sich selbst zu dem, der er sein soll." (42) (Über das Grab hinaus?) Und: „Dieser Weg zu einer größeren Menschlichkeit verlangt Anstrengungen und Opfer. Aber auch die Widrigkeiten, angenommen aus Liebe zu unseren Brüdern, tragen bei zum Fortschritt der gesamten Menschheitsfamilie." (79) Und: „Wir sind alle vereint in diesem Fortschritt zu Gott." (80)

Was die Einstellung zum menschlichen Geist anbetrifft, so findet man das klarste Geständnis außerhalb der Enzyklika. In einer Rede vor einer nationalen Konferenz italienischer Bischöfe am 7. April 1967 verurteilt Papst Paul VI. „die Vernehmung jeden Dogmas, das nicht gefällt und die demütige Huldigung des Verstandes verlangt." Und er drängte die Bischöfe „den Kult des Egos zu bekämpfen." (*New York Times*, 8. April 1967.)

Die Frage, welches politische System sie vertritt, ist der Enzyklika gleichgültig: Sie würde anscheinend jedes politische System akzeptabel finden, vorausgesetzt, es ist eine Variante des Dirigismus. Die vagen Anspielungen auf eine nominelle Form von Privateigentum machen es wahrscheinlich, dass die Enzyklika Faschismus bevorzugt. Andererseits lassen der Ton, der Stil und die Vulgarität der Argumentation einen abgenutzten Marxismus vermuten. Aber eben diese Vulgarität scheint eine tiefe Gleichgültigkeit für intellektuellen Diskurs anzuzeigen - als ob die Enzyklika aus Verachtung für ihr Publikum jedes Klischee benutzt, das heute garantiert modern ist.

Die Enzyklika besteht nachdrücklich auf zwei politischen Forderungen: dass die Nationen der Zukunft Dirigismus mit totalitärer Kontrolle über die ökonomischen Aktivitäten ihrer Bürger einführen -

und dass diese Nationen sich zu einem globalen Staat mit totalitärer Macht über globale Planung vereinigen.

> „Diese internationale Zusammenarbeit auf Weltebene braucht Institutionen, die sie vorbereiten, aufeinander abstimmen, leiten, bis eine Rechtsordnung geschaffen wird, die allgemein anerkannt ist...Wer sieht nicht die Notwendigkeit ein, allmählich zur Errichtung einer die Welt umfassenden Autorität zu kommen, die imstande ist, auf der rechtlichen wie auf der politischen Ebene wirksam zu handeln?" (78)

Gibt es irgendeinen Unterschied zwischen der Philosophie der Enzyklika und dem Kommunismus? Ich bin absolut willens, in dieser Frage eine wichtige katholische Eminenz beim Wort zu nehmen. Unter der Überschrift „Enzyklika erteilt Marxismus eine Abfuhr" berichtet die *New York Times* vom 31. März 1967:

> „Hochwürden John Courtney Murray, der prominente Jesuitentheologe, beschrieb die neueste Enzyklika von Papst Paul VI. gestern als ‚die definitive Antwort der Kirche auf den Marxismus'... ‚Die Marxisten haben einen Weg vorgeschlagen, und bei der Verfolgung ihres Programms verlassen sie sich allein auf den Menschen', sagte Vater Murray. ‚Nun hat Papst Paul VI. einen detaillierten Plan herausgegeben, um dasselbe Ziel auf der Basis eines echten Humanismus zu erreichen – eines Humanismus, der die religiöse Natur des Menschen anerkennt.'"

Amen.

So viel zu jenen amerikanischen „Konservativen", die behaupten, dass Religion die Basis des Kapitalismus sei und die glauben, dass sie den Kapitalismus behalten und ihn auch auffressen können, wie der moralische Kannibalismus des Altruismus es verlangt.

Und so viel zu jenen modernen „Liberalen", die stolz darauf sind, die Vorkämpfer der Vernunft, der Wissenschaft und des Fortschritts zu sein – und die die Vertreter des Kapitalismus als abergläubische, reaktionäre Repräsentanten einer dunklen Vergangenheit verleumden. Aufrücken, Genossen, macht Platz für eure neuesten Mitreisenden, die immer auf *eure* Seite gehörten – und dann werft einen Blick auf die Vergangenheit, die *sie* repräsentieren, wenn ihr es wagt.

Dies ist das Schauspiel der Religion, die auf den Zug des Dirigismus aufspringt, in einem verzweifelten Versuch, die Macht zurückzugewinnen, die sie in der Renaissance verloren hat.

Die katholische Kirche hat nie die Hoffnung aufgegeben, die mittelalterliche Einheit von Kirche und Staat wiederherzustellen, mit einem globalen Staat und einer globalen Theokratie als Endziel. Seit der Renaissance trat sie immer als letzte jener politischen Bewegung bei, die zu der jeweiligen Zeit ihrem Zweck dienen konnte. Dieses Mal ist es zu spät: Der Kollektivismus ist intellektuell tot; der Zug, auf den die katholische Kirche aufgesprungen ist, ist ein Leichenwagen. Aber da sie auf dieses Gefährt setzt, gibt die katholische Kirche die westliche Zivilisation auf und ruft die barbarischen Horden auf, die Errungenschaften des menschlichen Verstandes zu verschlingen.

Es gibt ein trauriges Element in diesem Schauspiel. Der Katholizismus war einst die philosophischste aller Religionen. Seine lange, erhabene philosophische Geschichte wurde von einem Giganten erleuchtet: Thomas von Aquin. Er brachte eine aristotelische Auffassung der Vernunft (eine aristotelische *Erkenntnistheorie*) zurück in die europäische Kultur und erleuchtete den Weg zur Renaissance. Für die kurze Dauer des 19. Jahrhunderts, als sein Einfluss unter katholischen Philosophen dominierte, hob die Größe seines Denkens die Kirche fast in das Reich der Vernunft (zum Preis eines grundlegenden Widerspruchs). Heute werden wir Zeuge des Endes dieser Linie und einer Kirche, die sich wieder seinem vorzeitlichen Antagonisten zuwendet, der besser passt – dem verstandhassenden, lebenshassenden Augustinus. Man würde sich nur wünschen, dass dem heiligen Thomas ein würdigeres Requiem zuteil geworden wäre.

Die Enzyklika ist die Stimme der dunklen Zeitalter, die im heutigen intellektuellen Vakuum wieder aufkommt, wie ein kalter Wind, der durch die leeren Straßen einer aufgegebenen Zivilisation pfeift.

Da der Westen unfähig ist, einen tödlichen Widerspruch zu lösen – den Konflikt zwischen Individualismus und Altruismus –, gibt er auf. Wenn man Vernunft und Freiheit aufgibt, wird das Vakuum aufgefüllt durch Glauben und Gewalt.

Kein Gesellschaftssystem kann lange ohne moralische Basis überleben. Stellen Sie sich einen herrlichen Wolkenkratzer vor, der auf Treibsand gebaut ist: Während sich Menschen aufwärts kämpfen, um das 100. und das 200. Stockwerk hinzuzufügen, versinken das 10. und das 20. im Sumpf. Das ist die Geschichte des Kapitalismus, seines schwankenden, torkelnden Versuches, aufrecht auf einem Fundament der altruistischen Moral zu stehen.

Es gibt aber nur entweder/oder. Wenn die schuldgeplagten, verwirrten Apologeten des Kapitalismus das nicht wissen - zwei völlig konsequente Repräsentanten des Altruismus wissen es: der Katholizismus und der Kommunismus.

Ihr Zusammenschluss ist daher nicht erstaunlich. Ihre Unterschiede gelten nur für das Übernatürliche, aber hier in der Wirklichkeit, auf dieser Erde, haben sie drei fundamentale Elemente gemeinsam: die gleiche Moral (Altruismus), das gleiche Ziel (globale Herrschaft durch Gewalt) und den gleichen Feind (den menschlichen Geist).

Es gibt einen Präzedenzfall für ihre Strategie. Bei der Wahl in Deutschland 1933 unterstützten die Kommunisten die Nazis, unter der Prämisse, dass sie später gegeneinander um die Macht kämpfen könnten, sie aber zuerst ihren gemeinsamen Feind zerstören müssten - den Kapitalismus. Heute können Katholizismus und Kommunismus gut kooperieren, unter der Prämisse, dass sie später gegeneinander um die Macht kämpfen können, sie aber zuerst ihren gemeinsamen Feind zerstören müssen - das Individuum. Man zwingt die Menschheit, sich zu vereinen, damit sie einen Hals für eine Schlinge formt.

Die Enzyklika wurde von der kommunistischen Presse weltweit mit Enthusiasmus begrüßt. „Die kommunistische Parteizeitung ‚*L'Humanité*' sagte, die Enzyklika sei ‚oft bewegend' und konstruktiv wegen der Hervorhebung der Übel des Kapitalismus, die die Marxisten schon lange unterstreichen", berichtete die *New York Times* vom 30. März 1967.

Wer die Rolle moralischen Selbstvertrauens in menschlichen Angelegenheiten nicht versteht, wird die sardonisch-absurde Qualität des Folgenden nicht würdigen können: „Die französischen Kommunisten beklagten jedoch den Fehler des Papstes, in seiner Kritik der

Ungleichgewichte zwischen ‚Habenden' und ‚Habenichtsen', keinen Unterschied zwischen reichen kommunistischen Ländern und reichen kapitalistischen Ländern zu ziehen."

Daher ist Wohlstand, der durch Gewalt erworben wurde, rechtmäßiges Eigentum, aber Wohlstand, der durch Produktion erworben wurde, nicht; Plündern ist moralisch, Produzieren nicht. Und während die Sprecher der Plünderer der Verurteilung von Wohlstand widersprechen, kriechen die Sprecher der Produzenten auf dem Bauch, weichen der Frage aus, akzeptieren die Beleidigungen und versprechen, dass sie ihren Wohlstand wegschenken werden. Wenn der Kapitalismus nicht überlebt, dann ist *dies* das Schauspiel, das ihn unwürdig zum Überleben gemacht haben wird.

Die *New York Times* vom 30. März 1967 erklärte in einem Leitartikel, dass die Enzyklika „eine bemerkenswert fortschrittliche Wirtschaftsphilosophie hat. Sie ist hoch entwickelt, umfassend und durchdringend..." Wenn dieser Leitartikel mit „fortschrittlich" meint, dass die Philosophie der Enzyklika die modernen „Liberalen" eingeholt hat, müsste man zustimmen - außer, dass die *Times* sich über die *Richtung* der Bewegung täuscht: Nicht die Enzyklika ist ins 20. Jahrhundert fortgeschritten, sondern die „Liberalen" sind ins 4. zurückgeschritten.

Das *Wall Street Journal* vom 10. Mai 1967 ging noch weiter. Es erklärte sinngemäß, dass der Papst es nicht so meine. Die Enzyklika sei nur ein Missverständnis, verursacht durch eine mysteriöse Verschwörung der vatikanischen Übersetzer, die die Ideen des Papstes durch ihre Übersetzung vom Lateinischen ins Englische falsch interpretiert hätten. „Seine Heiligkeit schüttet vielleicht keine Komplimente über das System des freien Marktes aus. Aber er sagt nicht, was die englische Version ihn sagen lässt."

Durch peinlich genaue Vergleiche der lateinischen Abschnitte mit ihren offiziellen und inoffiziellen Übersetzungen und spaltenweise kasuistischer Haarspalterei, kommt das *Wall Street Journal* zu dem Schluss, dass der Papst nicht den Kapitalismus angreift, sondern nur *„einige Meinungen"* über Kapitalismus. Welche Meinungen? Nach der inoffiziellen Übersetzung liest sich Abschnitt 26 wie folgt: „Aber aus diesen neuen Bedingungen sind, wir wissen nicht wie, einige Meinungen in die menschliche Gesellschaft geschlichen, nach denen Profit als erster Anreiz zur Förderung des ökonomischen Fortschritts, freier Wettbewerb als höchste Regel der Wirtschaft und Privateigentum an Produktionsmitteln als absolutes Recht angesehen wird, das weder Grenzen noch eine soziale Verpflichtung mit sich bringt..."

„Im Lateinischen", so der Artikel, „erkennt Papst Paul VI. die Nöte in der Entwicklung ‚einiger Arten des Kapitalismus' an. Aber er gibt dafür nicht ‚dem gesamten leidvollen System' - d.h. dem gesamten kapitalistischen System - die Schuld, sondern einigen korrupten Ansichten davon."

Wenn die Ansichten, die Profit, freien Wettbewerb und Privateigentum vertreten, „korrupt" sind, was *ist* denn dann Kapitalismus? Wird ausgeblendet. Wie definiert das *Wall Street Journal* Kapitalismus? Wird ausgeblendet. Was sollen wir Kapitalismus nennen, wenn all seine wesentlichen Merkmale entfernt werden? Wird ausgeblendet.

Diese letzte Frage zeigt die ungesagte Bedeutung dieses Artikels an: Da der Papst nicht den Kapitalismus, sondern nur seine fundamentalen Prinzipien angreift, müssen wir keine Angst haben.

Und wofür, glauben Sie, fand der Artikel den Mut, die Enzyklika zu tadeln? „Was in der Enzyklika wünschenswert gewesen wäre, wäre die Anerkennung, dass der Kapitalismus eine Menge sozialer Verantwortung annehmen kann und es in den Vereinigten Staaten und anderswo auch tut."

Sic transit gloria viae Wall.

Eine ähnliche weitsichtige Einstellung hat das *Time Magazine* vom 7. April 1967.

> „Obwohl Papst Paul wahrscheinlich versucht hat, der heutigen ökonomischen Situation eine christliche Botschaft zu geben, ignorierte seine Enzyklika die Tatsache, dass altmodischer Laissez-Faire-Kapitalismus fast so tot ist wie *Das Kapital*. Die päpstliche Verurteilung des Kapitalismus richtet sich an die unreformierte Variante, die z.B. in Lateinamerika existiert."

Wenn das ein Wettbewerb wäre, dann ginge der erste Preis an das *Fortune Magazine* vom Mai 1967. Dessen Einstellung ist aggressiv amoralisch und a-philosophisch; es besteht stolz darauf, an der Teilung von Wirtschaft und Ethik festzuhalten. „Kapitalismus ist nur ein Wirtschaftssystem", sagt es.

Zuerst erkennt es das „lobenswerte Ziel" des Papstes an und erklärt: „Aber trotz seiner modernen und globalen Vision könnte *Populorum Progressio* ein Dokument sein, das sich selbst besiegt. Es hat eine altmodische Ansicht über die Wirkweise der Wirtschaft... Der Papst hat einen Strohmann aufgestellt, der wenige Verteidiger hat - wenn dieser Abschnitt (26) wörtlich genommen wird. Unvermischter Laissez-Faire-Kapitalismus leitet keinen nennenswerten Teil des Welthandels... ‚Eigentum' hat sich in fortgeschrittenen Ländern in einer Weise entwickelt, in der es ‚soziale Pflichten' subsumiert... ‚absolute' private Rechte sind in fortgeschrittenen industrialisierten Gesellschaften irrelevant."

Nachdem es das zugestanden hat, scheint *Fortune* erstaunt und verletzt zu sein, dass der Papst es nicht für notwendig erachtet, Unternehmer unter „Menschen guten Willens" einzuschließen, die er im Kampf gegen die globale Armut so dringend anruft.

> „Ohne jeden spezifischen Bezug auf den Unternehmer kränkt er einen natürlichen und notwendigen Partner, der sich tatsächlich schon in vielen Teilen der Welt so engagiert, wie Papst Paul es anmahnt. Vielleicht wird der Unternehmer als gegeben hingenommen, als eine Art urzeitlicher Kraft, auf die man zählen kann und die bloß gezähmt, nutzbar gemacht und vorsichtig beobachtet werden muss. [Und ist das nicht *Fortunes* eigene Anschauung der Unternehmer in ihrem „unvermischten" Staat?]
>
> Der Vatikan war selten in der Lage, den Kapitalismus als etwas anderes anzusehen als ein bestenfalls notwendiges Übel, und *Populorum Progressio* lässt ahnen, dass ein besseres Verständnis immer noch schwierig ist. Dies soll nicht heißen, dass Kapitalismus ein Wundermittel für soziale Aufklärung und Fortschritt ist; er ist nur ein ökonomisches System, das - erfolgreicher als jedes andere System - Menschen mit gutem Willen benutzen können, die sozialen Ziele zu erreichen, die Politik und Religion zu definieren helfen."

Beachten Sie die Unanständigkeit des Versuches, Kapitalismus durch altruistischen Dienst zu rechtfertigen. Beachten Sie auch die Naivität der Zyniker: Es ist nicht ihr Wohlstand oder die Linderung der Armut, hinter der die Enzyklika her ist.

Die modernen Pragmatiker - militant detailversessen und Zynismus mit „Praktikabilität" gleichsetzend - sind unfähig, über die Dauer des Augenblicks hinauszusehen oder zu begreifen, was die Welt bewegt und ihre Richtung bestimmt. Wer mit jedem Strom schwimmt, mit allem Kompromisse schließt und jedermann als Mittel zum Zweck dienen will, verliert die Fähigkeit, die Macht von Ideen zu verstehen. Und während zwei Horden Menschenhasser, die diese Macht verstehen, über die Zivilisation herfallen, sitzen sie in der Mitte und erklären, dass Prinzipien Strohmänner seien.

Ich habe die gleiche Anschuldigung gegen den Objektivismus gehört: Wir würden einen Strohmann bekämpfen, sagen sie. Niemand würde die Ideen predigen, die wir bekämpfen.

Aber wie ein Freund von mir bemerkte: Nur der Vatikan, der Kreml und das Empire State Building* kennen die wirklichen Fragen der modernen Welt.

* *The Objectivist* ist im September ins *Empire State Building* gezogen.

Anhang: Die Menschenrechte

von Ayn Rand

Aus: *Die Tugend des Egoismus*

Wenn man eine freie Gesellschaft (d.h. Kapitalismus) befürwortet, muss man sich darüber klar werden, dass ihr unverzichtbares Fundament das Prinzip individueller Rechte ist. Wenn man individuelle Rechte schützen will, muss man sich darüber klar werden, dass Kapitalismus das einzige System ist, das sie schützen kann. Und wenn man Freiheit zu den Zielen der heutigen Intellektuellen in Beziehung setzen will, kann man es anhand der Tatsache tun, dass der Begriff individueller Rechte vermieden, verzerrt, pervertiert und selten diskutiert wird, am seltensten von den sogenannten „Konservativen".

„Rechte" sind ein moralischer Begriff - der Begriff, der einen logischen Übergang herstellt von den Prinzipien, die die Handlungen eines Individuums leiten, zu den Prinzipien, die seine Beziehung zu anderen leiten - der Begriff, der individuelle Moral in einem gesellschaftlichen Kontext bewahrt und beschützt, das Glied zwischen dem Moralkodex eines einzelnen Menschen und dem Gesetzeskodex einer Gesellschaft, zwischen Ethik und Politik. *Individuelle Rechte sind das Mittel, die Gesellschaft einem Moralgesetz unterzuordnen.*

Jedes politische System basiert auf einem bestimmten Moralkodex. Die vorherrschende Moral in der Geschichte waren Varianten der altruistisch-kollektivistischen Doktrin, die das Individuum einer höheren Autorität unterwarfen, sei sie mystisch oder gesellschaftlich. Dementsprechend waren die meisten politischen Systeme Varianten derselben dirigistischen Tyrannei, die sich zwar graduell, aber nicht prinzipiell unterschieden, begrenzt nur durch die Zufälle der Tradition, des Chaos, der blutigen Kriege und des wiederkehrenden Zusammenbruchs. Unter allen solchen Systemen war Moral ein Kodex, der auf das Individuum, nicht aber auf die Gesellschaft anwendbar war. Die Gesellschaft stand außerhalb des Moralgesetzes, als dessen Verkörperung, als dessen Ursprung oder ausschließlicher Interpret –

und der Hauptzweck von Ethik bestand immer darin, dem Individuum einzuschärfen, seine Pflicht bestehe im selbstopfernden Dienst an der Gesellschaft.

Da es eine solche Entität wie „Gesellschaft" nicht gibt, da die Gesellschaft nur eine Anzahl individueller Menschen ist, bedeutete das praktisch, dass die Herrscher der Gesellschaft von den Moralgesetzen ausgenommen waren. Nur traditionellen Ritualen unterworfen, hatten sie absolute Macht und forderten blinden Gehorsam ein – unter dem Motto: „Das Gute ist das, was gut für die Gesellschaft (oder für den Stamm, die Rasse, die Nation) ist – und die Edikte des Herrschers sind ihre Stimme auf Erden."

Dies galt für alle dirigistischen Systeme, unter allen Varianten der altruistisch-kollektivistischen Ethik, ob sie nun mystischer oder gesellschaftlicher Art waren. „Das göttliche Recht der Könige" fasst die politische Theorie der ersten zusammen – „Vox populi, vox dei" die zweite. Als Zeugen: Die Theokratie Ägyptens mit dem Pharao als Verkörperung Gottes; die unbeschränkte Mehrheitsherrschaft oder *Demokratie* Athens; der Sozialstaat der römischen Kaiser; die Inquisition des Mittelalters; die absolute Monarchie Frankreichs; der Sozialstaat des Bismarck'schen Preußens; die Gaskammern Nazi-Deutschlands und das Schlachthaus der Sowjetunion.

All diese politischen Systeme verkörperten die altruistisch-kollektivistische Ethik – und ihr gemeinsames Merkmal ist die Tatsache, dass die Gesellschaft über dem Moralgesetz stand, als allmächtiger Souverän, der nach Lust und Laune herrschte. Daher waren all diese Systeme politisch gesehen Varianten einer *amoralischen* Gesellschaft.

Die revolutionärste Errungenschaft der Vereinigten Staaten von Amerika war *die Unterordnung der Gesellschaft unter das Moralgesetz.*

Das Prinzip individueller Menschenrechte repräsentierte die Ausweitung der Moral auf das Gesellschaftssystem – als Begrenzung der Macht des Staates, als Schutz gegen die nackte Gewalt des Kollektivs, als Unterordnung von *Macht* unter *Recht*. Die Vereinigten Staaten waren die erste *moralische* Gesellschaft in der Geschichte.

Alle vorherigen Systeme hatten den Menschen als Mittel zum Zweck anderer Menschen und die Gesellschaft als Selbstzweck angesehen. Die Vereinigten Staaten betrachteten den Menschen als Selbstzweck und die Gesellschaft als Mittel zur friedlichen, geordneten, *freiwilligen* Koexistenz von Individuen. Alle vorherigen Systeme hatten beansprucht, dass das Leben des Menschen der Gesellschaft gehöre, dass die Gesellschaft nach Belieben über ihn verfügen könne, und dass alle Freiheiten, die er genießt, ihm nur aufgrund der *Erlaubnis* der Gesellschaft gehörten, die jederzeit entzogen werden könne. Die Vereinigten Staaten sagten, dass der Mensch ein *Recht* auf Leben hat (und zwar aufgrund eines moralischen Prinzips und seiner Natur), dass Rechte dem Individuum gehören, dass die Gesellschaft an sich keine Rechte hat und dass der einzige moralische Zweck eines Staates der Schutz von individuellen Rechten ist.

Ein „Recht" ist ein moralisches Prinzip, das die Handlungsfreiheit eines Menschen in einem gesellschaftlichen Kontext definiert und billigt. Es gibt nur ein fundamentales Recht (alle anderen sind dessen Konsequenzen oder Folgen): Das Recht eines Menschen auf sein Leben.

Leben ist ein Prozess selbsterhaltender und selbsterzeugter Handlung; das Recht auf Leben bedeutet das Recht, selbsterhaltende und selbsterzeugte Handlungen auszuüben – d.h. die Freiheit, alle Handlungen zu unternehmen, die von der Natur eines rationalen Wesens für den Erhalt, die Fortführung und den Genuss seines Lebens erforderlich sind. (Das ist die Bedeutung des Rechts auf Leben, auf Freiheit und auf das Streben nach Glück.)

Der Begriff „Recht" gilt nur für Handlungen – genauer gesagt für Handlungsfreiheit. Er bedeutet Freiheit von körperlichem Zwang oder von der Einmischung anderer Menschen.

Daher ist ein Recht für jedes Individuum die moralische Billigung eines *Positiven* – seiner Freiheit, anhand seines eigenen Urteils für seine Ziele zu handeln, durch seine *freiwillige, ungezwungene* Entscheidung. Für seine Nachbarn stellen seine Rechte keine Verpflichtungen dar, außer die einer *negativen* Art: Sich der Verletzung seiner Rechte zu enthalten.

Das Recht auf Leben ist der Ursprung aller Rechte – und das Recht auf Eigentum ist ihre einzige Durchsetzung. Ohne Eigentumsrechte sind keine anderen Rechte möglich. Da der Mensch sein Leben durch eigene Anstrengung erhalten muss, hat man ohne das Recht auf das Produkt seiner Anstrengung keine Möglichkeit, sein Leben zu erhalten. Wer produziert, während andere über sein Produkt verfügen, ist ein Sklave.

Denken Sie daran, dass das Recht auf Eigentum ein Recht auf Handlung ist, wie alle anderen auch: Es ist nicht das Recht auf *ein Objekt*, sondern auf die *Handlung* und die Konsequenzen, dieses Objekt zu produzieren oder zu verdienen. Es ist keine Garantie, dass ein Mensch irgendwelches Eigentum erlangen *wird*, sondern nur eine Garantie, dass er es besitzen wird, wenn er es sich verdient. Es ist das Recht, materielle Werte zu erlangen, zu behalten, zu benutzen und darüber zu verfügen.

Die Auffassung individueller Rechte ist in der menschlichen Geschichte so neu, dass die meisten Menschen sie bis heute nicht völlig begriffen haben. Entsprechend der mystischen und der gesellschaftlichen Moraltheorie nehmen manche Menschen an, dass Rechte ein Geschenk Gottes oder ein Geschenk der Gesellschaft seien. Aber in Wirklichkeit entstammen Rechte der menschlichen Natur.

Die Unabhängigkeitserklärung sagt, dass Menschen „von ihrem Schöpfer mit gewissen unveräußerlichen Rechten ausgestattet sind". Ob man nun glaubt, dass der Mensch das Produkt eines Schöpfers oder der Natur ist, so ändert die Frage des Ursprungs nicht die Tatsache, dass er eine Entität spezifischer Natur - ein rationales Wesen - ist, dass er nicht erfolgreich unter Zwang funktionieren kann und dass Rechte eine notwendige Bedingung seiner speziellen Überlebensweise sind.

> „Die Rechte eines Menschen [ergeben] sich nicht aus einem Gesetz Gottes oder des Kongresses..., sondern aus dem Gesetz der Identität. A ist gleich A - und ein Mensch ist ein Mensch. *Rechte* sind Existenzbedingungen, die der Mensch seiner Natur nach zum angemessenen Überleben benötigt. Soll der Mensch auf der Erde leben, dann ist es *rechtens*, dass er seinen Verstand gebraucht, es ist *rechtens*, dass er seinem eigenen, freien Urteil entsprechend handelt, es ist *rechtens*, dass er für seine Werte arbeitet und das Produkt seiner Arbeit behält. Ist das Leben auf der Erde

> sein Zweck, dann hat er das *Recht*, als ein vernunftbegabtes Wesen zu leben: Die Natur verbietet ihm die Unvernunft." (*Der Streik*)

Die Rechte des Menschen zu verletzen bedeutet, ihn zu zwingen, gegen sein eigenes Urteil zu handeln oder ihn seiner Werte zu berauben. Grundsätzlich gibt es nur eine Möglichkeit, dies zu tun: Durch die Anwendung körperlicher Gewalt. Es gibt zwei potentielle Verletzer dieser Rechte: Kriminelle und den Staat. Die großartige Leistung der Vereinigten Staaten bestand darin, eine Trennlinie zwischen diesen beiden zu ziehen - indem man dem Staat verbot, die Handlungen eines Kriminellen für sich selbst zu legalisieren.

Die Unabhängigkeitserklärung etablierte das Prinzip, dass „zur Sicherung dieser Rechte Regierungen unter Menschen eingesetzt sind." Dies lieferte die einzig gültige Rechtfertigung einer Regierung und definierte ihren einzigen legitimen Zweck: Die Menschenrechte durch Schutz vor körperlicher Gewalt zu schützen.

Somit wurde die Regierung vom Herrscher zum Diener des Volkes. Die Regierung wurde eingesetzt, um Menschen vor Kriminellen zu schützen - und die Verfassung wurde geschrieben, um Menschen vor der Regierung zu schützen. Die *Bill of Rights* richtete sich nicht gegen Privatleute, sondern gegen die Regierung - als ausdrückliche Erklärung, dass individuelle Rechte über der Macht der Gesellschaft stehen.

Das Resultat war das Muster einer zivilisierten Gesellschaft, die Amerika - für die kurze Spanne von 150 Jahren - fast erreichte. Eine zivilisierte Gesellschaft ist eine, in der körperliche Gewalt aus menschlichen Beziehungen verbannt wurde - in der der Staat als Polizist handelt und Gewalt *nur* als Erwiderung und *nur* gegen die anwenden darf, die deren Anwendung initiieren.

Das war die wesentliche Bedeutung und die Intention der politischen Philosophie Amerikas, die im Prinzip individueller Rechte implizit war. Doch wurde dieses Prinzip weder explizit formuliert noch völlig akzeptiert oder konsequent praktiziert.

Amerikas innerer Widerspruch war die altruistisch-kollektivistische Ethik. Altruismus ist unvereinbar mit Freiheit, mit Kapitalismus und individuellen Rechten. Man kann das Streben nach Glück nicht mit dem moralischen Status eines Opfertieres kombinieren.

Das Konzept individueller Rechte brachte eine freie Gesellschaft hervor. Die Zerstörung der Freiheit musste mit der Zerstörung individueller Rechte beginnen.

Eine kollektivistische Tyrannei wagt es nicht, ein Land durch die direkte Konfiszierung seiner materiellen oder moralischen Werte zu versklaven. Das muss durch einen Prozess innerer Zersetzung geschehen. So wie im materiellen Bereich die Plünderung eines Landes durch die Inflation der Währung erreicht wird, so kann man heute eine Inflation im Bereich der Rechte mitansehen. Dieser Prozess zieht ein solches Anwachsen von neu verkündeten „Rechten" nach sich, dass viele nicht die Tatsache bemerken, dass die Bedeutung des Begriffs ins Gegenteil verkehrt wird. Genau wie schlechtes Geld gutes Geld vertreibt, so negieren diese „Druckerpressenrechte" die authentischen Rechte.

Sehen Sie sich die kuriose Tatsache an, dass es weltweit noch nie eine solche Ausbreitung von zwei sich widersprechenden Phänomenen gegeben hat: Angebliche neue „Rechte" und Sklavenarbeitslager.

Das wurde durch die Umstellung des Begriffs „Rechte" vom politischen auf das ökonomische Gebiet erreicht.

Das Parteiprogramm der Demokratischen Partei von 1960 benennt diese Umstellung klar und deutlich. Es erklärt, dass eine Regierung aus Demokraten „die ökonomische Bill of Rights umsetzen wird, die Franklin D. Roosevelt uns vor 16 Jahren ins nationale Gewissen geschrieben hat."

Behalten Sie die Bedeutung des Begriffs *„Rechte"* im Kopf, wenn Sie die Liste lesen, die das Programm anbietet:

„1. Das Recht auf einen nützlichen und lohnenden Arbeitsplatz in Industrie, Handel, der Landwirtschaft oder den Bergwerken der Nation.

2. Das Recht auf ausreichenden Verdienst für angemessene Ernährung, Kleidung und Erholung.

3. Das Recht jedes Bauern, seine Produkte anzubauen und zu einem Preis zu verkaufen, der ihm und seiner Familie ein anständiges Leben ermöglicht.

4. Das Recht jedes Unternehmers, ob klein oder groß, in einer Atmosphäre ohne unfairen Wettbewerb und Beherrschung durch in- oder ausländische Monopole Handel zu treiben.

5. Das Recht auf ein anständiges Heim für jede Familie.

6. Das Recht auf angemessene medizinische Versorgung, den Erhalt und den Genuss einer guten Gesundheit.

7. Das Recht auf angemessenen Schutz vor wirtschaftlichen Risiken wie Alter, Krankheit, Unfälle und Arbeitslosigkeit.

8. Das Recht auf eine gute Ausbildung."

Wenn man an jeden dieser acht Sätze eine einzige Frage anhängen würde, würde man das Problem sehen: *Auf wessen Kosten?*

Arbeitsplätze, Nahrung, Kleidung, Erholung (!), Häuser, medizinische Versorgung, Ausbildung usw. wachsen nicht in der Natur. Es sind von Menschen gemachte Werte - von Menschen produzierte Güter und Dienstleistungen. *Wer* soll sie zur Verfügung stellen?

Wenn einige Menschen das *Recht* auf die Produkte der Arbeit anderer haben, heißt das, dass andere ihre Rechte verlieren und zu Sklavenarbeit verurteilt sind.

Jedes angebliche „Recht", das die Verletzung der Rechte anderer notwendig macht, ist kein Recht und kann keines sein.

Kein Mensch kann ein Recht haben, anderen eine ungewählte Verpflichtung, eine unvergütete Pflicht oder eine unfreiwillige Knechtschaft aufzubürden. So etwas wie „ein Recht auf Versklavung" kann es nicht geben.

Ein Recht beinhaltet nicht dessen materielle Durchsetzung durch andere; es beinhaltet nur die Freiheit, sie durch eigenen Einsatz zu verdienen.

Beachten Sie in diesem Zusammenhang die intellektuelle Präzision der Gründerväter: Sie sprachen vom Recht auf das *Streben* nach Glück - nicht vom Recht auf Glück. Das bedeutet, dass der Mensch das Recht hat, die Handlungen zu unternehmen, von denen er meint, dass sie ihn glücklich machen; es bedeutet nicht, dass andere ihn glücklich machen müssen.

Das Recht auf Leben bedeutet, dass der Mensch das Recht hat, sein Leben durch seine eigene Arbeit zu erhalten (auf jeder ökonomischen Stufe, so weit seine Fähigkeiten ihn bringen); es bedeutet nicht, dass andere ihn mit dem Lebensnotwendigen versorgen müssen.

Das Recht auf Eigentum bedeutet, dass der Mensch das Recht hat, ökonomische Handlungen für den Erwerb von Eigentum zu tätigen, dieses Eigentum zu benutzen und darüber zu verfügen; es bedeutet nicht, dass andere ihn mit Eigentum versorgen müssen.

Das Recht auf freie Meinungsäußerung bedeutet, dass der Mensch das Recht hat, seine Ideen ohne Gefahr vor Unterdrückung, Einmischung oder Bestrafung durch den Staat auszudrücken. Es bedeutet nicht, dass andere ihm einen Hörsaal, einen Radiosender oder eine Druckerpresse geben müssen, damit er seine Ideen ausdrücken kann.

Jede Unternehmung, die mehr als eine Person betrifft, erfordert die freiwillige Zustimmung jedes Teilnehmers. Jeder von ihnen hat das *Recht*, seine eigenen Entscheidungen zu treffen, aber keiner hat das Recht, seine Entscheidung anderen aufzuzwingen.

So etwas wie „ein Recht auf einen Arbeitsplatz" gibt es nicht - es gibt nur das Recht auf freien Handel, d.h. das Recht, eine Stelle anzunehmen, wenn man eingestellt wird. Es gibt kein „Recht auf ein Heim", nur das Recht auf freien Handel: Das Recht, ein Haus zu bauen oder zu kaufen. Es gibt keine „Rechte" auf einen „fairen" Lohn oder einen „fairen" Preis, wenn niemand ihn bezahlen will oder niemand das Produkt kaufen will. Es gibt keine „Verbraucherrechte" auf Milch, Schuhe, Kinofilme oder Champagner, wenn niemand diese Dinge herstellen will. (Es gibt nur das Recht, sie selbst herzustellen.) Es gibt keine „Rechte" für spezielle Gruppen, es gibt keine „Rechte der Bauern, der Arbeiter, der Unternehmer, der Arbeitnehmer, der Arbeitgeber, der Alten, der Jungen, der Ungeborenen." Es gibt nur die *Menschenrechte* - Rechte, die jedes Individuum und *alle* Menschen als Individuen besitzen.

Eigentumsrechte und das Recht auf freien Handel sind die einzigen „wirtschaftlichen Rechte" (es sind in Wirklichkeit *politische* Rechte) - und so etwas wie eine „ökonomische Bill of Rights" kann es nicht geben. Doch beachten Sie, dass die Verfechter der letzteren erstere fast zerstört haben.

Denken Sie daran, dass Rechte moralische Prinzipien sind, die Handlungsfreiheit definieren und schützen, aber keine Verpflichtung für andere darstellen.

Privatpersonen sind keine Bedrohung für die Rechte und die Freiheit anderer. Eine Privatperson, die auf körperliche Gewalt zurückgreift und die Rechte anderer verletzt, ist ein Krimineller - und man genießt gesetzlichen Schutz vor ihm.

Kriminelle sind überall und zu jeder Zeit eine kleine Minderheit. Und der Schaden, den sie der Menschheit angetan haben, ist winzig, verglichen mit dem Grauen - dem Blutvergießen, den Kriegen, den Verfolgungen, den Enteignungen, den Hungersnöten, den Versklavungen, den totalen Zerstörungen -, das von Regierungen verursacht wurde. Potentiell ist eine Regierung die gefährlichste Bedrohung der Menschenrechte. Sie hält ein legales Monopol auf die Ausübung körperlicher Gewalt gegen rechtlich entwaffnete Opfer. Wenn er nicht durch individuelle Rechte begrenzt und beschränkt wird, ist ein Staat der tödlichste Feind des Menschen. Die Bill of Rights wurde nicht als Schutz vor *privaten* Handlungen, sondern als Schutz vor den Handlungen der Regierung verfasst.

Und nun sehen Sie sich den Prozess an, durch den dieser Schutz zerstört wird.

Dieser Prozess besteht darin, Privatleuten die spezifischen Gesetzesverletzungen zuzuschreiben, die dem Staat verboten sind (und die auszuüben Privatleute nie die Macht hätten) und somit den Staat von allen Restriktionen zu befreien. Diese Pervertierung wird im Feld der Redefreiheit immer offensichtlicher. Seit Jahren haben die Kollektivisten propagiert, dass es ein Akt der „Zensur" und eine Verletzung der Redefreiheit sei, wenn jemand sich weigert, die eigenen Gegner zu finanzieren.

Es sei „Zensur", behaupten sie, wenn eine Zeitung sich weigert, Autoren zu beschäftigen oder zu publizieren, deren Ideen ihrer eigenen Meinung diametral entgegenstehen.

Es sei „Zensur“, behaupten sie, wenn Unternehmer sich weigern, in einer Zeitschrift zu werben, die sie verleumdet und beleidigt.

Es sei „Zensur“, behaupten sie, wenn ein Sponsor sich gegen eine Verletzung des Anstandes in einem von ihm finanzierten Programm ausspricht, wie z.B. die Einladung von Alger Hiss, der den früheren Vizepräsidenten Nixon verleumdete.

Und dann gibt es Newton N. Minow, der erklärt: „Es gibt Zensur durch Einschaltquoten, durch Werbekunden, durch Sender und durch Tochtergesellschaften, die Programme ablehnen.“ Es ist der gleiche Mr. Minow, der droht, jedem Sender die Lizenz zu entziehen, der nicht seine Ansichten über Programme teilt - und der behauptet, dass *dies* nicht Zensur sei.

Betrachten sie die Implikationen dieses Trends.

„Zensur“ ist ein Begriff, der nur auf den Staat anwendbar ist. Keine Privathandlung ist Zensur. Kein Privatmensch kann einen anderen knebeln oder eine Publikation unterdrücken - nur der Staat kann das. Die Meinungsfreiheit privater Individuen beinhaltet das Recht, nicht zuzustimmen, nicht zuzuhören und nicht seine eigenen Gegner zu finanzieren.

Doch der „ökonomischen Bill of Rights“ zufolge hat ein Individuum kein Recht, über seine materiellen Mittel anhand seiner Überzeugungen zu verfügen - und muss sein Geld unterschiedslos an jeden Redner oder Propagandisten überreichen, der ja ein „Recht“ auf sein Eigentum hat.

Wer also die materiellen Mittel für den Ausdruck von Ideen besitzt, verliert das Recht auf die eigene Meinung. Ein Verleger muss also Bücher veröffentlichen, die er für wertlos, falsch oder böse hält - ein Fernsehsponsor muss also Kommentatoren finanzieren, die seine Überzeugungen beschimpfen - der Eigentümer einer Zeitung muss also seine Kommentarspalten an jeden Gauner überreichen, der nach der Versklavung der Presse schreit.

Doch es ist offensichtlich unmöglich, jeden Bewerber mit einem Arbeitsplatz, einem Mikrofon oder einer Zeitungskolumne zu versorgen - wer wird also über die „Verteilung“ von „ökonomischen Rechten“ bestimmen und die Empfänger auswählen, wenn das

Entscheidungsrecht der Eigentümer abgeschafft worden ist? Tja, *das* hat Mr. Minow mehr als deutlich gemacht.

Und wenn Sie irrtümlicherweise denken, dass dies nur für dicke Bonzen gilt, bedenken Sie bitte, dass die Theorie „ökonomischer Rechte" das „Recht" von jedem Möchtegern-Dramatiker, jedem Beatnik-Dichter, jedem Lärm-Komponisten und jedem nichtobjektiven Künstler (der politische Beziehungen hat) auf finanzielle Unterstützung beinhaltet, die Sie ihm nicht gaben, als Sie seine Shows nicht besuchten. Was sonst bedeutet es, wenn mit Ihren Steuergeldern Kunst subventioniert wird?

Und während nach „ökonomischen Rechten" geschrien wird, verschwindet das Konzept politischer Rechte. Es wird vergessen, dass das Recht auf freie Meinungsäußerung bedeutet, seine Ansichten zu vertreten und die möglichen Konsequenzen zu tragen: Ablehnung durch andere, Opposition, Unbeliebtheit oder Ächtung. Die politische Funktion des „Rechts auf freie Meinungsäußerung" besteht darin, Dissidenten und unpopuläre Minderheiten vor gewaltsamer Unterdrückung zu schützen - *nicht* ihnen Unterstützung, Vorteile und Belohnungen zu gewähren, die sie nicht verdient haben.

In der Bill of Rights steht: „Der Kongress soll kein Gesetz erlassen..., das die Redefreiheit, [oder] die Pressefreiheit einschränkt..." Sie verlangt nicht, dass Privatleute dem Mann, der ihre Zerstörung befürwortet, ein Mikrofon geben, sie dem Einbrecher, der sie berauben will, einen Schlüssel geben oder sie dem Mörder, der ihnen die Kehle durchschneiden will, ein Messer geben müssen.

So sehen die wichtigsten Fragen von heute aus: *Politische* Rechte oder „*ökonomische* Rechte". Entweder - oder. Eins zerstört das andere.

Doch es gibt keine „ökonomischen Rechte", keine „kollektiven Rechte", keine „Allgemeinwohl-Rechte". Der Begriff „individuelle Rechte" ist redundant: Es gibt keine anderen Rechte und niemand sonst besitzt sie.

Nur wer Laissez-Faire-Kapitalismus vertritt, vertritt die Menschenrechte.

Anhang: Das Wesen der Regierung

von Ayn Rand

Aus: *Die Tugend des Egoismus*

Eine Regierung ist eine Institution, die die ausschließliche Macht besitzt, bestimmte gesellschaftliche Umgangsregeln in einer bestimmten geografischen Region zu *erzwingen*.

Brauchen Menschen eine solche Institution – und wenn ja, warum?

Da der Verstand für den Menschen das grundlegende Mittel zum Überleben ist, sein Mittel zum Wissenserwerb zur Leitung seiner Handlungen, ist die Grundvoraussetzung für ihn die Freiheit zu denken und nach seinem rationalen Urteil zu handeln. Dies bedeutet nicht, dass ein Mensch alleine leben muss und eine einsame Insel die Umgebung ist, die seinen Bedürfnissen am besten entspricht. Menschen können aus dem Umgang miteinander enormen Vorteil ziehen. Eine Gesellschaft ist für ihr erfolgreiches Überleben höchst zweckdienlich – *aber nur unter bestimmten Bedingungen*.

> „Die zwei großen Werte, die man aus dem Leben in einer Gesellschaft ziehen kann, sind Wissen und Handel. Der Mensch ist die einzige Spezies, die ihren Vorrat an Wissen von Generation zu Generation übermitteln und erweitern kann; das Wissen, das dem Menschen potentiell zur Verfügung steht, ist größer als das Wissen, das ein Einzelner in seinem Leben erwerben könnte; jeder Mensch zieht einen unermesslichen Nutzen aus dem Wissen, das andere entdeckt haben. Der zweite große Nutzen ist die Arbeitsteilung: Sie ermöglicht es dem Menschen, seine Anstrengungen einem bestimmten Arbeitsbereich zu widmen und mit anderen zu tauschen, die sich auf andere Bereiche spezialisieren. Diese Form der Kooperation erlaubt es den Menschen, die daran teilhaben, größeres Wissen, größere Fähigkeiten und einen größeren produktiven Ertrag aus ihren Anstrengungen zu bekommen, als wenn jeder von ihnen alles, was er braucht, selbst produzieren müsste, sei es auf einer einsamen Insel oder einer selbstversorgenden Farm.
>
> Doch genau diese Vorteile zeigen, begrenzen und definieren, welche Menschen füreinander von Wert sind und in welcher Art von Gesellschaft: Nur rationale, produktive, unabhängige Menschen in einer

rationalen, produktiven, freien Gesellschaft." (vgl. „Die objektivistische Ethik" in *„Die Tugend des Egoismus"*.)

Eine Gesellschaft, die einem Menschen das Produkt seiner Anstrengungen raubt, ihn versklavt oder versucht, die Freiheit seines Verstandes einzuschränken oder ihn zwingt, gegen sein eigenes rationales Urteil zu handeln - eine Gesellschaft, die einen Konflikt zwischen ihren Edikten und den Erfordernissen der menschlichen Natur herstellt -, ist genau genommen keine Gesellschaft, sondern eine durch institutionalisierte Gangherrschaft zusammengehaltene Bande. Solch eine Gesellschaft zerstört alle Werte des menschlichen Zusammenlebens, ist durch nichts zu rechtfertigen und ist kein Vorteil, sondern die tödlichste Bedrohung für das Überleben des Menschen. Das Leben auf einer einsamen Insel ist sicherer und unvergleichlich besser als das Leben in Sowjetrussland oder Nazi-Deutschland.

Wenn Menschen in einer friedlichen, produktiven und rationalen Gesellschaft leben und miteinander zu gegenseitigem Vorteil umgehen wollen, müssen sie das gesellschaftliche Grundprinzip akzeptieren, ohne das keine zivilisierte Gesellschaft möglich ist: Das Prinzip individueller Rechte.

Individuelle Rechte anzuerkennen, bedeutet, die Bedingungen anzuerkennen, die der Mensch zum Überleben braucht.

Die Menschenrechte können nur durch die Anwendung körperlicher Gewalt verletzt werden. Nur mittels körperlicher Gewalt kann man einem Menschen das Leben nehmen, ihn versklaven, ihn ausrauben, ihn an der Verfolgung seiner Ziele hindern oder ihn zwingen, gegen sein eigenes rationales Urteil zu handeln.

Die Vorbedingung einer zivilisierten Gesellschaft ist der Ausschluss von körperlicher Gewalt aus gesellschaftlichen Beziehungen - und somit die Etablierung des Prinzips, dass Menschen nur miteinander umgehen können, wenn sie es durch *Vernunft* tun: Durch Diskussion, Überzeugung und freiwillige, ungezwungene Zustimmung.

Die notwendige Konsequenz des Rechts auf Leben ist das Recht auf Selbstverteidigung. In einer zivilisierten Gesellschaft darf Gewalt nur als Erwiderung angewendet werden, und nur gegen die, die mit ihrer Anwendung beginnen. Alle Gründe, die die Initiierung von körperlicher Gewalt bösartig machen, machen die Erwiderung körperlicher Gewalt zu einem moralischen Imperativ.

Wenn eine „pazifistische" Gesellschaft auf die Erwiderung von Gewalt verzichtete, würde sie hilflos dem ersten Gauner ausgeliefert sein, der sich entschiede, unmoralisch zu sein. Solch eine Gesellschaft würde das Gegenteil ihrer Intention erreichen: Statt das Böse abzuschaffen, würde sie es ermutigen und belohnen.

Wenn eine Gesellschaft keinen organisierten Schutz gegen Gewalt hätte, würde sie jeden Bürger zwingen, bewaffnet herumzulaufen, sein Heim in eine Festung zu verwandeln und jeden Fremden vor der eigenen Tür zu erschießen – oder einer Bürgerwehr beizutreten, die andere Gangs bekämpft, die aus dem gleichen Grund gebildet worden wären und somit die Degeneration dieser Gesellschaft in das Chaos der Gangherrschaft heraufbeschwören, d.h. Herrschaft durch nackte Gewalt, die in ständige Stammeskriege von prähistorischen Wilden münden würde.

Nicht einmal die *Erwiderung* körperlicher Gewalt kann dem individuellen Bürger überlassen werden. Friedliche Koexistenz ist unmöglich, wenn jemand unter der ständigen Bedrohung leben müsste, dass irgendeiner seiner Nachbarn jeden Moment Gewalt gegen ihn ausüben könnte. Ob die Absichten seines Nachbarn gut oder schlecht sind, ob sein Urteil rational oder irrational ist, ob er von einem Sinn für Gerechtigkeit oder von Unwissenheit, Vorurteilen oder Böswilligkeit motiviert ist – die Ausübung von Gewalt kann nicht einer willkürlichen Entscheidung überlassen werden.

Stellen Sie sich vor, was passieren würde, wenn ein Mann seine Brieftasche vermissen würde, er beschließen würde, dass er beraubt worden sei, er in jedes Haus der Nachbarschaft einbräche, um es zu durchsuchen und den ersten Mann erschösse, der ihn schief ansähe, weil er diesen Blick für den Beweis seiner Schuld hielte.

Die Erwiderung von Gewalt erfordert sowohl *objektive* Beweisführungsregeln, um festzustellen, dass ein Verbrechen begangen wurde, und um zu *beweisen*, wer es begangen hat, als auch objektive Regeln für Strafen und deren Durchsetzung. Wer versucht, Verbrechen ohne solche Regeln zu verfolgen, begeht Lynchjustiz. Wenn eine

Gesellschaft die Erwiderung von Gewalt in die Hand von individuellen Bürgern legen würde, würde sie zu Gangherrschaft, Lynchjustiz und einer endlosen Serie von blutigen Privatfehden oder Vendettas degenerieren.

Wenn körperliche Gewalt aus gesellschaftlichen Beziehungen verbannt werden soll, brauchen Menschen eine Institution, die mit einem *objektiven* Regelwerk zum Schutz ihrer Rechte betraut wird.

Das ist die Aufgabe einer Regierung - einer *legitimen* Regierung. Das ist ihre Grundaufgabe, ihre einzige moralische Rechtfertigung und der Grund, warum Menschen eine Regierung brauchen.

Eine Regierung ist das Mittel, die Erwiderung von körperlicher Gewalt unter objektive Kontrolle zu stellen - d.h. unter objektiv definierte Gesetze.

Der fundamentale Unterschied zwischen privatem Handeln und staatlichem Handeln (ein Unterschied, der heute völlig ignoriert und verdrängt wird) liegt in der Tatsache, dass eine Regierung ein Monopol auf die legale Anwendung von körperlicher Gewalt hat. Sie muss solch ein Monopol haben, da sie die Beschränkung und die Bekämpfung der Gewalt vertritt; und aus genau diesem Grund müssen ihre Handlungen strengstens definiert, begrenzt und umrissen sein; in ihren Handlungen darf kein bisschen Launenhaftigkeit erlaubt werden; sie sollte ein unpersönlicher Roboter sein, der nur von den Gesetzen betrieben wird. Wenn eine Gesellschaft frei sein soll, muss ihre Regierung kontrolliert werden.

Unter einem legitimen Gesellschaftssystem hat ein Privatmensch die Freiheit, jede Handlung zu tätigen, die er tätigen will (solange er nicht die Rechte anderer verletzt), während eine Regierung in jeder öffentlichen Handlung an Gesetze gebunden ist. Ein privates Individuum darf alles tun, was nicht gesetzlich *verboten* ist; eine Regierung darf nichts tun, das nicht gesetzlich *erlaubt* ist.

So unterwirft man „Macht" dem „Recht". Dies ist die amerikanische Auffassung einer „Regierung aus Gesetzen und nicht aus Menschen."

Das Wesen der Gesetze, die für eine freie Gesellschaft legitim sind, und der Ursprung für die Macht ihrer Regierung müssen beide vom Wesen und Zweck einer legitimen Regierung abgeleitet werden.

Das Grundprinzip beider wird in der Unabhängigkeitserklärung aufgezeigt: „...dass zur Sicherung dieser Rechte Regierungen unter den Menschen eingesetzt sind, die ihre gerechten Vollmachten aus der Zustimmung der Regierten herleiten..."

Da der Schutz individueller Rechte der einzig legitime Zweck einer Regierung ist, ist dies das einzig legitime Thema der Gesetzgebung: Alle Gesetze müssen auf individuellen Rechten basieren und auf ihren Schutz abzielen. Alle Gesetze müssen *objektiv* (und objektiv zu beweisen) sein: Man muss wissen können - und zwar im Voraus einer Handlung - was das Gesetz verbietet (und warum), was ein Verbrechen darstellt und welche Strafe man bekommt, wenn man es begeht.

Die Autorität der Regierung leitet sich von „der Zustimmung der Regierten" ab. Dies bedeutet, dass die Regierung nicht der *Herrscher*, sondern Diener oder *Vertreter* der Bürger ist; es bedeutet, dass die Regierung nur jene Rechte hat, die sie von ihren Bürgern für einen speziellen Zweck *delegiert* bekommt.

Es gibt nur ein Grundprinzip, dem ein Individuum zustimmen muss, wenn es in einer freien, zivilisierten Gesellschaft leben will: Dem Prinzip, auf die Anwendung körperlicher Gewalt zu verzichten und sein Recht auf Selbstverteidigung zum Zwecke einer ordentlichen, objektiven, gesetzlich definierten Durchsetzung an die Regierung zu delegieren. Oder, um es anders zu sagen: Man muss die Trennung von *Macht* und *Laune* (jeder Laune, einschließlich der eigenen) akzeptieren.

Was passiert nun, wenn zwei Menschen über eine Unternehmung, an der sie beide beteiligt sind, in Streit geraten?

In einer freien Gesellschaft sind Menschen nicht gezwungen, miteinander umzugehen. Sie tun es nur durch freiwillige Zustimmung und, wenn ein zeitliches Element erhalten ist, per *Vertrag*. Wenn ein Vertrag durch die willkürliche Entscheidung einer Person gebrochen wird, könnte es für die andere Person zu desaströsen finanziellen Verlusten führen - und das Opfer hätte zur Kompensation nur die Möglichkeit, das Eigentum des Schuldigen zu beschlagnahmen. Aber auch hier kann die Anwendung von Gewalt nicht der Entscheidung einzelner überlassen werden. Und das führt zu einer der wichtigsten und komplexesten Funktionen der Regierung: Zur Funktion des Schiedsrichters, der Streit zwischen Menschen anhand von objektiven Gesetzen schlichtet.

Kriminelle sind in jeder auch nur halbwegs zivilisierten Gesellschaft eine kleine Minderheit. Aber der Schutz und die Durchsetzung von Verträgen durch Gerichte ist das wichtigste Bedürfnis einer friedlichen Gesellschaft; ohne solchen Schutz könnte keine Zivilisation entwickelt oder aufrechterhalten werden.

Menschen können nicht wie Tiere überleben, durch Handeln innerhalb der Spanne des jeweiligen Augenblicks. Der Mensch muss seine Ziele planen und sie über einen Zeitraum hinweg erreichen; er muss seine Handlungen berechnen und sein Leben langfristig planen. Je besser der Verstand eines Menschen und je größer sein Wissen ist, desto weiter reicht seine Planung. Je komplexer eine Zivilisation ist, umso länger die Dauer der erforderlichen Aktivität - und umso länger dauern die vertraglichen Vereinbarungen zwischen Menschen und umso dringlicher ist ihr Schutzbedürfnis für solche Vereinbarungen.

Sogar eine primitive Tauschgesellschaft könnte nicht funktionieren, wenn jemand zusagt, fünf Pfund Kartoffeln gegen einen Korb Eier zu tauschen und er sich nach Erhalt der Eier weigern würde, die Kartoffeln zu liefern. Stellen Sie sich vor, was diese Art launengeleiteter Handlung in einer Industriegesellschaft bedeuten würde, in der Waren im Wert von Milliarden auf Kredit geliefert, Multi-Million-Dollar-Gebäude gebaut oder Pachtverträge über 99 Jahre abgeschlossen werden.

Ein einseitiger Bruch von Verträgen beinhaltet eine indirekte Anwendung von körperlicher Gewalt: Sie besteht genau genommen darin, dass man materielle Güter, Werte oder Dienste eines anderen erhält und sich dann weigert, für sie zu bezahlen und sie somit durch Gewalt (durch bloßen physischen Besitz) und nicht durch Recht behält - d.h. ohne die Zustimmung ihres Eigentümers. Betrug beinhaltet eine ähnliche Anwendung von Gewalt: Er besteht aus dem Erhalt von materiellen Werten ohne Zustimmung des Eigentümers unter falschen Behauptungen oder falschen Versprechungen.

Erpressung ist eine weitere Variante von indirekter Gewaltanwendung: Sie besteht darin, materielle Werte nicht durch Austausch von Werten, sondern durch die Androhung von Gewalt zu erlangen.

Einige dieser Handlungen sind offensichtlich kriminell. Andere wie z.B. einseitiger Vertragsbruch, mögen nicht kriminell motiviert sein, aber doch durch Unverantwortlichkeit oder Irrationalität verursacht werden. Noch andere mögen komplexe Fragen sein, bei denen beide Seiten gerechtfertigte Ansprüche haben. Doch wie auch immer die Sache liegen mag, alle solche Fragen müssen objektiv definierten Gesetzen unterworfen sein und müssen durch einen unparteiischen Schiedsrichter gelöst werden, der die Gesetze anwendet, d.h. durch einen Richter (und wenn nötig durch Geschworene).

Beachten Sie das Grundprinzip, das in all diesen Fällen die Gerechtigkeit leitet: Es ist das Prinzip, dass niemand irgendwelche Werte ohne Zustimmung des Eigentümers erlangen darf - und als Folge, dass die Rechte eines Menschen nicht der Gnade einer einseitigen willkürlichen Entscheidung, der Irrationalität, der *Laune* eines anderen überlassen werden dürfen.

Dies ist kurz gesagt der legitime Zweck der Regierung: Dem Menschen eine gesellschaftliche Existenz zu ermöglichen - durch den Schutz der Vorteile und die Bekämpfung der Übel, die Menschen einander antun können.

Die legitimen Funktionen einer Regierung fallen in drei Kategorien, die in Bezug auf körperliche Gewalt und den Schutz der Rechte des Menschen alle Fragen abdecken: *Die Polizei*, um Menschen vor Kriminellen zu schützen - *die Armee*, um Menschen vor ausländischen Angreifern zu schützen - und *die Gerichte*, um Streit unter Menschen anhand objektiver Gesetze zu schlichten.

Diese drei Kategorien beinhalten viele Folgerungen und derivative Fragen - und ihre praktische Umsetzung in Form von spezifischen Gesetzen ist enorm komplex. Sie gehört ins Feld einer speziellen Wissenschaft: Der Rechtsphilosophie. Viele Fehler und viele Meinungsverschiedenheiten sind im Bereich der Umsetzung möglich, doch was hier maßgeblich ist, ist das umzusetzende Prinzip: Das Prinzip, dass die Gesetze und die Regierung zum Schutz individueller Rechte da sind.

Heute wird dieses Prinzip vergessen, ignoriert und verdrängt. Das Resultat ist der gegenwärtige Zustand der Welt, mit der Rückentwicklung der Menschheit zur Gesetzlosigkeit absoluter Tyranneien, zur primitiven Brutalität der Herrschaft durch nackte Gewalt.

Im gedankenlosen Protest gegen diesen Trend werfen einige Leute die Frage auf, ob Regierungen an sich böse sind und ob Anarchie das ideale Gesellschaftssystem ist. Anarchie ist als politische Auffassung eine naive schwebende Abstraktion: Aus allen oben diskutierten Gründen würde eine Gesellschaft ohne organisierte Regierung der Gnade des erstbesten Kriminellen ausgeliefert sein, der sie in ein Chaos aus Bandenkriegen stürzen würde. Aber die Möglichkeit menschlicher Amoralität ist nicht der einzige Einwand gegen Anarchie: Sogar eine Gesellschaft, deren einzelne Mitglieder völlig rational und absolut moralisch wären, könnte nicht im Zustand der Anarchie funktionieren; das Bedürfnis nach *objektiven* Gesetzen und nach einem Schiedsrichter für ehrliche Meinungsverschiedenheiten unter Menschen machen eine Regierung notwendig.

Eine neue Variante der anarchistischen Theorie ist eine wirre Absurdität namens „konkurrierende Regierungen". Mit der Übernahme der Grundprämisse moderner Dirigisten (die keinen Unterschied zwischen den Funktionen der Regierung und den Funktionen der Industrie, zwischen Gewalt und Produktion sehen, und die die Übernahme der Industrie durch die Regierung befürworten) nehmen die Befürworter von „konkurrierenden Regierungen" die andere Seite der gleichen Medaille ein und erklären, Wettbewerb sei vorteilhaft im Geschäftsleben und daher sollte selbiges auch für Regierungen gelten. Anstelle einer einzigen, monopolistischen Regierung sollte es mehrere verschiedene Regierungen im gleichen geografischen Gebiet geben, die um die Gefolgschaft von individuellen Bürgern konkurrieren, wobei jeder Bürger die Freiheit hätte, sich der Regierung seiner Wahl anzuschließen.

Denken Sie daran, dass *gewaltsame Beschränkung* von Menschen die einzige Dienstleistung ist, die eine Regierung anzubieten hat.

Fragen Sie sich selbst, was Wettbewerb in gewaltsamer Beschränkung bedeuten würde.

Man kann diese Theorie nicht einen Widerspruch in sich nennen, da sie offensichtlich die Begriffe „Wettbewerb" und „Regierung" nicht versteht. Auch kann man sie nicht eine schwebende Abstraktion nennen, da sie keinen Bezug zur Realität hat und nichts konkretisiert werden kann, nicht einmal grob oder ungefähr. Eine einzige Illustration wird ausreichen: Nehmen wir an, dass Mr. Smith, ein Kunde von Regierung A, vermutet, dass sein Nachbar Mr. Jones, Kunde von Regierung B, ihn beraubt hat. Eine Streife von Polizei A fährt zu Mr. Jones' Haus und trifft an dessen Tür eine Streife von Polizei B an, die erklärt, dass sie die Gültigkeit von Mr. Smiths Anzeige und die Autorität von Regierung A nicht anerkennt. Was passiert dann? Malen Sie sich das selbst aus.

Die Entwicklung des Begriffs „Regierung" hat eine lange, quälende Geschichte hinter sich. Ein Schimmer für die legitime Funktion der Regierung scheint in jeder organisierten Gesellschaft existiert zu haben. Er hat sich in solchen Phänomenen manifestiert wie der Anerkennung eines impliziten (wenn auch oft nichtexistenten) Unterschieds zwischen einer Regierung und einer Räuberbande - im Respekt und der moralischen Autorität der Regierung als Wächter für „Recht und Ordnung" - in der Tatsache, dass selbst die schlimmsten Regierungen es (wenn auch nur aus Routine und Tradition) für notwendig erachteten, einen Schein von Ordnung und Gerechtigkeit aufrechtzuerhalten und sie irgendeine moralische Rechtfertigung für ihre Macht beanspruchten - sei sie nun mystisch oder gesellschaftlich. Genau wie die absoluten Monarchen von Frankreich sich auf das „göttliche Recht der Könige" berufen mussten, genauso müssen die modernen Diktatoren Sowjetrusslands ein Vermögen für Propaganda ausgeben, um ihre Herrschaft in den Augen ihrer versklavten Untertanen zu rechtfertigen.

In der Geschichte der Menschheit ist das Verständnis für die legitime Funktion einer Regierung eine sehr neue Errungenschaft: Sie ist erst 200 Jahre alt und ist datiert auf die Gründerväter der Amerikanischen Revolution. Nicht nur, dass sie das Wesen und die Bedürfnisse einer freien Gesellschaft identifizierten - sie ersannen auch die Mittel, sie in die Praxis umzusetzen. Eine freie Gesellschaft kann - wie jedes menschliche Projekt - nicht zufällig erreicht werden, durch bloßes Wünschen oder durch die „guten Absichten" ihrer Führer. Man benötigt ein auf objektiv gültigen Prinzipien basierendes komplexes gesetzliches System, um eine Gesellschaft frei zu machen und sie *frei zu erhalten* - ein System, das nicht abhängig ist von den Motiven, dem moralischen Charakter oder den Absichten des jeweiligen Regenten; ein System, das keine Gelegenheit und kein gesetzliches Schlupfloch für die Entstehung einer Tyrannei lässt.

Das amerikanische System von Checks and Balances war genau solch eine Errungenschaft. Und obwohl bestimmte Widersprüche in der Verfassung doch ein Schlupfloch für das Anwachsen des Dirigismus ließen, bestand ihre unvergleichliche Errungenschaft aus der Konzeption einer Verfassung als Mittel zur Beschränkung und Begrenzung der Macht der Regierung.

Heute, da eine konzertierte Aktion unternommen wird, diesen Punkt auszulöschen, kann man es nicht oft genug wiederholen, dass die Verfassung eine Beschränkung *der Regierung* und nicht der privaten Individuen ist - dass sie nicht privaten Individuen, sondern der Regierung ihr Verhalten vorschreibt - dass sie kein Kodex *für* Regierungsmacht ist, sondern ein Kodex für den Schutz der Bürger *vor* der Regierung.

Sehen Sie sich an, wie sehr die Anschauungen über die Rolle der Regierung heutzutage moralisch und politisch verdreht sind. Anstatt die Rechte zu schützen, verletzt die Regierung sie aufs Gröbste; anstatt die Freiheit zu beschützen, etabliert die Regierung Sklaverei; anstatt Menschen vor der Anwendung von körperlicher Gewalt zu schützen, initiiert die Regierung nach Lust und Laune körperliche Gewalt und Zwang; anstatt als Instrument der Objektivität in menschlichen Beziehungen zu dienen, schafft die Regierung durch nichtobjektive Gesetze, die von Bürokraten willkürlich interpretiert werden dürfen, eine tödliche Herrschaft der Ungewissheit; anstatt die Menschen vor Schaden durch Willkür zu schützen, maßt die Regierung sich selbst die Macht der unbeschränkten Willkür an, sodass wir schnell auf den Zustand der ultimativen Verdrehung zusteuern – den Zustand, in dem die Regierung die *Freiheit* hat, alles zu tun, was sie will, während die Bürger nur mit *Erlaubnis* handeln dürfen; was der Zustand der dunkelsten Perioden der menschlichen Geschichte ist: Die Herrschaft durch nackte Gewalt.

Es wird oft angemerkt, dass die Menschheit trotz ihres materiellen Fortschritts kein vergleichbares Ausmaß an moralischem Fortschritt erreicht hat. Dieser Bemerkung folgt üblicherweise eine pessimistische Feststellung über die menschliche Natur. Es stimmt, dass die moralische Statur der Menschheit schändlich niedrig ist. Aber wenn man die monströsen moralischen Verdrehungen der Regierungen betrachtet (die durch die altruistisch-kollektivistische Moral möglich gemacht wurden), unter der die Menschheit den Großteil ihrer Geschichte leben musste, beginnt man sich zu wundern, wie der Mensch es geschafft hat, auch nur den Anschein von Zivilisation zu bewahren, und welch unzerstörbarer Rest an Selbstachtung ihn aufrecht laufen ließ.

Man beginnt außerdem das Wesen der politischen Prinzipien klarer zu sehen, die man als Teil der Schlacht für die intellektuelle Renaissance des Menschen akzeptieren und vertreten muss.

Bibliographie

Für das Studium des Objektivismus:

Branden, Nathaniel: Who Is Ayn Rand? New York 1962.
Rand, Ayn: Hymne, Tönisvorst 2016.
Dies.: Der Streik, München 2012.
Dies.: Für den neuen Intellektuellen, Wien, 2016.
Dies.: Der Ursprung, Hamburg 2000.
Dies.: Die Tugend des Egoismus, Jena 2015, 2017.
Dies.: We the Living, New York 1959.
Dies.: Philosophie: Wer braucht das schon? Tönisvorst 2016.

Die folgenden Autoren sind keine Vertreter des Objektivismus, und daher sind die folgenden Empfehlungen nicht als uneingeschränkte Befürwortung ihrer Meinungen zu verstehen.

Anderson, Benjamin M.: Economics and the Public Welfare: Financial and Economic History of the United States, 1914-1946, Princeton, New Jersey 1949.
Anderson, Martin: The Federal Bulldozer: A Critical Analysis of Urban Renewal, 1949-1962, Cambridge, Massachusetts 1964.
Ashton, T. S.: An Economic History of England: The Eighteenth Century, New York 1955.
Ders.: The Industrial Revolution, 1760-1830, London 1948.
Ballvé, Faustino: Essentials of Economics, Princeton, New Jersey 1963.
Bastiat, Frédéric: Economic Sophisms, Princeton, New Jersey 1964.
Ders.: Selected Essays on Political Economy, Princeton, New Jersey 1964.
Boehm-Bawerk, Eugen von: The Exploitation Theory, South Holland, Illinois 1960.
Buer, Mabel C.: Health, Wealth and Population in the Early Days of the Industrial Revolution, 1760-1815, London 1926.
Chu, Valentin: Ta Ta, Tan Tan (Fight fight, talk talk); The Inside Story of Communist China, New York 1963.
Crocker, George N.: Roosevelt's Road to Russia, Chicago 1959.
Dallin, David J./ *Nicolaevsky*, Boris L.: Forced Labor in Soviet Russia, New Haven, Connecticut 1947.

Ekirch, Arthur A., Jr.: The Decline of American Liberalism, New York 1955.

Fertig, Lawrence: Prosperity Through Freedom, Chicago 1961.

Fleming, Harold: Ten Thousand Commandments: A Story of the Antitrust Laws, New York 1951.

Flynn, John T.: The Roosevelt Myth, revised edition, New York 1956.

George, Mary Dorothy: England in Transition: Life and Work in the Eighteenth Century, London 1953.

Dies.: London Life in the Eighteenth Century, New York 1964.

Hazlitt, Henry (Hg.): The Critics of Keynesian Economics, Princeton, New Jersey 1960.

Ders.: The Failure of the „New Economics": An Analysis of the Keynesian Fallacies, New Jersey 1959.

Ders.: What You Should Know About Inflation, 2nd edition, Princeton, New Jersey 1966.

Hewitt, Margaret: Wives and Mothers in Victorian Industry, London 1958.

Keller, Werner: Ost minus West gleich Null, Stuttgart 1962.

Kubek, Anthony: How the Far East Was Lost: American Policy and the Creation of Communist China 1941-1949, Chicago 1963.

Lynch, Matthew J./ Raphael, Stanley S.: Medicine and the State, Springfield, Illinois 1963.

Mason, Lowell B.: The Language or Dissent, New Canaan, Connecticut 1959.

Mises, Ludwig von: The Anti-Capitalistic Mentality, Princeton, New Jersey 1956.

Ders.: Bureaucracy, New Haven, Connecticut, 1944.

Ders.: Human Action: A Treatise on Economics, New Haven, Connecticut 1949.

Ders.: Omnipotent Government, New Haven, Connecticut 1944.

Ders.: Planned Chaos, Irvington-on-Hudson, New York 1947.

Ders.: Planning for Freedom, South Holland, Illinois (2) 1962.

Ders.: Socialism: An Economic and Sociological Analysis, New Haven, Connecticut 1951.

Ders.: Die Theorie des Geldes und der Umlaufmittel, Wien 1912.

Neale, A. D.: The Antitrust Laws of the United States of America: A Study of Competition Enforced by Law, Cambridge, England 1960.

Paterson, Isabel: The God of the Machine, Caldwell, Idaho 1964.

Snyder, Carl: Capitalism the Creator: The Economic Foundations of Modern Industrial Society, New York 1940.

Felix Somary

Krise und Zukunft der Demokratie

ISBN 978-3-940431-19-6, Jena 2010, 154 S., 12,90 EUR (D)

Der österreichisch-schweizerische Ökonom und Bankier Dr. Felix Somary (1881-1956) galt zu Lebzeiten als Orakel, denn er sagte Krisen präzise voraus. Joseph Schumpeter, Ludwig von Mises, Otto Bauer, Sir Ernest Cassel, Max Weber und vielen anderen Größen war er in Freundschaft verbunden. Dazu kam eine beeindruckende Universitätskarriere, u.a. als Assistent Carl Mengers, mit wegweisenden Veröffentlichungen. Diese Schrift handelt von den Ursachen und Folgen von Krisen, Großideologien, dem Wert des Geldes und dem Verhalten des Menschen in der Wirtschaft. Dabei warnt Somary vor einem falsch verstandenen Fortschrittsglauben und politischen Ansprüchen, denen die Wirklichkeit nie gerecht werden kann.

„Betrachtungen eines ungewöhnlich welterfahrenen, lebensklugen und belesenen Mannes" (Wilhelm Röpke, 1952).

„Er trifft immer ins Schwarze" (Erik von Kuehnelt-Leddihn, 1984).

„Anwendbar auch auf die Situation, in der sich das heutige Deutschland befindet" (Bruno Bandulet, 2010).

Ayn Rand

Die Tugend des Egoismus

Eine neue Auffassung des Egoismus

Mit weiteren Beiträgen von Nathaniel Branden

Aus dem Amerikanischen Englisch von Philipp Dammer. ISBN 978-3-940431-55-4, Jena 2015, 190 S., 19,90 EUR (D)

Ayn Rand erörtert die moralischen Prinzipien des Objektivismus, der Philosophie, die das Leben des Menschen als Maßstab moralischer Werte ansieht und besagt, daß Altruismus unvereinbar mit der menschlichen Natur, den schöpferischen Anforderungen seines Überlebens und einer freien Gesellschaft ist.

„Es gibt nur wenige Bücher, die in einer derart schroffen Art zu polarisieren vermögen, wie dieses Manifest selbstbewussten Freisinns" (Andreas Tögel, 2016)

„Die Autorin Ayn Rand manövriert das Schiffchen des Egoismus geschwind aus dem Meer des Lasters heraus. Sie bettete ihr Lob des Egoismus in das libertäre philosophische Konzept des Objektivismus ein, welches in dem kleinen Bändchen kompakt und flüssig dargestellt wird. Die um 1963 veröffentlichten Beiträge sind hochaktuell" (Wolfgang Prabel, 2016).